新编五年制高等职业教育教材

语 文（第三版）

（第二册）

总 主 编　华启方
本册主编　张　峰

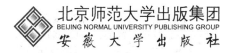

图书在版编目(CIP)数据

语文.第二册/张峰主编. —3版.—合肥:安徽大学出版社,2011.12(2022.8重印)
新编五年制高等职业教育教材
ISBN 978-7-5664-0353-7

Ⅰ.①语… Ⅱ.①张… Ⅲ.①大学语文课—高等职业教育—教材 Ⅳ.①H19

中国版本图书馆CIP数据核字(2011)第264173号

语 文（第二册） 第三版　　　　　　　　　张峰　主编

出版发行:	北京师范大学出版集团 安 徽 大 学 出 版 社 （安徽省合肥市肥西路3号 邮编230039） www.bnupg.com.cn www.ahupress.com.cn
印　刷:	合肥远东印务有限责任公司
经　销:	全国新华书店
开　本:	184mm×260mm
印　张:	29.75
字　数:	520千字
版　次:	2012年1月第3版
印　次:	2022年8月第10次印刷
定　价:	58.00元

ISBN 978-7-5664-0353-7

责任编辑:朱丽琴　马晓波　　装帧设计:张同龙　李　军　　责任印制:陈　如

版权所有　侵权必究

反盗版、侵权举报电话:0551-65106311
外埠邮购电话:0551-65107716
本书如有印装质量问题,请与印制管理部联系调换。
印制管理部电话:0551-65106311

第三版前言

2000年始,安徽省教育厅在我省部分重点中专学校开办初中起点的五年制高职班,对安徽职业教育的发展和提高起到了很大的促进作用。实践证明,这种学制有其独特的优势,是我国高等职业教育的一种重要形式。

为了确保五年制高职教育的质量,努力办出高职特色,在省教育厅的关心支持下,我们于2000年组织部分举办五年制高等职业教育的试点学校编写了五年制高职语文教材。该套教材自2000年9月出版使用以来,已有11年时间。在使用过程中,该套教材得到了使用学校师生及各级领导和专家的充分肯定与支持,并被安徽省教育厅教秘〔2001〕330号文件规定为安徽省五年制高等职业教育推荐教材。在此期间,我们曾于2001年、2003年两次对该套教材进行了修订。现在,为了进一步提高教材的整体质量,以适应新形势下高职学校生源变化的实际情况,安徽大学出版社组织省内使用该套教材的院校,抽派教学和教材编写经验丰富的优秀教师,以"中等职业学校语文教学大纲"为基本依据,从2010年起,对该套教材进行第三次修订。

这次修订的原则是:总结本套教材的编写经验,广泛吸取同类、同层次教材的长处,做好与初中文化课程的衔接,适应新形势下生源变化的实际,适当降低起点,力求做到"重视基础,突出应用,反映前沿,与时俱进"。

该套教材的编写指导思想是:

一、教材的内容应体现中等职业学校语文教学目标,落实课程结构中各个模块的内容和要求。教材应该具有鲜明的职业教育特色,要有一定的弹性,要考虑全省不同地区、不同专业的需要,为教师留有发挥的余地,也为学生留有选择的空间。

二、教材选文要具有时代性、典范性和实用性,注重内容的价值取向,反映科技进步与社会发展的趋势。同时,要富有文化内涵,文质兼美;文体、语体及风格多样,培养学生爱国主义情操,能激发学生学习兴趣,提升学生的文化品位,加强学生品德修养和职业素养。

三、教材要体现五年制高职语文课程结构的特点,符合教学模式的变革。要充分考虑学生语文学习的现状,符合学生的认知规律,符合学生的阅读心理和阅读习惯,要利于学生掌握自学的方法,养成自学的习惯。

我们期望修订后的教材既能保证学生应有的文化素质,又能为学生后续课程的学习、求职就业和自主发展打好基础。

本套教材主要适用于五年制高等职业教育,同时也可作为中专生、中职生的教材或教学参考书。适应五年制高职生的学习需要,不断提高教材质量,是我们修订本套教材的主要目的,也是我们孜孜不倦地修订教材的动力。尽管我们已经作了很多努力,但由于我们的学识、经验有限,编写时间仓促,教材中出现局限、疏漏和不完善之处在所难免,敬请专家和使用本教材的师生及时提出宝贵的意见。

《语文》编写组
2011 年 8 月

编写说明

五年制高职语文教材自2003年第二次修订以来,已使用了8年。修订本出版后,作为全省五年制高等职业教育的推荐教材,在全省及邻近省份相关学校广泛使用,发行量逐年增加。本套教材受到了使用学校师生的充分肯定和欢迎。2007年本套教材荣获第二届全国农业职业教育教学优秀成果三等奖。

为了进一步提高教材的整体质量,在安徽大学出版社的组织下,我们于2010年11月在合肥召开了安徽省五年制高职语文教材修订会议,根据新形势下高职学校生源变化的实际情况,参照专家及教材使用学校师生的建议,就教材的体式和选文作了较大幅度的修订。

我们在体式上作了重大调整和改进。教材由原来的四册,改为两册。每册12个单元,每单元选文5篇,包括"写作知识"(或"应用写作")、"口语交际"、"语文实践活动"三大块内容。教学时,可根据各校课时安排的多少,每册可一学年学完,也可一学期学完;每单元选文可全部教学,也可选取3~4篇教学。各个单元均有一个明确的主旨,单元内的所有内容都是围绕主旨来编写,并兼顾不同的文体、语体和风格。

两册体例贯通,每单元均含基础模块和专业模块,只不过每册的后两个单元专业模块的比重大一些而已。

1.在基础模块中,主要包括现代文学习、文言文学习和文学阅读欣赏三方面内容。采用"学习提示—选文—思考与练习"的体式。

(1)**现代文** 包括记叙文、说明文和议论文这三类文体。选文选自于名家名篇或近年来活跃在文坛上的文学新锐的作品。选文形式上具备较强的文体、语体特征,较丰富的语法、修辞表现;内容上做到思想、情感健康,励志向上,催人奋进,帮助学生对社会、人生等问题进行认识和思考。同时也选了一些反映安徽自然风光、传统文化和风土人情的文章,帮助学生了解省情,培养学生对家乡的热爱和自豪感。

(2)文言文 包括古代记叙文、议论文和说明文及古典诗词等。两册共有17篇。其中,第一册第一、二、六单元各1篇;第九单元,古诗、唐诗、宋词各1组。第二册第一、六、七、九单元各1篇;第二单元5篇;第八单元2篇。这样在120篇选文中,文言文所占比例为14.2%。这些选文难度适中,便于分析理解。内容上情感健康,内涵丰富,能代表优秀民族文化,体现民族精神。

(3)文学阅读欣赏 包括诗歌、散文、小说和戏剧这四类文学作品样式,集中在第一册第九单元和第二册第七、八、九三个单元。内容上侧重名著名篇,兼顾古今中外各种类型和不同风格流派。让学生通过欣赏祖国乃至世界璀璨的文化瑰宝,提高阅读欣赏能力。

2.在专业模块中,除选文之外,主要注重以下三个方面:

(1)书面写作 包括写作知识和应用写作。写作知识,包括"中心明确"、"思想清晰"、"细微观察"、"感受生活"、"记人叙事"和"科普小品"6个方面的内容。采用"写作指导—借鉴实例—简评—写作练习"的体式。应用写作,包括条据、启事、一般书信、专用书信、慰问信、表扬信、感谢信、证明信、报告、通知、说明书、计划、总结、新闻、读后感、经济合同、广告、规章制度、海报、个人简历、自荐书、调查报告、求职信和应聘信共24种常用应用文。内容上贴近学生的学习和生活实际,指导学生掌握这些应用文的主要写作特点和要求,便于学生理解和运用。采用"范例—简评—写作指导—写作练习"的体式。

(2)口语交际 包括普通话标准训练、介绍、讲故事、说服与拒绝、拜访与接待、赞美与批评、感谢与道歉、朗读、诗歌朗诵、自我介绍、口头汇报、演讲、推销与洽谈、答询、采访、即席发言、点评、交谈、角色朗读、面试介绍、应聘等。在介绍其基本知识和方法技巧的基础上,让学生不断练习,以提高听说和交际能力。采用"表达指导—借鉴实例—简评—口语练习"的体式。

(3)语文实践活动 包括故事会、演讲会、朗诵会、新闻发布会、出墙报、模拟情境活动、调查活动、观察植物生长、就职演说、模拟应聘、辩论会等。每次活动首先确定"活动主题",其次是明确"活动的目的和要求",安排"活动的内容及步骤"。各项活动的准备工作,老师可作为作业事先布置下去。这些实践活动有些可以在上课时进行,有些也可以安排在课外进行。

第三版全套教材由华启方任总主编。

第一册由李大洲担任主编,并编写了第九、十单元;艾敏编写了第一、二单元;程琦琳编写了三、四单元;王荣梅编写了第五、六单元;戴建中、丁丁编写了第七、八单元;吴文胜、蒋刘妹编写了第十一、十二单元。

第二册由张峰担任主编,并编写了第九、十单元;华启方编写了第一单元;贾妍、丁丁编写了第三、四单元;汪煦、蒋刘妹编写了第五、六单元;王学军编写了七、八单元;王忠编写了第十一、十二单元;华皖平编写了第二单元、第三十二课和第一、二册的附录。

为了方便教与学,我们还编写了"思考与练习"、"写作练习"和"口语练习"等参考答案。请相关老师和感兴趣的同学到北京师范大学出版集团安徽大学出版社网站上下载:www.ahupress.com.cn。

在教材编写、修订过程中,我们得到了安徽省教育厅、各有关学校及安徽大学出版社的大力支持和帮助,在此一并致谢。同时,我们学习、参考了有关资料,对于资料的原作者,表示衷心的感谢!

华启方
2011 年 8 月

目 录

第一单元 哲理沉思

一 钱 ………………………………………………… 梁实秋（3）
二 我与地坛 ……………………………………… 史铁生（7）
三 思想者的第三种造型 ………………………… 卞毓方（15）
四 人生的境界 …………………………………… 冯友兰（24）
五 指喻 …………………………………………… 方孝孺（28）
　　写作知识一　感受生活 ………………………………（30）
　　口语交际一　即席发言 ………………………………（34）
　　语文实践活动一　班会 ………………………………（38）

第二单元 史书浏览

六 鸿门宴 ………………………………………… 司马迁（41）
七 记王忠肃公翱事 ……………………………… 崔　铣（47）
八 左忠毅公逸事 ………………………………… 方　苞（50）
九 徐文长传 ……………………………………… 袁宏道（54）
十 谭嗣同 ………………………………………… 梁启超（59）
　　写作知识二　记人叙事 ………………………………（64）

1

口语交际二　听说能力 ……………………………………（70）
　　语文实践活动二　办墙报 …………………………………（76）

第三单元　科技之光

十一　桥的运动 ……………………………………茅以升（80）
十二　眼睛与仿生学 ………………………………王谷岩（83）
十三　从人脑看科学与艺术 ………………………赵鑫珊（88）
十四　奇妙的超低温世界 …………………………叶永烈（93）
十五　南州六月荔枝丹 ……………………………贾祖璋（98）
　　写作知识三　科普说明文 ………………………………（102）
　　口语交际三　答询 ………………………………………（109）
　　语文实践活动三　观察植物的生长过程 ………………（113）

第四单元　艺术魅力

十六　音乐就在你心中 ……………………………陈　钢（118）
十七　画里阴晴 ……………………………………吴冠中（121）
十八　牡丹的拒绝 …………………………………张抗抗（124）
十九　城市的文物与文化 …………………………冯骥才（128）
二十　我国古代的几种建筑 ………………………郭黛姮（132）
　　应用写作一　新闻 ………………………………………（137）
　　口语交际四　采访 ………………………………………（144）
　　语文实践活动四　新闻发布会 …………………………（148）

第五单元　徽风皖韵

二十一　我的家乡——安徽 ……………………………………………（152）
二十二　登黄山记 ………………………………………徐　迟（157）
二十三　黄梅戏 …………………………………………………（163）
二十四　璀璨瑰宝天下奇 ………………………………梁　超（167）
二十五　皖风徽韵民歌情 ………………………………黄幸平（170）
　　　应用写作二　读后感 ………………………………………（173）
　　　口语交际五　演讲 …………………………………………（177）
　　　语文实践活动五　"家乡美"主题演讲会 …………………（180）

第六单元　自然奥秘

二十六　神奇的极光 ……………………………………曹　冲（183）
二十七　蝉 ………………………………………………法布尔（188）
二十八　时间和空间旅行 ………………………………齐然尔曼（193）
二十九　蚁与蝶的生死之交 ……………………………石旭初（198）
三十　雁荡山 ……………………………………………沈　括（201）
　　　应用写作三　经济合同 ……………………………………（203）
　　　口语交际六　推销的策略与技巧 …………………………（209）
　　　语文实践活动六　贸易洽谈会 ……………………………（211）

第七单元　经典散文

三十一　荷塘月色 ………………………………………朱自清（214）
三十二　记忆 ……………………………………………韩少华（218）
三十三　月是故乡明 ……………………………………季美林（222）

三十四　听听那冷雨 …………………………………… 余光中（225）

三十五　滕王阁序 ………………………………………… 王　勃（230）

　　　应用写作四　广告 …………………………………………（234）

　　　口语交际七　点评 …………………………………………（238）

　　　语文实践活动七　征集广告词 ……………………………（241）

第八单元　小说鉴赏

三十六　最后一片常春藤叶 …………………………… 欧·亨利（245）

三十七　三闾大学的教授们 …………………………… 钱钟书（251）

三十八　品质 ………………………………………… 高尔斯华绥（260）

三十九　宝黛吵架 ……………………………………… 曹雪芹（267）

四十　青梅煮酒论英雄 ………………………………… 罗贯中（271）

　　　应用写作五　规章制度 ……………………………………（275）

　　　口语交际八　交谈 …………………………………………（278）

　　　语文实践活动八　同学交心活动 …………………………（284）

第九单元　剧苑奇葩

四十一　感天动地窦娥冤（节选）……………………… 关汉卿（288）

四十二　三块钱国币（独幕话剧）……………………… 丁西林（293）

四十三　雷雨（节选）…………………………………… 曹　禺（301）

四十四　昨天今天明天 ………………………………… 何庆魁（312）

四十五　罗密欧与朱丽叶（节选）…………………… 莎士比亚（321）

　　　应用写作六　海报 …………………………………………（328）

　　　口语交际九　分角色朗读 …………………………………（331）

　　　语文实践活动九　课本剧表演 ……………………………（335）

第十单元　职业指导

四十六　职业规划指点 …………………………………… 孙振耀（338）

四十七　谈诸葛亮的职业规划 …………………………… 童小英（344）

四十八　老外侃中国——东西方不同的就业观 ……………………（347）

四十九　孔子的就业之道 ……………………………………………（352）

五十　　职业指导案例二则 …………………………………………（355）

　　应用写作七　个人简历 …………………………………………（359）

　　口语交际十　面试介绍 …………………………………………（362）

　　语文实践活动十　社会实践 ……………………………………（366）

第十一单元　敬业乐业

五十一　跨越百年的美丽 ………………………………… 梁　衡（369）

五十二　寻找时传祥 ……………………………………… 孙德宏（374）

五十三　金岳霖先生 ……………………………………… 汪曾祺（378）

五十四　哭小弟 …………………………………………… 宗　璞（382）

五十五　珠穆朗玛墓地 …………………………………… 夏　林（387）

　　应用写作八　调查报告 …………………………………………（389）

　　口语交际十一　论辩 ……………………………………………（397）

　　语文实践活动十一　辩论会 ……………………………………（409）

第十二单元　人生规划

五十六　《傅雷家书》两则 ……………………………… 傅　雷（413）

五十七　提醒幸福 ………………………………………… 毕淑敏（417）

五十八　短文二篇 ………………………………………… 蒙田等（422）

五十九　个人投资首先是时间的投入 …………………… 钟朋荣(426)
六十　读书人是幸福人 …………………………………… 谢　冕(429)
　　应用写作九　求职信 应聘信 ………………………………… (431)
　　口语交际十二　应聘面试 ……………………………………… (435)
　　语文实践活动十二　模拟应聘 ………………………………… (445)

附录一　古代汉语语法常识 ………………………………………… (447)
附录二　文面知识 …………………………………………………… (455)
后　记 ………………………………………………………………… (461)

第一单元

哲 理 沉 思

单元导读

本单元的五篇选文,除了《指喻》是文言文外,其他四篇都是现代文。

本单元五篇文章的共性是满含哲理,能引起人们的沉思。梁实秋先生的《钱》是一篇写于新中国成立前的小品文,虽年代久远,但仍不失为一篇启迪人心智的妙文。作者从人们须臾不可或缺的"钱"入手,描绘世相百态,揭示人性的高洁与卑下,反思民族的传统心理,富有哲理和情趣。在2010年的最后一天,身残志坚的史铁生离开了人世。有人说,看史铁生的文章,横竖只有两个字——"生命"。正如作家贾平凹所说:"铁生对生命的解读,对宗教精神的阐释,对文学和自然的感悟,构成了真正的哲学。"斯人已逝,但他所写的《我与地坛》让我们好好品读吧!卞毓方笔下的百岁老人马寅初,在上世纪50年代提出了新人口理论,虽遭误解和打击,但经半个多世纪的历史所验证,终于为后来者逐渐认识和接纳。今天,当我们面对在资源、环境、教育、就业等诸多方面,仍被人口众多的问题所制约和困扰的现状时,《思想者的第三种造型》一文,不由得引起我们的深深思索。冯友兰先生的《人生的境界》是一篇哲学论文。哲学论文的特点是具有高度的概括性和抽象性,阐明最一般的规律。然而,一般寓于个别之中,联系个别实例,哲理就比较容易理解了。作者把人生境界划分为四个等级,任何一个人都可以拿这几种境界来对照自己,也可以想想周围的人,想想他们的生活目的,想想他们的行为动机,就不难理解何为自然境界,何为功利境界,何为道德境界,何为天地境界。方孝孺的《指喻》，借喻立说，阐明天下之事常发生于"至微之处"，若忽略轻视，将酿成大患的道理，以引起治国者的警戒。明惠帝的结局也印证了这一道理。

在阅读哲理性文章时，要联系实际，不断质疑，不断思索，不断探究，才能有所收获。

本单元还包括写作知识——"感受生活"和口语交际——"即席发言"。

任何一篇优秀的文章都是来源于生活的。要想写好文章，就要有意识地培养用心去感受生活的习惯，就必须做观察生活的有心人，自觉地培养感受生活的意识，才能满含情感地写出自己的独特感受。

即席发言是一种事先没有准备、随机而发的临场说话的口头样式。表达指导的主要内容是如何克服紧张情绪，如何迅速构思和如何掌握一些必要的技巧。

在本单元的语文实践活动中，我们采用班会形式，安排班级新当选干部就职演说的内容，以便学生对所学理论知识有一定的感性认识。

第一单元 哲理沉思

一 钱

梁实秋[①]

学习提示

本文是一篇小品文,选自《雅舍小品》第四集。自从"钱"这种交换物产生以来,爱之者称之为"万能",恨之者称之为"万恶"。但"钱"确实是现代人生活中须臾不可或缺的东西。作者正是从人们接触最多,无所谓俗也无所谓雅的"钱"入手,描绘刻写世相百态,反思民族的传统心理,富于哲理和情趣。

文章从钱的形状与历史说起,逐步展开议论,论及金钱与人的关系、人对金钱的态度等方面,层层剥示,在平实散淡、幽默雅谑的文字中,表现了作者对人生严肃的思索。

作者是一位著名的学者,文中引经据典,古今中外的事例随手拈来,均能涉笔成趣,显示出作者学识的渊博。文中还引用了一些市井俚语,如"人无横财不富,马非夜草不肥"、"积财千万,不如薄技在身"等,既富情趣,又有哲理。

文章的语言幽默风趣,寓庄于谐,机智闪烁,不落俗套,表现了较高的语言修养,学习时应细加体会。

[①] 梁实秋(1903～1987),浙江杭州人,生于北京,原名治华。1915 年入北京清华大学,1923 年毕业后赴美留学,获文学硕士学位。1926 年回国后,历任复旦大学、北京大学、中山大学等大学教授,是新月社重要成员。1949 年 6 月移居台湾,任台湾师范大学教授、文学院院长等职。他长期从事文学批评、翻译及散文创作,著有《文艺批评论》、《雅舍小品》等,译有《莎士比亚全集》等。

钱这个东西,不可说,不可说。一说起阿堵物①,就显着俗。其实钱本身是有用的东西,无所谓俗。或形如契刀②,或外圆而孔方③,样子都不难看。若是带有斑斑绿锈,就更古朴可爱。稍晚的"交子"、"钞引"以至于近代的纸币④,也无不力求精美雅观,何俗之有?钱财的进出取舍之间诚然大有道理,不过贪者自贪,廉者自廉,关键在于人,与钱本身无涉。像和峤⑤那样爱钱如命只可说是钱癖,不能斥之曰俗;像石崇⑥那样的挥金似土,只可说是奢汰⑦,不能算得上雅。俗也好,雅也好,事在人为,钱无雅俗可辨。

　　有人喜集邮,有人喜集火柴盒,也有人喜集戏报子⑧,也有人喜集鼻烟壶⑨,也有人喜集砚、集墨、集字画古董,甚至集眼镜、集围裙、集三角裤。各有所好,没有什么道理可讲。但是古今中外几乎人人都喜欢收集的却是通货⑩。钱不嫌多,愈多愈好。庄子曰:"钱财不积,则贪者忧。"⑪岂止贪者忧?不贪的人也一样的想积财。

　　人在小的时候都玩过扑满⑫,这玩意儿历史悠久,《西京杂记》⑬:"扑满者,以土为器,以蓄钱,有入窍而无出窍,满则扑之。"北平⑭叫卖小贩,有喊:"小盆儿小罐儿"的,担子上就有大大小小的扑满,全是陶土烧成的,形状不雅,一碰就碎。虽然里面容不下多少钱,可是孩子们从小就明白储蓄的道理了。外国也有近似扑满的东西,不过通常不是颠扑得碎的,是用钥匙可以打开的,多半作猪形,名之为"猪银行"。不晓得为什么选择猪形,也许是取其大肚能容吧?

　　我们的平民大部分是穷苦的,靠天吃饭,就怕干旱水涝,所以养成一种饥荒心理,"常将有日思无日,莫待无时思有时"。储蓄的美德普遍存在于社会各阶层。我从前认识一位小学教员,别看她月薪只有区区三十余元,她省吃俭用,省俭到午餐常是一碗清汤挂面洒上几滴香油,二十年下来,她拥有两栋小房。(谁忍心说她是不劳而获的资产阶级?)我也知道一位人力车夫,劳其筋

---

① 阿堵物:钱的别称,见《世说新语·规箴》。
② 契刀:中国古代铜币,铸于西汉末王莽时。
③ 外圆而孔方:旧时铜钱的形状,故钱又别称"孔方兄"。
④ 交子:中国最早的纸币,出现于宋初。钞引:宋代政府发给茶盐商人的运销证券。
⑤ 和峤:西晋时人,富而吝啬,人称"钱癖"。
⑥ 石崇:西晋时人,家豪富,极奢靡。
⑦ 奢汰:奢侈无度。
⑧ 戏报子:戏剧海报的旧称。
⑨ 鼻烟壶:装鼻烟末的器具。鼻烟,一种不须点燃、由鼻孔吸入的烟草制品,呈粉末状。
⑩ 通货:流通货币的简称。
⑪ 庄子曰句:见《庄子·徐无鬼》。
⑫ 扑满:储蓄钱币的瓦罐,储满后敲碎取钱。扑,打碎。
⑬ 《西京杂记》:古代小说集,晋葛洪著。所引文见该书卷五。
⑭ 北平:今北京市。

骨①,为人作马牛,苦熬了半辈子,携带一笔小小的资财,回籍买田娶妻生子作了一个自耕的小地主。这些可敬人,他们的钱是一文②一文积攒起来的。而且他们常是量入为储,每有收入,不拘多寡,先扣一成两成作为储蓄,然后再安排支出。这样,他们爬上了社会的阶梯。

"人无横财不富,马非夜草不肥。"话虽如此,横财逼人而来,不是人人唾手可得,也不是全然可以泰然接受的。"腰缠十万贯,骑鹤上扬州"③,只是一厢情愿的想法,暴发之后,势难持久,君不见:显宦孙子作了乞丐,巨商的儿子作了龟奴④?及身而验的现世报⑤,更是所在多有。钱财这个东西,真是难以捉摸,聚散无常。所以谚云:"积财千万,不如薄技在身。"

钱多了就有麻烦,不知放在哪里好。枕头底下没有多少空间,破鞋窠里面也塞不进多少。眼看着财源滚滚,求田问舍怕招物议⑥,多财善贾⑦又怕风波,无可奈何,只好送进银行。我在杂志上看到过一段趣谭:印第安人酋长⑧某,平素聚敛不少,有一天背了一大口袋钞票存入银行,定期一年,期满之日他要求全部提出,行员把钞票一叠一叠的堆在柜台上,有如山积。酋长看了一下,徐⑨曰:"请再续存一年。"行员惊异,既要续存何必提出?酋长说:"不先提出,我怎么知道我的钱是否安然无恙的保存在这里?"这当然是笑话,不过我们从前也有金山银山之说,却是千真万确的。我们从前金融执牛耳⑩的大部分是山西人,票庄掌柜的几乎一律是老西儿⑪。据说他们家里就有金山银山。赚了金银运回老家,溶为液体,泼在内室地上,积年累月一勺勺的泼上去,就成了一座座亮晶晶的金山银山。要用钱的时候凿上一块就行,不虞⑫盗贼光顾。没亲眼见过金山银山的人,至少总见过冥衣铺⑬用纸糊成的金童玉女金山银山吧?从前好像还没有近代恶性通货膨胀的怪事,然而如何维护既得的资财,也已经是颇费心机了。如今有些大户把钱弄到外国去,因为那里的银行有政府担保,没有

---

① 劳其筋骨:见《孟子·告子下》。
② 一文:古代钱币单位。因一面铸有文字,故一枚钱称一文。
③ 腰缠二句:南朝梁代殷芸所著《小说》中语,形容贪婪或梦想。
④ 龟奴:旧时在妓院里做杂务的男子。
⑤ 及身:在世时。验:应验。现世报:佛教用语,指做善恶之事在今生即得报应。
⑥ 求田问舍:添置土地房屋等家产。这是刘备批评许汜胸无大志的话,见《三国志·魏志·陈登传》。物议:众人的批评。
⑦ 贾(gǔ):做买卖。
⑧ 印第安人:美洲最古老的土著居民。酋长:部落首领。
⑨ 徐:慢慢地。
⑩ 执牛耳:古代称主盟者为执牛耳,后泛指在某一领域里居领先地位的人。
⑪ 票庄:钱庄。老西儿:对山西人的称呼。
⑫ 虞:担忧。
⑬ 冥衣铺:出售死人丧葬衣物的店铺。

倒闭之虞,而且还为存户保密,真是服务周到极了。

善居积的陶朱公①,人人羡慕,但是看他变姓名游江湖,其心里恐怕有几分像是挟巨资逃往国外作寓公②,离乡背井的,多少有一点不自在。所以一个人尽管贪财,不可无餍③。无冻馁④之忧,有安全之感,能罢手时且罢手,大可不必"人为财死"而后已,陶朱公还算是聪明的。

钱,要花出去,才发生作用。穷人手头不裕,为了住顾不得衣,为了衣顾不得食,为了食谈不到娱乐,有时候几个孩子同时需要买新鞋,会把父母急得冒冷汗!贫窭⑤到了这个地步,一个钱也不能妄用,只有牛衣对泣⑥的份。小康之家用钱大有伸缩余地,最高明的是不求生活水准之全面提高,而在几点上稍稍突破,自得其乐。有人爱买书,有人爱买衣裳,有人爱度周末,各随所好。把钱集中用在一点上,便可以比较容易适度满足自己的欲望。至于豪富之家,挥金如土,未必是福,穷奢极欲,乐极生悲,如果我们举例说明,则近似幸灾乐祸,不提也罢。纪元前五世纪雅典的泰蒙⑦,享尽了人间的荣华富贵,也吃尽了世态炎凉的苦头,他最了解金钱的性质,他认识了金钱的本来面目,钱是人类的公娼!与其像泰蒙那样疯狂而死,不如早些疏散资财,做些有益之事,清清白白,赤裸裸来去无牵挂⑧。

思考与练习

一、作者在这篇文章中,认为人们对金钱应该持怎样的态度?你认为他的哪些观点是正确的?你有何感想?

二、请指出文章中哪些地方用了历史典故与民间俚语,这样写起了什么作用?

三、本文在语言上具有什么特点?请从文中找出具体事例来加以说明。

---

① 陶朱公:春秋时期越国大夫范蠡。范蠡辅佐越王勾践灭吴后,弃官经商,致巨富,因居于陶,称朱公,故名陶朱公。
② 寓公:指闲居在客地的官僚、士绅之类的人物。
③ 餍(yàn):满足。
④ 冻馁(něi):受冻挨饿。
⑤ 贫窭(jù):贫寒。
⑥ 牛衣对泣:西汉王章贫困时,卧牛衣中与妻子相对哀泣,见《汉书·王章传》。牛衣,给牛御寒的覆盖物,用草或麻编成。
⑦ 雅典的泰蒙:莎士比亚悲剧《雅典的泰蒙》,其主要情节是写富商泰蒙慷慨好客,后钱财耗尽,亲友纷纷离去。雅典:古希腊城邦。
⑧ 赤裸裸句:见《红楼梦》第二十二回,原句是"赤条条来去无牵挂"。

二　我与地坛①

史铁生②

> **学习提示**
>
> 　　2010年最后一天,传来了一个不幸的消息:与病痛抗争多年的史铁生因脑溢血在北京去世了。2002年,华语文学传媒大奖组委会在授奖词中对他作出如此评价:"史铁生是当代最令人敬佩的作家之一。他的写作与他的生命完全同构在一起,在自己的'写作之夜',史铁生用残缺的身体,说出了健全而丰满的思想。他体验到的是生命的苦难,表达的却是存在的明朗和快乐,他睿智的言辞,照亮的反而是我们日益幽暗的内心。"
>
> 　　他的著名散文《我与地坛》是中国当代文学史的一朵奇葩,神性的文学感悟着、激励着无数读者。死亡和苦难,一直是史铁生写作的母题。他的文字有一种苍凉的况味,是那种从炼狱中发出的不屈呐喊,是穿越苦难在风雨中翱翔的黑色海燕。
>
> 　　节选部分描述了"我"与地坛结下的不解之缘,渗透着只有在可怕遭遇、特定环境和宁静观察、反复思索中,方能领略到的对自然、人生、母爱的深切体验,表现出一种在苦痛与焦灼中挣扎、奋发的坚韧性格和意志。

---

① 节选自《上海文学》1992年第1期。原文共七节,这里选取的是前三节。地坛:明清皇帝祭地之坛,在北京市区北部。

② 史铁生(1951～2010),北京人,当代作家。1969年去延安一带插队。因双腿瘫痪于1972年回到北京。后又患肾病并发展到尿毒症,需要靠透析维持生命。自称是"职业是生病,业余在写作"。作品有《我的遥远的清平湾》、《合欢树》等。2002年获华语文学传媒大奖年度杰出成就奖。

> 文章多处运用了象征手法。落笔地坛，却泼墨母爱，似不相干，其实对"我"来说，地坛和母亲都是抚平创伤、焕发新生的源泉，这在整体上就是一种象征性类比。叙述地坛"历经沧桑"、"荒芜但并不衰败"，让人联想到"我"艰难坎坷的人生道路和自强不屈的精神；描述古园中那"谁也不能改变"的落日光辉、雨燕高歌、孩童脚印、苍劲古柏、夏风秋雨，则是"我"倔强"心魄"的象征性显现。

一

我在好几篇小说中都提到过一座废弃的古园，实际就是地坛。许多年前旅游业还没有开展，园子荒芜冷落得如同一片野地，很少被人记起。

地坛离我家很近。或者说我家离地坛很近。总之，只好认为这是缘分①。地坛在我出生前四百多年就坐落在那儿了，而自从我的祖母年轻时带着我父亲来到北京，就一直住在离它不远的地方——五十多年间搬过几次家，可搬来搬去总是在它周围，而且是越搬离它越近了。我常觉得这中间有着宿命②的味道：仿佛这古园就是为了等我，而历尽沧桑③在那儿等待了四百多年。

它等待我出生，然后又等待我活到最狂妄的年龄上忽地残废了双腿。四百多年里，它一面剥蚀了古殿檐头浮夸的琉璃，淡褪④了门壁上炫耀的朱红，坍圮⑤了一段段高墙又散落了玉砌雕栏，祭坛四周的老柏树愈见苍幽，到处的野草荒藤也都茂盛得自在坦荡。这时候想必我是该来了。十五年前的一个下午，我摇着轮椅进入园中，它为一个失魂落魄的人把一切都准备好了。那时，太阳循着亘古⑥不变的路途正越来越大，也越红。在满园弥漫的沉静光芒中，一个人更容易看到时间，并看见自己的身影。

自从那个下午我无意中进了这园子，就再没长久地离开过它。我一下子就理解了它的意图。正如我在一篇小说中所说的："在人口密聚的城市里，有这样一个宁静的去处，像是上帝的苦心安排。"

---

① 缘分：因缘，机缘。
② 宿命：一种认为今世的遇合由前世所定的宗教观念。
③ 沧桑："沧海桑田"的略语，喻世事变化很大。
④ 淡褪：颜色脱减后变淡了。淡，使颜色变淡色。褪，减色。
⑤ 坍(tān)圮(pǐ)：倒塌。
⑥ 亘(gèn)古：从古到今。

第一单元　哲理沉思

两条腿残废后的最初几年,我找不到工作,找不到去路,忽然间几乎什么都找不到了,我就摇了轮椅总是到它那儿去,仅为着那儿是可以逃避一个世界的另一个世界。我在那篇小说中写道:"没处可去我便一天到晚耗①在这园子里。跟上班下班一样,别人去上班我就摇了轮椅到这儿来。园子无人看管,上下班时间有些抄近路的人们从园中穿过,园子里活跃一阵,过后便沉寂下来。""园墙在金晃晃的空气中斜切下一溜荫凉,我把轮椅开进去,把椅背放倒,坐着或是躺着,看书或者想事,撅②一权树枝左右拍打,驱赶那些和我一样不明白为什么要来这世上的小昆虫。""蜂儿如一朵小雾稳稳地停在半空;蚂蚁摇头晃脑捋③着触须,猛然间想透了什么,转身疾行而去;瓢虫爬得不耐烦了,累了祈祷一回便支开翅膀,忽悠一下升空了;树干上留着一只蝉蜕④,寂寞如一间空屋;露水在草叶上滚动,聚集,压弯了草叶轰然坠地摔开万道金光。""满园子都是草木竞相生长弄出的响动,窸窸窣窣片刻不息。"这都是真实的记录,园子荒芜但并不衰败。

除去几座殿堂我无法进去,除去那座祭坛我不能上去而只能从各个角度张望它,地坛的每一棵树下我都去过,差不多它的每一平方米草地上都有过我的车轮印。无论是什么季节,什么天气,什么时间,我都在这园子里呆过。有时候呆一会儿就回家,有时候就呆到满地上都亮起月光。记不清都是在它的哪些角落里了。我一连几小时专心致志地想关于死的事,也以同样的耐心和方式想过我为什么要出生。这样想了好几年,最后事情终于弄明白了:一个人,出生了,这就不再是一个可以辩论的问题,而只是上帝交给他的一个事实;上帝在交给我们这件事实的时候,已经顺便保证了它的结果,所以死是一件不必急于求成的事,死是一个必然会降临的节日。这样想过之后我安心多了,眼前的一切不再那么可怕。比如你起早熬夜准备考试的时候,忽然想起有一个长长的假期在前面等待你,你会不会觉得轻松一点?并且庆幸并且感激这样的安排?

剩下的就是怎样活的问题了,这却不是在某一个瞬间就能完全想透的,不是一次性能够解决的事,怕是活多久就要想它多久了,就像是伴你终生的魔鬼或恋人。所以,十五年了,我还是总得到那古园里去,去它的老树下或荒草边或颓墙旁,去默坐,去呆想、去推开耳边的嘈杂理一理纷乱的思绪,去窥看自己

---

① 耗:呆,拖延。
② 撅(jué):折下。
③ 捋(lǚ):用前爪摸索整理。
④ 蝉蜕(tuì):蝉的幼虫变为成虫蝉时蜕下的壳。

的心魂。十五年中,这古园的形体被不能理解它的人肆意①雕琢,幸好有些东西是任谁也不能改变它的。譬如祭坛石门中的落日,寂静的光辉平铺的一刻,地上的每一个坎坷②都被映照得灿烂;譬如在园中最为落寞③的时间,一群雨燕便出来高歌,把天地都叫喊得苍凉;譬如冬天雪地上孩子的脚印,总让人猜想他们是谁,曾在哪儿做过些什么、然后又都到哪儿去了;譬如那些苍黑的古柏,你忧郁的时候它们镇静地站在那儿,你欣喜的时候它们依然镇静地站在那儿,它们没日没夜地站在那儿,从你没有出生一直站到这个世界上又没了你的时候;譬如暴雨骤临园中,激起一阵阵灼烈而清纯的草木和泥土的气味,让人想起无数个夏天的事件;譬如秋风忽至,再有一场早霜,落叶或飘摇歌舞或坦然安卧,满园中播散着熨帖④而微苦的味道。味道是最说不清楚的。味道不能写只能闻,要你身临其境去闻才能明了。味道甚至是难于记忆的,只有你又闻到它你才能记起它的全部情感和意蕴。所以我常常要到那园子里去。

二

现在我才想到,当年我总是独自跑到地坛去,曾经给母亲出了一个怎样的难题。

她不是那种光会疼爱儿子而不懂得理解儿子的母亲。她知道我心里的苦闷,知道不该阻止我出去走走,知道我要是老呆在家里结果会更糟,但她又担心我一个人在那荒僻的园子里整天都想些什么。我那时脾气坏到极点,经常是发了疯一样地离开家,从那园子里回来又中了魔似的什么话都不说。母亲知道有些事不宜问,便犹犹豫豫地想问而终于不敢问,因为她自己心里也没有答案。她料想我不会愿意她跟我一同去,所以她从未这样要求过,她知道得给我一点独处的时间,得有这样一段过程。她只是不知道这过程得要多久,和这过程的尽头究竟是什么。每次我要动身时,她便无言地帮我准备,帮助我上了轮椅车,看着我摇车拐出小院;这以后她会怎样,当年我不曾想过。

有一回我摇车出了小院,想起一件什么事又返身回来,看见母亲仍站在原地,还是送我走时的姿势,望着我拐出小院去的那处墙角,对我的回来竟一时没有反应。待她再次送我出门的时候,她说:"出去活动活动,去地坛看看书,我说这挺好。"许多年以后我才渐渐听出,母亲这话实际上是自我安慰,是暗自

---

① 肆意:不顾一切由着自己的性子去做。
② 坎坷:坑坑洼洼。
③ 落寞:寂寞。
④ 熨(yùn)帖:心里平静舒适。

的祷告,是给我的提示,是恳求与嘱咐。只是在她猝然^①去世之后,我才有余暇设想,当我不在家里的那些漫长的时间,她是怎样心神不定坐卧难宁,兼着痛苦与惊恐与一个母亲最低限度的祈求。现在我可以断定,以她的聪慧和坚忍,在那些空落的白天后的黑夜,在那不眠的黑夜后的白天,她思来想去最后准是对自己说:"反正我不能不让他出去,未来的日子是他自己的,如果他真的要在那园子里出了什么事,这苦难也只好我来承担。"在那段日子里——那是好几年长的一段日子,我想我一定使母亲作过了最坏的准备了,但她从来没有对我说过:"你为我想想。"事实上我也真的没为她想过。那时她的儿子,还太年轻,还来不及为母亲想,他被命运击昏了头,一心以为自己是世上最不幸的一个,不知道儿子的不幸在母亲那儿总是要加倍的。她有一个长到二十岁上忽然截瘫了的儿子,这是她唯一的儿子;她情愿截瘫的是自己而不是儿子,可这事无法代替;她想,只要儿子能活下去哪怕自己去死呢也行,可她又确信一个人不能仅仅是活着,儿子得有一条路走向自己的幸福;而这条路呢,没有谁能保证她的儿子终于能找到。——这样一个母亲,注定是活得最苦的母亲。

有一次与一个作家朋友聊天,我问他学写作的最初动机是什么,他想了一会说:"为我母亲。为了让她骄傲。"我心里一惊,良久无言。回想自己最初写小说的动机,虽不似这位朋友的那般单纯,但如他一样的愿望我也有,且一经细想,发现这愿望也在全部动机中占了很大比重。这位朋友说:"我的动机太低俗了吧?"我光是摇头,心想低俗并不见得低俗,只怕是这愿望过于天真了。他又说:"我那时真就是想出名,出了名让别人羡慕我母亲。"我想,他比我坦率。我想,他又比我幸福,因为他的母亲还活着。而且我想,他的母亲也比我的母亲运气好,他的母亲没有一个双腿残废的儿子,否则事情就不这么简单。

在我的头一篇小说发表的时候,在我的小说第一次获奖的那些日子里,我真是多么希望我的母亲还活着。我便又不能在家里呆了,又整天整天独自跑到地坛去,心里是没头没尾的沉郁和哀怨,走遍整个园子却怎么也想不通:母亲为什么就不能再多活两年?为什么在她儿子就快要碰撞开一条路的时候,她却忽然熬不住了?莫非她来此世上只是为了替儿子担忧,却不该分享我的一点点快乐?她匆匆离我而去时才只有四十九呀!有那么一会,我甚至对世界对上帝充满了仇恨和厌恶。后来我在一篇题为"合欢树"的文章中写道:"我坐在小公园安静的树林里,闭上眼睛,想,上帝为什么早早地召母亲回去呢?很久很久,迷迷糊糊的我听见了回答:'她心里太苦了,上帝看她受不住了,就召她回去。'我似乎得了一点安慰,睁开眼睛,看见风正从树林里穿过。"小公

---

① 猝(cù)然:突然。

园,指的也是地坛。

只是到了这时候,纷纭的往事才在我眼前幻现得清晰,母亲的苦难与伟大才在我心中渗透得深彻。上帝的考虑,也许是对的。

摇着轮椅在园中慢慢走,又是雾罩的清晨,又是骄阳高悬的白昼,我只想着一件事:母亲已经不在了。在老柏树旁停下,在草地上在颓墙边停下,又是处处虫鸣的午后,又是鸟儿归巢的傍晚,我心里只默念着一句话:可是母亲已经不在了。把椅背放倒,躺下,似睡非睡挨到日没,坐起来,心神恍惚,呆呆地直坐到古祭坛上落满黑暗然后再渐渐浮起月光,心里才有点明白,母亲不能再来这园中找我了。

曾有过好多回,我在这园子里呆得太久了,母亲就来找我。她来找我又不想让我发觉,只要见我还好好地在这园子里,她就悄悄转身回去,我看见过几次她的背影。我也看见过几回她四处张望的情景,她视力不好,端着眼镜像在寻找海上的一条船,她没看见我时我已经看见她了,待我看见她也看见我了我就不去看她,过一会我再抬头看她就又看见她缓缓离去的背影。我单是无法知道有多少回她没有找到我。有一回我坐在矮树丛中,树丛很密,我看见她没有找到我,她一个人在园子里走,走过我的身旁,走过我经常呆的一些地方,步履①茫然又急迫。我不知道她已经找了多久,还要找多久,我不知道为什么我决意不喊她——但这绝不是小时候的捉迷藏,这也许是出于长大了的男孩子的倔强或羞涩?但这倔强只留给我痛悔,丝毫也没有骄傲。我真想告诫所有长大了的男孩子,千万不要跟母亲来这套倔强,羞涩就更不必,我已经懂了可我已经来不及了。

儿子想使母亲骄傲,这心情毕竟是太真实了,以致使"想出名"这一声名狼藉②的念头也多少改变了一点形象。这是个复杂的问题,且不去管它了罢。随着小说获奖的激动逐日暗淡,我开始相信,至少有一点我是想错了:我用纸笔在报刊上碰撞开的一条路,并不就是母亲盼望我找到的那条路。年年月月我都到这园子里来,年年月月我都要想,母亲盼望我找到的那条路到底是什么。母亲生前没给我留下过什么隽永③的哲言,或要我恪守④的教诲,只是在她去世之后,她艰难的命运,坚忍的意志和毫不张扬的爱,随光阴流转,在我的印象中愈加鲜明深刻。

有一年,十月的风又翻动起安详的落叶,我在园中读书,听见两个散步的

---

① 步履:步行,步伐。
② 声名狼藉:名声极坏。
③ 隽(juàn)永:意味深长。
④ 恪(kè)守:谨慎而恭敬地遵守。

老人说:"没想到这园子有这么大。"我放下书,想,这么大一座园子,要在其中找到她的儿子,母亲走过了多少焦灼①的路。多年来我头一次意识到,这园中不单是处处都有过我的车辙,有过我的车辙的地方也都有过母亲的脚印。

三

如果以一天中的时间来对应四季,当然春天是早晨,夏天是中午,秋天是黄昏,冬天是夜晚。如果以乐器来对应四季,我想春天应该是小号,夏天是定音鼓,秋天是大提琴,冬天是圆号和长笛。要是以这园子里的声响来对应四季呢?那么,春天是祭坛上空漂浮着的鸽子的哨音,夏天是冗长的蝉歌和杨树叶子哗啦啦地对蝉歌的取笑,秋天是古殿檐头的风铃响,冬天是啄木鸟随意而空旷的啄木声。以园中的景物对应四季,春天是一径时而苍白时而黑润的小路,时而明朗时而阴晦的天上摇荡着串串杨花;夏天是一条条耀眼而灼人的石凳,或阴凉而爬满了青苔的石阶,阶下有果皮,阶上有半张被坐皱的报纸;秋天是一座青铜的大钟。在园子的西北角上曾丢弃着一座很大的铜钟,铜钟与这园子一般年纪,浑身挂满绿锈,文字已不清晰;冬天,是林中空地上几只羽毛蓬松的老麻雀。以心绪对应四季呢?春天是卧病的季节,否则人们不易发觉春天的残忍与渴望;夏天,情人们应该在这个季节里失恋,不然就似乎对不起爱情;秋天是从外面买一棵盆花回家的时候,把花搁在阔别了的家中,并且打开窗户把阳光也放进屋里,慢慢回忆慢慢整理一些发过霉的东西;冬天伴着火炉和书,一遍遍坚定不死的决心,写一些并不发出的信。还可以用艺术形式对应四季,这样春天就是一幅画,夏天是一部长篇小说,秋天是一首短歌或诗,冬天是一群雕塑。以梦呢?以梦对应四季呢?春天是树尖上的呼喊,夏天是呼喊中的细雨,秋天是细雨中的土地,冬天是干净的土地上的一只孤零零的烟斗。

因为这园子,我常感恩于自己的命运。

我甚至现在就能清楚地看见,一旦有一天我不得不长久地离开它,我会怎样想念它,我会怎样想念它并且梦见它,我会怎样因为不敢想念它而梦也梦不到它。

思考与练习

一、认真阅读课文后,谈谈这篇文章在思想内容上值得借鉴吸收的方面有哪些。文章既写地坛,又写母亲,这两者之间有什么内在联系?文中所写的母爱有什么突出的特点?

---

① 焦灼:心里非常着急、焦虑。

二、本文第二节重点写母亲,写尽了母爱的伟大与深挚,也抒发了"我"对母亲的思念与痛悔之情,感人肺腑。读后想一想,作者通过哪些细节描写刻画了母亲对"我"的关怀、担忧和企盼?"我"是如何理解与看待母亲所做的一切的?为什么在母亲去世后,她的形象反而在"我"的印象中愈加鲜明深刻了?

三、阅读课文第一节第 5 自然段中"蜂儿如一朵小雾稳稳地停在半空……园子荒芜但并不衰败"的内容,回答问题:

1. 这里采用了哪几种修辞手法?

2. "荒芜但并不衰败"象征着什么?

四、阅读课文第三节中"如果以一天的时间来对应四季……冬天是啄木鸟随意而空旷的啄木声"一段文字,并回答问题:

1. 这里采用了哪几种修辞手法?

2. 为什么说这里用了类比方法?

3. 这里的比喻意义和象征意义应如何理解?

4. 为什么说这里的排比是"双层"的?

五、作文练习

潇洒,意为神情、举止等自然大方。人们常爱讲"要活得潇洒一些"、"潇洒走一回",但处于逆境时却往往潇洒不起来。请以《困难面前说潇洒》为题,联系实际,写一篇 600 字以上的议论文。

三 思想者的第三种造型[①]

卞毓方[②]

马寅初[③]先生是当代著名的教育家、经济学家,在那"阳光明媚而又瘴烟四伏"的年代,他不仅以提出极其超前的《新人口论》让世人瞩目,更以其殊死捍卫学术尊严的超常勇气和顽强斗志而名垂千古。马先生在上世纪50年代提出的新人口理论,曾被误解为大逆不道的异端邪说,他在精神和身体上也屡遭劫难。经过岁月的洗礼,历史的验证,他的理论终于为后来者逐渐认识、接纳。事实证明他是当之无愧的"马克思的'马'家",他提出的新人口理论是领先百家、超越时代的真理。他用他的言行为我们树起了"思想者的第三种造型"。

今天,当计划生育政策早已成为一项基本国策的时候,当国人在资源、环境、教育、就业等诸多方面仍然为众多的人口所制约和困扰的时候,静下心来读一读卞先生的这篇椎心泣血、慷慨悲歌的文字,相信你一定会有很多感慨。就连百岁老人的长寿之道、健身之法也很值得我们学习。

---

① 选自《十月》2000年第一期。
② 卞毓方(1945～),江苏人,《人民日报》编辑。当代散文家。著有散文集《长歌当啸》等。
③ 马寅初(1882～1982),浙江人,我国著名经济学家、教育家,曾获美国哥伦比亚大学经济博士学位,担任北京大学校长。1960年因发表《新人口论》被迫辞去北京大学校长职务,1979年平反后任北京大学名誉校长。主要著作有《通货新论》、《马寅初经济论文集》等。

一

  一位摆弄经济学的倔老头,风吹别调,发出了和百家——其实也就是一家——不同的声音,举国展开围剿。这老头儿不是别人,正是鼎鼎大名的马寅初。鼎鼎大名管什么用,名声徒然为批判制造轰动。战友噤声,爱莫能助;同事侧目,视若寇仇;学子声讨,不共戴天。为了什么?为了一篇《新人口论》。有好心人劝马寅初偃旗息鼓,暂时收篷转舵。这也不失为明智,不是说"打得赢就打,打不赢就走"嘛。马老头断然拒绝。他认死理:这不是政治,而是学术。学术贵乎争论,真理越辩越明。岂能一遇袭击,就退避三舍①,明哲保身!批判愈是升级,马寅初愈发斗志昂扬;马寅初愈显轩昂,批判愈加大张旗鼓。

  一位举足轻重的老朋友出来圆场。这位老朋友,向以严于克己出名,其高风亮节,有口皆碑。

  老朋友亲自找马寅初谈话,内容不外乎要他转弯子。转弯子是一门学问,人类的许多大动作都是得力于斯。它有时是退守,有时是迂回,有时是改向。此时此地,恐怕首先表现为台阶。批判者需要台阶,借以显示路线、立场的胜利。被批判者也需要台阶,聊做"留得青山在,不愁没柴烧"的自慰。老朋友开门见山,他说:"马老啊,你比我年长16岁,你的道德学问,我是一向尊为师长的。1938年你我在重庆相识,成了忘年之交,整整有20年了啊。人生能有几个20年呢?这次你就应我一个请求,对你的《新人口论》写一份深刻的检讨,不妨从你的家庭出身、西方教育等方面入手,检讨了,你好,我好,大家都好,也算过了这一关。如何啊?"设身处地,老朋友堪谓推心置腹,循循善诱。谁知马寅初不买账,他绝不转弯。换言之:绝不检讨。

  马寅初的决绝,令我们想起亚里士多德②的名言:"我敬爱柏拉图③,但我更爱真理。"也就是我们中国人通译的"吾爱吾师,吾尤爱真理"。不过,马寅初终究是侠义中人,他深恐自己的不妥协招致误解,开罪贤达,考虑再三,决定给老朋友一个公开交代。数天后,他为《新建设》杂志撰文,便特意加上一段:"对爱护我者说几句话并表示衷心的感谢":

    最后我还要对另一位好朋友表示感忱,并道歉意。我在重庆受

---

 ① 退避三舍:最早出自《左传·僖公二十三年》。古时行军以三十里为一舍。意思是主动退让九十里。现在比喻退让,不与人争高下。

 ② 亚里士多德(前384~前322),古希腊哲学家、科学家。其很多观点接近于唯物主义,并且显露出很多辩证法思想,但最终还是陷入唯心主义和形而上学。

 ③ 柏拉图(前427~前347),古希腊客观唯心主义哲学家。苏格拉底的弟子,亚里士多德的老师。是欧洲哲学史上第一个有大量著作传世的哲学家。

难的时候,他千方百计来营救;我1949年自香港北上参政,也是应他的电召而来。这些都使我感激不尽,如今还牢记在心。但是这次遇到了学术问题,我没有接受他的真心诚意的劝告,心中万分不愉快,因为我对我的理论有相当的把握,不能不坚持,学术的尊严不能不维护,只得拒绝检讨。希望我这位朋友仍然虚怀若谷,不要把我的拒绝检讨视同抗命则幸甚。

读者不难猜测,这位老朋友就是周恩来。在这件公案上,周恩来表现出殚精竭虑①,而又左支右绌②,让人不胜唏嘘。而马寅初,则让人五内鼎沸,肃然起敬。

二

此事发生在20世纪50年代。那是个阳光明媚而又瘴烟四伏的年代,不仅年轻的读者难以理解,就是许多过来人,也难以准确描述。

说阳光明媚,这是举国上下的通感。那个年头的人们集体可爱,他们正经历着革命化的洗礼。人人争相脱胎换骨,个个锻炼火眼金睛。要的就是这种红彤彤的世界,要的就是这种亮晶晶的人生。这里飞扬的是开天辟地的豪情。上下五千年,纵横九百六十万平方公里,任你雕,任你塑,任你长驱直入自由驰骋。

说瘴烟四伏,这是事后拾来的清醒。那个年头的人们又集体可悲,他们的理想、激情、才智,很快就沦为一场大规模政治实验的祭品。培根③天真,讲知识就是力量;阿基米德④才华敌国,禁不住罗马士兵的一剑;布鲁诺⑤慧眼识得宇宙无限,也难逃宗教裁判所的火堆。

马寅初,正是这种多元命运的缩影。

马寅初之可爱,用得上当年的一句时髦词语:全身心拥抱时代。比方说,他早年留学美国,精通英文、德文,粗通法文,算得上是学贯中西。然而,为了研究苏联的社会主义经济,在69岁那年,他又"老夫聊发少年狂",一头钻进俄文,并且只花三年工夫——注意,这里纯粹是指业余时间——就能够自如地出

---

① 殚(dān)精竭虑:语出《清史稿·陈奂传》。意指用尽心力思考谋划。殚,竭尽。
② 左支右绌(chù):语出明代陈子龙《议财用》。意思是应付了左边,便应付不了右边。常用来形容人因某种原因而穷于应付。支,支撑。绌,屈曲,不足。
③ 培根:弗南西斯·培根(1561～1626),英国哲学家。英国唯物主义和现代实验科学的始祖。
④ 阿基米德(前287～前212),古希腊学者。著名物理学家、数学家。发现杠杆定律和阿基米德定律。罗马进犯其故乡叙拉古时,他应用机械技术帮助防御,城破时被害。
⑤ 布鲁诺(1548～1600),文艺复兴时期意大利哲学家。利用泛神论的形式宣传唯物主义思想。因其"异端"思想,在威尼斯被异端裁判所逮捕,关押8年后被烧死在罗马。

入俄文书报。这成绩,即使搁在风华正茂的学子身上,也洵非寻常。再比方说,他皓首穷经①,老而弥坚;人在校园,心系苍生;思考的是理论,关注的是实际;着眼的是中国,辐射的是世界;检索的是历史,透视的是未来。

马寅初之可悲,恰恰在于他的目光超前。

这里,我想到思想者的三种命运。一种思想是与潮流同步,因而最功利,也最稳当,尽管瞻之在前,忽焉在后,转瞬就有可能化做明日黄花。一种思想是超前半步,属于不乏新鲜,也不乏风险,然而,当卫道士们正要抡起大棒申斥时,已被社会前进的脚步裁判为真理。一种思想是领先百家,超越时代,注定要被视为异端邪说,大逆不道,常常要等上几十年,甚至几百年,才为后来者逐渐认识、接纳。正是这种遭遇,使一批又一批的竖子成名②,而使一批又一批的布鲁诺、曹雪芹愤世嫉俗,慷慨悲歌。

马寅初与他的人口理论,演绎的正是思想者的第三种命运。

三

自从献身经济学,人口问题一直是马寅初关注的焦点。数十年来,他有过多种著述。但是,1955年第一届人大二次会议,却是他建国后首次就人口问题表态。在他看来,这已是一个瓜熟蒂落的结论,只待伸手摘取。没有想到,爆发的不是掌声,而是斥责,收获的不是龙种,而是跳蚤。"社会主义国家哪来的人口问题?"奇怪,社会主义国家就没有人口问题,这论断是谁下的?

作为一代历史人物,马寅初自此脱鞲③而出。马寅初生于1882年,死于1982年,活了101岁,根据毕达哥拉斯④著名的黄金分割律,他一生的关键期,应该是在1944年,也就是62岁前后。事实正是如此:马寅初1939年以前是南京国民党政府的一个中上层官僚,"不与共产党一起,还作过文章批评马克思";但从那一年起,君子豹变⑤,他毅然改弦更辙,追随马克思,追随共产党。为此,触怒了国民党当局,先是被投入集中营,后又改成软禁,整整失去5年自由。正因为有此一"劫",马寅初才由一位党国经济要员,变成蜚声天下的民主斗士。也正因为有此"正果",建国后,70高龄的他才有资格出任北大校长。然而,马寅初进入世纪人物的更高一个档次,却是从他1955年关于人口问题的发言开始。你瞧,就在那次人大会上,面对公众的质疑,他居然扬言:"大家可以

---

① 皓首穷经:形容好学不倦。皓,白色。皓首,指老年。穷经,专心钻研经书、典籍。
② 竖子成名:语出《史记·孙子吴起列传》。意指人无才能反而成名。竖子,对人的蔑称,相应于口语中的"小子"。
③ 鞲(gōu):臂套,用以束衣袖以便于活动。这里引申为束缚。
④ 毕达哥拉斯(前580至前570之间~约前500年之间),古希腊哲学家、数学家。是西方最早提出勾股定理的人。
⑤ 豹变:语出《易·革》。"君子豹变,其文蔚也。"意思是像豹纹那样变化显著,用以比喻人的行为有很大的变化。

不同意我的意见。我也可以暂时收回发言稿件。但我认为,我的意见和主张是正确的,并不因为大家反对,就改变自己的观点和主张。我将对这一问题继续进行调查研究,对自己的发言再行补充完善,下次人大会上,还将提出。"

真理没有外衣。马寅初按照他的既定方案,又经过一年多的广泛调查,深入研究,于1957年3月,把人口问题直接搬到了中南海的最高国务会议。"人口多就是我们的致命伤。"他说,"我们的社会主义经济是计划经济,如果不把人口列入计划之内,不能控制人口,不能实行计划生育,那就不成其为计划经济!"

据说,毛泽东主席当场讲了话。

毛泽东说:人口是不是可以搞成有计划的生产,完全可以进行研究和试验。马寅初今天讲得很好!从前他的意见,百花齐放没有放出来,准备放就是人家反对,就是不要他讲,今天算是畅所欲言了。

毛泽东的表态,无疑是对马寅初的支持。马寅初心花怒放,4月底,他决定在北大做公开演讲——这是他建国后首次作学术报告——竟然按捺不住满腔激动,不顾自己一校之长的尊严,亲自到校园张贴海报。而后,他又以那次演讲稿为基础,吸纳各方面的意见,经过一个多月的精心修改,最终形成长篇学术论文。为了区别马尔萨斯①以及其他既有的人口论学者,也为了彻底告别自己的过去,他把文章命名为《新人口论》。

一篇雄文,一声铁定要在20世纪的史册上留下绝唱的浩叹,就这样诞生了。1957年6月,作为一项提案,也作为对自己1955年那番讲话的回应,马寅初把《新人口论》提交给一届人大四次会议。同年7月5日,全文在《人民日报》正式发表。

四

《新人口论》堪谓生不逢辰。1957年早春,共产党发动全民帮助整风,这本来是一片春风骀荡②、天高日晶的升平气象,马寅初加快关于人口问题的研究,正是深受这种大气候的鼓舞。然而,鉴于国际、国内某些意想不到的政治寒流,5月15日,毛泽东写下《事情正在起变化》一文,供高层传阅,指出右派分子正在借整风之机向党猖狂进攻;6月8日,《人民日报》推出社论《这是为什么?》标志着反右斗争的开始。《新人口论》早不降生,晚不出世,偏偏在这个时候发

---

① 马尔萨斯(1766~1834),英国经济学家、牧师。因发表《人口论》而著名。他认为当时人口的增长快于生活资料的增长,主张采取各种措施限制人口繁殖。

② 骀(dài)荡:舒缓荡漾。形容声调、景色或心情十分舒畅。

表,而且用的又是那种指陈失误、危言耸听的口吻,这就不能不使用"阶级斗争学说"武装起来的革命群众,心头顿生疑窦。

起初,批判仅仅局限在民间,停留在群众自发层次。马寅初表现出不屑一顾。毛主席支持《新人口论》,谁还敢拿我怎样?!然而,不幸的然而,到了1958年春天,毛泽东撰写了《介绍一个合作社》,发表在随后创刊的《红旗》杂志;文中,毛泽东以他惯用的诗性词语,强调:"……除了党的领导之外,六亿人口是一个决定的因素。人多议论多,热气高,干劲大";——敏感的人们意识到,这番话一定是有所指。马寅初和他的《新人口论》,恐怕凶多吉少。

预感很快得到证实。5月4日,北京大学举办60周年校庆,陈伯达出席并做纪念讲话。冲着坐在主席台上的马寅初,厉声说:"马寅初要对他的《新人口论》做出检讨!"

陈伯达此举过于突然。一位当日在场的老先生,曾向我描述:"陈伯达的闽南话不好懂,师生们多数都没有听清,有人还以为他是在表扬马校长。马校长本人,确信是听清了,只见他微微仰起脸,望着陈伯达的头顶,一言不发,视若无物。"

马寅初和他的《新人口论》,就此被推上了审判席。1959年严冬,在北大临湖轩,雪压冰冻封,朔风尖啸,一场批判马寅初反动人口论的校级会议,正呈现出与大自然同步的严酷。中途,专程赶来压阵的康生,也许觉得火力还不够猛烈,但见他一拍桌子,打断批判者的发言,恶狠狠地插话:

马寅初曾经说过,有人说他是马尔萨斯主义者,但他不能同意。他说马尔萨斯是马家,马克思也是马家,而他是马克思的马家。马寅初的《新人口论》,到底是姓马克思的马,还是马尔萨斯的马?我看这个问题,现在是该澄清的时候了:我认为马寅初的《新人口论》,毫无疑问是属于马尔萨斯的马家!

康生以为他这一压,足可置马寅初于死地。谁知马寅初不吃这一套,前面话音刚落,他后面就当场顶撞:

我马寅初是马克思的"马"家!

斩钉截铁。数一数,总共十一个字。然而,这就够了。这才是"一句顶一万句"!有多少大师级、准大师级人物的一生,就是从胸腔里迸发不出这样的一句,连模仿也模仿不来。惟独马寅初做到了。不假思索,长啸而出,九鼎大吕①,震烁古今。

---

① 九鼎:传说夏禹铸了九个鼎,象征九州,比喻分量极重。大吕:十二律中的第二律。

再说那铮铮誓言。面对"右派分子"的政治高帽随时会扣落下来的生存险境,和挚爱亲朋力劝姑且检讨、蒙混过关的苦口婆心,马寅初选择《新建设》刊登《重申我的请求》,以"虽千万人,吾往矣"的决心,公开宣布:

> 我接受《光明日报》开辟一个战场的挑战书。这个挑战是很合理的,我当敬谨拜受。我虽年近八十,明知寡不敌众,自当单身匹马出来应战,直至战死为止,绝不向专以力压服、不以真理说服的那种批判者们投降。

这段话稍微长一点,分析下来,也不过三句:"明知……自当……直至……决不……"能够说出这番话的大贤大哲,20世纪下半叶的中国,惟有马寅初一人。套用传统的名言,就是"宁为玉碎,不为瓦全!""宁鸣而死,不默而生!"自从那日有幸拜读,我常常一低头,一转念,脑海里就会闪过陈寅恪①为王国维②撰写的碑文:"惟此独立之精神,自由之思想,历千万祀与天壤而日久,共三光而永光。"或是李商隐颂韩愈的《韩碑》诗:"公之斯文若元气,先时已入人肝脾。""愿书万本颂万过,口角流沫右手胝③。"李敖尝说"人生八十才开始",证之于他本人,尚是未知数,证之于马寅初,却是惊人的准确。马老不老,守正白眼朝天,立世青眼向文。他总是能让人马首是瞻④,瞻到血沸,沸到流泪。历史不堪垃圾的重负,后人为轻装前进就不得不学会健忘。然而,我相信,无论无常的岁月经历多少轮回,马寅初高昂的头颅和勃发的英气,将永远激荡青史,烛照天地。

五

季羡林先生曾告诉笔者,建国以来的知识分子里,他最佩服的,有两个,一个是马寅初,一个是梁漱溟⑤。

这两人都是古色古香的大丈夫:一样的刚正不阿,一样的敢作敢当。我这里用了"古色古香"一词,首先是指他俩的理想、情操、气节;其次是强调,他俩都出奇长寿。众所周知,梁漱溟活了96岁,马寅初活到101岁。

梁漱溟少时体弱多病,壮年又历经坎坷,据一则资料,他的长寿,完全得力于平和淡泊的精神和少吃多动的健身之道。关于饮食营养,本文撇开不谈,单

---

① 陈寅恪(1890~1969),著名历史学家。年少时曾赴日本和欧美留学。1925年后在清华大学等高校任教。
② 王国维(1877~1927),著名学者。主要从事哲学、戏曲史、词曲和古代史的研究。
③ 胝(zhī):手脚上的老皮。
④ 马首是瞻:语出《左传·襄公十四年》。原指古代作战时士卒望着主将的马头决定其进退的方向。今现指服从指挥或按别人的意思、动作行事。
⑤ 梁漱溟(1893~1988),原籍广西,生于北京,现代著名思想家、哲学家、教育家和社会活动家。一生经历丰富而富有传奇色彩,著作颇丰。主要著作:《中国民族自救运动之最后觉悟》、《乡村建设理论》。

说他精神上的那个"静",和形体上的那个"动"。例子之一:"文革"中,梁漱溟的藏书、手稿、字画被焚,人又被拉去游街,批斗。这不啻是剜心摘肝,侮宗辱祖。稍微想不开的,就会走上绝路。梁漱溟不,当造反派厌倦了他这只"死老虎",把他关进一间小屋,停止纠缠,他呢,既不呼天抢地,也不长吁短叹,而是优哉游哉、自得其乐地写起学术论文。先撰《儒佛异同论》,继撰《东方学术概观》,其超然物外的胸襟和目无凡夫的气度,令世人叹为观止。例子之二:梁漱溟以太极拳健身,数十年如一日,从不间断。即使在那些被批斗的日子里,一旦获得短暂的喘息,哪怕是当着数十人、数百人的怒目,他也会立即拉开架势,专心致志地调精运脉、摄气炼神。

马寅初呢?

马寅初少时也是体弱多病,在留学西洋的过程中,他学了两手健身的绝招。其一是洗冷水澡。不,应该说是洗热冷水澡。先热后冷,热冷交替,热时大汗淋漓,促进血脉流通,新陈代谢;冷时血管收缩,借以训练弹性,延缓老化。这是早年留学美国耶鲁大学,向一位校医学来的。其二是爬山。留学哥伦比亚大学,他爬纽约市中央公园的小山;落户杭州,他爬玉皇山、宝俶山、棋盘山;迁居重庆,他爬歌乐山;定居北京,则爬万寿山、香山。年近八旬,依然能健步如飞地登上香山主峰"鬼见愁"。《新体育》杂志就曾刊登过他征服"鬼见愁"的照片,令天下老人大开眼界,大长志气。说句文人的酸话,人生之道,不外如爬山,每一步都在和自然界交换能量,每一步又都在积聚能量。人生之道,又不外如洗热冷水澡,热胀冷缩,吐故纳新,抱阴守阳,协调平衡。

马寅初的长寿之秘,还要加上一条:胸怀坦荡。五六十年代,曾经有两句很有名的诗:"真理在胸笔在手,无私无畏即自由。"说得多好!但真正能身体力行的,环顾天下,又有几人?马寅初,无疑是十分难得的异数。因为真理在胸,所以他才能吟出"大江东流去,永远不回头!往事如烟云,奋力写新书!"因为无私无畏,所以他才能放言"不怕冷水浇,不怕油锅炸,不怕撤职,不怕坐牢,更不怕——死!"马寅初做到这一步,死亡也就拿他无可奈何。

马寅初在望八之年遭受重厄,不得不离开北大校长的位置和喧闹的政坛,躲进自己在京城东总布胡同的小院。"大江静犹浪,扁舟独且征。"①阻纷扰于红尘之外,而不阻浩气于千秋之外。结局,竟以百岁高龄,重新出山,赢得世人的大声惊叹,大把热泪。这是他的对手做梦也没想到的,也是他的家人、友人难以置信的。惟一掌握底牌的,只有上帝。马寅初,是上帝赠予20世纪中华民

---

① 大江静犹浪,扁舟独且征:出自梁陈时诗人阴铿的《和傅郎岁暮还湘州诗》。

族的一份厚礼。他的价值,一半在于他发掘的人口理论,一半在于他渊淳岳峙①、独立苍茫的健康人格。

思考与练习

一、反复诵读课文,仔细体会和领悟文章用语的生动简洁、贴切到位、感情丰沛和寓意深刻。讨论一下全文用了多少成语,理解并学会运用下列成语:

偃旗息鼓　　忘年之交　　退避三舍　　殚精竭虑
推心置腹　　虚怀若谷　　左支右绌　　皓首穷经
改弦易辙　　危言耸听　　渊淳岳峙　　设身处地

二、文中提到的"思想者的三种命运",也即"思想者的三种造型"之间有何不同?文中提到的"思想者的第三种造型",除了马寅初外,中外历史上还有哪些人?请举出一二例说明。

三、分析探讨我国同其他国家相比,人口增长过快给国家经济发展带来了哪些影响。

四、文中提及的马寅初和梁漱溟两位老人,虽历经坎坷,但却都高寿,这与他们的开阔的思想境界有没有关系?你能从他们的故事中得到怎样的启示?

---

① 渊淳岳峙:语出晋石崇《楚妃叹》。意思为像渊一样深沉厚敛,像山一样耸立。比喻人品端庄,才德深厚。淳,水积聚而不流通。

四　人生的境界

冯友兰[①]

学习提示

　　这是一篇当代著名哲学家冯友兰先生写于上世纪40年代的哲学论文。本文旨在从人生境界的角度去论述哲学的任务。

　　冯友兰先生认为，人类做事的意义本是客观存在的，有功利的意义，有道德的意义，有天地的意义。但是人们觉解的程度是不同的，觉解了，就处于觉悟状态；不觉解，就处于"无明状态"。人生的意义各不相同，人生的境界也就各不相同，由低级到高级，可以划分为四个等级：自然境界、功利境界、道德境界和天地境界。

　　学习冯先生的人生境界说，应该在沉思之后，展开质疑：此说是否完善，是不是还有什么概括不了现实的地方。因为质疑是知识创新的前提，许多创新往往是从心有怀疑开始，然后经过多年艰辛的研究，才得以成功。不断质疑，不断思索，这样的阅读才有收获。

　　哲学的任务是什么？我曾提出，按照中国哲学的传统，它的任务不是增加关于实际的积极的知识[②]，而是提高人的精神境界。在这里更清楚地解释一下

[①]　冯友兰(1895~1990)，著名哲学家、哲学史家。字芝生。河南唐河人。1915年入北京大学文科中国哲学门，1919年赴美留学，获哲学博士学位。回国后历任中州大学、中山大学、燕京大学、清华大学和北京大学哲学教授。建国后著有《中国哲学史新编》等，论著编为《三松堂全集》。

[②]　关于实际的积极的知识：自然科学和社会科学都是关于实际的知识，而哲学是对自然知识、社会知识和思维知识的概括和总结，是宇宙观的理论形式，它的任务在于研究自然、社会和思维发展的最一般规律，而不在于增加关于自然、社会、思维的实际的知识。

这个话的意思,似乎是恰当的。

我在《新原人》一书中曾说,人与其他动物的不同,在于人做某事时,他了解他在做什么,并且自觉地在做。正是这种觉解①,使他正在做的事对于他有了意义。他做各种事,有各种意义,各种意义合成一个整体,就构成他的人生境界。如此构成各人的人生境界,这是我的说法。不同的人可能做相同的事,但是各人的觉解程度不同,所做的事对于他们也就各有不同的意义。每个人各有自己的人生境界,与其他任何个人的都不完全相同。若是不管这些个人的差异,我们可以把各种不同的人生境界划分为四个等级。从最低的说起,它们是:自然境界,功利境界,道德境界,天地境界。

一个人做事,可能只是顺着他的本能或其社会的风俗习惯。就像小孩和原始人那样,他做他所做的事,然而并无觉解,或不甚觉解。这样,他所做的事,对于他就没有意义,或很少意义。他的人生境界,就是我所说的自然境界。

一个人可能意识到他自己,为自己而做各种事。这并不意味着他必然是不道德的人。他可以做些事,其后果有利于他人,其动机则是利己的。所以他所做的各种事,对于他,有功利的意义。他的人生境界,就是我所说的功利境界。还有的人,可能了解到社会的存在,他是社会的一员。这个社会是一个整体,他是这个整体的一部分。有这种觉解,他就为社会的利益做各种事,或如儒家所说,他做事是为了"正其义不谋其利"。他真正是有道德的人,他所做的都是符合严格的道德意义的道德行为。他所做的各种事都有道德的意义。所以他的人生境界,是我所说的道德境界。

最后,一个人可能了解到超乎社会整体之上,还有一个更大的整体,即宇宙②。他不仅是社会的一员,同时还是宇宙的一员。他是社会组织的公民,同时还是孟子所说的"天民"。有这种觉解,他就为宇宙的利益而做各种事。他了解他所做的事的意义,自觉他正在做他所做的事。这种觉解为他构成了最高的人生境界,就是我所说的天地境界。

这四种人生境界之中,自然境界、功利境界的人,是人现在就是的人③;道德境界、天地境界的人,是人应该成为的人④。前两者是自然的产物,后两者是精神的创造。自然境界最低,往上是功利境界,再往上是道德境界,最后是天地境界。它们之所以如此,是由于自然境界,几乎不需要觉解;功利境界、道德

---

① 觉解:就是觉悟、了解。
② 宇宙:作者所说的宇宙,是包括地球在内的一切天体的无限空间。
③ 是人现在就是的人:意思就是没有受过教育就如此的人。
④ 是人应该成为的人:意思就是应该把成为贤人、圣人作为自我修养的目标,应该不断提高精神境界,成为道德境界的人、天地境界的人。

境界,需要较多的觉解;天地境界则需要最多的觉解。道德境界有道德价值,天地境界有超道德价值[①]。

照中国哲学的传统,哲学的任务是帮助人达到道德境界和天地境界,特别是达到天地境界。天地境界又可以叫做哲学境界,因为只有通过哲学,获得对宇宙的某些了解,才能达到天地境界。但是道德境界,也是哲学的产物。道德行为[②],并不单纯是遵循道德律的行为;有道德的人也不单纯是养成某些道德习惯[③]的人。他行动和生活,都必须觉解其中的道德原理,哲学的任务正是给予他这种觉解。

生活于道德境界的人是贤人,生活于天地境界的人是圣人。哲学教人以怎样成为圣人的方法。我在第一章中指出,成为圣人就是达到人作为人的最高成就。这是哲学的崇高任务。

在《理想国》中,柏拉图说,哲学家必须从感觉世界的"洞穴"上升到理智世界。哲学家到了理智世界,也就是到了天地境界。可是天地境界的人,其最高成就,是自己与宇宙同一[④],而在这个同一中,他也就超越了理智[⑤]。

中国哲学总是倾向于强调,为了成为圣人,并不需要做不同于平常的事。他不可能表演奇迹,也不需要表演奇迹。他做的都只是平常人所做的事,但是由于有高度的觉解,他所做的事对于他就有不同的意义。换句话说,他是在觉悟状态做他所做的事,别人是在无明状态做他们所做的事。禅宗有人说,"觉"字乃万妙之源。由觉产生的意义,构成了他的最高的人生境界。

所以中国的圣人是既入世而又出世[⑥]的,中国的哲学也是既入世而又出世的。随着未来的科学进步,我相信,宗教及其教条和迷信,必将让位于科学;可是人的对于超越人世的渴望,必将由未来的哲学来满足。未来的哲学[⑦]很可能是既入世而又出世的。在这方面,中国哲学可能有所贡献。

---

① 超道德价值:天地境界的人,"他为宇宙的利益而做各种事",他的行为不仅于社会有利,而且于宇宙有利。他的精神境界最高,他生活于最高的人生境界,取得了"人作为人的最高成就",这样的价值比道德价值又高出一个层次,是"超道德价值"。

② 道德行为:是人们在一定的道德意识支配下表现出来的能够进行道德评价的行为。是行为主体自由选择的结果。

③ 道德习惯:也称"道德行为习惯",是个体稳定的道德行为方式。指个人的某种道德行为已经不需要意志努力,可以自然而然地完成。

④ 宇宙同一:天地境界的人,他为宇宙的利益而做各种事,也就是他到了理智世界,他的行为完全符合宇宙规律,达到"人道与天道"合一,人与宇宙合一,也就是中国哲学所说的"天人合一"。

⑤ 他也就超越了理智:庄子认为"天地与我并生,而万物与我为一",人与天本来合一,只是由于人的主观区分才破坏了统一。达到天人合一,也就超越了主观,超越了理智。

⑥ 既入世而又出世:意思是,既投身到社会里,又能超越人世。这跟宗教不一样,宗教是一味追求出世,而逃避现实。也不像西方哲学那样,讲究入世而不能超脱人世。中国的圣人,如孔子、孟子,都置身于社会斗争之中,又以天地境界为自己的人生境界,意识到自己是宇宙的一员,是"天民",为宇宙的利益而做各种事,正是既入世又出世的表现。

⑦ 未来的哲学:是指世界未来的哲学。

思考与练习

一、阅读课文,探讨下列问题。

1.作者所说的人生境界是根据什么来划分的?用自己的话说说四种境界的内涵。

2.作者认为哲学的任务"是提高人的精神境界",这种任务的具体内容是什么?

二、研读下列语句,思考问题。

1.正是这种觉解,使他正在做的事对于他有了意义……禅宗有人说,"觉"字乃万妙之源。由觉产生的意义,构成了他的最高的人生境界。

(联系全文看,作者所说的"觉解"是什么意思?禅宗所说的"觉"有什么特定的含义?)

2.这四种人生境界之中,自然境界、功利境界的人,是人现在就是的人;道德境界、天地境界的人,是人应该成为的人。前两者是自然的产物,后两者是精神的创造。

("是人现在就是的人"一句是什么意思?"后两者是精神的创造"又是什么意思?)

3.所以中国的圣人是既入世而又出世的,中国的哲学也是既入世而又出世的。

(你怎样理解"既入世而又出世"?)

三、儒家所提倡的"正其义不谋其利",将"义"与"利"完全对立起来,冯友兰先生又将这一套奉为道德境界的要义,是否合适?在市场经济条件下,是不是把"义"和"利"结合起来,求得二者的一致才现实呢?

四、你认为作者的见解有没有道理?你的看法如何?哪些地方你表示赞同?哪些地方你有所质疑?联系自己的知识和经验,写一则读书笔记,不少于300字。

五 指 喻

方孝孺①

学习提示

方孝孺是明惠帝(建文帝)的老师,他的《指喻》是一篇富于哲理性的杂文。文章采用先喻后证的笔法,借"喻"立说,通过一个友人拇指生病的事例,阐明这样的道理:天下的事情,常常开始发生在"至微之处",由于人们的忽略轻视,而最终酿成大患。这种教训,是治理国家、筹划大事的人应该引以为戒的。防微杜渐,在今天仍然有现实教育意义。

全文分两部分。前一部分,记叙郑仲辨拇指患疾的经过。"余因是思之"一句,承上启下,自然地由曲笔记事转为正面议论。后一部分,作者推微知著,以拇指之病比况天下之事,作三层议论。最后说明"喻"之本意是希望"有位于时"之人,能够以"拇指为戒"。当然这里也寄托了作者的政治理想和抱负。

文章不以文采辞藻炫耀,不发空泛议论,而是从实际出发,举出人们生活中普遍常见的事情,娓娓道来。既有对具体事物的细致分析,又有因小见大的深入发挥。说理透辟,合情合理,语言简洁,不枝不蔓,代表了古代说理性散文中词气充沛而议论平正的风格。

---

① 方孝孺(1357~1402),明文学家。浙江宁海人。宋濂弟子,人称正学先生。惠帝时,任侍讲学士。朱棣兵入京师,命他起草登基诏书,不从,被杀。有《逊志斋集》二十四卷。

浦阳①郑君仲辨,其容阗然②,其色渥然③,其气充然④,未尝有疾色也。他日,左手之拇指有疹⑤焉,隆起而粟⑥,君疑之,以示人,人大笑,以为不足患⑦。既三日,聚而如钱。忧之滋甚⑧,又以示人,笑者如初。又三日,拇之大盈握⑨,近拇之指皆为之痛,若剟刺⑩状,肢体心膂⑪,无不病者。惧而谋诸医,医视之,惊曰:"此疾之奇者,虽病在指,其实一身病也,不速治,且能伤生。然始发之时,终日可愈;三日,越旬可愈;今疾且成,已非三月不能瘳⑫。终日而愈,艾可治也;越旬而愈,药可治也;至于既成,甚将延乎肝膈,否亦将为一臂之忧。非有以御其内,其势不止;非有以治其外,疾未易为也。"君从其言,日服汤剂,而傅⑬以善药,果至二月而后瘳,三月而神色始复。

余因是思之:天下之事,常发于至微,而终为大患;始以为不足治,而终至于不可为。当其易也,惜旦夕之力,忽⑭之而不顾;及其既成也,积岁月,疲思虑⑮,而仅克⑯之,如此指者多矣。盖众人之所可知者,众人之所能治也,其势虽危,而未足深畏。惟萌于不必忧之地,而寓于不可见之初,众人笑而忽之者,此则君子之所深畏也。

昔之天下,有如君之盛壮无疾者乎?爱天下者,有如君之爱身者乎?而可以为天下患者,岂特疮痏⑰之于指乎?君未尝敢忽之,特以不早谋于医,而几至于甚病。况乎⑱视之以至疏之势,重之以疲敝之余⑲,吏之戕摩剥削以速其疾者亦甚矣⑳;幸其未发,以为无虞㉑而不知畏,此真可谓智也与哉?

---

① 浦阳:唐时设浦阳县,五代吴越改名浦江,今属浙江湖州市。
② 阗(tián)然:丰满的样子。
③ 渥(wò)然:红润的样子。
④ 充然:充足的样子。
⑤ 拇:大指头。疹(zhěn):皮肤上生的小疙瘩。
⑥ 粟:意思是像粟那样大小。
⑦ 患:忧虑,担心。
⑧ 滋:增加。
⑨ 盈握:满四寸,古时四寸为一握。
⑩ 剟(duō)刺:割刺。剟,刺,击。
⑪ 膂(lǚ):脊梁骨。
⑫ 瘳(chōu):病愈。
⑬ 傅:通"敷"。
⑭ 忽:不注意。
⑮ 疲思虑:费了不少心血。
⑯ 克:克服。
⑰ 岂特:岂只。痏(wěi):伤口。
⑱ 况乎:何况。
⑲ 重:加重。疲敝:人力、物力受到消耗。
⑳ 戕(qiāng)摩:杀害,消灭。剥削:搜刮。速:加快。
㉑ 虞:担心,忧虑。

余贱不敢谋国①,而君虑周行果②,非久于布衣者也。《传》不云乎:"三折肱而成良医。"③君诚有位于时④,则宜以拇病为戒。洪武辛酉⑤九月二十六日述。

思考与练习

一、文章第一部分只记叙了医者对病情的分析诊断,而将如何治疗的具体过程一笔带过,这样写的好处是什么?

二、请具体分析课文的后半部分是如何以拇指之病比况天下之事,发表议论的。

三、给下列加点的字注音,并做到会读会写能理解其意思。

闻(　　)然　　渥(　　)然　　疹(　　)　　剟(　　)刺
疣(　　)　　粟　　　　膂(　　)　　戕(　　)摩
三折肱(　　)　　瘳(　　)

四、结合自己的亲身经历,谈谈学习这篇文章后有什么启发。

五、背诵全文。

写作知识一　感受生活

写作指导

任何一篇优秀的文章都是来源于生活的,生活给了我们最好的素材。看那风、那雨、那花、那草、那路灯、那天井、那红绿灯……这一切的一切,都源自生活。只要你看了、想了、悟了,就可以把其中的任何一样东西写得有意义。同样,写人的题材也多得很:一根白发、一个微笑、一滴泪水、一道伤痕、一种眼神……这些都可以表达你对某个人的爱或恨。由此可见,只要我们用心去感悟生命、感觉生活,我们就能写好每一篇文章。

有意识地培养用心感受生活的习惯,要注意以下几点:

一、要做观察生活的有心人。

感受是由客观外界事物的影响而产生的一种心理活动,是在观察的基础上进行的。许多学生总认为日常生活,日复一日,平淡无奇,没有什么可感可写的素材。这是一种误解,其实不一定非要大事件才能引发感受。一个小小的微笑,一件细微的小事,都能引起

---

① 谋国:筹划国家大事。
② 虑周行果:考虑周密,行动果断。
③ 传:《左传》。三折肱(gōng)而成良医:语见《左传·定公十三年》:"三折肱,知为良医。"多次折断胳膊后,渐通医术,遂成为一个好医生。比喻阅历多,增长了经验。
④ 诚:如果。位:官位。
⑤ 洪武辛酉:洪武十四年,即公元1381年。洪武是明太祖年号。

人的某种感受,成为写作的契机和切入点。如倪琳同学在短文《回眸一笑》中写道:

  回眸一笑,一个极为平常的动作,它是那么的轻微,如同汪洋大海中的水珠一颗,又如万花丛中的鲜花一朵。
  你信步走在大街上,众人对你的风采与美丽投来欣赏的目光,你回眸一笑,笑容里充满清纯、亮丽。
  你昂首走在校园里,同学对你的成绩与能力投来羡慕的眼光,你回眸一笑,笑容里充满自信、坚强。
  这是平凡的笑,充满美好的笑。它只是沧海一滴,平常而微小,而大海正是由这一滴一滴的水汇聚而成的。如果,每一个人的一笑是一滴水,那么,每人少一次微笑,大海也会干涸。笑吧,让整个世界都充满笑,变成欢声笑语的海洋。

小作者由回眸一笑,引发出希望世界充满欢笑的美好愿望。

二、自觉培养感受生活的意识。

  要训练自己的感官,使之能灵敏、准确地对外界的刺激作出反应,要辨析自己的感官传达出来的感受。比如天气阴沉,会使人感到郁闷、压抑;而万里晴空,会使人感到心情开朗。花使人觉得美丽,水使人感到清爽,这都是人的感官获得的普遍感受。在生活中,时时都会产生这样的感受,关键是看你用什么心态去对待。例如沈从文在《西山的月》中写"泪":"我见到你笑了,还找不出你的泪。当我从一面篱笆前过身,见到那些嫩紫色牵牛花上负着的露珠,便想:倘若是她有什么不快事缠上心,泪珠不是正同这露珠一样美丽,在凉月下会起彩虹吗?"悲伤的泪,也能给作者带来美好的感受。这正表现了作者对恋人真挚的深情。

三、多情才会善感。

  人的内心世界是非常丰富的。多情才能感受深刻,没有情的感受只会是苍白无力的。只有把外物和内在的情感联结在一起,触景生情,睹物生情,才能产生深刻的感受。2011年元月13日《新安晚报》副刊上刊登的一篇短文《开在角落》,作者在文中写他看到的三个普通画面:一个工人模样的人,在超市租包寄存处的一个隐秘角落,捧着一个巨大的面包,正在大口咀嚼;学校大门的一角,一个乡下母亲看望自己的大学生女儿,掏出几个咸鸭蛋,让女儿找个避人的角落,大口嚼起来;卖红薯的大妈收工后,找个菜场没人的角落,幸福地数着硬币和毛票。作者在文后写下自己的感受:"有时,我想,我们的享受,往往是那么单薄和脆弱,走出角落,会被众人的目光洞穿和击碎。因为怕被人讥笑,怕被人鄙夷,只能独自开在角落里。"他接着写道:"平凡人的幸福,有点羞涩,有点享受,像朵朵开在角落的小花,星星点点,素面朝天,既不璀璨也不夺目。然而,心中也有阳光,也有欢欣,那就避开人群,独自欢乐吧。"字里行间,充满了作者对普通人的同情和关爱。

四、要写出自己的独特感受。

  用心感受生活,落实到写作上,最主要的是写出自己的独特感受。每个人的内心世界都是独一无二的,一个人的感受愈独特,他的写作也愈深刻。我们写作时,不要格式化,不要人云亦云,"嚼别人嚼过的馍没滋味"。越是个性化的东西,就越能打动人。章玉华同学在习作《手太小》中写道:"在篮球场上,我的手太小,抓不住篮球,成为有些同学讥笑的对象;在英语课上,我的手太小,英语默写的速度怎么也提不上去;在弹琴时,我的手太小,人家轻轻就能跨八度,我要费上好大一把力;在掰手腕时,我的手太小,费了九牛二虎之力,也只能甘拜下风。""正因为有些地方我比不过人家,所以我就要表现得比别人更出色。""于是,手太小的我初露锋芒。小试牛刀,我便有了些成果。在课堂上,我用我太小的手屡屡举手发言;在各项英语活动中,我用我太小的手布置英语角,英语游园会,张贴英语标语;在各项社团组织的竞赛活动中,我一次次地举起我太小的手……谁说我的手太小!"小作者正视自己"手太小"的不足之处,表达了自己的独特感受:自信加勤奋,是克服不足之处的不二法宝。

借鉴实例

一、美丽的遗憾

台湾著名画家蔡志忠说过,如果拿橘子比喻人生,一种橘子大而酸,一种橘子小而甜。一些人拿到大的就会抱怨酸,拿到甜的又会抱怨小。而我拿到了小橘子会庆幸它是甜的,拿到酸橘子就会感谢它是大的。

若用橘子来比喻人生,在我看来,橘子的小而甜本就是相对大与酸而言。甜的小,大的酸,这本就是一种遗憾。遗憾是一种破碎的美丽。不论春日的和煦如何绵延,也终究无法抗拒秋冬的萧瑟。逝去的花期,错过的珍贵,忧怀感伤之余,却沉浸其中,这便是遗憾的美。脉脉不得语的情怀,林花谢了春红的无奈,只是朱颜改的惆怅……

破碎的美丽,美丽的遗憾。

遗憾是一种动人的美丽。陆游、唐婉一怀愁绪,几年离索,遗憾的错,春如旧,人空瘦;山盟虽在,锦书难托。叠声的莫,东风的恶,欢情薄。一步一个脚印,留下储存美丽的印窝。干枯的心被咸涩的雨水浸润,缓缓舒展,悄悄隐匿起苦涩。黄縢酒醉人,他们的遗憾醉心。心沉醉了,心感动了。

动人的美丽,美丽的遗憾。

遗憾是一种永恒的美丽。犹记得元稹的一首宝塔诗,其中一句"洗尽古今人不倦,将至醉后岂能堪夸"虽是形容茶,但用来比喻遗憾倒也贴切。只因遗憾如一盏茶,入口涩,甘甜却永恒地留下。正如王勃"时运不济,命途多舛"却写下了"落霞与孤鹜齐飞,秋水共长天一色"。仿佛香兽口中的袅袅香烟,带着未燃尽的苏合沉香,一直弥漫至今,化作了永恒。思及此,不禁感叹,感叹西伯拘而演《周易》,仲尼厄而作《春秋》,左丘失明而有《国语》。关于遗憾的美,世人大有相同的标准。断臂的维纳斯,用她的遗憾超过了所谓的完美。世人曾经喟叹,喟叹那遗失的手臂,于是乎,试图复原那遗失的美,但始终不得比遗憾的维纳斯更加摄人心魄。

永恒的美丽,美丽的遗憾。昙花的美丽只有两个时辰,错过的人也许会惋惜;赶早登山观望晨岚的人,错过第一缕阳光也许会哀叹。昙花一现的遗憾,让人有了渴望的等待；登岳望岚的遗憾，令人有了不倦的追寻。人生天地之间，若白驹过隙，忽然而已。只因有了遗憾，我们在这短短的一生中才有了不断进取追逐的勇气。似水年华，留不住岁月，经不起蹉跎，一切的一切都恍若隔着如水烟岚。试问，若此一生一帆风顺，事事圆满，何尝不是一种遗憾？遗憾是尝到失落后的喜悦，没有尝到错失后的珍惜……

遗憾的美丽，美丽的遗憾。

(北京八中高二班　汪宛琪)

简评

习作者从生活中的点点滴滴，展开丰富的联想，感悟到人生中充满诸多遗憾，但她能以辩证的观点来看待遗憾，给人一种积极向上的力量。因为遗憾也是一种破碎的美丽、动人的美丽和永恒的美丽。告诉大家，假如一生一帆风顺，事事圆满，何尝不是一种遗憾？以此点明文章的主旨：美丽的遗憾。

二、生活中的"幸"与"不幸"
——读《鲁滨逊漂流记》有感

货船失事，孤身一人流落到荒岛上，四周潜伏着野兽和野人的威胁。在这种令人难以想象、常人无法承受的环境下，他生活了20多年，开荒种地，砍树建房，圈养山羊，修造船只……他就是鲁滨逊·克鲁索。

鲁滨逊之所以战胜了这艰难的困境，是因为他有着乐观的态度与坚强的意志。他漂流到荒岛时，并没有自暴自弃，而是冷静思考他的处境，分析出他不幸处境中有利的一面，乐观坚强地投入到新的生活中。若是平常人，可能早已头脑慌乱，失去坚定的意志，作出错误的判断。面对困境，我们千万不能头脑发热，乱了手脚，我们应当学习鲁滨逊，冷静地列出自己的"幸"与"不幸"。这有助我们理清纷乱的思绪，保持清醒的意识，作出正确的判断，最后战胜困难。

这无疑是一种充满哲理的思维方式。

我们应当看到生活中的"不幸"。适度的反思，适度的忧虑，可以使我们在生活的海洋上航行得更加平稳。我们知道了海中何处有礁石，才能作出相应的措施，不致船毁人亡。列明生活中种种的困难，能使我们更好地生活。

同时，我们也应当看到生活中的幸事。我们不能一味地沉浸于不幸之中，那样会使我们丧失对生活的信心。我们要乐观地面对生活，想想自己"拥有的"东西，而不是自己"未拥有的"东西。这样做，我们就会对未来的生活充满珍惜，对自己充满信心，大步迈向心中的目标！

以"幸"比"不幸"，我们的生活就会变得美好，我们就会克服生活中的种种挫折。我们既不会太"杞人忧天"，也不会太"得意忘形"。我们会变得坚强，变得冷静，变得自信，变得懂得珍惜生活中的每一分，每一秒。

(合肥市第五十中学(西区)八(四)班　齐悦)

> 简评

阅读是人获得知识的第二途径。习作者读《鲁滨逊漂流记》后联想到生活中的"幸"与"不幸",能用辩证的眼光看待这一组矛盾体,表达了要用坚强的意志、乐观而自信的精神去对待生活的态度。不足之处是未能运用生活的实例展开论述,内容欠充实。词语的运用也不太准确,如"明确的意志""纷乱的头绪""清醒的意志"等,已做修改。

写作练习

一、片段练习。
抓住瞬间独特的感受,写一个片段。内容不限。
二、写自己的感受,不妨从自己身边的生活和自己内心情感着眼。
1. 由身边的小事感受到的。
2. 表现细微的感受。

口语交际一　　即席发言

表达指导

即席发言,是一种在特定情景下事先没有准备的临场说话的口头样式。它的特点是即境而发、随机而发,短小精悍,使用面广。

即席发言,一要迅速构思,二要克服紧张心理,三要掌握方法。

一、如何迅速构思

首先,要确立中心,明确自己的观点和态度。由于构思时间短,必须迅速想定自己说话的中心,以及自己的观点和态度,最好举例说明,增强说服力,解决"说什么"的问题。

其次,要为发言寻找一个切入点,这就要从当时当地的实际出发,就地取材,如某校学生会召开全体会议,最后一项议程是新当选的干部发言,因临近午饭时间,又因部分学生对当选的干部有点"瞧不起"、"不服气",所以,好几名学生会干部呆板的套话亮相,迎来的是喝倒彩吹口哨,但有一位"部长"的表态却受到欢迎和好评。他说:"各位同学,我叫陈顺平,我的名字可以解释为:承(陈)蒙在座的关照,我顺利平安地当上了宣传部长,所以,我将倾心竭力为大家效劳!"两句话,巧妙地推销了自己,恭维了别人,达到了让他人承认自己、欢迎自己的目的。

再次,要有一个精彩的开头和结尾。开头要干净利落,直接入题,可以借当时的场景、情景、会议的主旨等作为开场白。结尾则要强化发言的主要内容。

二、怎样克服紧张心理

第一要有备无患。平时要注意在临场前两三分钟的构思上下功夫。在现场,走向讲台时,自己想想,讲什么,举什么例子。一旦站在讲台前,心理上充满自信,把台下的领导、老师、长辈一律当成自己的听众,只要临场不乱,就能有效地控制紧张心理。

第二要随机应变。在发言中途,有时免不了因紧张而忘词,这时就可以随机应变,根据会场的实际情况,调整说话的内容,采用一些调节的方法,努力克服紧张心理,只有这样才有可能做到敢说话,会说话,说好话。

三、即席发言的方法

1. 散点连缀

讲话时,脑子里会有许多支离破碎的"思维点",往往闪现一下就消失了。这时用一张小纸以词语、短句的形式记录下来,(有人甚至就在手掌上记几个字(词),一个字(词)代表一段话)然后确定一个中心,将这些"思维点"连缀起来,与题旨无关的全部舍去。当表达网络形成后,就可以讲话了。

2. 模式构思

有经验的人习惯以一个模式框架作为依傍进行快速的构思,使自己的表达既符合人们的认识规律,又能引起人们的兴趣。这种模式框架有很多种类,可以选择使用。美国演讲专家理查德归纳的"结构精选模式"是比较实用的一种。他认为,即席发言应当记住四句话,这四句话就是:"喂,请注意!"(开头就激起听众兴趣)"为什么要费口舌呢?"(强调指出听我发言的重要性)"举例子"(用具体事例形象化地将一个个论点印在听众的脑海里)"怎么办?"(具体讲清大家该做什么)由此可见,这四句话既是发言前构思的框架,又是演讲过程中思路线索的提示信号;既可以预防"放野马"式的信口开河,又有助于较好地表达题旨。

3. 扩句成篇

这是"立片言而居要"的即兴发言的技法。首先,开门见山地用肯定句式提出自己的见解,适当作几句阐发后,接着从正面、反面发表议论,或从"为什么"、"怎样做"发表议论,并以适当的事例、名言作佐证。

4. 借题发挥

借现场之"题",如某种场合所显示的特点,包括议论焦点、观众心态、会场布置、有新意的插话等,抓住后就快速地确定一个题旨,边说边想,构成朴实自然的即席发言。

借鉴实例

一、痛失陈娅娅

3月24日,在市九医院的病床上,一个少年的心脏停止了跳动。为了挽救他的生命,他的父母、亲友、同学汇聚成血缘与物质的、道义与精神的力量,温暖着他的心,支持着他与病魔做顽强的斗争。但这种感人的努力,包括13万元巨款的耗费,都未能击败恶性淋巴肿瘤的无情进攻,病魔强迫他闭上了双眼,停止了呼吸,强迫他告别了人生,离开了人间。死时,他年仅13岁。这位年仅13岁的少年就是清流中学初一(2)班的学生陈娅娅。13岁,只有当今中国人平均寿命的六分之一;13岁,应该是一天中的早晨,一年中的初春,一生中的序幕,是充满憧憬与希望的年华。如果今天的科学能把道德转化为生命,那我相信1500名清流人,都乐于牺牲自己一生中的十多天,使陈娅娅的生命延续到现代中国人的平均寿命线上。无情的事实是:他从名册中,教室里,操场上,永远地消失了。他再也看不到这明媚的春光,我们再也看不到他出现在升旗仪式的队列里。一(2)班同学失去了一位朝夕相处的伙伴,清流老师失去了一位可塑造成器的弟子,他的父母经历了白发人送黑发人的痛苦。

3月28日,班主任潘碧华老师带领一(2)班全体同学驱车前往龙华殡仪馆,向陈娅娅遗体告别。从陈母口中得悉,可怜的陈娅娅临终前挣扎着断断续续对父母说出的最后的话语是:"妈妈,我要走了。请你再生一个孩子吧,我会保佑他的。"我从老师的口中听到这段叙述深深为之感动,仿佛今天的晨风、空气里还有声音的抖动与震颤。古人言:"鸟之将死,其鸣也哀;人之将死,其言也善。"请妈妈再生一个孩子,自己在天国里会保佑他,这意识的流淌,出自一个13岁的少年临终之口,是多么令人心碎又心酸。这是一种热爱生命、延续生命的渴望。这是一颗少年对父母的涓埃孝心。

从一个普普通通的少年不幸夭折中,我们思索着:如何更珍惜健康,更热爱生命;如何更珍惜讲台,更热爱学生。

祖国在我心中! 祖国的一角——清流的盛衰、师生的安危在我心中。

简评

  这是上海市浦东新区清流中学校长邓德林在一次学校升旗仪式上的即席发言,为我们如何珍爱生命作出了明确的回答。

  这篇演讲主题与语言切合情境,演讲者从一个普通少年不幸夭折的事件中思索着如何珍惜健康、热爱生命,如何更珍惜讲台,更热爱学生的庄严主题。演讲的内容与天空中飘扬的国旗相辉映,显示了一种庄严肃穆的氛围,这便是主题内容与演讲情境的切合。而演讲者语言的简洁生动,字字千钧,逐层深入的对比、排比句式,比喻式议论的运用,则又是语言形式上与演讲情境的切合。

  这虽是一篇即席演讲的口头发言,但演讲者善于做到叙事、抒情和议论的有机结合,在情理交融的境界中,体现了一种自然流动、精巧完整的演讲结构,给人以艺术的陶冶和理性的思索。

二、在老同学聚会上的发言

同学们：

今年7月，恰值我们中学毕业20周年，有人建议搞一个同学聚会。承蒙大家公推我这个"老班长"主持，盛情难却，我就不推辞了，谢谢大家！

20年前，也是这样一个火辣辣的盛夏，我们相约在株洲公园照相作别——几天后，该上山的上山，该下乡的下乡，该去湖区的就下湖了。我一直珍藏着这张合影，它使我想起一个时代、一段历程和一种难以割舍的情感。20年前，由于历史的荒唐，有六七个同学没有参加我们的毕业合影；今天，除远在宣化的中校军官孙辉外，同学们都到了！历史真是个大筛子，筛去了幼稚、无知、误会，而留下的是纯挚的友谊！

刚才东道主史君问我，喝点什么饮料，我说，来杯咖啡吧！咖啡，加点方糖，甜中有苦，苦中有甜，二者混杂在一起有一股令人难忘的味道。我想，它正好与我们这一代人的遭遇相似，与我们对人生回味的感觉相同。这些天，我曾与一同学长聊，我感觉到，这20年，我们每个同学都可以写一本奋斗史。就拿王英来说，她回乡后不久就当了民办教师，前几年才转正，默默无闻地在小村庄里教了15年小学。生完孩子刚满月的第二天就上了讲台——乡下缺老师啊！她教的学生中有2个考上了大学，5个上了中专。同学们恭维我，说我们班就数班长有出息，大学毕业留在北京又当了干部。我想说，大家都有出息，都拥有无悔的青春无愧的人生。

我记得我们班有34人，其中30人是属牛。是的，我们是属牛的，牛的忍辱负重，牛的吃苦耐劳、一步一个脚印，真是我们这伙人精神的写照。今天这个聚会是由我们的"老体委"大吴赞助的，这几年做生意他成了我们这一班人的"首富"。我原来想，同学们聚会，大家分担一点开支，大吴以为我瞧不起他，动情地说："班长，我可没赚过一分的昧心钱，你信不信？"我信，因为我们同属牛。对生活，对人生，对社会的真诚，是我们那个集体、那个时代给予我们的最伟大的馈赠。如果允许我再过一次人生，我愿意再重温我们过去的那段生活。回过头去看，那短暂的几年在我们的精神上留下了许多、许多……

相见难，相别更难。20年后才第一次重聚，委实是太长了。人大了，也开始变老，尤其我独在异乡，有时候会忽然想：人的生死之间，是什么东西最让人割舍不下？想来想去，还是人与人之间的感情。有同学建议，5年一小聚，10年一大聚，我很赞同。5年说不好，10年，也就是毕业30周年纪念，我一定会来。那一年正是20世纪的最后一年，我想这样的聚会更会令人难忘。我相信到那一天，每一个同学一定会有新的成果，一定会有新的感受，一定会从心底发出：我们活得很充实，我们无愧于那个曾经拥有的充满青春活力的集体！

谢谢大家！

简评

这是一篇在分别20年后在老同学聚会上的即席发言。演讲者从过去谈到现在,从喝咖啡引出对人生的见解,从大伙属牛谈到创业,最后又从眼前谈到未来,就近取材,联想丰富,见解独到,语言朴实自然,感情真挚,较好地表达了老同学之间的深厚情谊。

口语练习

一、每位同学在小纸条上写一个说话的题目,然后折起来,放在讲台的盒子里。请数位同学依次到讲台前随机抽取一张,按照题目做一次即席发言。(准备时间不超过3分钟)

二、组织一次以"什么是高职学生的仪表美"为主题的讨论会,让每个学生在会上做2分钟的即席发言。(可以小组为单位进行)

语文实践活动一 班　　会

一、活动主题

新当选班干部发表就职演说

二、活动目的和要求

1.增进班干部和普通学生之间的相互了解,以便今后更好地开展班级各项活动。

2.巩固以前所学的有关即席发言的知识,锻炼新当选班干部即席发言的能力。

三、活动内容及步骤

1.该项活动可结合班委会改选工作,在班级干部选举完毕后进行。

2.发言的同学要运用所学的即席发言的技巧,克服紧张情绪。

3.发言的同学可根据当时的场景,感谢同学的信任,介绍自己的情况,阐述自己的工作设想,以便在今后开展工作时获得同学们的支持和配合。

4.该项活动学生自主进行,教师会后予以适当指导。

第二单元

史 书 浏 览

单元导读

中国的历史源远流长,古代文化浩如烟海,让青年学生学习一点文言文,是全面培养他们的语文能力和提高民族文化素质的需要,是继承古代文化遗产和发展社会主义文化的需要,也是深入进行爱国主义教育和加强精神文明建设的需要。

本单元的五篇文章,都是古代散文中记人叙事的优秀篇章,如《鸿门宴》记叙了秦末农民起义的一个片段,它以时间为序,以鸿门宴为中心事件,精心选材,生动地展现了项羽、刘邦两大军事集团明争暗斗、剑拔弩张的斗争事实,成功地刻画了刘邦、项羽和樊哙、张良、范增等一批个性鲜明的人物形象。《记王忠肃公翱事》和《左忠毅公逸事》,主旨鲜明,选材精当,通过几件小事,或反映人物刚正廉洁的高尚品格,或歌颂人物求贤若渴的高尚情操和坚贞不屈的爱国气节。最后两篇是人物传记,一篇概写明代多才多艺的艺术家徐文长坎坷而富有传奇色彩的一生;另一篇写为国家为社会变革而"我自横刀向天笑",最终慷慨就义的谭嗣同。通过人物对话,并辅以相应的神情和动作描写,生动地刻画出个性鲜明的人物形象。在叙写人物的同时,处处融入作者的个人情感。

学习古代文言文,要在反复诵读的基础上,注意理顺句子,把握文章的思想性,掌握有古今异义、一词多义、词类活用和通假字的特殊文言文实词的用法和常用文言虚词在不同搭配组合下的不同意义。同时,学习古人的写作方法和语言特色,体会遣词造句用字的好处,以提高对古文的鉴赏能力。

本单元还包括写作知识——"记人叙事"和口语交际——"听说能力"的内容。

记人类文章的写作,习作者对所写的人物要投入自己强烈的感情,再根据需要选择合适的切入点,然后选择恰当的文章形式和方法来表现人物。

针对叙事文章的写作,我们简略地介绍了叙述的要素、线索、顺序、详略等基本知识,要求习作者在写作时,首先要确立深刻新颖的主旨,拟定蕴含丰富的标题,然后要有精巧奇特的艺术构思,精心安排材料和合理地运用叙事方法,只有这样才能写出条理清晰、生动有趣的文章来。

听说能力包括听话能力和说话能力,这两种能力是紧密相连的。我们着重就听话能力的层次和技巧以及说话能力中的复述和转述等内容作了简要的介绍。

在本单元的"语文实践活动"这一环节中,我们围绕写"难忘的人和事"这一活动主题,采取办墙报的形式,帮助学生巩固所学的有关记人叙事的写作知识,掌握记人叙事的方法,培养学生的组稿、编辑能力,同时也达到了丰富学生课余文化生活的目的。

六 鸿门宴①

司马迁②

学习提示

　　《鸿门宴》是《史记·项羽本纪》中一个相对独立的精彩片段。秦二世三年，楚怀王命项羽北救赵，刘邦西略秦，并约定先入咸阳者为王。结果，刘邦明修栈道暗度陈仓受阻较小而先入关，项羽则因与秦主力章邯交战而后入关。当时刘邦拥兵十万，而项羽拥兵四十万，双方力量悬殊，形成对峙局面。本文所述内容就从这里开始。

　　全文以时间为序，以鸿门宴为中心事件，精心选取题材，生动地记叙了刘邦、项羽双方明争暗斗、剑拔弩张的斗争经过。这一过程又是按宴会前、宴会中和宴会后三个部分来安排的，结构严谨，情节完整、跌宕，场面紧张，惊心动魄。

　　文中人物的刻画又紧紧扣住情节的发展，通过人物间的矛盾斗争及个性化的语言、动作、情态来体现。刘邦的性格特点是善于用人，善于应变，机灵狡诈，能言善辩。项羽的性格特点是政治上无知，自大轻敌，刚愎自用，不善用人，又带些许直率。刘邦从被动变主动，劣势变优势，最终化险为夷；而项羽则由优势转为劣势，导致最终失败，两人不同的性格，对斗争的胜负起到了关键作用。

　　文章语言精练、生动，并运用对照手法，使人物互相映衬，个性鲜明。范增的老谋深算，张良的老练多谋，樊哙的勇猛豪爽而又机智善言，都给人留下深刻印象。文中的"项庄舞剑，意在沛公"、"人为刀俎，我为鱼肉"、"劳苦功高"等已成为成语，一直沿用至今。

---

① 鸿门，地名，在新丰县(今陕西省临潼区东)以东17里。
② 司马迁(前145或135～前87)，字子长，西汉伟大的史学家、文学家，所著《史记》是我国第一部纪传体通史，被鲁迅称为"史家之绝唱，无韵之离骚"。

沛公①军②霸上③,未得与项羽相见。沛公左司马④曹无伤使人言于项羽曰:"沛公欲王关中⑤,使子婴⑥为相,珍宝尽有之。"项羽大怒曰:"旦日飨⑦士卒,为⑧击破沛公军!"当是时,项羽兵四十万,在新丰鸿门;沛公兵十万,在霸上。范增⑨说项羽曰:"沛公居山东⑩时,贪于财货,好美姬⑪。今入关,财物无所取,妇女无所幸⑫,此其志不在小。吾令人望其气⑬,皆为龙虎,成五彩,此天子气也。急击勿失⑭!"

楚左尹⑮项伯者,项羽季父⑯也,素善留侯张良⑰。张良是时从沛公,项伯乃夜驰之沛公军⑱,私见张良,具告以事,欲呼张良与俱去,曰:"毋从俱死也。"张良曰:"臣为韩王送沛公⑲,沛公今事有急,亡去不义,不可不语。"

良乃入,具告沛公。沛公大惊,曰:"为之奈何⑳?"张良曰:"谁为大王为此计㉑者?"曰:"鲰生㉒说我曰:'距㉓关,毋内诸侯㉔,秦地可尽王也。'故听之。"良曰:"料大王士卒足以当项王乎?"沛公默然,曰:"固不如也。且为之奈何?"张良曰:"请往谓项伯,言沛公不敢背项王也。"沛公曰:"君安与项伯有故㉕?"张良

---

① 沛公:刘邦,起兵于沛(今江苏省沛县),号称"沛公"。
② 军:驻军,用作动词。
③ 霸上:地名,在今陕西省西安市东。
④ 左司马:官名。
⑤ 关中:函谷关(今河南省灵宝县东北)以西,现在陕西省一带。
⑥ 子婴:秦朝最后的国君,在位46天。当时已投降刘邦。后为项羽所杀。
⑦ 飨(xiǎng):用酒食款待宾客,这里是犒劳的意思。
⑧ 为(wèi):介词,替,给。后省宾语"我"(项羽自称)。
⑨ 范增:项羽的主要谋士。
⑩ 山东:指崤(xiáo)山以东,也就是函谷关以东地区。战国时泛称六国之地为山东。
⑪ 美姬(jī):美女。
⑫ 幸:封建君主对妇妾的宠爱叫"幸"。下文"故幸来告我"的"幸",是"幸亏"、"幸而"的意思。
⑬ 望其气:迷信说法,说是"真龙天子"所在的地方,天空中有一种异样的云气,会望气的人能看出来。
⑭ 失:指失去时机。
⑮ 左尹:官名。
⑯ 季父:叔父。
⑰ 素善留侯张良:平时与张良友善。善,友善,交好。张良,字子房,刘邦的主要谋士。刘邦得天下后,封其为"留侯"。留,地名,今江苏省沛县东南。
⑱ 之沛公军:到沛公驻军地。之,到。
⑲ 臣为韩王送沛公:张良曾劝项梁立韩公子成为韩王。后来张良就做了韩王的申徒(相当于国相)。沛公从洛阳南行,张良率兵随之。沛公让韩王留守,自己就同张良西入武关。这里张良托辞说"为韩王送沛公",是向项伯表示他和沛公的关系。
⑳ 为之奈何:怎样对付这件事。奈何,如何,怎样。
㉑ 此计:指下文"距关,毋内诸侯"的计策。
㉒ 鲰(zōu)生:意思是浅陋无知的小人。鲰,短小,浅陋。
㉓ 距:通"拒",把守的意思。
㉔ 毋内诸侯:不要让诸侯进来。内,通"纳",接纳。诸侯,指其他率兵攻秦的人。
㉕ 有故:有旧,有老交情。

曰："秦时与臣游,项伯杀人,臣活之;今事有急,故幸来告良。"沛公曰:"孰与君少长①?"良曰:"长于臣。"沛公曰:"君为我呼入,吾得兄事之②。"张良出,要③项伯。项伯即入见沛公。沛公奉卮酒为寿④,约为婚姻,曰:"吾入关,秋毫不敢有所近⑤,籍吏民⑥封府库,而待将军⑦。所以遣将守关者,备⑧他盗之出入与非常⑨也。日夜望将军至,岂敢反乎!愿伯具言臣之不敢倍德⑩也。"项伯许诺,谓沛公曰:"旦日不可不蚤⑪自来谢⑫项王。"沛公曰:"诺。"于是项伯复夜去,至军中,具以沛公言报项王,因言曰:"沛公不先破关中,公岂敢入乎?今人有大功而击之,不义也。不如因善遇之。"项王许诺。

沛公旦日从百余骑⑬来见项王,至鸿门,谢曰:"臣与将军戮力⑭而攻秦,将军战河北⑮,臣战河南,然不自意⑯能先入关破秦,得复见将军于此。今者有小人之言,令将军与臣有郤⑰……"项王曰:"此沛公左司马曹无伤言之;不然,籍何以至此。"项王即日因留沛公与饮。项王、项伯东向坐,亚父⑱南向坐。亚父者,范增也。沛公北向坐,张良西向侍⑲。范增数目项王,举所佩玉玦⑳以示之者三,项王默然不应。范增起,出召项庄㉑,谓曰:"君王为人不忍。若入前为寿,寿毕,请以剑舞,因击沛公于坐,杀之。不者,若属㉒皆且为所虏。"庄则入为寿。寿毕,曰:"君王与沛公饮,军中无以为乐,请以剑舞。"项王曰:"诺。"项庄拔剑起舞,项伯亦拔剑起舞,常以身翼蔽㉓沛公,庄不得击。

---

① 孰与君少长(zhǎng):就是"与君孰少长"。
② 兄事之:用对待兄长的礼节侍奉他。
③ 要(yāo):通"邀",邀请。
④ 奉卮(zhī)酒为寿:奉上一杯酒,祝(项伯)健康。卮,酒器。
⑤ 秋毫不敢有所近:意思是丝毫财物也不敢据为己有。秋毫,鸟兽在秋天初生的细毛,比喻细小的东西。近,接触、沾染。
⑥ 籍吏民:登记官吏、人民,就是造官吏名册和户籍册。
⑦ 将军:指项羽。
⑧ 备:防备。
⑨ 非常:指意外的变故。
⑩ 倍德:忘恩负义。倍,通"背"。
⑪ 蚤:通"早"。
⑫ 谢:谢罪,道歉。
⑬ 从百余骑(jì):一以一百多人马跟从他。骑,一人一马。
⑭ 戮(lù)力:合力。
⑮ 河北:黄河以北。
⑯ 意:料到。
⑰ 郤(xì):通"隙",隔阂、嫌怨。
⑱ 亚父:项羽对范增的尊称,意思是尊敬他仅次于对待父亲。亚,次。
⑲ 侍:这里是陪坐的意思。
⑳ 玉玦(jué):半环形的佩玉。范增用玦暗示项羽要下决心杀刘邦。
㉑ 项庄:项羽的堂弟。
㉒ 若属:汝辈,你们。
㉓ 翼蔽:像鸟用翅膀那样掩护。

于是张良至军门见樊哙①。樊哙曰:"今日之事何如?"良曰:"甚急!今者项庄拔剑舞,其意常在沛公也。"哙曰:"此迫矣!臣请②入,与之同命③。"哙即带剑拥盾入军门。交戟之卫士④欲止不内,樊哙侧其盾以撞,卫士仆地,哙遂入,披帷⑤西向立,瞋目⑥视项王,头发上指,目眦⑦尽裂。项王按剑而跽⑧曰:"客何为者?"张良曰:"沛公之参乘⑨樊哙者也。"项王曰:"壮士,赐之卮酒。"则与斗⑩卮酒。哙拜谢,起,立而饮之。项王曰:"赐之彘肩⑪。"则与一生彘肩。樊哙覆其盾于地,加彘肩上⑫,拔剑切而啖⑬之。项王曰:"壮士!能复饮乎?"樊哙曰:"臣死且不避,卮酒安足辞!夫秦王有虎狼之心,杀人如不能举,刑人如恐不胜⑭,天下皆叛之。怀王⑮与诸将约曰:'先破秦入咸阳者王之⑯。'今沛公先破秦入咸阳,毫毛不敢有所近,封闭宫室,还军霸上,以待大王来。故⑰遣将守关者,备他盗出入与非常也。劳苦而功高如此,未有封侯之赏,而听细说⑱,欲诛有功之人。此亡秦之续⑲耳,窃为大王不取也⑳!"项王未有以应,曰:"坐。"樊哙从良坐。坐须臾,沛公如厕㉑,因招樊哙出。

沛公已出,项王使都尉陈平㉒召沛公。沛公曰:"今者出,未辞也,为之奈何?"樊哙曰:"大行不顾细谨,大礼不辞小让㉓。如今人方为刀俎㉔,我为鱼肉,

---

① 樊哙(kuài):刘邦部下的勇士。
② 请:副词,谦语。
③ 与之同命:同他拼命。之,指项庄。同命,死在一块儿,拼命。
④ 交戟之卫士:拿戟交叉着守卫军门的兵士。戟,一种长柄的兵器。
⑤ 披帷:揭开帷幕。
⑥ 瞋(chēn)目:瞪眼。
⑦ 目眦(zǐ):眼眶。
⑧ 按剑而跽(jì):握着剑,跪直身子。这是一种警备的姿势。古人席地而坐,两膝着地,要起身先得跪直身子。
⑨ 参乘(shèng):亦作"骖乘",古时乘车,站在车右担任警卫的人。乘,四匹马拉的车。
⑩ 斗:大的酒器。
⑪ 彘(zhì)肩:猪的前腿。彘,猪。下文的"生彘肩",是故意用没煮熟的彘肩试樊哙。
⑫ 加彘肩上:把猪腿放(在盾)上。"上"前省略"于"字。
⑬ 啖(dàn):吃。
⑭ 杀人如不能举,刑人如恐不胜(shēng):杀人唯恐不能杀尽,处罚人唯恐不能用尽酷刑。举、胜,都是"尽"的意思。刑,以刀割刺,用作动词。
⑮ 怀王:名心,是战国时楚怀王之孙。项梁起兵,立他为王,也称楚怀王。破秦后,项羽尊他为义帝,后来项羽又把他杀了。
⑯ 王之:使他为王。
⑰ 故:特意。
⑱ 细说:小人的谗言。
⑲ 亡秦之续:已亡的秦朝的后继者,意思是重蹈秦朝灭亡的覆辙。
⑳ 窃为大王不取也:为了大王,私意认为大王不采取(这种做法为好)。窃,副词,常用于表示个人意见的谦词。
㉑ 如厕:上厕所。如,往。
㉒ 陈平:项羽的部下,后来为刘邦的谋士,官至丞相。
㉓ 大行不顾细谨,大礼不辞小让:做大事不必注意细枝末节,行大礼不必讲究小的谦让。行,名词,行为,作为。
㉔ 刀俎(zǔ):切肉用的刀和板。

何辞为①?"于是遂去。乃令张良留谢。良问曰:"大王来何操②?"曰:"我持白璧一双,欲献项王;玉斗一双,欲与亚父。会其怒,不敢献。公为我献之。"张良曰:"谨诺③。"当是时,项王军在鸿门下,沛公军在霸上,相去四十里。沛公则置④车骑,脱身独骑,与樊哙、夏侯婴、靳强、纪信⑤等四人持剑盾步走,从郦山⑥下,道⑦芷阳⑧间行。沛公谓张良曰:"从此道至吾军,不过二十里耳。度我至军中,公乃入。"沛公已去,间至军中。张良入谢,曰:"沛公不胜桮杓⑨,不能辞。谨使臣良奉白璧一双,再拜⑩献大王足下;玉斗一双,再拜奉大将军⑪足下。"项王曰:"沛公安在?"良曰:"闻大王有意督过⑫之,脱身独去,已至军矣。"项王则受璧,置之坐上。亚父受玉斗,置之地,拔剑撞而破之,曰:"唉!竖子⑬不足与谋!夺项王天下者必沛公也。吾属今为之虏矣!"

沛公至军,立诛曹无伤。

思考与练习

一、试分析刘邦和项羽在宴会前后的思想变化,说一说张良和范增这两位谋士所起的不同作用。

二、请分别从书中找出体现刘邦和项羽两人个性化的语言、动作和情态的文字,来说明这两人不同的性格特点。

三、找出下列语句中的通假字,在后面括号内写出本字,并解释其义。

1. 愿伯具言臣不敢倍德也(　　　　　　　　)
2. 旦日不可不蚤自来谢项王(　　　　　　　　)
3. 张良出,要项伯(　　　　　　　　)
4. 令将军与臣有郤(　　　　　　　　)
5. 距关,毋内诸侯(　　　　　　　　)

四、课文中多次出现"为"字,这是一个多义多音的字,作动词,读 wéi,作介词,读 wèi,

---

① 何辞为(wéi):辞什么呢? 为,句末语气词,常用在疑问句里。
② 操:拿,这里是携带的意思。
③ 谨诺:遵命的意思。谨,表恭敬语气的副词。
④ 置:放弃,丢下。
⑤ 夏侯婴、靳强、纪信:都是刘邦的部下。
⑥ 郦山:即骊山,位于今陕西省临潼区东南。
⑦ 道:取道。
⑧ 芷阳:秦代县名,位于今陕西省西安市东。
⑨ 不胜(shēng)桮(bēi)杓:禁不起多喝酒,意思是醉了。桮,通"杯"。杓,通"勺",酒器。
⑩ 再拜:拜两次,古代隆重的礼节。
⑪ 大将军:称范增。
⑫ 督过:责备。
⑬ 竖子:骂人的话,相当于"小子",这里指项羽、项伯等。

试将下列句中的"为"的确切意义填在括号里。

1. 沛公欲王关中,使子婴为(　　　　　)相

2. 为(　　　　　　)击破沛公军

3. 吾令人望其气,皆为(　　　　　　)龙虎

4. 谁为(　　　　)大王为(　　　　　)此计者

5. 若入前为(　　　　　　)寿

6. 若属皆且为(　　　　　)所虏

7. 窃为(　　　　　)大王不取也

8. 君王为(　　　　　)人不忍

五、下列句中带点的字,读音和意义与通常不同,请注音并解释。

1. 范增说项王曰

2. 沛公之参乘樊哙者也

3. 度我至军中

4. 范增数目项王

5. 先破秦入咸阳者王之

七　记王忠肃公翱事①

崔　铣②

　　本文是明代记叙名人逸事的一篇优秀散文，取材于王翱的两件小事，表现了他刚正廉洁的优秀品质。一件是记叙他家庭内的事情：王翱断然拒绝夫人的请求，不调女婿任京职，体现了他秉公持正，不徇私情的高尚品格。另一件是记叙家庭外的事情：王翱代友藏珠，最后将宝珠还给朋友的后代，体现了他廉洁自守，对友忠实的美德。在贪官污吏比比皆是的封建社会，像王翱这样清廉高洁的官员是难能可贵的。

　　文章仅270余字，但艺术特色十分鲜明。一是选材典型，主旨集中；二是结构上尺水兴波，曲折多姿；三是语言上字斟句酌，言简意赅；四是人物形象栩栩如生，跃然纸上。这些方面值得我们细加揣摩。

　　公一女，嫁为畿辅③某官某妻。公夫人甚爱女，每迎女，婿固不遣④，恚而语女⑤

---

①　选自《洹词》。原文记了王翱(áo)的三件事，题目是《记王忠肃公翱三事》，课文选了两则。王翱(1384～1467)，字九皋(gāo)，明朝盐山(今河北省盐山县)人。曾任吏部尚书等官，为人刚正廉洁，为明朝名臣。死后谥号忠肃。
②　崔铣(xiǎn)(1478～1541)，明朝学者，安阳(今河南省安阳市)人，字子钟，又字钟鬼，号后渠，又号洹野，世称后渠先生。
③　畿辅：旧称京城周围一带。
④　固不遣：坚决不让走。固，坚决。遣，打发走。
⑤　恚(huì)：怨怒。语(yù)：告诉。

曰:"而翁长铨①,迁我京职②,则汝朝夕侍母;且迁我如振落叶③耳,而固吝者何④?"女寄言⑤于母。夫人一夕置酒,跪白⑥公。公大怒,取案上器击伤夫人,出,驾⑦而宿于朝房⑧,旬乃还第⑨。婿竟不调⑩。

公为都御史⑪,与太监某守辽东⑫。某亦守法,与公甚相得⑬也。后公改两广⑭,太监泣别,赠大珠四枚。公固辞。太监泣曰:"是非贿得之⑮。昔先皇⑯颁⑰僧保⑱所货西洋珠⑲于侍臣⑳,某㉑得八焉,今以半别㉒公,公固知某不贪也。"公受珠,内㉓所著披袄㉔中,纫㉕之。后还朝,求太监后㉖,得二从子㉗。公劳之曰:"若翁廉㉘,若辈得无苦贫乎㉙?"皆曰:"然。"公曰:"如有营㉚,予佐尔贾㉛。"二子心

---

① 而翁长铨:你的父亲做吏部的长官。而,通"尔",你,你的。长,担任长官,动词。铨,铨选。吏部的任务是按照规定任免、考核、选拔官吏。
② 迁我京职:把我调到京城里任职。迁,升调。
③ 振落叶:摇摇树让枯叶落下来,言其轻而易举。
④ 而固吝者何:可是硬是这么吝惜(小气)是什么缘故呢?
⑤ 寄言:托人带话。
⑥ 白:告诉。
⑦ 驾:坐车。
⑧ 朝房:官吏等待上朝时所住的房子。
⑨ 第:府第,官员的住宅。
⑩ 不调:没有调职。
⑪ 都御史:都察院的长官。都,总。御史,明清时是监察官吏的官,属都察院。
⑫ 辽东:明朝在今辽宁省境内设辽东都指挥使,防守边境。
⑬ 相得:相处得很好。得,融洽。
⑭ 两广:广东和广西。当时王翱调任总督两广军务。
⑮ 是非贿(huì)得之:这不是受贿赂得到的东西。
⑯ 先皇:已死的皇帝。这里是指明成祖或宣宗。
⑰ 颁:赏赐。
⑱ 僧保:太监名。
⑲ 所货西洋珠:所买来的西洋珠。西洋,泛指南洋群岛、马来半岛、印度、斯里兰卡、阿拉伯半岛、东非等地。明成祖时,曾命太监郑和(字三保)七次下西洋。
⑳ 侍臣:皇帝左右的近臣,包括太监。
㉑ 某:代太监自称名。
㉒ 别:赠别,分别时的赠送。
㉓ 内:通"纳",放入。
㉔ 披袄:穿在外面的上衣,大多是夹的或棉的。
㉕ 纫(rèn):缝好。
㉖ 后:后代,这里指太监的继承人。
㉗ 从子:侄子。从,堂房亲属。
㉘ 若翁廉:你们的老人廉洁。
㉙ 得无苦贫乎:恐怕不免穷困吧?得无,恐怕,是不是。贫苦,苦于贫穷,为贫穷所困。
㉚ 如有营:如果要有所经营,指做生意或买房产等。
㉛ 予佐尔贾(jiǎ):我帮助你们出钱。贾,通"价",钱,下同。

计①，公无从办②，特示故人意耳③。皆阳④应曰："诺。⑤"公屡促之，必如约⑥。乃伪为屋券⑦，列贾五百金⑧，告公。公拆袄，出珠授之，封识宛然⑨。

思考与练习

一、这篇文章记述了王翱的两件逸事。具有选材典型、主题集中的特点。请你围绕这个特点，谈谈两件事情之间的联系表现了王翱怎样的品格。

二、文章篇幅虽短，却充满矛盾冲突，结构曲折多姿，请分析第二则故事，说说作者是如何围绕宝珠展开故事情节的。

三、区别下面句子中加点字的意义和用法。

1. { 婿固不遣
   公固知某不贪也

2. { 与太监某守辽东
   某亦守法

3. { 太监泣别
   今以半别公

4. { 且迁我如振落叶耳
   如有营，予佐尔贾
   公屡促之，必如约

四、"某"在文章里是个虚指代词，它的指代作用很广，可代人、时间、事物、处所等；也可用作称代，常用在对话或书信中，相当于"我"。指出下列各句里的"某"各指什么。

1. 公一女，嫁为畿辅某官某妻
2. 公为都御使，与太监某守辽东
3. 某得八焉
4. 至和元年七月某日，临川王某记

---

① 心计：心里盘算。
② 公无从办：公（王翱）无法办到。
③ 特示故人意耳：只表示老朋友的心意罢了。
④ 阳：表面上，假装。
⑤ 诺：答应声。
⑥ 必如约：一定按照说定的办。
⑦ 伪为屋券：假造一张买房子的契约。
⑧ 列贾五百金：开列的价钱是五百两银子。
⑨ 封识(zhì)宛然：原来封好的记号仍然那样。识，通"帜"，标志，记号。宛然，依然。

八 左忠毅公逸事[①]

方 苞[②]

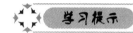

逸事，是指散失没有流传的事迹。多指不见于正式记载，世人不大知道的事迹。这类文章所写的内容，对人物的一生行事来说，也许是一鳞半爪，但仍能从某些侧面显示人物思想性格的光彩。

本文是记叙明代忠臣左光斗的逸事，对左光斗的主要言行事迹略而不提，只从他与史可法的关系这一角度，精练而生动地表现了左光斗求贤若渴的高尚情操和坚贞不屈的爱国气节。

文中所记逸事，直接写左光斗的只有两件：一是写左光斗"慧眼选贤"。左光斗冒风雪微服私访，访得刻苦攻读的史可法，并在考场上"面署第一"。这不仅说明左光斗善识人才，也体现了他对国家的耿耿忠心；二是写左光斗"狱中训徒"，极其传神地刻画出他为了锄奸救国而坚强不屈、大义凛然的形象。另外两件是写史可法的事迹，实则是为了表现左光斗忠毅精神的感人，史可法的言行实际上是左光斗精神的折射。史可法不负师教，"忠勤职守"，从侧面显示左光斗的知人之明及其言传身教的效果。

本文篇幅短小，但选材精当，布局合理，主旨鲜明突出，正笔、侧笔交相衬托，人物形象丰满传神。语言准确洗练，极为生动。最后补说逸事的由来，以明其确凿可信。

---

① 选自方苞《方望溪先生全集》。左忠毅公(1575～1625)，名光斗，字遗直，明朝桐城(今安徽桐城)人，进士，做过大理少卿、左佥(qiān)都御史。因弹劾宦官魏忠贤，受酷刑死在狱中。

② 方苞(1668～1749)，字灵皋，号望溪。桐城人。"桐城派"的创始人，著名散文家，与姚鼐、刘大櫆合称"桐城三祖"。

先君子①尝言,乡先辈左忠毅公视学京畿②,一日,风雪严寒,从数骑③出,微行④入古寺。庑下⑤一生伏案卧,文方成草⑥。公阅毕,即解貂⑦覆生,为掩户。叩之寺僧,则史公可法也。及试⑧,吏呼名至史公,公瞿然⑨注视,呈卷,即面署第一⑩。召入,使拜夫人,曰:"吾诸儿碌碌,他日继吾志事,惟此生耳。"

　　及左公下厂狱⑪,史朝夕狱门外。逆阉防伺甚严,虽家仆不得近。久之,闻左公被炮烙⑫,且夕且死,持五十金,涕泣谋于禁卒,卒感焉。一日,使史更敝衣,草屦⑬,背筐,手长镵⑭,为除不洁者⑮,引入。微指左公处,则席地⑯倚墙而坐,面额焦烂不可辨,左膝以下筋骨尽脱矣。史前跪抱公膝而呜咽。公辨其声,而目不可开,乃奋臂以指拨眦⑰,目光如炬,怒曰:"庸奴⑱!此何地也,而汝来前!国家之事糜烂至此,老夫已矣,汝复轻身而昧大义,天下事谁可支拄者?不速去,无俟奸人⑲构陷⑳,吾今即扑杀汝!"因摸地上刑械作投击势。史噤㉑不敢发声,趋㉒而出。后常流涕述其事以语人,曰:"吾师肺肝,皆铁石所铸造也。"

----

① 先君子:尊称已死的父亲。
② 视学京畿(jī):任京城地区的学政。
③ 从数骑(jì):带着几个骑马的随从。
④ 微行:隐藏自己的身份改装出行。
⑤ 庑(wǔ)下:厢房里。
⑥ 成草:写成草稿。
⑦ 解貂:脱下貂皮外衣。
⑧ 试:考试,这里指童生的岁考。
⑨ 瞿(jù)然:吃惊的样子。
⑩ 面署第一:当面书写,定为第一名。
⑪ 厂狱:明朝设东厂,缉查谋反等案件,由太监掌管,成为皇帝的特务机关。魏忠贤擅权时期,掌管东厂,正直的官吏多受陷害,左光斗也被诬下狱。
⑫ 炮(páo)烙:烧烫的酷刑。
⑬ 屦(jù):鞋。
⑭ 手长镵(chán):拿着长铲子。手,动词。镵,铲子。
⑮ 为除不洁者:装作打扫垃圾的人。
⑯ 席地:以地为席,坐在地上。
⑰ 奋臂以指拨眦:用力地举起手臂,用手指拨开眼眶。眦,眼眶。
⑱ 庸奴:无能的奴才,不识大体的奴才。
⑲ 无俟奸人:不必等奸人来。奸人,指魏忠贤的爪牙。俟,等待。
⑳ 构陷:编造罪名来陷害。
㉑ 噤(jìn):闭口。
㉒ 趋:小步紧走。

崇祯末,流贼张献忠①出没蕲、黄、潜、桐②间,史公以凤庐道③奉檄④守御。每有警,辄数月不就寝,使将士更休,而自坐幄幕⑤外。择健卒十人,令二人蹲踞而背倚之,漏鼓移则番代⑥。每寒夜起立,振衣裳,甲上冰霜迸落,铿然⑦有声。或劝以少休,公曰:"吾上恐负朝廷,下恐愧吾师也。"

史公治兵,往来桐城,必躬造左公第,候太公、太母起居,拜夫人于堂上。

余宗老涂山⑧,左公甥⑨也,与先君子善,谓狱中语乃亲得之于史公云⑩。

思考与练习

一、这篇文章刻画人物生动传神,请仔细阅读原文,试分析文章从哪几个方面展示了左光斗的性格特征。

二、解释下列各组句子中加点字的意思。

1. 微行入古寺

   微指左公处

2. 即面署第一

   必躬造左公第

3. 后常流涕述其事以语人

   谓狱中语乃亲得之于史公云

4. 使史更敝衣

   使将士更休

三、解释下面句中加点的字,说说在句中它们的词性起了什么变化。

1. 呈卷,即面署第一。

2. 使史更敝衣,草屦,背筐,手长镵

3. 则席地倚墙而坐

4. 汝复轻身而昧大义

---

① 流贼:是旧时代士大夫对起义军的污蔑称呼。张献忠(1606~1647),明末农民起义领袖之一,起兵于陕西,攻占四川,建大西国,称大西王,后为清兵所杀。

② 蕲(qí):蕲州府,今湖北省蕲春县一带。黄:黄州府,今湖北省黄冈市一带。潜:今安徽省潜山县。桐,今安徽省桐城市。

③ 凤庐道:管理凤阳府、庐州府的官。明朝在省下设分巡道、兵备道等官,管辖几个府的郡正等事。凤阳府,今安徽凤阳一带。庐州府,今安徽省合肥市一带。

④ 奉檄(xí):奉上级的命令。檄,古代官府用以征召、晓谕或声讨的公文。

⑤ 幄(wò)幕:(军用的)帐幕。

⑥ 漏鼓移则番代:过了一更鼓的时间就轮流替换。漏,古代用滴水计时的器具。鼓,打更的鼓。番代,轮流代替。番,轮换。

⑦ 铿(kēng)然:清脆响亮的声音。

⑧ 宗老涂山:同族的老长辈号涂山。涂山,名文,方苞的同族祖父。

⑨ 甥:这里指女婿。

⑩ 云:语气助词,用在引述言语的下面。

5.风雪严寒,从数骑出

6.后常流涕述其事以语人

四、下面句子中加点的字分别给出了不同的解释,请选出最恰当的一个答案。

1.为掩户(门,窗户,护)

2.涕泣谋于禁卒(阴谋,谋划,商量)

3.汝复轻身而昧大义(轻蔑,轻率,轻视)

五、找出文中关于人物言行色貌的细节描写,并说明其简练传神的特点。

九　徐文长传①

袁宏道②

学习提示

> 徐文长是晚明一位多才多艺的作家,在诗文、戏曲和书画等方面都有较高成就并产生深远影响,他的生平事迹颇有传奇色彩。徐文长生员出身,屡应乡试不中,曾在浙闽总督胡宗宪处作幕客多年,宗宪获罪自尽,他惧累及己而发狂。数次自杀,均不死。后因杀妻,入狱七年。一生潦倒,不满当时社会和封建礼教,在其作品中发泄其抑郁不平之气,或予以讽刺揭露。
>
> 本文作者以简明的笔墨记叙徐文长坎坷一生,并评价他在文学艺术上的成就,表露出对徐文长才气的由衷钦佩,对其遭际的深切同情,对其率情任性、恣意表现的浪漫精神的赞颂。
>
> 本文的显著特点是"文中有我",无论是叙述其人其事,还是对其人其事进行评论,始终洋溢着作者的强烈感情。作者叙事,不像有些文章那样有头有尾具体完整,而是粗陈梗概,意到即止;且所记各事均围绕徐文长的"三奇"即"才能奇异"、"性格奇怪"、"遭遇奇特"来写,因此,尽管所记事例纷杂,然而中心明确,文笔流畅,文章显得骨力劲健,神气凝聚。

---

① 选自《袁中郎集》。徐文长(1531～1593),名渭,字文清,更字文长,号天地山人、青藤道士,明山阴(今浙江省绍兴市)人。作有戏曲论著《南词序录》和杂剧《四声猿》四种,其诗文有《徐文长集》。
② 袁宏道(1568～1601),字中郎,号石公,明朝湖北公安(今湖北省公安县)人。他与兄宗道、弟中道,并称"三袁",不满前后七子的复古主义,反对摹拟汉唐,也称"公安派"。

余少时过里肆①中,见北杂剧有《四声猿》②,意气豪达,与近时书生所演传奇绝异,题曰"天池生"③,疑为元人作。后适越④,见人家单幅上有署"田水月"⑤者,强心铁骨,与夫一种磊块⑥不平之气,字画之中,宛宛⑦可见。意甚骇之,而不知田水月为何人。

一夕,坐陶编修⑧楼,随意抽架上书,得《阙编》诗一帙⑨。恶楮毛书⑩,烟煤败黑⑪,微有字形。稍就灯间读之,读未数首,不觉惊跃,忽呼石篑:"《阙编》何人作者?今耶?古耶?"石篑曰:"此余乡先辈徐天池先生书也。先生名渭,字文长,嘉、隆⑫间人,前五六年方卒。今卷轴题额上有田水月者,即其人也。"余始悟前后所疑,皆即文长一人。又当诗道荒秽之时,获此奇秘,如魇⑬得醒。两人跃起,灯影下,读复叫,叫复读,僮仆睡者皆惊起。

余自是或向人,或作书⑭,皆首称⑮文长先生。有来看余者,即出诗与之读。一时名公巨匠⑯,浸浸⑰知向慕云。

文长为山阴秀才,大试⑱辄不利,豪荡不羁。总督胡梅林⑲公知之,聘为幕客。文长与胡公约:"若欲客某⑳者,当具宾礼,非时㉑辄得出入。"胡公皆许之。文长乃葛衣乌巾,长揖就坐,纵谈天下事,旁若无人。胡公大喜。是时公督数边兵㉒,威振东南,介胄㉓之士,膝语蛇行㉔,不敢举头;而文长以部下一诸生傲

---

① 里肆:街头店铺。
② 北杂剧:元明时,用北曲演唱的一种戏曲形式。《四声猿》:徐渭创作的一组短剧,包括《狂鼓吏》《玉禅师》《雌木兰》和《女状元》。
③ 天池生:徐渭别号。
④ 适越:到浙江。适,往,到。
⑤ 田水月:徐渭别号。三字合起来即为"渭"。
⑥ 磊块:本义为石块,后常用来比喻胸中郁积的愤懑不平之气。
⑦ 宛宛:宛如,仿佛。
⑧ 陶编修:陶望龄,字周望,号石篑,会稽(今浙江省绍兴市)人,曾任翰林院编修。
⑨ 一帙(zhì):一函或一册。帙,书套。
⑩ 恶楮毛书:纸质低劣,装订粗糙。楮,树名,其皮可作纸,故作纸的代称。
⑪ 烟煤败黑:形容印刷质量很差。
⑫ 嘉、隆:嘉靖、隆庆,明中叶的两个年号。
⑬ 魇(yǎn):恶梦。
⑭ 作书:写信。
⑮ 首称:首先赞扬。
⑯ 名公巨匠:指有名声有成就的文人。
⑰ 浸浸:渐渐。向慕:向往爱慕。
⑱ 大试:指考举人的乡试(省试),与考秀才的"小试"相对而言。
⑲ 胡梅林:即胡宗宪,字汝贞,号梅林,曾任浙江巡按御史,升兵部右侍郎总督军务,剿倭有功。
⑳ 客某:使我受聘为幕僚。某,文长自指。
㉑ 非时:不按规定的时间。
㉒ 数边兵:明代边防设有九镇,称为九边,此指胡宗宪统帅了九镇的兵马平定倭寇。
㉓ 介胄:盔甲。此指披甲戴盔。
㉔ 膝语蛇行:跪着说话,像蛇一样匍匐而行。

之,信心①而行,恣臆谈谑,了无忌惮。会②得白鹿,属文长代作表。表上,永陵③甚喜。公以是益重之,一切疏记④,皆出其手。

文长自负才略,好奇计,谈兵多中⑤。凡公所以饵汪、徐⑥诸虏者,皆密相议,然后行。尝饮一酒楼,有数健儿亦饮其下,不肯留钱。文长密以数字驰公⑦,公立命缚健儿至麾下⑧,皆斩之,一军股栗⑨。有沙门负资而秽⑩,酒间偶言于公,公后以他事杖杀之。其信任多此类。

胡公既怜⑪文长之才,哀其数困⑫,时方省试,凡入帘⑬者,公密属曰:"徐子,天下才,若在本房⑭,幸勿脱失。"皆曰:"如命⑮。"一知县以他羁⑯后至,至期方谒公,偶忘属,卷适在其房,遂不偶⑰。

文长既已不得志于有司⑱,遂乃放浪曲糵⑲,恣情山水,走齐、鲁、燕、赵之地,穷览朔漠⑳。其所见山崩海立,沙起云行,风鸣树偃,幽谷大都,人物鱼鸟,一切可惊可愕之状,一一皆达之于诗。其胸中又有一段不可磨灭之气,英雄失路、托足无门㉑之悲,故其为诗,如嗔如笑,如水鸣峡,如种出土,如寡妇之夜哭,羁人之寒起㉒。当其放意,平畴㉓千里;偶尔幽峭,鬼语秋坟㉔。文长眼空千古,独立一时㉕。当时所谓达官贵人、骚士墨客,文长皆叱而奴之㉖,耻不与交,故其

---

① 信心:任意。
② 会:适逢。
③ 永陵:指嘉靖皇帝,他的墓称永陵。
④ 疏记:奏疏等公文。
⑤ 谈兵多中(zhòng):所论军事谋略大多切中关键。
⑥ 饵:引诱。汪、徐:汪直、徐海,海盗首领,与倭寇勾结作乱于浙江沿海,被胡宗宪设计诱降后诛杀。
⑦ 以数字驰公:写短简(差人)急送胡总督。
⑧ 麾下:将帅部下,此代指军营。
⑨ 股栗:大腿颤抖,形容恐惧的样子。
⑩ 沙门:僧人。负资而秽:有钱财而行为肮脏。
⑪ 怜:爱惜。
⑫ 数困:多次参加乡试受挫。
⑬ 入帘:担任考官。明代科举考官也叫帘官。
⑭ 房:科举考试中,协助主考的官员阅卷时各占一房,故称房官。
⑮ 如命:遵命。
⑯ 以他羁:因其他事情被拖住。
⑰ 不偶:不成功。偶,与奇(jī)相对,遇合。
⑱ 有司:官吏,此指试官。
⑲ 放浪曲(qū)糵(niè):放纵酗酒。曲糵,酿酒发酵剂,代指酒。
⑳ 穷览:尽览。朔漠:北方荒漠。
㉑ 托足无门:无处安身。
㉒ 羁人之寒起:羁旅之人冒寒早起。
㉓ 平畴:平原田野。
㉔ 鬼语秋坟:形容境界深幽清冷。
㉕ 独立一时:杰出而不合群。
㉖ 奴之:视为奴仆一般。

名不出于越。悲夫!

一日,饮其乡大夫家。乡大夫指筵上一小物求赋,阴令童仆续纸丈余进①,欲以苦之。文长援笔立成,竟满其纸,气韵遒逸,物无遁情②,一座大惊。

文长喜作书,笔意奔放如其诗,苍劲中姿媚跃出。余不能书,而谬谓文长书决当在王雅宜、文徵仲③之上。不论书法,而论书神④,先生者,诚八法之散圣⑤,字林之侠客也。间以其余⑥,旁溢为花草竹石⑦,皆超逸有致⑧。

卒以疑杀其继室,下狱论死。张阳和力解⑨,乃得出。既出,倔强如初。晚年愤益深,佯狂益甚。显者至门,皆拒不纳。当道官至,求一字不可得。时携钱至酒肆,呼下隶与饮。或自持斧击破其头,血流被面⑩,头骨皆折,揉之有声。或以利锥锥其两耳,深入寸余,竟不得死。

石篑言:晚岁,诗文益奇,无刻本,集藏于家。予所见者,《徐文长集》、《阙编》二种而已。然文长竟以不得志于时,抱愤而卒。

石公⑪曰:先生数奇⑫不已,遂为狂疾;狂疾不已,遂为囹圄⑬。古今文人,牢骚⑭困苦,未有若先生者也。虽然⑮,胡公间世⑯豪杰,永陵英主,幕中礼数异等,是胡公知有先生矣;表上,人主悦,是人主知有先生矣。独身未贵⑰耳。先生诗文崛起,一扫近代芜秽之习,百世而下⑱,自有定论,胡为不遇⑲哉?

梅客生⑳尝寄余书曰:"文长,吾老友,病奇于人,人奇于诗,诗奇于字,字奇于文,文奇于画。"余谓:文长,无之而不奇者也。无之而不奇,斯无之而不奇也哉!㉑ 悲夫!

---

① 阴令:暗地指使。续纸丈余进:把纸连接成一丈多长后奉上。
② 物无遁情:物的情状没有一毫遗漏。
③ 王雅宜:明代书法家王宠,号雅宜山人。文徵仲:文徵明,字徵仲,也是明中叶的书法家、文学家。
④ 书法:写字的法度。书神:写字时透露出的神采韵味。
⑤ 八法:书法理论中有"永字八法"之说,此代指书法艺术。散圣:放纵不羁而自成大家。
⑥ 间:有时。其余:他的余力。
⑦ 旁溢为花草竹石:指在书法之外又喜绘画。
⑧ 超逸有致:高远飘逸,富于情致。
⑨ 张阳和:张元忭,号阳和,徐渭之友,曾任翰林院编修等职。力解:尽力解救。
⑩ 被(pī)面:满脸。被,通"披"。
⑪ 石公:作者之号,自称。
⑫ 数奇(jī):命运不好。《史记·李将军列传》:"大将军青亦阴受上诫,以为李广老,数奇。"
⑬ 囹圄(líng yǔ):牢狱。
⑭ 牢骚:忧愁。
⑮ 虽然:虽然如此。
⑯ 间世:隔世,这里指不常见。
⑰ 独:只是。未贵:不曾做官。
⑱ 百世而下:几百年以后。
⑲ 胡为不遇:怎能说是没有遇合。遇,遇合,指施展抱负的机会。
⑳ 梅客生:梅国桢,字客生,作者朋友。
㉑ 奇:在此段中,前后意义不同。前面作"奇异"、"不寻常"解,最后一个作"数奇(jī)"、"不顺利"解。

思考与练习

一、封建社会往往压抑、埋没、扼杀人才,就徐渭其人其事来看,你有什么感想?

二、清代林西仲评价本文,说它是"以'奇'字立骨",这一评价是否符合作者的立意?请稍加分析。

三、区别下列句中加点字的意义。

1. { 后适越 / 卷适在其房 } 2. { 卒以疑杀其继室 / 抱愤而卒 }

3. { 诗奇于字,字奇于文 / 先生数奇不已 } 4. { 酒间偶言于公 / 卷适在其房,遂不偶 }

四、作者在文章最后发出徐渭"无之而不奇,斯无之而不奇也哉"的感叹,有何思想内涵?表明了怎样的感情态度?

五、读了这篇文章,你最欣赏的是哪些语句?请写一篇200字左右的短文,谈谈你的感受。

第二单元　史书浏览

十　谭嗣同①

梁启超②

学习提示

　　本文节选自《饮冰室合集》第一册中的《戊戌政变记·谭嗣同传》，以简洁的笔墨，翔实的史料，记叙了谭嗣同在戊戌维新中的活动和最后壮烈殉难的情景，颂扬了他为变法鞠躬尽瘁和临危不惧、视死如归的精神。

　　作者梁启超和谭嗣同都是变法的主要人物，平素交谊很深，字里行间满含对谭嗣同的深厚感情。文章详细地叙述了谭嗣同被皇帝征召进京参与新政到局势艰危之时夜访袁世凯，直到变法失败而慷慨就义等事迹，既表现了他开明的政治见解，出众的活动能力，又突出他热爱祖国、勇于改革、关心战友、视死如归的崇高品质以及坦诚直率而又过于厚道的个性。

　　全文以叙述为主，间用描写和议论，对人物的对话、表情及动作作了传神的描写，使人物形象栩栩如生，跃然纸上。此外，本文的另一特色是对比手法的运用，以袁世凯的口蜜腹剑、阴险奸诈，来反衬谭嗣同的胸襟坦荡和忠诚勇敢。

　　阅读时要理清文章线索，找出描写人物个性的句段，进而分析谭嗣同的思想观点，评价其积极意义及局限性。

---

①　谭嗣同（1865～1898），清末资产阶级改良主义运动政治家。字复生，号壮飞。湖南浏阳人。维新运动中的重要人物，变法失败后，与林旭、杨锐、刘光第、杨深秀、康广仁同时遇害，史称"戊戌六君子"。他临终前曾说："有心杀贼，无力回天；死得其所，快哉快哉！"著有《谭嗣同全集》。

②　梁启超（1873～1929），近代资产阶级改良主义者。字卓如，号任公，又号饮冰室主人。广东新会人。生平著述极多，有《饮冰室合集》，共一百四十八卷。

今年四月①,定国是之诏②既下,君以学士徐公致靖③荐,被征④。适大病不能行。至七月乃扶病入觐⑤,奏对称旨⑥。皇上超擢⑦四品卿衔军机章京⑧,与杨锐、林旭、刘光第同参预新政,时号为军机四卿。参预新政者,犹唐宋之参知政事⑨,实宰相之职也。皇上欲大用康先生,而上⑩畏西后⑪,不敢行其志。数月以来,皇上有所询问,则令总理衙门⑫传旨,先生有所陈奏,则著之于所进呈书之中⑬而已。自四卿入军机,然后皇上与康先生之意始能少通,锐意⑭欲行大改革矣。而西后及贼臣⑮忌⑯益甚,未及十日,而变已起。

初,君之始入京也,与言⑰皇上无权、西后阻挠之事,君不之信。及七月二十七日,皇上欲开懋勤殿⑱设顾问官⑲,命君拟旨⑳,先遣内侍㉑持历朝圣训㉒授君,传上言康熙、乾隆、咸丰三朝有开懋勤殿故事㉓,令查出引入上谕中,盖将以二十八日亲往颐和园㉔请命㉕西后云。君退朝,乃告同人曰:"今而知皇上之真无权矣。"至二十八日,京朝㉖人人咸知懋勤殿之事,以为今日谕旨将下,而卒不

---

① 今年四月:指清朝光绪二十四年(1898),即戊戌年。四月,夏历,公历六月。
② 定国是之诏:决定国家大计(指变法维新)的诏书。国是,国事。
③ 徐公致靖:江苏宜兴人,光绪时,官翰林院侍读学士,主张变法,荐康有为、谭嗣同等,升侍郎。戊戌政变后罢官下狱,后被释。
④ 被征:被皇帝宣召。
⑤ 扶病入觐(jìn):带病进见皇帝。觐,见皇帝。
⑥ 奏对称旨:回答皇帝的话很合皇帝的心意。
⑦ 超擢(zhuó):破格提升。
⑧ 四品卿衔军机章京:(赏赐他)四品卿的官衔,做军机处办理文书的官。卿,较高的官员。军机处,总管军政大事的机构。章京,清代官名,军机处及总理衙门办理文书的官员。
⑨ 参知政事:官名。
⑩ 上:皇上。
⑪ 西后:慈禧太后。
⑫ 总理衙门:即"总理各国事务衙门",后来改称"外务部"(外交部)。
⑬ 著之于所进呈书之中:写在他给皇帝看的书信里。
⑭ 锐意:决心。
⑮ 贼臣:指当时反对维新变法的顽固派。
⑯ 忌:恨。
⑰ 与言:同他说。
⑱ 懋勤殿:皇帝读书、研究学问的地方。
⑲ 设顾问官:当时光绪计划要选用精干的维新官员入宫办事,设顾问官。
⑳ 拟旨:起草上谕(诏书)。
㉑ 内侍:太监。
㉒ 历朝圣训:前几代皇帝的遗训。
㉓ 故事:先例。
㉔ 颐和园:在北京西郊,慈禧的行宫。
㉕ 请命:请示。
㉖ 京朝:朝廷里。

下,于是益知西后与帝之不相容矣。二十九日,皇上召见杨锐,遂赐衣带诏①,有"朕位几不保,命康与四卿及同志速设法筹救"之语。君与康先生捧诏恸哭,而皇上手无寸柄②,无所为计。时诸将之中,惟袁世凯久使朝鲜,讲中外之故③,力主变法。君密奏请皇上结以恩遇④,冀缓急⑤或可救助,词极激切。八月初一日,上召见袁世凯,特赏侍郎⑥。初二日,复召见。初三日夕,君径造⑦袁所寓之法华寺,直诘⑧袁曰:"君谓皇上何如人也?"袁曰:"旷代之圣主⑨也。"君曰:"天津阅兵之阴谋⑩,君知之乎?"袁曰:"然,固有所闻。"君乃直出密诏示之曰:"今日可以救我圣主者,惟在足下,足下欲救则救之。"又以手自抚其颈曰:"苟不欲救,请至颐和园首仆⑪而杀仆,可以得富贵也。"袁正色厉声曰:"君以袁某为何如人哉?圣主乃吾辈所共事之主,仆与足下同受非常之遇,救护之责,非独足下,若有所教,仆固愿闻也。"君曰:"荣禄密谋,全在天津阅兵之举,足下及董、聂⑫三军,皆受荣所节制⑬,将挟兵力以行大事⑭。虽然,董、聂不足道也,天下健者⑮惟有足下。若变起⑯,足下以一军敌彼二军,保护圣主,复大权,清君侧⑰,肃宫廷⑱,指挥若定⑲,不世之业⑳也。"袁曰:"若皇上于阅兵时疾驰入仆营,传号令以诛奸贼,则仆必能从诸君子㉑之后,竭死力以补救。"君曰:"荣禄遇足下素厚,

---

① 衣带诏:藏在衣带间的密诏。
② 寸柄:一点点权柄。
③ 讲中外之故:讲求(研究)中国和外国的国情。
④ 结以恩遇:拿优厚的待遇笼络他。
⑤ 缓急:实指危急。
⑥ 特赏侍郎:特别赏赐他侍郎的官衔。
⑦ 径造:径直前往。造,到。
⑧ 诘:问。
⑨ 旷代之圣主:一代少有的好皇帝。旷代,一代少有,与下文"绝代"意思相同。
⑩ 天津阅兵之阴谋:慈禧同她的亲信荣禄(当时为直隶总督,掌握兵权)密谋,要光绪在九月里同她一起到天津阅兵,乘机用武力胁迫他退位。
⑪ 首仆:控告我。仆,"我"的自谦的说法。
⑫ 董、聂:董福祥和聂士成。
⑬ 节制:指挥调遣。
⑭ 大事:废立皇帝的事,这里指逼光绪退位的事。
⑮ 健者:强有力的人。
⑯ 若变起:如果事变发生。
⑰ 清君侧:肃清君主周围的坏人(指肃清慈禧的党羽)。
⑱ 肃宫廷:正肃宫廷里边的秩序(指禁止慈禧把持政权)。
⑲ 指挥若定:指挥起来稳操胜券,镇定自如。若定,心中有数,从容不迫。
⑳ 不世之业:稀世罕有的事业。
㉑ 诸君子:指谭嗣同等人。

足下何以待①之?"袁笑而不言。袁幕府②某曰:"荣贼并非推心③待慰帅④者。昔某公欲增慰帅兵,荣曰:'汉人未可假⑤大兵权。'盖向来不过笼络耳。即如前年胡景桂参劾慰帅一事⑥,胡乃荣之私人,荣遣其劾帅而已查办,昭雪之以市恩;既而胡即放⑦宁夏知府,旋⑧升宁夏道⑨,此乃荣贼心计险极巧极之处,慰帅岂不知之?"君乃曰:"荣禄固操、莽⑩之才,绝世之雄,待之恐不易易⑪。"袁怒目视曰:"若皇上在仆营,则诛荣禄如杀一狗耳。"因相与言救上之条理⑫甚详。袁曰:"今营中枪弹火药皆在荣贼之手,而营、哨⑬各官,亦多属旧人。事急矣,既定策,则仆须急归营,更选⑭将官,而设法备贮弹药,则可也。"乃叮咛⑮而去,时八月初三夜,漏三下⑯矣。至初五日,袁复召见,闻亦奉有密诏云。至初六日,变遂发⑰。

时余方访君寓,对坐榻上,有所擘画⑱,而抄捕南海馆之报⑲忽至,旋闻垂帘之谕⑳。君从容语余曰:"昔欲救皇上既无可救,今欲救先生亦无可救,吾已无事可办,惟待死期耳。虽然,天下事知其不可而为之㉑,足下试入日本使馆,谒伊藤氏㉒,请致电上海领事而救先生焉。"余是夕宿于日本使馆,君竟日不出门,以待捕者。捕者既不至,则于其明日入日本使馆,与余相见,劝东游㉓,且携所

---

① 待:对待。
② 幕府:将军的府署叫幕府,这里指幕府里的僚属。
③ 推心:"推心置腹"的省略说法。
④ 慰帅:袁世凯字慰亭,又统率军队,所以称"慰帅"。
⑤ 假:给。
⑥ 胡景桂参劾慰帅一事:指光绪二十二年(1896)胡景桂(当时任御史)参劾袁世凯克扣军饷一事。参劾,弹劾(上奏章揭露某人的缺点)。
⑦ 放:被委任,被委派。
⑧ 旋:接着,不久。
⑨ 道:道员。清朝每省分几个道,道的长官叫道员。
⑩ 操、莽:曹操、王莽。
⑪ 易易:容易。
⑫ 条理:指措施。
⑬ 哨:清朝的军队编制,"营"以下是"哨"。
⑭ 更选:另选,更换。
⑮ 叮咛:再三嘱咐。
⑯ 漏三下:打三更。
⑰ 变遂发:戊戌政变就爆发了。袁世凯向荣禄告密后,荣禄连夜进京见慈禧,第二天(即初六日)清晨,慈禧囚禁光绪皇帝,随即垂帘听政(亲自执掌政权),大肆捕杀、通缉、罢免维新派人员,维新运动宣告失败。
⑱ 擘(bò)画:计划,布置。
⑲ 抄捕南海馆之报:搜查康有为住处,逮捕康有为的消息。当时康有为住在北京南海会馆。
⑳ 垂帘之谕:垂帘听政的上谕。光绪帝即位时,因年幼,由慈安、慈禧两太后垂帘听政。光绪十六年(1890),慈禧归政于光绪,这时候,慈禧又要听政,便是要夺取政权。
㉑ 知其不可而为之:明知它难做,却尽力去做到它。
㉒ 伊藤氏:伊藤博文,曾任日本首相,执政期间曾发动侵华战争,当时来华访问,以探明中国政局。
㉓ 劝东游:劝(我)到日本去。

著书及诗文辞稿本数册,家书一箧托焉。曰:"不有行者①,无以图将来;不有死者,无以酬②圣主。今南海之生死未可卜③,程婴、杵臼④,月照、西乡⑤,吾与足下分任之。"遂相与一抱而别。初七、八、九三日,君复与侠士⑥谋救皇上,事卒不成。初十日遂被逮。被逮之前一日,日本志士数辈苦劝君东游,君不听;再四强之,君曰:"各国变法,无不从流血而成。今中国未闻有因变法而流血者,此国之所以不昌⑦也。有之⑧,请自嗣同始!"卒不去,故及于难⑨。

君既系狱,题一诗于狱壁曰:"望门投宿思张俭,忍死须臾待杜根。我自横刀向天笑,去留肝胆两昆仑。"盖念南海也。以八月十三日斩于市⑩,春秋三十有⑪三。就义之日,观者万人,君慷慨神气不少变。时军机大臣⑫刚毅⑬监斩,君呼刚前曰:"吾有一言!"刚去不听,乃从容就戮。呜呼,烈矣!

思考与练习

一、本文记述了谭嗣同在维新变法中的表现和最后壮烈牺牲的情景。仔细阅读课文,评价谭嗣同变法"无不从流血而成"的观点。

二、通读"初,君之始入京也……至初六日,变遂发",然后完成下列各题。

1. 概括这段文字的中心意思。
2. 这段文字是如何生动地刻画谭嗣同和袁世凯这两个人物形象的?
3. 下列两句中加点的词语,古今词义有什么不同?
(1)三朝有开懋勤殿故事
(2)仆与足下同受非常之遇

---

① 行者:出走的人。
② 酬:报答。
③ 南海之生死未可卜:康有为的生死还不知道。南海,指康有为。康有为是南海县(今并入广州市)人。卜,预料。
④ 程婴、杵臼:两人都是春秋时代晋国大夫赵朔的门客。赵朔为仇人屠岸贾所杀害,程婴和杵臼设法保全了赵朔的孤儿。
⑤ 月照、西乡:月照是日本德川末期的一个和尚,西乡隆盛是他的好友。当时幕府专横,天皇无权。他们为推翻幕府,到处进行宣传,后来被迫投水自杀。西乡隆盛遇救而活,终于完成了志愿。
⑥ 侠士:指当时北京的豪侠之士大刀王五。
⑦ 昌:强盛。
⑧ 有之:(如果)有流血的。
⑨ 故及于难:所以遭了祸。
⑩ 以八月十三日斩于市:1898年9月29日(八月十三是农历)杀谭嗣同、杨锐、林旭、刘光第、杨深秀、康广仁于北京南城菜市口,时号"戊戌六君子"。以,在。
⑪ 有:又。古人写年龄或年份常用"×十有×"的格式。
⑫ 军机大臣:军机处的长官,由亲王、大学士、尚书、侍郎等充任。
⑬ 刚毅(1837~1900),晚清满洲贵族,1894年任军机大臣,为慈禧所宠信。1900年,八国联军攻陷北京,随慈禧西逃,途中病死。

4.根据下列各句括号中的解释,从"冀、固、卒、造、假、益、放"中选择恰当的字填在横线上。

(1)京朝人人咸知懋勤殿之事,以为今日谕旨将下,而_____(终于)不下,于是_____(更加)知西后与帝之不相容矣

(2)君径_____(到)袁所寓之法华寺

(3)君密奏请皇上结以恩遇,_____(希望)缓急或可救助

(4)若有所教,仆_____(当然)愿闻也

(5)汉人未可_____(给)大兵权

(6)既而胡即_____(被委任)宁夏知府

三、从课文中找出表示时间的副词,并分别说明这些词表示的时间范围。

写作知识二　记人叙事

记　人

一、概述

以写人为主的记叙文,有访问记、传记、回忆性和纪念性文章等不同的表现形式。

从表达方式上来看,主要运用叙述和描写。人物描写的技巧又分直接描写和间接描写。直接描写包括肖像描写、语言描写、动作描写、心理描写等。在写作实践中,运用直接描写的笔墨并不多,通过事件和环境的叙写来表现人物的某些方面的特征却占了相当的比重。

二、记人类文章的写作

(一)根据需要选择合适的切入点

由于一篇文章的容量有限,只能把人一生的某个阶段或某些方面的情况写下来,作者必须根据写作的需要,适当撷取某些生活片段,借以展示人物的思想品质和性格特征。如徐文长是明朝一位多才多艺的作家,袁宏道在记述他的事迹时,主要是围绕他的"三奇",即"才能奇异"、"性格奇怪"、"遭遇奇特"来写。因此尽管所记事例纷杂,然而中心明确,神气凝聚,人物形象鲜明生动。

(二)对所写的人物要投入强烈的感情

作者对自己笔下的人物应饱含热情。作者的感情不是做作的,而是自然流露的,是文章中的人物作用于作者的心灵,驱使作者一吐为快的结果。课文《谭嗣同》的作者梁启超,他和谭嗣同是同志加战友的关系,俩人平素交谊很深。在看似不动声色的叙述中,对谭嗣

同的深厚感情溢于言表。如文章结尾一段写谭嗣同就义之时:"君慷慨神气不少变……乃从容就戮。呜呼,烈矣!"

(三)选择恰当的文章形式来表现人物

《指喻》一文,采用因小见大,借喻立说的方法,来阐述防微杜渐的道理。梁启超写谭嗣同与袁世凯打交道,是采用对比的手法,用袁世凯的阴险狡诈,来反衬谭嗣同的坦荡和忠勇;《思想者的第三种造型》中马寅初坚持真理的铮铮硬骨,主要是通过描写他在与陈伯达、康生的交锋时的语言和神态表现出来的。

(四)选用适合于表现人物的各种方法

人物描写有白描和细描,如描写左光斗在狱中"席地倚墙而坐,面额焦烂不可辨,左膝以下筋骨尽脱矣"。知史可法来探视,"公辨其声,而目不可开,乃奋臂以指拨眦,目光如炬,怒曰……"就是采用白描和细描相结合的方法,刻画人物形象栩栩如生。通过叙述表现人物也是本单元文章的一大特色。如《鸿门宴》、《记王忠肃公翱事》和《谭嗣同》等文章对主人公的表现大部分都以叙述见长。

叙　事

一、概述

(一)叙述的要素

叙事的文章总是通过叙述事件发生、发展的过程来反映社会生活,表达作者的思想感情,教育和感染读者的。因此,时间、地点、人物和事情的起因、经过和结果就构成了叙述的六个要素。

(二)叙述的线索

比较复杂的记叙文,有的人物关系错综复杂,有的事件过程变化曲折,有的时空转换频繁多变。要把复杂的内容有条理地叙述清楚,除了在六要素方面和人称方面有要求外,还需要作者按照一定的"序"(即思路)把众多材料组织起来,这种贯穿全文的把叙述的人和事串成一个有机整体的"序",称为叙述的线索。

叙述的线索多种多样,有的以时间的推移或地点的变换为线索,如《赤壁之战》;有的以某一具体事物或具有象征性的事物为线索,如《我与地坛》;有的以人物的活动或思想感情的变化为线索,如《依依惜别的深情》;有的则以事件的发生、发展为线索,如《鸿门宴》。有的文章情节简单,只有一条线索,称为单线;有的文章情节复杂,有两条或两条以上的线索,称为复线。

(三)叙述的顺序

叙述总是按一定的顺序进行的。常用的叙述方法有顺叙、倒叙、插叙、补叙、平叙等几种。在简单的记叙文中常常只使用其中的一种或两种,在复杂的记叙文中往往是综合运用的。

(四)叙述的详略

详略得当,是叙事类记叙文写作的基本要求。面对众多材料,必须做到两点。第一是

"精心选择",即要紧扣文章主旨合理安排材料。对与文章主旨关系特别密切,最能体现作者写作意图的材料要详写,其他材料略写。第二是"点面结合"。"点"是指作者集中笔力叙写的最能表达文章主旨的那部分材料,"面"是指概括叙述的材料。采用点面结合的方式,可使文章既有一定的深度,又有一定的广度,从而更有力地表达文章主旨。

二、叙事类文章的写作

(一)确立深刻新颖的主旨

确立主旨时,作者必须站得高,看得远,想得深,敢于"想前人之所未想,发前人之所未发"。如世上有各种各样的思想家,跟风随大流者有之,哗众取宠者有之,极"左"狂热者有之,而卞毓方却以满腔热情,讴歌了追求真理,坚守真理,铁骨铮铮的第三种思想者的代表——马寅初的形象,可谓立意高远,有胆有识。又如身残志坚的作家史铁生,虽身困轮椅,却能在《我与地坛》中,泼墨地坛,情系母爱;对人生世态,洞若观火。对生命的体验之深,非常人所能企及。

(二)拟定蕴含丰富的标题

标题是文章的"眼睛"。一个好的标题往往能揭示文章的主旨,吸引读者的注意,发人深省。如初中所学的《邹忌讽齐王纳谏》,七个字,包含两个人物:邹忌与齐王,一相一王;两个动词:一"讽"一"纳",都是为了一个目的:"谏"。言简意赅,一目了然。

(三)要有精巧奇特的艺术构思

精巧奇特的艺术构思是文章能否做到独具匠心的关键所在。如《记王忠肃公翱事》中的第二则故事围绕"宝珠"展开故事情节。太监赠珠—王公辞珠—太监说珠—王公收珠—王公还珠,尺水兴波,一波三折,曲折生动地表现了王翱对友忠实不贪财的美德。

(四)精心安排材料线索

面对众多事件,写作时要选取与中心联系密切的且具有典型性的事件,切忌在文中堆砌与主旨无关的材料。如《左忠毅公逸事》对左光斗的言行事迹只选取了"慧眼选贤"和"狱中训徒"这两件与史可法有关的事迹,另两件是写史可法的事迹,却折射出左光斗的知人之明和言传身教的结果。同时,还要善于安排叙事的线索,将所选取的众多事件连贯成一个有机整体。

如《鸿门宴》一文以鸿门之宴为中心事件,以项羽、刘邦为中心人物,同时又穿插了范增、项伯、张良、樊哙等一系列人物的活动。以时间为序,按宴会前、宴会中、宴会后三个部分来安排,结构严谨,情节既完整又跌宕起伏,场面紧张且惊心动魄。

此外,合理地运用叙事方法,在叙事中见真情等,在写作叙事类文章时也是十分必要的。

借鉴实例

一、才子赵树理

赵树理是个高个子。长脸。眉眼也细长。看人看事,常常微笑。

他是个农村才子。有时赶集,他一个人能唱一台戏。口念锣鼓,拉过门,走身段,夹白带做还误不了唱。他是长治人,唱的当然是上党梆子。他在单位晚会上曾表演过。下班后他常一个人坐在传达室里,用两个指头当鼓筒,敲打锣鼓,如醉如痴,非常"投入"。严文井说赵树理五音不全。其实赵树理的音准是好的,恐怕倒是严文井有点五音不全,听不准。还是他的高亢的上党腔实在有点让他吃不消?他爱"起霸",也是揎手舞脚,看过北京的武生起霸,再看赵树理的,觉得有点像螳螂。

　　他能弹三弦,不常弹。他会刻图章,我没有见过。他的字写得很好,是我见过的作家里字最好的,他的散文《写金字》写的大概是他自己的真事。字是欧字底子,结体稍长,字如其人。他的稿子非常干净,极少涂改。他写稿大概不起草。我曾见过他的底稿,只是一些人物名姓,东一个西一个,姓名之间牵出一些细线,这便是原稿了,考虑成熟,一气呵成。赵树理衣着不讲究,但对写稿有洁癖。他痛恨人把他文章中的"你"字改成"妳"字(有一个时期有些人爱写"妳"字,这是一种时髦),说:"当面说话,第二人称,为什么要分性别?——'妳'也不读'你'!"他在一篇稿子的页边批了一行字:"排版校对同志请注意,文内所有'你',一律不准改为'妳',否则要负法律责任。"这篇稿子是经我手发的,故记得很清楚。

　　赵树理是《说说唱唱》副主编,实际上是执行主编。他是负责发稿的。有时没有好稿,稿发不出,他就从编辑部抱一堆稿子回屋里去看。不好,就丢在一边,弄得一地都是废稿。有时忽然发现一篇好稿,就欣喜若狂。他说这种编辑方法是"绝处逢生"。陈登科的《活人塘》就是这样发现的。这篇作品能够发表也真有些偶然,因为稿子有许多空缺的字和陈登科自造的字,有一个"馬"字,大家都猜不出,后来是康濯猜出来了,是"趴",馬(马的繁体字)没有四条腿,可不是趴下了?写信去问陈登科,果然!

　　有时实在没有好稿,康濯就说:"老赵,你自己来一篇吧!"赵树理关上门,写出了一篇名著《登记》(即《罗汉钱》)。

　　赵树理吃食很随便,随便看到路边的一个小饭摊,坐下来就吃。后来胡乔木同志跟他说:"你这么乱吃,不安全,也不卫生。"他才有点选择。他爱喝酒。每天晚上要到霞公府间壁一条胡同的馄饨摊上,来二三两酒,一碟猪头肉,吃两个芝麻烧饼,喝一碗馄饨。他和老舍感情很好。每年老舍要在家里请市文联的干部两次客,一次是菊花开的时候,赏菊;一次是腊月二十三,老舍的生日。赵树理必到,喝酒,划拳。老赵划拳与众不同,两只手出拳,左右开弓,一会用左手,一会儿用右手。老舍摸不清老赵的拳路,常常败北。

　　赵树理很有幽默感。赵树理的幽默和老舍的幽默不同。老舍的幽默是市民式的幽默,赵树理的幽默是农民式的幽默。他常常想到一点什么事,独自咕咕地笑起来,谁也不知道他笑的什么。他爱给他的小说里的人起外号:翻得高、糊涂涂(均见《三里湾》)……他写的散文中有一个国民党小军官爱训话,训话中爱用"所以",而把"所以"连读称为"水",于是农民听起来很奇怪:他干嘛老说"水"呀?他写的"催租吏"为了"显派",戴了一副红玻璃的眼镜,眼镜度数不对,他就这样深一脚浅一脚地在农村的土路上走。

他抨击时事,也往往以幽默的语言出之。有一个时期,很多作品对农村情况多粉饰夸张,他回乡住了一阵,回来做报告,说农村的情况不像许多作品描写的那样好,农民还很苦,城乡差别还很大,说,我这块表,在农村可以买五头毛驴,这是块"五驴表"!他因此受到批评。

赵树理的小说有其独特的抒情诗意。他善于写农村的爱情,农村的女性,她们都很美,小飞娥(《登记》)是这样,小芹(《小二黑结婚》)也是这样,甚至三仙姑(《小二黑结婚》)也是这样。这些,当然有赵树理自己的感情生活的忆念,是赵树理的初恋情感的折射。但是赵树理对爱情的态度是纯真的、圣洁的。(汪曾祺)

 简评

这是名作家汪曾祺先生介绍名作家赵树理的文章。作者抓住赵树理的"才"来写,片段集中,精练,仅选取若干生活细节就写出了赵树理在文艺表演、文学创作上的才能,刻画了他率真耿直的个性和不乏幽默的语言风格。语言简洁、朴实,尤其是概括式的叙述方法很值得学习。

二、尘埃里的幸福

廖师傅坐在飘窗前,捧着一只搪瓷缸吃饭,跷着的二郎腿轻轻抖动着。电饭锅放在不远处的地上,一碗炸酱面放在廖师傅的身边。暖暖的冬阳穿过偌大的玻璃飘窗,像一床松软的棉被,兜头兜脑将廖师傅温暖地包裹。廖师傅的爱人也捧着一只搪瓷缸吃着饭,她一边吃饭一边唧唧咕咕地对廖师傅说着话——语速极快的家乡话,我站在房门外听了半天,只听懂了一句:再干完两家的活,就回家过年了。

这短暂的中午时光,应该是廖师傅最享受最悠闲的时光。切割机刺耳的声音停止了,瓷砖、水泥、黄沙、水平尺、刀具……所有的工具和材料也都静静地躺在一隅,等待着廖师傅休息完毕再一一粉墨登场。

我的出现终是扰了廖师傅难得的休闲时光。见我进来,他局促地起身,又赶紧将手中的搪瓷缸放在飘窗上,喊一声"大妹子……"眼睛飞快地瞟向地上的电饭锅。廖师傅不说,我也知道他紧张什么。装修公司明文规定:不准工人在客户家做饭,一旦被客户投诉,一律重罚。

我微笑着摆摆手,叫廖师傅不要紧张。小区外有很多大排档和小饭店,但如廖师傅一般的小工,又怎么舍得每天都去那里消费?老家的父母儿女靠他们养活,在这座城市里,他们还得养活自己。每个月的房租水电柴米油盐,即使将生活水准降到最低,这些开支对他们来说,都是一笔不小的支出。

廖师傅的爱人不叫我"大妹子",她叫我"老板娘"。第一次听这称呼,我吓一跳,恍惚间自己成了电视剧《大宅门》里的某个角色。我说,别叫我"老板娘",你也叫我"大妹子"吧,听着亲切。女人嘿嘿笑了半天,一张口又是"老板娘"。她笑的时候，脸上的皱纹像湖波，漾出一圈圈快乐——纯粹的发自心底的快乐。

　　一天中午我又去了，坐在飘窗前吃饭的廖师傅难得地跟他的女人开玩笑：你瞧大妹子穿得多清爽，哪像你，一天到晚邋里邋遢……女人大着嗓门用我听不懂的家乡话回击，说到最后两人一起哈哈大笑，我也跟着笑。

　　有时候，两人也很认真地抬杠，为着墙角的墙砖怎么贴，要买什么勾缝剂，地坪要做多高，争得脸红脖子粗。最后，廖师傅一声断喝：到底谁是师傅？于是女人嘿嘿笑：老头子，你是师傅，我是徒弟。

　　而油漆工小夫妻俩却从来不拌嘴。毕竟是年轻人，爱美，每天来我家时，两人都穿得整齐干净，女人也像城里人一样穿着高跟皮鞋和时髦衣衫。进了我家，打开带来的一个大帆布包，小夫妻俩换上干活的衣服，再打开手机里的音乐，在一曲接着一曲的流行音乐中开始一天的工作。有时我去，女人便一边干活一边与我聊天，说她放在老家年仅5岁的儿子，说他们在这座城市的打工故事。每次聊天，女人胖乎乎的脸都会笑成一朵花，笑容里完全没有生活的艰辛与苦累。女人说，这次春节回老家，就把老人和孩子一起接来，一家人团聚在一起，她和老公晚上回到出租屋时，也会有温暖的灯火和热乎乎的饭菜等着他们了。

　　这些工人的"头"，是装修公司派到我家的项目经理。开始我叫他方经理，后来熟悉了，我直呼他大名。很年轻的小伙子，却有着与年龄不相配的沉稳与内敛。小区里每天有太多的项目经理进进出出，他们衣着光鲜，对工人指手画脚发脾气。方经理却从来不对工人高声说话，即使工人出了差错。他那辆破旧的摩托车上经常带着他的老婆，年轻漂亮的小女人，每天跟着他跑工地。我曾经说她：每天从东城到西城跑工地太辛苦，你在家带孩子做饭也可以的。女人笑眯眯地说：跟着他跑工地心里踏实，帮他做点小事。

　　从来没问过方经理的梦想，但我能猜到，这个年轻人的梦想是什么。若干年后，成为一个真正的金牌项目经理，在这座城市里拥有自己的一套房子并亲手装修它，再买一辆小车，哪怕是二手车也行，这样老婆跟着自己跑工地时不再受风吹日晒之苦。

　　这座城市的冬日黄昏，刺骨的寒冷里渗透着浓浓的思乡情愁。挤上拥挤的公交车，耳机里是旭日阳刚沧桑激昂的《春天里》，身边不知何时站着一个满身尘土的农民工。与以往不同，我对他展开一个微笑，他拘谨地还我一个微笑。

　　是的，在地球这个大家庭里，我们都是兄弟姐妹。

（刊登在2011年1月13日《新安晚报》副刊上　作者：窨娘）

简评

　　这是一篇叙事记人的文章，作者用白描的手法，真实地写出了农民工行走在城市底层的生活状况。生活的艰辛，工作的苦累，难以压抑他们发自内心的快乐和对明天幸福的向往。作者对农民工兄弟的同情和关爱也在朴实的叙写中显现出来了。

写作练习

一、人的外貌和性格并不完全一致,有的人外表柔弱,但性格刚强;有的人外表强悍,内心却很软弱;也有的人外表美丽,内心卑鄙;有的人外表丑陋,心灵却高尚;也有的人外表与内心和谐统一。阅读课文中对人物外貌描写的文字,体会外貌描写与人物性格之间的关系。观察并选择本班个性鲜明的同学,在尊重同学的前提下,对其外貌进行描写,并注意在描写中体现人物性格。

二、从下面题目中任选一个写一篇600字左右的记叙文。
1. 妈妈的背影
2. 老师的白发
3. 往事的回忆
4. 在初离家乡的日子里

口语交际二　听说能力

 表述指导

一、概述

在与他人进行交流沟通时,要养成良好的听话习惯,训练一定的听话能力。正确理解和判断别人话语的含义,不曲解别人的意思是进行口语交流的基本前提。听话能力和说话能力是紧密相连的,只有"听得懂"、"听得准",才有可能"说得好"、"答得巧"。否则,就可能因理解失当、判断有误而答非所问或转述谬误。

二、听话能力

听话能力和人的文化修养密不可分。从小到大,我们听过很多老师的课,几乎每一位老师的讲课方法、水平、特色、效果都各有不同:有的简洁清楚、重点突出;有的啰嗦杂乱、枯燥乏味;有的生动幽默;有的玄虚难懂。但是,在你众多的同学中,你会发现总有那么几位同学,不管对什么样的老师,他们总是能够力图使自己的听课效果达到最佳点。这就是一种听话的能力。

听话能力可分为以下4个层次:

(1)听懂话语的基本内容。指在较短的时间内,能够对对方说出的话语作出正确的理解,抓住中心和要点,并体会出话语中蕴含的思想感情。

(2)听明白关键词语和主要观点。在上一层次的基础上,区别主次,对所获取的话语信息进行比较、归纳,从而听明白话语中的重要内容、主要观点和新的精神。

(3)听出言外之意和弦外之音。在听话过程中仔细体会对方话语的语气,要善于听"言",不局限于所听到的内容,而是根据具体语境,推测话语的结论和其中的深刻内涵。

(4)听出疑点和错误疏漏之所在。在听话过程中对话语内容进行比较、评价,听出相同意见或分歧,并且产生联想。

听话技巧的"四要":

一要抓住中心,理解主旨:在听别人长篇发言时,能抓住中心和要点,理解话语的主要内容。

二要掌握层次,理清思路:在听话的过程中,要能够对话语的内容作出简要的梳理,把握层次,理清结构和思路,听出其中的条理。

三要记住主要内容:对一些重要内容需要记忆时,可以根据说话人的语速、重音、声调等,运用速记方法,把听到的内容迅速记下来。

四要听音辨义,全面品评:听话时要合理想象出话语的具体语境,对说话者的语音、语调、语言的规范与否及是否使用文明用语等进行辨别鉴定,能够初步分析出别人说话的优缺点,结合自己的理解进行"听后感"训练。

三、说话能力

(一)复述

复述就是把自己听过的语言材料,按照一定的要求具体讲述出来。一般分为详细复述、概要复述、创造性复述三种类型。

(1)详细复述要求尽量接近原话。原话中的精彩片段、生动语言以及传神对话,最好能不走样地述说出来,必要时可引用原话中的一些内容。

(2)概要复述要求抓住话语的中心思想与提纲,不能改变原来的体裁和逻辑顺序,也不能加入个人的感想和评论,只能对话语内容进行筛选和概括,再用自己的语言表达出来。

(3)创造性复述是说话人对话语内容只要中心不变,可以根据自己的理解变换角色,改变原话语的逻辑顺序,加以适当的解说、评价;也可以变换不同的人称、不同的描述角度,用自己的语言进一步充实内容,准确表达出原文的意思。

创造性复述的训练模式可分为提示式、活动式、转换式。

(二)转述

转述不是简单的复述,它要求转述者对所听到的信息在理解的基础上经过改造,然后将原意准确地传达给其他人。转述要做到不失本意,就必须注意因时而变、因地而变、因人而变。

一、向中国人脱帽致敬

记得那是十二月,我进巴黎十二大学。

我们每周都有一节对话课,为时两个半钟头。在课堂上,每个人都必须提出或回答问题。问题或大或小,或严肃或轻松,千般百样无奇不有。

入学前,前云南省《滇池》月刊的一位编辑向我介绍过一位上对话课的教授:"他留着大胡子而以教学严谨闻名全校。有时,他也提问,且问题刁钻古怪得很。总而言之你小心,他几乎让所有的学生都从他的课堂上领教了什么叫'难堪'……"

我是插班生,进校时,别人已上了两个月课。我上第一堂对话课时,就被教授点着名来提问:"作为记者,请概括一下您在中国是如何工作的。"

我说:"概括一下来讲,我写我愿意写的东西。"

我听见班里有人窃笑。

教授弯起一根食指顶了顶他的无边眼镜:"我想您会给我这种荣幸:让我明白您的首长是如何工作的。"

我说:"概括一下讲,我的首长发他愿意发的东西。"

全班"哄"地一下笑起来。那个来自苏丹的阿卜杜勒鬼鬼祟祟地朝我竖起大拇指。

教授两只手都插入裤袋,挺直了胸膛问:"我可以知道您是来自哪个中国的么?"

班上当即冷场。我慢慢地对我的教授说:"先生,我没听清楚你的问题。"

他清清楚楚一字一句,又重复一遍。我看着他的脸。那脸,大部分掩在浓密的毛发下。我告诉那张脸,我对法兰西人的这种表达方式很陌生,不明白"哪个中国"一说可以有什么样的解释。

"那么,"教授说,"我是想知道,你是来自台湾中国还是来自北京中国?"

雪花在窗外默默地飘。在这三面墙壁都是落地玻璃的教室里,我明白地感受到了那种突然冻结的沉寂。几十双眼睛,蓝的绿的褐的灰的,骨碌碌瞪大了盯着三个人来回看,看教授,看我,看我对面那位台湾同学。

"只有一个中国。教授先生,这是常识。"我说,马上,教授和全班同学一起,都转了脸去看那位台湾人。那位黑眼睛黑头发黄皮肤的同胞正视了我,连眼皮也不眨一眨,冷冷地慢慢道来:"只有一个中国,教授先生。这是常识。"

语音刚落,教室里便响起一片松动椅子的咔咔声。

教授先生盯牢了我,又递来一句话:"您走遍了中国吗?"

"除台湾省外,先生。"

"为什么您不去台湾呢?"

"政府不允许,先生。"

"那么,"教授将屁股放了一边在讲台上,搓搓手看我。"您认为在台湾问题上,该是谁负主要责任呢?"

"该是我们的父辈,教授先生。那会儿他们还年纪轻轻哩!"

教室里又有了笑声。教授却始终不肯放过我:"以您之见,台湾问题应该如何解决呢,如今?"

"教授先生,中国有句老话,叫做'一人做事一人当'。我们的父辈还健在哩!"我说,也朝着他笑,"我没有那种权利去剥夺父辈们解决他们自己酿就的难题的资格。"

我惊奇地发现,我的对话课的教授思路十分敏捷,他不笑,而是顺理成章地接了我的话去:"我想,您不会否认邓小平先生该是你们的父辈。您是否知道他想如何解决台湾问题?"

"我想,如今摆在邓小平先生桌面的,台湾问题并非最重要的。"

教授浓浓的眉毛如旗般展了开来升起:"什么问题才是最重要的呢,在邓小平先生的桌面上?"

"依我之见,如何使中国尽早富强起来是他最迫切需要考虑的。"

教授将他另一边屁股也挪上讲台,换了个更舒服的姿态坐好,依然对我穷究下去:"我实在愿意请教:中国富强的标准是什么?这儿坐了二十几个国家的学生,我想大家都有兴趣弄清楚这一点。"

我突然一下子感慨万千,竟恨得牙根儿发痒,狠狠用眼戳着这个刁钻古怪的教授,站起来对他说,一字一字地:"最起码一条是:任何一个离开国门的我的同胞,再不会受到像我今日要承受的这类刁难。"

教授倏地离了讲台向我走来,我才发现他的眼睛很明亮,笑容很灿烂。他将一只手掌放在我肩上,轻轻说:"我丝毫没有刁难你的意思,我只是想知道,一个普普通通的中国人是如何看待自己国家的。"然后,他两步走到教室中央,大声宣布:"我向中国人脱帽致敬。下课。"

出了教室,台湾同胞与我并排儿走。好一会儿后,两人不约而同地看着对方说:"一起喝杯咖啡好吗?"

(钟丽思)

简评

这是一段颇为精彩的对话,反映了双方高超的听说能力。聆听在对话中起到了至关重要的作用。教授根据学生的回答,不断围绕自己的目的提出尖锐的问题;学生面对教授"刁钻古怪"的提问,机智巧妙、不卑不亢地作答,既符合学生的身份,又维护了祖国的尊严和统一,终于赢得了教授的"脱帽致敬"。

二、浙江工商局长"斗智"央视女主播(片段)

(一)坐着说话

董　倩:郑局长,以前我们都在那儿站着说,这次为什么坐着说,是不是因为气比较短了,所以坐着了?

郑宇民:站着说话和坐着说话跟气短气长有什么关系呢?中央电视台新闻联播都是坐着说话的。我不愿意站着说话是因为不愿意跟穿高跟鞋的人在一起比高。

你是央企穿着高跟鞋,我代表民企,我穿着平底鞋,我们在一起,我觉得不公平,应该坐下来平起平坐,你就没有了高跟鞋的优势。

(二)女人胡子

董　倩:今年全国工商联提供了一个数字,说500条民企的胳膊比不上两条国企的大腿,500个民企所有利润加起来不如两家中石油、中石化,然后再加上中移动。我不知道您怎么看,胳膊就这么没力气吗?

郑宇民:不能因为国企的成绩来否定民企存在的价值。举一个简单的例子,所有女人的胡子加起来不如一个男人的胡子长。为什么?她没有这个功能。国有企业是酒,民营企业是水,水更多体现的是社会功能。全国4300万的企业,民营企业占多少?92%以上。全国有多少就业人口?7.79亿。国有企业安排就业人口多少?6300万。91.8%都是民营企业承担的。

(三)浙商已老

董　倩:这几年,浙商的创造力不如其他地方的企业家,原谅我这么讲,这是不是意味着在某种程度上浙商的创造活力已经不如其他地方了,说明浙商已经老了?

郑宇民:浙商很疲倦,出生早容易老,走在前面也容易老,贡献大也容易老。浙商贡献很大,60%的税收、70%的出口、80%的善款捐助、90%的就业安排。浙商是苦操劳,长兄容易老,浙商是很辛苦的。

(四)富二代

董　倩:富二代这个角色在整个社会上的整体形象并不好,您怎么看待,这个传承怎么解决?

郑宇民:现在批评富二代的比较多,我觉得要非常理性清醒。这确实提醒了我们民营企业教育新生代的问题。我们现在有许多民营企业子弟不愿意子承父业,也不愿意再创新业,这个现象值得重视。批评富二代并不是不要富裕,也并不是要扼杀富二代,是要让我们有一个比较好的传承,创造出一个富有人文情怀,富有创业精神,富有社会责任的富而思近、富而思远、富而不忘本的创业新生代,这是我们民营企业共同的愿望。

》 简评

　　这几段充满睿智和幽默的对话,问者问得风趣尖锐,答者答得机敏从容,显示出对话双方具有丰富的知识底蕴和文化素养。

三、触龙说赵太后

　　赵太后新用事,秦急攻之。赵氏求救于齐,齐曰:"必以长安君为质,兵乃出。"太后不肯,大臣强谏。太后明谓左右:"有复言令长安君为质者,老妇必唾其面。"

　　左师触龙言愿见太后,太后盛气而揖之。入而徐趋,至而自谢,曰:"老臣病足,曾不能疾走,不得见久矣。窃自恕,而恐太后玉体之有所郄也,故愿望见太后。"太后曰:"老妇恃辇而行。"曰:"日食饮得无衰乎?"曰:"恃粥耳。"曰:"老臣今者殊不欲食,乃自强步,日三四里,少益耆食,和于身。"太后曰:"老妇不能。"太后之色少解。

　　左师公曰:"老臣贱息舒祺,最少,不肖;而臣衰,窃爱怜之。愿令得补黑衣之数,以卫王宫。没死以闻。"太后曰:"敬诺。年几何矣?"对曰:"十五岁矣。虽少,愿及未填沟壑而托之。"太后曰:"丈夫亦爱怜其少子乎?"对曰:"甚于妇人。"太后笑曰:"妇人异甚。"对曰:"老臣窃以为媪之爱燕后贤于长安君。"曰:"君过矣!不若长安君之甚。"左师公曰:"父母之爱子,则为之计深远。媪之送燕后也,持其踵,为之泣,念悲其远也,亦哀之矣。已行,非弗思也,祭祀必祝之,祝曰:'必勿使反。'岂非计久长,有子孙相继为王也哉?"太后曰:"然。"

　　左师公曰:"今三世以前,至于赵之为赵,赵王之子孙侯者,其继有在者乎?"曰:"无有。"曰:"微独赵,诸侯有在者乎?"曰:"老妇不闻也。""此其近者祸及身,远者及其子孙。岂人主之子孙则必不善哉?位尊而无功,奉厚而无劳,而挟重器多也。今媪尊长安君之位,而封之以膏腴之地,多予之重器,而不及今令有功于国,一旦山陵崩,长安君何以自托于赵?老臣以媪为长安君计短也,故以为其爱不若燕后。"太后曰:"诺,恣君之所使之。"

　　于是为长安君约车百乘,质于齐,齐兵乃出。

>> 简评

　　要想达到说话的目的,针对听话人的特点采用合适的说话方式是十分必要的。《触龙说赵太后》就是一个极好的例证。

口语练习

　　一、阅读《触龙说赵太后》,回答下面问题:

　　1.触龙交谈的目的是什么?

　　2.触龙采取了什么样的说话方式?这样有什么好处?

　　二、阅读《谭嗣同》一文,概要复述"初三日夕,君径造袁寓所之法华寺……卒不去,顾及于难"的内容。

　　三、课后阅读《水浒传》中"林教头风雪山神庙"的内容,下面这段文字就节选自该章回。

　　三人在庙檐下立地看火。数内一个①道:"这条计好么?"一个②应道:"端的亏管营、差拨两位用心。回到京师,裹过太尉,都保你二位做大官。这番张教头没的推故。"那人③道:"林冲今番直吃我们对付了。高衙内这病必然好了。"又一个④道:"张教头那厮,三回五次托人情去说:'你的女婿殁了。'张教头越不肯应承。

因此衙内病患看看重了。太尉特使俺两个央浼二位干这件事。不想而今完备了。"又一个⑤道："小人直爬入墙里去,四下草堆上点了十来个火把,待走那里去?"那一个⑥道："这早晚烧个八分过了。"又听一个⑦道："便逃得性命时,烧了大军草料场,也得个死罪。"又一个⑧道："我们回城里去罢。"一个⑨道："再看一看,拾得他一两块骨头回京府里见太尉和衙内时,也道我们也能会干事。"

文中的三人是指高俅手下的中级军官陆虞候陆谦、跟从的狗腿子富安和管营手下的差拨。作者没有交代哪句话是谁说的,请你试指出①～⑨各是谁,并说说你认定的理由。

四、听读下面材料并概括关键词语和主要观点。

  大发明家爱迪生少年时智力表现一般,曾被老师斥为"蠢猪"。然而,他在母亲的悉心教育下,决心走科学发明的路子。由于他目标专一,乐于思考,勤于动手,一生拥有1000多项发明专利。他为研制电灯的灯丝,先后试验了1600多种材料,历经十几年才获得成功。他经常连续工作二三十个小时,累了就用图书当枕头在实验室里躺一会儿。他说："天才就是九十九份的汗水加一份灵感。"他正是以这种坚韧不拔的毅力,不气馁的精神,克服无数困难走向成功的。现在我们一些同学智力并不低,但厌倦学习,不思进取,究其原因,主要是意志品质差,缺乏成功成才的动机,缺乏勤奋刻苦的精神,学习上遇到一点困难就畏惧不前,丧失信心。因此,为了促使同学成为合格的人才,服务社会,就必须加强意志教育。

训练步骤:分组训练,部分学生朗读以上材料,部分学生进行概括。
训练要求:用简短的话语找出材料的观点和重点。
训练目的:提高学生的语言概括能力,说话时要做到要点突出,长话短说。

语文实践活动二 办墙报

一、活动主题

难忘的人和难忘的事

二、活动目的和要求

1. 巩固所学的有关记人叙事的写作知识,掌握记人叙事的方法。
2. 培养组稿能力和团结协作精神,丰富课余文化生活。
3. 提倡班级全体同学积极参与。

三、活动内容及步骤

1. 教师布置任务后,由班级学习委员负责组稿,明确该期墙报的主旨,每组在组内每个同学都参与的情况下,由组长选取两篇稿件,限定时间交到学习委员处。

2.出墙报的工作由团支部宣传委员负责,选出3至4人组成编辑小组,负责购买纸墨笔砚、修改、润色、排版、抄写、张贴等工作。

3.墙报贴出来后,可选择适当时间,由老师带领学生就墙报的内容及版面形式进行点评。

第三单元

科 技 之 光

单元导读

　　科学改变了并且还在继续改变着世界。科学拓展了空间,让人类一步步地从陆地走向海洋,走向太空;科学延展了时间,让人类延长了寿命,加快了前进的步伐。科学已经成为人类文明不可或缺的组成部分,它也成为与我们个体生命息息相关的重要因素。在这种形势下,多接触一些科普类作品,提高阅读科普文章的能力,对培养科学兴趣、提高科学素养都是很有必要的。

　　《桥的运动》主要向我们介绍桥的运动原理。文中运用多种说明方法,语言周密、准确,体现了老一代科学家严谨、朴实的文风。《眼睛与仿生学》介绍了神奇的视觉仿生学的一些知识。由于仿生学是一门新兴科学,人们一般对它都比较陌生,所以作者不是先在科学定义上做文章,而是先介绍人们最熟悉的人的眼睛,及其在仿生学中的意义,然后再说明一些动物的眼睛及其构造和功能。《从人脑看科学与艺术》这篇课文,作者以确凿的事实、科学的分析、深入浅出的说明,启示我们科学用脑,追求科学与艺术的和谐,去发现天地之大美,即既学好自然科学知识,又具备艺术审美意识和气质,做一个和谐、完美的智者。《奇妙的超低温世界》描绘了超低温情况下一些物质所发生的种种奇妙的现象,接着解释"超导现象",对超低温应用前景进行了展望。文章展示了科学在探究自然奥秘方面的无穷魅力。《南州六月荔枝丹》这篇文章准确、翔实地说明了荔枝的果形、果实以及贮运情况,对荔枝的习性、产地、栽培史等做了一般性介绍,并对我国荔枝生产的未来充满了信心。

从这些文章中,我们可以看到科学世界的丰富和科学智慧的光辉。在写作手法上,课文善于运用各种方法来说明事理,或旁征博引,说古道今,或巧用比喻与拟人,或穿插抒情与议论,通俗易懂,生动活泼,读来饶有趣味。

　　本单元的学习重点是了解科学小品的特点,学会筛选并整合文中的信息,把握作者的写作思路;学习运用多种方法来说明抽象事理的写法;从科学中吸取智慧和力量,学习课文把抽象内容说明得具体生动的技巧,培养严谨求实的科学态度和勇于探索创新的科学精神。

　　本单元还包括写作知识——"科普小品"和口语交际——"答询"。

　　配合本单元的学习重点,写作知识安排了科普小品,通过对学习指导中大量生动具体范例的学习,我们更容易把握科普小品的特点以及写法。

　　本单元的口语交际训练是学习如何正确而巧妙地进行答询。答询对于中职学生而言尤为重要,它不仅对其学习与生活产生影响,还影响着他们即将面对的求职应聘及今后的职业生涯。

　　"观察植物的生长过程"是本单元语文实践活动的主题,通过活动,让我们体验分工与合作,培养自己参与较长时间观察记录活动的学习毅力和忍耐力。

　　学习本单元,让我们一起走进科学世界。

十一 桥的运动

茅以升[1]

学习提示

本文介绍了桥的运动原理,运用了多种说明方法,语言形象生动,表述准确。

桥是个固定建筑物,一经造成便屹立大地,可以千载不移,把它当作地面标志,应当是再准确不过的。《史记·苏秦列传》[2]里有段故事:"信[3]如尾生[4],与女子期[5]于梁[6]下,女子不来,水至不去,抱柱而死。"就因为桥下相会,地点是没有错的,桥是不会动的。但这里所谓不动,是指大动而言,至于小动、微动,它却是和万物一般,是继续不断,分秒不停的。

车在桥上过,它的重量就使桥身"变形",从平直的桥身变为弯曲的桥身,就同人坐在板凳上,把板凳坐弯一样。板凳的腿,因为板的压迫,也要变形,如果这腿是有弹簧的,就可看出,这腿是被压短了。桥身的两头是桥墩,桥上不断行车,桥墩就像板凳腿一样,也要被压短而变形。把板凳放在泥土上,坐上人,板凳腿就在泥土上留下痕迹,表示泥土有变形。桥墩也同样会使下面的基础[7]变形。桥身的变形表示桥上的重量传递给桥墩了,桥墩的变形表示桥身上

---

① 茅以升(1896~1989),我国著名的桥梁工程专家,江苏镇江人,1955年被选聘为中国科学院院士(学部委员)。
② 《史记》:我国第一部纪传体通史,西汉司马迁著。苏秦:战国时纵横家。
③ 信:忠实,讲信用。
④ 尾生:传说中坚守信约的人。他与女子约会于桥下,女子未来,河水上涨,遂抱柱淹死。
⑤ 期:约会。
⑥ 梁:桥。
⑦ 基础:把建筑物(如桥)的荷重传给地基的结构,俗称"根腿"。

的重量传递给基础了,基础的变形表示桥墩上的重量传递给桥下的土地了。通过桥身、桥墩和基础的变形,一切桥上的重量就能逐层传递,最后到达桥下的土地中。物体所以能变形,是由于内部分子的位置有变动,也就是由于分子的运动。因而一座桥所以能在有车的重量下保持平衡,就是因为它内部的分子有运动的缘故。

  车在桥上是要走动的,而且走动的速度可以很高,使桥梁全部发生震动。桥上不但有车,而且受气候变化的侵袭;在狂风暴雨中,桥是要摆动或扭动的;就是在暖冷不均、温度有升降时,桥也要伸缩,形成蠕动①。桥墩在水中,经常受水流的压迫和风浪的打击,就有摇动、转动和滑动的倾向而影响它在地基中的移动。此外,遇到地震,全桥还会受到水平方向和由下而上的推动。所有以上的种种的动,都是桥的种种变形,在不同的外因作用下而产生的。这些变形,加上桥上重量和桥本身重量所引起的变形,构成全桥各部的总变形。任何一点的总变形,就是那里的分子运动的综合表现,因此,一座桥不论是在重车疾驰、狂风猛扑、巨浪急冲或气温骤变的时候,或是在风平浪静、无车无人而只是受本身重量和流水过桥的影响的时候,它的所有的一切作用都可很简单地归结为一个作用,就是分子运动的作用。

  桥是固定建筑物,所谓固定就是不在空间有走动,不像车船能行走。但是,天地间没有固定的东西。至多只能说,桥总是在动的平衡状态中,就是桥的一切负担都是为桥下的土地所平衡的。这是总的平衡。拆开来看,桥身是处于桥上车重和两头桥墩之间的平衡状态的,桥墩是处于桥身和基础之间的平衡状态的,基础是处于桥墩和土地之间的平衡状态的。再进一步来分析,桥身、桥墩和基础内部的任何一点,也无不在它四周的作用和反作用的影响下而处于平衡状态的。平衡就是矛盾的统一。矛盾是时刻变化的,因而平衡也不可能是稳定的,更不可能是静止的,就是在桥上的一切动的作用都停止的时候,在桥上只有本身重量起作用的时候,桥的平衡也不是稳定的,因为桥和土地的变形,由于气候及其他关系,总是在不断的变化的。桥的平衡只是瞬息现象,它仍然是桥的运动的一种特殊状态。

  恩格斯说:"运动是物体的存在形式。"可见,桥的运动是桥的存在形式。一切桥梁作用都是物质的运动作用。

---

  ① 蠕(rú)动:像蠕虫一样收缩运动。

思考与练习

一、选出字形全都正确的一项（　　）。
　　A.桥墩　瞬夕万变　平衡　　　　　B.弹簧　蠕动　骤变
　　C.痕迹　疾弛　　屹立　　　　　　D.贮藏　侵袭　地振

二、下列各段文字分别使用了哪些说明方法？它们对说明事物起到什么样的作用？
　　1.车在桥上过，它的重量就使桥身"变形"，从平直的桥身变为弯曲的桥身，就同人坐在板凳上，把板凳坐变弯一样。
　　2.桥是固定建筑物，所谓固定就是不在空间有走动，不像车船能行走。
　　3.车在桥上是要走动的，而且走动的速度可以很高，使桥梁全部发生震动。……桥墩在水中……此外，遇到地震，全桥还会受到水平方向和由下而上的推动。所有以上的种种的动，都是桥的种种变形，在不同的外因作用下而产生的。
　　4.恩格斯说："运动是物质的存在形式。"可见，桥的运动是桥的存在形式。

三、阅读下面一段文字，并回答问题。
　　①桥总是在动的平衡状态中，②就是桥的一切负担都是为桥下的土地所平衡的。③拆开来看，④桥身是处于桥上车重和两头桥墩之间的平衡状态的，⑤桥墩是处于桥身和基础之间的平衡状态的，基础是处于桥墩和土地之间的平衡状态的。⑥再进一步来分析，⑦桥身、桥墩和基础内部的任何一点，⑧也无不在它四周的作用和反作用的影响下而处于平衡状态的。

　　1."这是总的平衡。"这一句话是从这段文字中删除的，它应该放在（　　）。
　　A.①、②之间　　B.②、③之间　　C.③、④之间　　D.④、⑤之间
　　2.这段文字说明的逻辑顺序是（　　）。
　　A.由表及里　　B.从局部到整体　　C.先分后总　　D.从整体到局部
　　3.从原文中找出体现这段文字主旨的语句，并用"＿＿＿＿"线将其划出来。
　　4.划分这段文字的层次。
　　①　②　③　④　⑤　⑥　⑦　⑧
　　5.具体说说⑦、⑧两句中加点词语运用的好处。

十二　眼睛与仿生学

王谷岩[①]

学习提示

> 这是一篇介绍仿生学中的一个小的分支——视觉仿生学的说明文。仿生学是研究生物系统的结构、功能等,用来改进工程技术系统的科学,是生物科学和技术科学之间的新兴的边缘科学。对这样一门科学,一般来说,读者是比较陌生的。因此,本文在作介绍时将它化深为浅、化难为易,使读者不但知其然,而且知其所以然。在预习时,认真思考以下问题:作者是怎样从有关资料中选用材料,由一般到特殊、由简单到复杂地来说明"视觉仿生"的?文章从不同的角度逐一突出了所列举的人和动物眼睛的哪些特点?阅读课文后,你对仿生学有什么初步认识?

　　眼睛是人和动物的重要感觉器官。人眼从外界获得的信息,不仅仅比其他感觉器官多得多,而且有些是其他感觉器官所不能获得的。据研究,从外界进入人脑的信息,有百分之九十以上来自眼睛。

　　眼睛的基本功能是感受光的刺激、识别图像:从外界景物来的光线,通过眼的光学系统投射到视网膜的感觉细胞上,感觉细胞把光的刺激转换成一种电信号,而后通过视觉神经传到大脑,再经过脑的综合分析,人和动物便看到了景物的形象、色彩和运动的状况。

[①] 王谷岩(1940～　),中国科学院生物物理研究所研究员,科普作家,唐山市人。1992年以来承担国家载人航天工程"神舟号"航天飞船空间生命科学实验工作,曾被授予"中国科学院参加载人航天工程优秀工作者"荣誉称号。

人和各种动物的眼睛,构造是不同的。各种构造不同的眼睛,功能又都有特殊的地方。研究、认识眼睛的各种构造和功能,可以从中得到重要的启示。这对发展现代科学技术有重要的意义。

人眼的光学系统跟照相机是十分类似的。但跟照相机只是把外界景物的图像映在照相软片上不同,人眼并不是把投射到视网膜上的图像一点不漏地传给大脑,而是先对图像进行信息加工,抽取线段、角度、弧度、运动、色度和明暗对比等包含重要信息的简单特征,并把它们编制成神经密码信号,再传给大脑。人眼的这种信息加工原理,对于改进某些机器的输入装置和自动控制系统的传送器,研制新型跟踪和发现系统,都具有十分重要的参考价值。

人眼还可以对比周围的景物,使人感知自身的运动和位置状态,确定物体的距离、形状和相对大小。人们由此得到启示,研制成功了一种叫做"生物—电子位置传送器"的"人造眼"。进一步完善这种技术装置,将可以用来自动控制宇宙飞船下降阶段的制导①,选择合适的着陆场地,并实现稳妥的着陆;还可以控制无人驾驶探险车,使它准确灵活地避开障碍,选择道路,在人迹从未到过的地方长途巡行。

你如果看过科教片《保护青蛙》,一定会为青蛙动作的敏捷、捕食的准确而赞叹不已。青蛙之所以能够具有这样一套特殊本领,主要是因为它有一双机能优异的大眼睛。

蛙眼对运动的物体简直是"明察秋毫"②,而对静止不动的物体却"视而不见"。这是它长期适应特定生活环境所获得的一套独特本领。就是靠这套本领,青蛙才能准确地捕捉食物和逃避敌害,在地球上生存了二百万年之久。

蛙眼能敏捷地发现具有特定形状的运动目标,准确地确定目标的位置、运动方向和速度,并能选择最佳的攻击时刻。这种机能特征,用在技术上,特别是用在军事技术上,可以起重要的作用。根据蛙眼的视觉原理,借助于电子技术,人们制成了多种"电子蛙眼"。有一种电子蛙眼可以像真蛙眼一样,从出示给它的各种形状的物体当中,识别出类似苍蝇等昆虫形状的物体。这种识别图像的能力正是雷达系统所需要的。不断改进这种电子蛙眼,并把它用到雷达系统中,就可以准确地把预定要搜索的目标同其他物体分开,特别是把目标同背景分开,因而大大提高雷达系统的抗干扰能力,在显示屏上显示出十分清晰的目标。装有改进了的电子蛙眼的雷达系统,还有可能根据导弹的飞行特

---

① 制导:通过无线电装置,控制和引导导弹等,使其按一定轨道运行。
② 明察秋毫:比喻目光敏锐,连极小的事物都能看清。察,看到。秋毫,秋天鸟兽身上新长的细毛。

性,轻而易举①地把真假导弹区分开来,使人们能够及时地截击真导弹而不为假导弹所迷惑。国外已经投入使用的一种人造卫星跟踪系统,也是模仿蛙眼视觉原理的。

　　由于受到视野②和视敏度的限制,在高空飞行的飞行员单凭肉眼很难发现和识别地面目标。例如飞机在六千米高空作水平飞行时,飞行员只能看到两侧八九公里和前方一二十公里狭窄范围内的地面。即使在这个区域里,对比较大的目标也不是总能准确无误地发现和识别的。但是,老鹰眼睛的视野却比人眼广阔得多。展翅翱翔于两三千米高空的雄鹰,一下子就能发现地面上宽广范围内的一只小兔或小鸡。如果我们能够研制出一种类似鹰眼的搜索、观测技术系统,就能够大大扩充和提高飞行员的视野和视敏度。如果能够研制出具有鹰眼视觉原理的"电子鹰眼",就有可能用于控制远程激光制导式武器的发射。如果能够给导弹装上小巧的"鹰眼系统",那么它就可以像雄鹰一样,自动寻找、识别、追踪目标,做到百发百中。

　　跟人和上述各种动物的眼睛不同,另一类动物的眼睛别具一格③。例如蜻蜓的眼睛,没有人眼的那种眼球,也不能转动,而是靠头部的转动朝向物体的。它的表面是一层比较硬的半透明角膜,边缘和头部表面融为一体。我们用显微镜观察,会惊异地看到,蜻蜓的一只大眼睛竟是由两万多只表面呈六角形的"小眼"紧密排列组合而成的。每只小眼都自成体系,有自己的光学系统和感觉细胞,都能看到东西。这类由几十至几万个独立的小眼构成的眼睛,叫做"复眼"。如虾、蟹、蜂、蚁、蝇等节肢动物的眼睛都是复眼。复眼的构造的精巧、功能的奇异,在某些方面为人眼所不及。因此,复眼已成为人们极感兴趣的研究对象,给了人们种种有益的启示。

　　有一种小甲虫,叫象鼻虫,它的眼睛是复眼,呈半球形,许多小眼排列在曲面上。在飞行中,不同的小眼是在不同的时刻看到外界同一个物体的。象鼻虫根据各个小眼看到同一个物体的时间差以及自身在此期间飞过的距离,可以很快地"计算"出它相对于地面的飞行速度。它的眼睛竟是天然速度计。模仿象鼻虫复眼的这种功能原理,人们研制成了一种测量飞机着陆时相对于地面的飞行速度的仪器——地速计,已经在飞机上试用。这种地速计也可以用来测量导弹攻击目标时的相对速度。

　　太阳光本来是自然光,它的振动均匀地分布在各个方向上。但是当它穿

---

　　① 轻而易举:形容事情容易做。
　　② 视野:眼睛看到的范围。
　　③ 别具一格:另有一种独特的风格。

过大气层时,由于受到大气分子和尘埃颗粒等的散射①,它的振动就只分布在某个方向上,或者在某个方向的振动占了优势。这种现象叫做光的偏振现象。具有偏振现象的光叫做偏振光,人眼不借助于仪器是观察不到的,但是蜜蜂、蚂蚁和某些甲虫却可以凭借复眼看到偏振光的振动方向,并且能够利用天空中的阳光偏振光来导航,确定行动的方向。

蜜蜂的复眼因为具有独特的结构,能够看到太阳偏振光的振动方向,而这种方向与太阳的位置有确定的关系,所以蜜蜂能够随时辨别太阳的方位,确定自身的运动方向,准确无误地找到蜜源或回巢。人们按照蜜蜂的复眼的结构特点和工作原理,制成了一种根据天空偏振光导航的航海仪器——"偏振光文罗盘"。应用这种罗盘,即使在阴云密布以及黎明或傍晚看不到太阳的时候,也不会迷失方向。特别是在不能使用磁罗盘的靠近南北两极的高纬度地区,使用这种偏振光罗盘就更显得优越了。

蜻蜓和苍蝇等的复眼的角膜,具有一种奇特的成像特点。剥取蜻蜓和苍蝇复眼的角膜,放在显微镜下观察,尽管在角膜前面只放一个目标,但通过角膜却可以看到许许多多个像。这是因为这种复眼角膜是由许许多多个六角形的小眼角膜排列构成,而每个小眼的角膜又都能形成一个像。人们从这里得到启示,模仿这些昆虫复眼角膜的结构,用许多小的光学透镜有规则地排列起来,制成了一种新型光学元件——"复眼透镜"。用它作镜头制成的"复眼照相机",一次就能照出千百张相同的像。这种复眼照相机已用于印刷制版和大量复制大规模集成电路中精细的显微电路,大大提高了工效与质量。

上述各方面的研究工作,是进行技术设计的一条新途径,属于一门新兴边缘科学——"仿生学"的研究范畴。仿生学是在生物科学与技术科学之间发展起来的,它的任务是用生物结构与功能的原理,去改善现有的或创造新型的机械系统、仪器设备、建筑结构和工艺过程。

探索人和动物眼睛奥秘的仿生学研究工作,称为视觉仿生。它跟听觉仿生、嗅觉仿生、触觉仿生和味觉仿生一起,统称为感觉仿生。感觉仿生已经成为目前仿生学的发展重点。

思考与练习

一、作者是怎样从"视觉仿生"的角度,按由一般到特殊、由简单到复杂的顺序,介绍仿生学——这门新兴的边缘科学的基本知识的?

---

① 散射:光线通过有尘土的空气或胶质溶液等媒质时,部分光线向多方面改变方向的现象。

二、说明要抓住事物的特点。本文正是通过介绍人和几种动物的眼睛的特点及其在仿生学研究中的应用情况,来对仿生学进行具体说明的。填写下列表格,了解在仿生研究中是怎样利用人和几种动物的眼睛的结构与功能的原理,去改进、创造仪器设备,以推动科学技术发展的。

功能 类别	眼睛的特点和功能	在仿生学研究中的应用
人　　眼		
蛙　　眼		
鹰　　眼		
象鼻虫眼		
蜜　蜂　眼		

三、阅读下面一段文字,并回答问题。

①由于受到视野和视敏度的限制,在高空飞行的飞行员单凭肉眼很难发现和识别地面目标。②例如飞机在六千米高空作水平飞行时,飞行员只能看到两侧八九公里和前方一二十公里狭窄范围内的地面。③即使在这个区域内,对比较大的目标也不是总能准确无误地发现和识别的。④但是,老鹰眼睛的视野却比人眼广阔得多。⑤展翅翱翔于两三千米高空的雄鹰,一下子就能发现地面上宽广范围内的一只小兔或小鸡。⑥如果我们能够研制出一种类似鹰眼的搜索、观测技术系统,就能够大大扩充和提高飞行员的视野和视敏度。⑦如果能够研制出具有鹰眼视觉原理的"电子鹰眼",就有可能用于控制远程激光制导式武器的发射。⑧如果能够给导弹装上小巧的"鹰眼系统",那么它就可以像雄鹰一样,自动寻找、识别、追踪目标,做到百发百中。

1.②句具体说明人眼的＿＿＿＿＿,③句具体说明人眼的＿＿＿＿＿。
2.解释文中加点词语。
翱翔:＿＿＿＿＿＿＿＿＿＿＿＿＿＿＿＿＿＿＿＿＿＿＿＿＿＿＿＿＿＿＿＿＿
百发百中:＿＿＿＿＿＿＿＿＿＿＿＿＿＿＿＿＿＿＿＿＿＿＿＿＿＿＿＿＿＿＿
3.⑥、⑦、⑧三句都是＿＿＿＿＿＿＿＿＿＿＿＿＿＿关系的复句,它们之间的关系是＿＿＿＿＿＿＿＿＿＿＿＿＿＿＿。
4.本段文字运用了哪些说明方法?请从文中找出相应的语句。

十三　从人脑看科学与艺术

赵鑫珊[①]

学习提示

本文揭示了人脑的秘密——人脑的左右两半脑各有分工,各司其职,科学的用脑方法是左右脑交叉使用。本文以科学的分析、确凿的事实,深入浅出地说明了科学与艺术的关系——两者是有机的整体,是紧紧联系在一起的。文章启示我们,既要学好自然科学知识,又要具备艺术审美气质,才能做一个完善健全的人。

阅读本文时,注意捕捉带有揭示作用的语句,迅速把握文章的大意。

左脑分管科学　右脑分管艺术

1981年,美国人史百瑞荣获诺贝尔生理学和医学奖,理由是:他成功地揭开了人脑两个半球的部分秘密,并证明了两个半球是高度专门化的。

他说,人脑是由左半球和右半球构成,两者有不同的功能,分管人的不同行为。这就好比中国古代朝廷有左丞相和右丞相,分管不同的部门。——这便是著名的脑功能不对称性。

为醒目起见,我把两个半球各自不同的功能排列如下:

[①] 赵鑫珊(1938~　),江西南昌人,教授、哲学家、文学家。先后出版《科学艺术哲学断想》、《普朗克之魂》、《地球在哭泣》等46本书,目前致力于东西方文化比较研究。

左半球	右半球
1.说话和语言的功能 2.理论思考和形成观念的能力 3.分析能力 4.计算或计算机方面的能力 5.把握时间前后顺序的能力	1.非语言的能力 2.绘画和识别图形的能力 3.音乐天赋 4.直观能力 5.把握几何空间的能力 6.把握全体和综合的能力

当然,这只是一个大致上的轮廓,实际情况远比这复杂,因为人脑的秘密是世界最后的秘密。今天我们对人脑内部运作的机密或机制仅仅是刚刚看到了冰山露出的一小角。

看来,人的左脑是分管科学创造活动的,右脑则主管艺术创作。

"思维错位症"

按道理爱因斯坦[①]的左脑特别发达,因为他总是使用左脑。他分析自然现象的能力和形成观念的能力非常卓越。但有趣的是,他不是用语言而是用非语言(比如图形)进行思考的,而且是以一种跳跃的方式。完成之后,再将它转换成语言,即从右脑转到左脑。

这就是"思维错位症"。这种思维方式与常人不同。在爱因斯坦的脑海里,是一幅幅奇奇怪怪的画面。研究表明,思维错位的人的右脑比左脑大一些(常人是左脑比右脑大一些)。

男脑和女脑的结构也不尽相同。男性的"思维错位症"较女性多。左利手(即左撇子)的人更容易发生思维错位。

看来,左右脑灵活地相互沟通、联结、传递信息,是至关重要的。爱因斯坦的大脑两个半球便协作得非常出色。

法拉第[②]也是一个善于用右脑进行物理概念思维的怪才。就是说,他是用一幅幅具体生动的画面把握电磁现象的,这就是著名的法拉第线——磁力线。他好像是用视觉直接看出来自然界的深层真理。

若用两个汉字来概括纯粹数学和理论物理学(当然也包括实验物理学)的伟大、崇高和神性,我就选择"和谐"两字。

---

① 爱因斯坦(1879~1953),德裔美国物理学家(拥有瑞士国籍),思想家及哲学家,犹太人,现代物理学的开创者和奠基人。
② 法拉第(1791~1867),英国物理学家、化学家,也是著名的自学成才的科学家。

古典音乐的最高价值和不朽,其要害也在"和谐"。

这两个"和谐"都是高阶和谐,是一枚金币的两个闪闪发光的面。中国《吕氏春秋》①一书中说:"凡乐,天地之和,阴阳之调也。"这天地之和,便是高阶和谐了。数学、物理学和天文学都追求天地之和。

数学和音乐

英国著名数学家兼哲学家怀特海有句名言是我早年智慧的启蒙之一:"纯粹数学这门科学在近代的发展可以说是人类性灵最富有创造性的产物。另外还有一个可以和它争这个一席地位的就是音乐。"

不过,在数学的后面,我还想加上理论的物理学,这是人脑(左脑和右脑)最富有原创性的伟大产物。

在西方,最早注意到音乐和数学的深层关系是希腊伟大的哲人毕达哥拉斯及其学派。他是古希腊数学的奠基人。他的核心思想是:宇宙万物的本原是数(Number)。或者说,支配、统治宇宙万物,使他们秩序井然的,不是别的,而是数,即万物之间存在着某种数量的关系。

当然,毕达哥拉斯还做出了这种理论:美妙的音乐之所以能动人心弦,也是因为它符合数学的规律,是数学和谐的反映。事实上这位古代数学家兼哲人还做了音乐与数学之间存在着数量关系的测定和实验。这对后来西方科学的发展方向产生了重大的影响,因为西方科学的要害是:实验加数学语言。

近代西方科学家认为,任何事物,你若不能用数字来表示,你就不能说你把握了它。只有当你能用数字把事物说出来,这才上升到了科学。

开普勒②受到毕达哥拉斯学派的影响,确信宇宙天体的运行也遵从数学规律,并奏出"天体的音乐"。当然,这种神圣的音乐只能用心耳而不是用肉耳能听到的。

直到今天,音乐与数学的深层结构关系(比如音乐的数学基础)仍旧是一个叫人着迷的课题,从这里我们也可以看出整个科学与艺术的内在联系。我确信,在绘画、雕塑和建筑艺术中也有许多微妙的数学(比如几何学)或数学美。古希腊罗马柱(如多立克柱)的造型之所以看上去那么庄重、神圣和优美,正是因为它包含了高超的数学美。它是不能随意更改的,即使是作一些小小的改动,其内在的数学美即遭损害,而不成黄金比例,变成了丑。

---

① 《吕氏春秋》:战国末年秦国丞相吕不韦组织属下门客集体编撰的一部古代百科全书式的传世巨著,又名《吕览》。

② 开普勒(1571~1630),德国著名的天体物理学家,提出了著名的行星运动三大定律。

狄拉克①是最推崇数学美的。关于薛定谔方程,他说:"我和薛定谔都极为欣赏数学美(The Beauty of Mathematics)。这种对数学美的欣赏支配了我们的全部工作。这是我们的一种信条,相信描述自然界的基本规律的方程都必定有显著的数学美。这对我们像是一种宗教。信奉这种宗教是有益的。这是我们多次成功的基础。"

是的,真正够格的数学家、物理学家、化学家、生物学家和地质学家……的内心深处都必须把追求科学的美感看得高于一切,看成是大自然上帝或上帝大自然给予自己最高的报酬。天道酬勤。——其实,科学家瞥见到了科学的美,领悟到了科学的美感,正是科学同艺术在最高意义上的相通。天地之大美把科学同艺术紧紧联系在一起,成为一个有机的整体,恰如左、右脑合起来才构成一个完整的人脑。

科学的极致或最高境界是艺术,是诗。而天下第一等诗是只可意会,不可言传的。

奥地利伟大理论物理学家薛定谔一生对诗歌的热爱给我深刻印象。在他身上,科学和艺术是集于一身,熔为一炉的。或者说,他不是一个半脑人,而是同时拥有左脑和右脑,一个十分完美,非常和谐的人。比如,在他紧张进行量子力学创作之余,他把荷马的诗译成英文。当然,他自己还用德、英文写诗。1949年他的诗集出版。

其实,一切够格的自然科学家在骨子里都具有诗人的气质。欧拉、高斯、希尔伯特……在本质上都是数学诗人或用数学写诗的人。

意大利文艺复兴时期的达·芬奇②和后来的德国的歌德③都是将艺术和科学集于一身的伟大创造者。要知道,大诗人歌德对光学、动物学和植物学是颇有见解的。他是进化论的先驱之一。可以说他是左脑右脑并用的人,也是一个大和谐、大完美的智者。这种人是有福的,生命质量极高。

歌德是善于用左、右脑去发现天地有大美的气象阔大的人物。什么是"天地有大美"呢?

庄子④就说过:"判天地之美,析万物之理。"——这是何等宽广而高超的审美心胸!

---

① 狄拉克(1902~1984),也译作"迪拉克",英国物理学家。量子力学的创始人之一。
② 达·芬奇(1452~1519),意大利文艺复兴三杰之一,也是整个欧洲文艺复兴时期最完美的代表。他的艺术实践和科学探索精神对后代产生了重大而深远的影响。
③ 歌德(1749~1832),18世纪中叶到19世纪初德国和欧洲最重要的剧作家、诗人、思想家。在文艺理论、哲学、历史学、造型设计等方面,也取得了卓越的成就。
④ 庄子(约前369~前286),我国先秦(战国)时期伟大的思想家、哲学家和文学家。道家学说的主要创始人。与道家始祖老子并称为"老庄",名篇有《逍遥游》《齐物论》等。

我建议把这句格言大训写在大学自然科学各个系的大楼和实验室的大门口上。这还不够。还要把它写在自然科学的每本教科书的扉页上,为的是唤醒理工科学生的审美意识,提高他们的志气,铸造他们诗人的气质和哲人的胸襟(我在这里所说的"诗人"是广义的)。

用庄子的这句格言熏陶出来的理工科学生,日后有可能会出一两个或几个诺贝尔奖获得者。因为气质、气度、志气、胆识和心胸是决定一切的。"吾善养吾浩然之气"比科学技巧和知识更重要。当然,眼高手低也是要不得的。

思考与练习

一、根据课文中小标题的提示,找出每部分的关键句,迅速把握文章的大意。

二、文章综合运用了多种说明方法,如举例子、作比较、打比方等,试各举一例说明。

三、我们所熟知的文学大家鲁迅和郭沫若原先都是学习医学的,但后来都改行从事了文学事业。试从科学用脑的角度,分析一下他们取得文学成就的原因。

十四　奇妙的超低温世界[①]

叶永烈[②]

学习提示

> 本文描绘了在普通人无法接触的超低温世界中,存在着许多超出人们常识的奇妙现象。作者用通俗易懂的语言,举例说明的方法,生动形象地为我们描绘了超低温情况下一些物质所发生的种种奇妙的现象,接着解释超导现象,说明发现超导的意义及其应用的可能性,解释说明超导现象在现实生活中的具体应用,具体全面地说明了超低温的广泛用途,对超低温的应用前景进行了展望。
>
> 作者紧扣住"奇妙"这一点,从而牢牢地抓住了读者的好奇心和求知欲,使文章趣味横生,把抽象的事理说明得通俗易懂。

冰雪不足以言冷

从前,人们常用"冰冷"来形容冷,以为冰是最冷的东西。自从人们发明了温度计以后,很快就知道冰雪不足以言冷,它的温度只不过0℃,世界上比冰更冷的东西多着呢!

在地球上,最冷的地方要算是北极和南极。在南极,最低气温达到－90℃。这还不算最冷。在月亮背着太阳的一面,最冷要冷到－160℃,真是

[①] 选自《明天的科学》(少年儿童出版社1992年版),有改动。

[②] 叶永烈(1940～),一级作家、教授、科普文艺作家、报告文学作家。浙江温州人。著有《穿夹克衫的人》《在"机器人城"》等。以儿童文学、科幻、科普文学及纪实文学为主要创作内容。

一个名副其实①的"广寒宫"。至于远离太阳的海王星,那就更冷了,温度低到－229℃。但是,海王星也不算最冷。有人以为,热可以高达几千、几万甚至几千万摄氏度,冷也可以低至零下几千、几万甚至几千万摄氏度。然而,尽管人们在实验室里获得了比海王星上更低的温度,却一直无法获得零下三四百摄氏度的低温。

后来,人们从理论上进行推算,才知道冷不像热那样可以无限发展。冷有一个极限——最低的温度是－273.16℃,叫做"绝对零度"。世界上不可能再有比绝对零度更低的温度。

如今,人们在实验室里,已获得离绝对零度只差 1/500000℃的超低温!然而,人们尽管已经十分逼近绝对零度,却仍无法到达绝对零度。

奇妙的现象

随着温度的不断降低,出现了许多奇妙的现象。

在零下190多摄氏度,空气竟变成了浅蓝色的液体,叫做"液态空气"。鲜花在液态空气中浸一下,就变得像玻璃一样脆,一摆动,便叮当叮当直响。鸡蛋、石蜡等在液态空气里,会像萤火虫似的射出荧光。鸡蛋射出的荧光是浅蓝色的,石蜡射出的荧光是浅绿色的。在零下一二百摄氏度,就叫超低温。

金属在超低温世界中,也变得面目全非②:水银在常温下,是闪耀着银光的液体,可是,如果你把水银温度计伸进液态空气,水银柱一下子就变得像一根大头针似的!铅平常是软绵绵的,要直就直,要弯就弯,非常"听话",可是在超低温世界里,铅变得非常"倔强",富有弹性,你一松手它就弹回去,恢复原状。一个铃铛如果要用铅做的话,在常温下摇起来像个闷葫芦,但是用液态空气浸过以后,摇起来却发出银铃般清脆的响声!锡跟铅恰恰相反,一把好端端的锡壶,在超低温下会碎成煤灰似的一团粉末。例外的是铜,它在超低温下仍像常温时那样保持很好的韧性和机械强度,所以好多超低温设备常常用铜来做。

奇怪的是,氦本是一种无色无味的惰性气体③,在超低温下会变成无色液体,而这种液体竟是会"爬"的液体!比如,你把一个小杯放在大杯中,小杯里盛着液态氦,当温度降到－270.96℃以下时,小杯里的液态氦会自动沿着杯壁"爬出去",流到大杯中,直到大、小杯里的液面相平为止!液态氦的这种怪脾气,叫做"超流现象"。超流现象已引起许多科学家的注意,但目前还没有一种

---

① 名副其实:名称或名声与实际相符合。
② 面目全非:事物的样子改变得很厉害。
③ 惰性气体:即稀有气体,包括氦、氖、氩、氪、氙、氡六种。因为它们在空气中的含量均极微少,故称稀有气体。因其一般不具备化学活性,故又称惰性气体。

理论能够正确地解释这种现象。

没有电阻的导线

1911年,荷兰低温物理学家卡曼林·昂尼斯还发现一种奇特的现象:把水银的温度不断降低,使它冻成固体,当温度降到-269℃时,它的电阻突然消失了!这种奇特的现象,叫做"超导现象"。

不久,又有人发现,铅在超低温下,电阻也会消失。人们做了这样一个有趣的实验:用金属铅做成圆环,放在接近绝对零度的超低温中,这时,金属铅的电阻就消失了。人们在金属环上通了电流,然后截断电流,把整套仪器封闭起来。经过两年半以后,人们再把仪器打开,发现金属环里的电流仍在流动,电流强度没有明显的减弱!

现在,人们发现,不只是水银、铅具有超导性能,而且铌、锌、铝、钽、锂、锡等23种纯金属与60多种合金,在超低温时也都具有超导性能。其中最为突出的是铌,它在-263.94℃就显示了超导性能,比其他纯金属、合金显示超导性能的温度高。

超导现象的发现,引起了科学家们的关注。如今,他们正在努力寻找一种金属或合金,使它在室温或稍低于室温的温度下,就能显示出超导现象。如果能够找到这种金属或合金的话,那将引起电力工业上的一场划时代的革命。据统计,现在世界上的电能,大约有四分之一损耗在输电线路上。一旦制成没有电阻的导线,那就相当于使全世界的发电量增加了四分之一!有人认为,即使找到一种金属,在-200℃左右显示超导现象,只要采取一定的绝热措施,这种导线便可在电力工业中得到应用。

人们还利用超导现象,制成小巧玲珑的"冷子管"。冷子管的构造很简单,它是由两根彼此绝缘并互相交叉的不同金属丝,浸在液态氦中做成的。这两种不同的金属丝,一种是钽,一种是铮。冷子管比电子管小得多,比半导体晶体管还小,可用作电子计算机元件。冷子管用电很省,100万个冷子管每小时只消耗半瓦电。冷子管非常灵敏,人们用它可以测量从遥远星球射来的很微弱的光线。利用超导现象,还可以制成微波放大器。这种放大器是现在世界上最灵敏的放大器,可以避免分子热骚动而带来的杂音,使微波得到有效的放大。

广泛的应用

在钢铁工业上,人们开始用超低温处理钢铁制品。经过处理后,钢的强度可以提高一倍半,铁的强度可以提高两倍。

在农业上，人们利用超低温来锻炼种子，增强它们的耐寒本领。在国外，农业科学家利用逐渐降低温度的办法，把醋栗的种子进行低温处理。他们每天把温度降低10℃，从室温慢慢下降到零下200多摄氏度，结果使本来在零下十几摄氏度就会冻死的醋栗种子，锻炼成能够经受住零下200多摄氏度超低温的考验。由于采用这种办法锻炼种子，许多果树和庄稼的耐寒本领大大增强。

目前超低温技术最主要的是应用在液态空气工业上。人们把空气温度降低到超低温，一加压力，便变成水一样的液态空气。然后，慢慢蒸发液态空气，进行分馏，可以把空气中各种不同气体分开，制成纯净的氧气、氮气、二氧化碳、氦气、氖气、氩气等。

在医学上，人们利用超低温技术，保存一些贵重药品，防止变质。最近几年，我国试制成功一种"冷刀"。这种刀是空心的，里面不断流过液态氮或液态空气。用冷刀开刀可起麻醉、止血作用，能够减少病人的痛苦。

在宇宙航行中，宇宙飞船或人造卫星将会遇到零下200多摄氏度的超低温。因此，使用的材料事先都要用超低温进行检验，合格后才允许上天。

在科学研究中，超低温也是人们很重要的助手。像物理学上著名的"宇称守恒定律"①被推翻，就是以－270℃的超低温实验结果作为依据的。

诱人的幻想

有趣的是，科学家们正在研究生物在超低温时的"生命冷藏"问题。生物学家们曾拿金鱼做了一个实验：把金鱼用镊子从水里夹出来，等它表面稍微干一些以后，就把它头朝下插进液态空气里。金鱼立即冻得硬邦邦了。但是，经过10～15秒钟以后，再放回温水，金鱼竟然复活，摆动着它那轻纱般的尾巴，悠然自得地游来游去。金鱼这种复活现象，引起人们极大的兴趣。

使人感到奇怪的是，如果让金鱼的温度慢慢降低，降到零下100多摄氏度，它就再也无法复活，而快速地让它降低温度，却能够复活。

生物学家们经过研究，发现在慢慢冷却时，细胞中的水分结成冰。由于水的体积在4℃时最小，所以结冰时水的体积膨胀，使细胞胀裂、死亡。可是，在快速冷却时，细胞中的水分很快结成冰，来不及膨胀，细胞没有受到破坏。

目前，人们正在探索着其中的奥秘，以便寻找一种延长动物和人的寿命的办法。比如，一下子把人或动物冷冻起来，使他们的生命暂时凝固。过了若干

---

① 宇称守恒定律：关于微观粒子体系的运动或变化规律具有左右对称性的定律。长期以来，"宇称守恒定律"与实验结果相符合，因此曾被认为是微观世界的普遍规律。1956年，杨振宁和李政道提出在弱相互作用的领域内宇称并不守恒，这一理论被吴健雄等人在实验中证实，从而证明"宇称守恒定律"并不普遍适用。

年,再升高温度,让他们复活,于是使他们能活更长的时间。有人设想,当实验成功后,把它用于宇宙航行。这是因为星球与星球之间的距离,往往非常遥远。从地球上坐宇宙飞船到某些遥远的星球,要上百年、上千年以至上万年。坐着宇宙飞船到那么遥远的星球上去考察,人的生命是不够用的。科学家们想,当宇宙火箭起飞之后,就把宇宙飞行员用超低温设备迅速冷冻起来。当快到那个星球时,把温度升高,使人复活。当他完成考察任务之后,在返回地球途中,又用超低温冷冻。回到地球时,再重新复活。这么一来,人的生命就够用了。

超低温世界,是一个奇妙的世界。人们探索不已,正在不断探寻着超低温世界的奥秘。

思考与练习

一、结合课文内容说一说"超低温现象"的"超"体现在哪里,它有什么奇妙之处。

二、课文运用了多种说明方法,化抽象为具体,把深奥的科学道理通俗易懂地表述出来。课文运用了哪些说明方法?在文中找出具体例子分析其作用。

三、课文介绍了超低温现象的广阔应用前景。请你查找有关资料,并大胆想象,说说除了文中已经介绍的用途外,超低温现象还可以应用到什么地方。

四、根据课文内容,为一本简明科学词典撰写"超低温现象"条目,不超过200字。

十五　南州六月荔枝丹[①]

贾祖璋[②]

学习提示

> 这是一篇介绍荔枝的科学小品，作者广征博引，从幼年时读白居易的《荔枝图序》所产生的疑问，自然引出说明对象。前一部分从生态角度说明了荔枝果实的外形和内部状况，后一部分从生产的角度介绍了荔枝的产地、果谱、移植、产销等知识。在说明过程中，引用了大量的古代诗文、文献资料、谚语等，还综合运用了插图、数字、比喻、举例等说明方法，并把说明与叙述、描写等表达方式有机地结合起来，丰富了文章内容，增强了表达效果。本文语言也体现了科学小品的特色，既准确周密，又形象生动。学习时，应对上述特点细加体会。

　　幼年时只知道荔枝干的壳和肉都是棕褐色的。上了小学，老师讲授白居易的《荔枝图序》，读到"壳如红缯[③]，膜如紫绡[④]，瓤肉莹白如冰雪，浆液甘酸如醴酪[⑤]"，实在无法理解，荔枝哪里会是红色的！荔枝肉像冰雪那样洁白，不是更可怪吗？向老师提出疑问，老师也没有见过鲜荔枝，无法说明白，只好不了了之。假如是现在，老师纵然没有见过鲜荔枝，也可以找出科学的资料，给有

---

① 选自《生物学碎锦》，有改动。"南州六月荔枝丹"是明朝陈辉《荔枝》诗中的句子。南州，泛指我国南部地区。
② 贾祖璋(1901～1988)，浙江海宁人，我国著名的生物学家、科普作家。他创作、编写、翻译了29部生物学著作。曾任中国科普创作协会副理事长。
③ 缯(zēng)：古代对丝织品的统称。
④ 绡(xiāo)：生丝织的绸子。
⑤ 醴(lǐ)酪(lào)：甜酒和奶酪。酪，用牛、羊、马的乳汁制的半凝固状食品。

点钻牛角尖的小学生解释明白吧。

  白居易用比喻的笔法来描写荔枝的形态,的确也有不足之处。缯是丝织物,丝织物滑润,荔枝壳却是粗糙的。用果树学的术语来说,荔枝壳表面有细小的决状裂片,好像龟甲,特称龟裂①片。裂片中央有突起部分,有的尖锐如刺,这叫做片峰。裂片大小疏密,片峰尖平,都因品种的不同而各异。

  成熟的荔枝,大多数是深红色或紫色。生在树头,从远处当然看不清它壳面的构造,只有红色映入眼帘,因而把它比做"绛囊"、"红星"、"珊瑚珠",都很逼真。至于整株树以至成片树林,那就成为"飞焰欲横天②""红云几万重③"的绚丽景色了。荔枝的成熟,广东是四月下旬到七月,福建是六月下旬到八月,都以七月为盛期,"南州六月荔枝丹"指的是阴历六月,正当阳历七月。荔枝也有淡红色的,如广东产的"三月红"和"桂绿"等。又有黄荔,淡黄色而略带淡红。荔枝呈心脏形、卵圆形或圆形,通常蒂部大,顶端稍小。蒂部周围微微突起,称为果肩;有的一边高,一边低。顶端叫果顶,浑圆或尖圆。两侧从果顶到蒂部有一条沟,叫做缝合线,显隐随品种而不同。旧记载中还有一些稀奇的品种,如细长如指形的"龙牙"、圆小如珠的"珍珠",因为缺少经济价值,现在已经绝种了。

  荔枝大小,通常是直径三四厘米,重十多克到二十多克。六十年代,广东调查得知,有鹅蛋荔和丁香大荔,重达四五十克。还有四川合江产的"楠木叶",《四川果树良种图谱》说它重十九克左右,《中国果树栽培学》则说大的重六十克。所谓"膜如紫绡",是指壳内紧贴壳的内壁的白色薄膜。说它"如紫绡",是把壳内壁的花纹误作膜的花纹了。明代徐勃有一首《咏荔枝膜》诗,描写吃荔枝时把壳和膜扔在地上,好似"盈盈荷瓣风前落,片片桃花雨后娇",是夸张的说法。

  荔枝的肉大多数白色半透明,说它"莹白如冰雪",完全正确。有的则微带黄色。从植物学的观点看,它不是果肉,而是种子外面的层膜发育而成的,应称做假种皮。真正的果肉倒是前面说的连同果壳扔掉的那一层膜。荔枝肉的细胞壁特别薄,所以入口一般都不留渣滓。味甜微酸,适宜于生食。有的纯甜。早熟品种则酸味较强。荔枝晒干或烘干,肉就成红褐色,完全失去洁白的面貌。

  荔枝不耐贮藏,正如白居易说的:"一日而色变,二日而香变,三日而味变,

---

① 龟(jūn)裂:呈现出许多裂纹。
② 飞焰欲横天:出自郭明章《荔枝》诗。飞焰,形容远看荔枝如同一片红色的火焰。横天,横布于天边。
③ 红云几万重:出自北宋邓肃《看荔枝》诗。

四五日外,色香味尽去矣。"现经研究证实,温度保持在1℃到5℃,可贮藏三十天左右。还应进一步设法延长贮藏期,以利于长途运输,因为荔枝不耐贮藏,古代宫廷想吃荔枝,就要派人兼程飞骑从南方远送长安或洛阳,给人民造成许多痛苦。唐明皇为了宠幸杨贵妃,就干过这样的事,唐代杜牧诗云:"长安回望绣成堆,山顶千门次第开。一骑红尘妃子笑,无人知是荔枝来。"①就是对这件事的嘲讽。

荔枝的核就是种子,长圆形,表面光滑,棕褐色,少数品种为绿色。优良的荔枝,种子发育不全,形状很小,有似丁香,也叫焦核。现在海南岛有无核荔枝,核就更加退化了。

荔枝花期是二月初到四月初,早晚随品种而不同。广东有双季荔枝,一年开花两次。又有四季荔枝,一年开花四次之多。花形小,绿白色或淡黄色,不耀眼。花分雌雄,仅极少数品种有完全花②。雌雄花往往不同时开放,宜选择适当的品种混栽在一起,以增加授粉的机会。一个荔枝花序,生花可有一二千朵,但结实总在一百以下,所以有"荔枝十花一子"的谚语。荔枝花多,花期又长,是一种重要的蜜源植物③。

荔枝原产于我国,是我国的特产。海南岛和廉江有野生的荔枝林,可为我国是原产地的明证。据记载,南越王尉佗④曾向汉高祖进贡荔枝,足见当时广东已有荔枝。它的栽培历史,就从那个时候算起,也已在二千年以上了。唐代对四川荔枝多有记述。自从蔡襄⑤的《荔枝谱》(1059)成书以后,福建荔枝也为所重视。广西和云南也产荔枝,却少有人说起。

古代讲荔枝的书,包括蔡襄的在内,现在知道的共有十三种,以记福建所产的为多,尚存八种;记载广东所产的仅存一种。清初陈鼎⑥一谱,则对川、粤、闽三省所产都有记载。蔡谱不仅是我国,也是世界的果树志中,著作年代最早的一部。内容包括荔枝的产地、生态、功用、加工、运销以及有关荔枝的史事,并记载了荔枝的三十二个品种。其中"陈紫"一种现在仍然广为栽培。"宋公荔枝"现名"宋家香",有老树一株,尚生长在莆田宋氏祠堂里,依然每年开花结实。这株千年古树更足珍惜。

荔枝是亚热带果树,性喜温暖,成都、福州是它生长的北限。汉武帝曾筑

---

① 这首诗是《过华清宫绝句》中的第一首。华清宫故址在现陕西省临潼区的骊山上,唐玄宗李隆基常来游乐。据史料记载,杨贵妃爱吃鲜荔枝,李隆基每年都命人从南方飞马运送到长安,劳民伤财。
② 完全花:花的四部分——花萼、花冠、雄蕊群和雌蕊群俱全的花。
③ 蜜源植物:能够给蜜蜂采集花蜜和花粉的植物。
④ 尉佗:即赵佗,真定(现河北正定)人,秦时任南海尉,所以又称尉佗。秦亡后,汉高祖封他为南越王。
⑤ 蔡襄(1012~1067):北宋书法家,仙游(今属福建)人。
⑥ 陈鼎:清初江阴(现江苏省江阴市)人。

扶荔宫①,把荔枝移植到长安,没有栽活,迁怒于养护的人,竟然对他们施以极刑。宋徽宗②时,福建"以小株结实者置瓦器中,航海至阙下,移植宣和殿"③。徽宗写诗吹嘘说:"密移造化出闽山,禁御新栽荔枝丹。④"实际上不过当年成熟一次而已。明代文徵明有《新荔篇》诗,说常熟顾氏种活了几株,"仙人本是海山姿,从此江乡亦萌蘖"。⑤但究竟活了多少年,并无下文。现在科学发达,使荔枝北移,将来也许不是完全不可能的事。

我国幅员广阔,不同地区有不同的特产。因地制宜,努力发展本地区的特产,是切合实际的做法。盛产荔枝的地区,应该大力发展荔枝的生产。苏轼有诗云:"罗浮山下四时春,卢橘⑥杨梅次第新。日啖荔枝三百颗,不妨长作岭南人。"但日啖⑦三百颗,究竟能有几人呢?社会主义现代化的荔枝生产,应该能够逐步满足广大人民的生活需要。

思考与练习

一、结合课文,解释题目"南州六月荔枝丹"中几个词语所包含的意思。然后说说用诗句作题目的好处。

南州:

六月:

荔枝丹:

二、作者两次引用白居易的《荔枝图序》,用今天的科学知识对它作了具体说明和订正。仔细研读有关内容,回答以下问题。

1. 哪句引语是正确的?哪句引语是错误的?哪句引语含有合理成分?

2. 作者的订正给了你什么启发?

壳如红缯:

膜如紫绡:

瓤肉莹白如冰雪:

浆液甘酸如醴酪:

三、恰当的限定范围和修饰,是准确用语不可忽略的一个方面。指出下边加横线词

---

① 扶荔宫:汉武帝元鼎六年(公元前119年)建,在上林苑中。上林苑遗址在西安市西面。
② 宋徽宗(1082~1135):即赵佶,北宋皇帝,擅长书画。
③ 引自《三山志》。三山即现在福建省福州市。《三山志》是福州地方志。阙下,即下,指宋王朝的首都开封。阙,本来是宫门前两边供瞭望用的楼。泛指帝王的宫殿。
④ 引自《宣和殿荔枝》诗。禁御,帝王所住的宫殿。
⑤ 萌蘖(niè):指植物长出新芽。萌,生芽。蘖,树木砍去后长出来的新芽。
⑥ 卢橘:枇杷。
⑦ 啖(dàn):吃。

中,哪些是限定范围的,哪些是修饰程度的。如果去掉加横线的词,词义会有什么变化?

荔枝呈心脏形、卵圆形或圆形,<u>通常</u>蒂部大,顶端<u>稍</u>小。蒂部<u>周围微微</u>突起,称为果肩;<u>有的</u>一边高,一边低。顶端叫果顶,浑圆或尖圆。

四、作者引用了杜牧的诗:"长安回望绣成堆,山顶千门次第开。一骑红尘妃子笑,无人知是荔枝来。"联系上下文,回答下边的问题。

1.你认为原诗的意思是什么?

2.作者引用这首诗是为了说明荔枝的什么特征?

3.引用这首诗有什么表达效果?

写作知识三　科普说明文

一、什么是科普说明文

科普说明文是一种普及科学知识的说明性文体。按其内容来说,可包括传播科学思想、述说科学知识、推广科学技术、介绍科技界名人等;就其表达方式而言,它固然以说明为主,但鉴于不同品种的具体要求,基于凸现作者意图和增强文章效果的需要,也可适当地运用叙述、描写和抒情的表达方式。

二、科普说明文的分类和特点

科普说明文类别的划分,是随着所据标准的不同而各异的。以表现的方式方法标准,可分为一般性科普说明文和文艺性科普说明文(也叫科普小品)。(具体区别参见后面的借鉴实例)

这两类科普说明文有着共同的特点:

(1)科学性。主要体现在:①所引用的事实、数据和原理要准确无误;②所作的论断要有充分的根据;③不把尚有争议的观点当作唯一正确的结论推荐给读者;④要符合辩证唯物主义的认识论。

(2)知识性。科普说明文承担的任务就是普及科学知识,它的内容就是根据"普及"的目的,介绍自然界、人类社会和人们思维的有关知识。它是"使人得到关于事物、事理或意象的知识的文字"。

(3)通俗性。紧密联系读者的生产实践和生活实际,运用人们喜闻乐见的形式,通俗易懂的语言,来深入浅出地解释原理、介绍知识。

科学小品除了上述的共性之外,还具有文艺性,即在保证科学性的前提下,通过丰富的想象和联想,贴切的比喻和拟人,生动的叙述和描写,在内容表达方面使概括变为具体的,抽象的变成形象的,枯燥的变为有趣的。

三、科普说明文的写作

(一)认真选择材料

1.从自己熟悉的专业选材。这包括以下两个方面:

(1)要发挥所长,先立足本专业就地取材,再横向拓展,广泛选材。

选材时先从自己所熟悉的专业开始,并不是要画地为牢,而是要在熟悉和深知本专业以后继续迈步,逐渐地由一个专业扩大到相关的其他领域。著名桥梁专家茅以升就在科普写作中提供了范例。在《桥名谈往》中,有一个自然段介绍"纪事"性的桥名,其中的一小部分写道——

"纪事",记载有关桥上的流传故事,如"万里桥",在四川成都南门外,"惜孔明于此饯费祎聘吴,日万里之行,始于此矣"(见《寰宇记》)。又据《四川通志》云:"唐史载,明皇狩蜀过此,问桥名,左右对以万里,明皇叹曰,开元未僧一行谓,更二十年国有难,朕当远游至万里之外,此是也,因驻跸于成都焉。"唐·陆肱有《万里桥赋》,宋·吕大防有《万里桥》诗,杜甫诗:"万里桥西宅,百花潭北庄",唐·张籍诗:"万里桥边多酒家,游人爱问谁家宿",宋·苏轼诗:"我欲归寻万里桥,水花风叶暮萧萧",宋·陆游诗:"雕鞍送客双流驿,银烛看花万里桥"。

我们看,作者介绍"纪事"性桥名之一的万里桥,竟能在一个自然段中,将有关材料随手拈来,涉笔成趣。这就启示我们,这位驰名中外的桥梁专家,不仅"由表及里"地精通桥梁的建筑和历史,而且还"由此及彼"地熟知有关的史学和文学。因而他选材时,不只紧扣自己深谙的专业,还能在相关的其他领域里触类旁通地引据,举一反三地使用。这样就使材料显得必要、充分、典型,使内容显得充实、深刻、有趣。

(2)对科研情况不熟悉的人,为解决选材问题,可先选定一个学科作为研究、熟悉的对象,再广泛涉猎。

科普说明文的写作,并不只是科学工作者的"专利",其他行业的人只要有志于此,又孜孜以求,也会有用武之地。比如顾均正就是一个范例。他不是一个科学工作者,而是一个编辑,可他在几十年的业余笔耕中写出大量的科学小品,成为知名的科普作家,他成功的重要原因之一就是在业余时间"主要致力于物理学的研究",又"对数、理、化、天、地、生等科学领域都作过涉猎","对基础科学知识很熟悉","并不断认真地在生活中间随时观察同科学有关的问题","还浏览许多科普刊物,搜集科技革新资料",因而他掌握了充分的材料,获得了选材的自由。由此说明,门外汉固然不能像专业科学工作者那样,在科研的实践中获得感性和理性的认识,因而他们选材的困难要多一些。但是,只要选定一个学科作为主攻目标,致力研究,并环绕这一目标广泛涉猎,是能够为自己的选材找到广阔的天地的。

2.选择广大读者共同关心的题材

选材时不仅要从实际出发,还要考虑读者的需求。随着时代的发展、科技的进步,各行各业的读者对于科技知识既希望多多了解,也要求有所侧重。面对浩如烟海的科技知识,一篇科普说明文又不能包罗万象。在众口难调的情况下,要赢得广泛的读者,就须力求选择大多数读者共同关心的题材。

(1)介绍日常生活中的科学知识。如叶永烈的《穿衣的科学》,黄宛的《中老年的食盐及膳食问题》,叶兆和的《喂,步行过街的人》,宋东生的《保护电视机要注意的十件事》。在这些人人关心的衣食住行用的日常生活中,有广阔的选材余地,科普作者尽可以发挥优势,一显身手。

(2)配合政府的方针政策介绍有关知识。如国务院作出了科技兴农的决定,《科技日报》就辟有版面,连续刊登《国家科技成果重点推广项目选介》,介绍跟农业直接相关的重点科技项目。另外,还可以配合环境保护等基本国策,普及科技知识。

(3)根据我国科技发展计划介绍有关知识。如在我国的科学发展规划中,空间科学技术是重点学科之一。知名的科普作家谢础就写了《人类在征服近地空间》,介绍这一项尖端科学技术。

(4)介绍我国重大科技成就。如1990年4月7日,我国使用自行研制的"长征3号"运载火箭,成功地发射了"亚洲1号"卫星。而在发射之前,1990年4月6日的《光明日报》就刊登了《火箭专家龙乐豪谈"长征3号"》。

(5)联系世界上发生的重大新闻介绍有关知识。如1990年国际横穿南极科学探险考察队,自1989年7月28日起,历经220天的艰苦奋斗,终于在1990年3月3日,完成了人类有史以来第一次国际合作徒步横穿南极的壮举。这在我国乃至世界都引起了广泛关注。作为考察队成员之一的我国科学家秦大河,就适时写了《科学探险的壮举——国际徒步横穿南极考察介绍》。

(6)适应好奇心的需要,介绍能够激发想象力的知识。好奇心人皆有之,顺应好奇的心理,可以介绍一些科学知识。如《关于"飞碟"之谜》、《神秘的海洋》、《甘露的秘密》、《奇妙的兰花》、《科学家的爱情》等。

(二)精心安排结构

基于写作意图的需要,在选择了材料之后,还要紧密围绕立意,精心安排结构。科普说明文的结构安排,总的说来是"言之有序",即根据说明对象的逻辑顺序,或由远到近,或从古到今,或由表及里,或由此及彼,或由现象到本质,或由结果到原因,或由概念到举例,或由特征到共性,或由总到分,或由分到合等,来处理好文章层次和条理。

这是一般性科普说明文和文艺性科普说明文在结构安排上的共同要求。当然,单就文艺性科普说明文而言,在安排结构时,还要力求在言之有序当中,体现出生动活泼的意趣,或者把生动活泼意趣蕴含在言之有序当中。这就须注意三点:

1.写好"开篇",先声夺人

文艺性科普说明文的写作除了不虚构故事情节、不塑造人物形象之外,尽可以发挥出"文艺性"的优势。即令是开篇,也要具有文学色彩,用文艺手法拟定引人注目的标题,写出具象可感的开头。常见的开篇写法有:

(1)运用形象的比喻。如:

人体里的"江河溪流"

水乡江南,江河纵横,溪流遍及,深入到各个城镇村口,把城乡各地联系在一起。在我们的身体里,同样也有着密如蛛网的运输线路:大的血管如大江,小的血管像小川,毛细血管好比是伸向各个村落的小溪流。

标题、开头都运用较为贴切的比喻,先把人体内看不见、摸不着的血液循环,外化为大致上具象可见的事物。这不仅能吸引读者注意,而且也有助于读者理解人体血液循环系统的知识。

(2)运用拟人的手法。如:

洲际导弹自述

一九五七年八月,我在苏联出世。消息传开,曾经使全世界为之轰动,因为我是一种不可多得的战略武器。从此以后,我就成了超级大国战备竞赛场上的第一号种子选手。

我们导弹大家庭中有许多成员。按起飞位置和攻击对象可分为地对地、地对空、空对空、空对地……按飞行方式可分为弹道式和巡航式;按射程可分为近程、中程、远程和洲际等。我是属于地对地、弹道式、射程超过一万公里的洲际导弹。

把洲际导弹予以"人化",让它对读者介绍自己的出生、身世和家谱,犹如和朋友聊家常一样,在随和的气氛中,深入浅出地介绍了这类尖端武器的科学知识。

(3)勾勒富有特征的景象。如:

千姿百态的泉

在我国辽阔的土地上,到处都有许多泉水,有的滴滴渗出,清澈晶莹;有的奔腾突起,声若雷鸣,但尤为引人注目的还是那些千姿百态、景象奇特的奇泉。所谓奇泉,就是具有奇特自然景观和现象的甘泉。如鼓动则泉流,声绝则水竭的声震泉;一天水甜、一天水酸的甘泉;发出美妙动听的琴瑟之音的响泉;涌花、飞鱼的花泉、鱼泉等等。

这里,就是抓住"奇泉"的独到之处,先简笔勾勒奇特的景象,以引起读者寻奇探胜的阅读兴趣。

2.写好主体,引人入胜

科普说明文固然要介绍科学知识,但就整个指导思想来说,又不应只是单纯地介绍知识,还应在介绍科学知识的同时,引导读者步入科学胜境,帮助读者探索自然界的奥妙,认识事物发展的固有规律,掌握科学的世界观、方法论,提高科学素养。下面结合例子略作说明。

(1)《现代遗传学的奠基者——孟德尔》,写孟德尔一项"划时代的发现"及其影响。文中指出他"对豌豆进行了8年的多方面的杂交试验,从中揭示了两个主要的遗传规律",因而奠定了现代遗传学的基础。但是,"杂交工作不是从孟德尔才开始的,在他之前至少有100年时间就有人开始了",而在他之后摩尔根"发展了孟德尔的学说",创立了"以基因学说为基础理论的细胞遗传学";后来,"从20世纪50年代起",又"使得遗传学从细胞的水平发展到分子的水平,建立了分子遗传学"。这样,作者通过《现代遗传学的奠基者——孟德尔》这篇文章的主体部分,向读者介绍了遗传学发展的有关知识,与此同时,又启发读者悟出带有规律性的东西,这就是:科学上的发展、发明、创造,都是在实践当中,既有当事者的执著探索,又吸收前人的经验教训,还有后人的发展完善。

(2)《当心走向反面》,写的是澳大利亚曾为观赏所需而"引进"了家兔、仙人掌,为对付危害甘蔗的一种甲虫而"引进"了青蛙。可是,后来家兔变野,"成了破坏庄稼、与牛羊争吃牧草、影响交通安全的祸害";青蛙在吃完甲虫之后便吃各种益虫,甚至"它们继而从肛门喷出一种毒汁,伤牛、伤羊也伤人";仙人掌"如今却成了恶魔,到处蔓延"。于是便指出:"任何事物都会走向反面,生态平衡尤其不能改变。任何破坏地、盲目地'引进',迟早要自食其果。"这篇科学小品的主体部分,按纵横结合的顺序展开,不仅介绍了有关"引进"和保持生态平衡的科学知识,而且告诫读者,客观事物是不断发展变化的,要用发展变化的观点处理问题,才不会自食其果。

(3)《雾——使农业高产,却又传播疾病》,单从副标题就可知道,这篇科学小品对雾作了一分为二的介绍。由此可以悟出,介绍具体事物的科学小品,要对事物全面地把握,辩证地说明,以便扬长避短,兴利除弊。切不要搞形而上学,说好就是绝对的好,一切皆好;说坏就是绝对的坏,统统都坏,这样就歪曲了事物的本来面目,也会影响科学小品的科学性。

(4)《奇妙的失重世界》,在开头部分描述了奇妙的景象之后写道:"这些神话般的奇迹,都是由于物体失去了重量所造成的,这种现象叫失重。物体怎么会失去重量呢?要说清这个问题,还得从重量是怎样产生的谈起。"接下来就讲了重量产生的原因,失重的两种情况,以及在失重世界如何适应生活环境和生理变化等。这样,这篇科学小品的主体部分,不仅介绍了太空中奇妙的失重现象,而且还解说了产生这种奇妙现象的原因。从这一篇可以悟出,撰写奇闻、趣事、神秘、奥妙之类的文艺性科普说明文,应该由结果追溯原因,从现象探求本质,既给人以知识,也给人以启迪。

3. 写好结尾,耐人寻味

科普说明文的结尾部分也很重要,它能帮助读者对主体部分所介绍的"已知"加深印象,还能引导读者在"已知"的基础上,展开积极的思维活动,增强自身的科学素质,以便进一步探索"未知"。这里,介绍几种结尾的写法。

(1)总结全文中心。如著名科学家竺可桢先生《向沙漠进军》的结尾——

> 从上面介绍的一些情况,可以清楚地认识到,人类征服沙漠的远大理想在社会主义制度下会更快地成为现实。我们一定能逐步改造沙漠,使沙漠变成耕地和牧场,为人民服务。

(2) 描绘优美意境。如《从宜宾到重庆》的结尾——

重庆的夜,微波荡漾的江面倒映着万家灯火。江上,还有灯火在移动。

这个闪烁的亮光,到底是江上的渔火,还是天上的星星?一盏一点,盏盏点点……

这是自由诗,这是交响乐,这就是山城、雾城——重庆的夜……

(3) 道出生活哲理。如《美洲"彩蝶王"》的结尾——

这些彩蝶都短命得很,生命不过短暂的一年光景,很多在迁徙途中就死掉了。但即使如此,它们还是锲而不舍地追求着光明美好的生活。或许"彩蝶王"真正魅力之处倒不在其体态如何美妙,而在于其纤巧的形体中有着坚强执著的灵魂。这种不畏劳苦牺牲而追求既定目标的特征,使这种小昆虫的生命对人们有一种新鲜的启示和意义。

(4) 预示美好前景。如《奇特的激光》的结尾——

激光作为人类历史上从未有过的奇特的光源,不仅大大促进了科学技术的发展,为开拓新的科学领域提供了强有力的工具,还启发着科学工作者产生更多、更美妙的科学幻想;激光可能是打开无穷无尽的能源宝库的钥匙;激光可能使人类看到过去从来没有见过的现象;激光可能成为宇宙航行的动力……当然,把这么多的可能变成现实,需要经历一段漫长的征途,还有待于我们进一步去探索。

借鉴实例

一、食 盐

无机化合物,成分是氯化钠。无色或白色结晶体,呈粒状或块状,有咸味。用于制造染料、玻璃、肥皂等,也是重要的调味剂和防腐剂。有海盐、池盐、岩盐和井盐4种。通称盐。

二、珍贵之物——盐

盐既是重要的生活资料,又是重要的生产资料。

在古代,采盐极其艰难,盐被视为珍贵之物。古希腊人曾用盐来交换奴隶,古罗马人用盐祭神以示忠诚,不少国家雇佣兵的薪金都是食盐。公元6世纪的非洲摩尔人用一两食盐换一两黄金,中国曾发行过价值高于金币的盐币,真可谓盐比金贵。在等级森严的中世纪的欧洲,还用餐桌上的不同式样的盐罐来区分贵族身份的高低。在天主教的洗礼仪式上,人们把少许盐放入孩子嘴里,比喻纯洁无瑕。

更有趣的是盐还与人类建筑有关。欧洲的第一条公路是用盐矿石筑成的盐路。商人们沿着这条路交易琥珀、黄金、象牙等贵重货物,给许多城市带来了经济繁荣。青海省的柴达木盆地是盐的世界,这里人们走的是盐巴路,住的是盐巴房,甚至连厕所都是盐巴砌成的。在盆地的中南部,还筑有长达30余公里的"盐桥",汽车能在上面行驶。这里的盐湖长年一片银白,光滑如镜,坚硬如石,连飞机也在这里起落。

尽管盐给人类生活带来诸多好处,但嗜盐过量,久而久之对人体的危害是不可低估的。近代医学证明,吃盐过多会诱发许多疾病,如高血压、胃癌、食道癌、膀胱癌等。在日本北海道,平均每人每天吃盐26克,高血压发病率高达40%。秘鲁的印第安人,爪哇岛的马来西亚人和爱斯基摩人平均每人每天吃盐4克以下,几乎没有人患高血压病,胃癌的发病率也极低。世界卫生组织建议为预防高血压病,每人每天食盐3～5克。

简评

上列第一篇是《现代汉语词典》中的一个词条,实际上也是一篇短小的说明文。它直接介绍了盐的构成、性质、用途和种类。像这样以冷静的态度、说明的方式、质朴的语言和平实的笔法,来介绍有关科学知识的文章,就是一般性的科普说明文。上列第二篇原载于1990年4月22日的《人民日报》。跟第一篇相比,写的也是食盐,但它除了对盐的"不利"作了说明之外,还娓娓地叙述了古今中外的有关趣事,简洁地描写了盐的景观等,因而读来有趣。像这样的运用文学手法、生动语言和多种表达方式,来具体、形象地介绍科学知识的文章,就是科普小品。

写作练习

一、说说科普说明文的含义及特点。

二、阅读下面这篇短文,谈谈文章是如何先声夺人、引人入胜、耐人寻味的。

沙砂更迭无尽期

沙和砂,一些人可能认为没有什么差别,就连字典上也没有严格地加以区分。但是如果赋予它们不同的地质含义,却可以把无垠大地上的沧桑变迁,导演出一幕幕的戏剧来。

假如把"沙"视为松散的未固结成岩的沙粒,那么,它就是来自各种岩石风化的产物,岩石由"块"成"粒"后,被风力的吹扬或水流的携带,形成陆上的沙漠、沙丘、沙陇或水下的沙层、沙坝、沙洲等等。经过千千万万个花开花落、寒来暑往岁月的流逝和沉积物质压榨下沙层的失水、固结、硬化等等作用后,就变成了坚硬的岩石块体,这时的沙粒转变成了砂岩。

沙变石,这一认识,早期唐代诗人李贺的《古悠悠行》一诗中,已经一述分明了:"古今何处尽?千岁随风飘。海沙变成石,鱼沫吹秦桥。"

造成砂岩后,如果又经历了千千万万个鸟迎春来、霜送花去时序的复始和地球造山运动魔力的施展,就又成为高入云霄的砂峰、横空出世的砂体和连绵千里的砂层。但是,这些砂岩景观却无法逃避"生离死别"的自然规律。

再次遭受风吹、雨打、日晒、热胀冷缩等等自然的"摧残折磨",又被剥离成沙粒,搬运至风沙狂舞的戈壁滩上或茫茫的江海水底中去,再次充作造成砂岩的"一骨一肉"。

沙变砂,是建设;砂又变沙,是破坏,一立一破,如此循环不已,交替更迭,表演着地球舞台上的一出出"史剧",雕塑着地球肖像上的一束束"肌肉"。

如果没有岩石的成沙,哪来的千里沃土、田园阡陌？又哪来的林海草原,翠绿世界？如果没有沙粒的成岩,哪来的油气官殿、乌金墨玉？又哪来的名山大川、万丛石林？

破坏的是旧的"石国王朝",建设的是新的"岩官石府"。一边是旧的山岩"寿终",一边是新的水泽"春回"。正是有了它们的互变互移、生生不已,才有了广袤世界的生气勃勃、浩浩气派。

（张荫本）

三、自定题目练习写一篇科普小品文。

口语交际三　答　询

答询,顾名思义就是回答询问。这里包含两个方面,一是会问,二是会答。

首先是会问,要想弄清对方的意图、要求、情感态度等,就要通过提问抓住你想了解内容的核心和关键,并迅速作出正确的判断,以求进行更好的沟通与交流。

日常生活中,我们对某些问题不了解,需要通过提问来了解;有时为了启发对方思考某个问题,也需要用提问的方法。因此,是否善于提问,直接影响着人与人沟通交流的效果和办事的效率。有些人很重视讲说与解答,却往往忽视提问的方法和艺术,其实,提问并不是一件轻而易举的事,需要我们坚持一定的原则,讲究提问的方式、方法。

(一)称呼得当,语言简洁明了

向别人提出问题,首先要表现对对方的尊重,根据自己的和对方的身份,使用恰当的称呼语,例如:先生、太太、女士、老师、阿姨、同学等;其次,要使用必要的敬辞、谦辞,例如:您好、谢谢、对不起、可以吗、没关系、再见等。在提问时,不要长篇大套,说一些离题万里的话,也不要把一个问题用很长的句子来表述,因为人的瞬时记忆只有一至两秒钟,短时记忆也只有一分钟左右,提问话语太长,会让人忘记你前面的话或把握不住你提问的中心,从而降低提问的效率。

(二)具体实在,切忌大而空泛

提问一定要有针对性,给对方以明确的回答方向,不能大而空,让对方抓不到边际。比如,你问老师:"虽然学了《×××》这篇课文,我为什么还是不懂啊?"就不如直接问:"老师,怎么理解《×××》这篇课文的主题呢?"某记者采访周恩来总理的警卫员李建明,第一次去时,只是笼统地问:"请谈谈周总理给你的印象。"警卫员说:"总理好哇!好总理!"尽管记者一再要求对方谈得具体些,警卫员仍是反复说这一句。第二次采访,记者将问题分解成十来个方面的小题目:"为什么说周总理平易近人?""为什么说周总理生活十分简朴?"……这次采访,进行得十分顺利,警卫员讲了一个又一个实例。

(三)合理有效,注重对象场合

提问要取得良好的效果,要根据具体情况,选择相应的提问方式。比如:课堂提问、向人问路就应开门见山,直言相问;进行采访就应了解对方,步步深入;推销商品应根据顾客心理,点明利益所在。有的人不注意根据不同对象、场合采用不同的提问方式,就往往达不到提问的目的。

(四)讲究艺术,求得最佳效果

我们常说,同样的内容放在不同的人口中,给人的感觉就不一样,产生的效果自然也不一样。对那些"查户口"式的提问,人们都很反感。所以,我们应根据提问的目的,设计最佳的提问语言。为此,可以采用引导式提问、预设式提问、选择式提问等多种方式。如一位妻子想知道丈夫是否把钱借给了朋友,问道:"你借给某某多少钱?"就是一种预设性提问。

其次是会答,可有三种答法:

(1)正面回答。答询时要态度明朗,条理清楚,要言不烦。如实例二,面对记者的提问,刘翔没有花费过多口舌为自己辩解,他的回答是斩钉截铁的:"你们就算服了兴奋剂,也进不了世界前三。"这句话一语道破了对方国家的选手在实力上的差距,充分表达了自己凭实力获得金牌的壮志豪情。精辟的概括之中,体现着信心与勇气,让人佩服不已。

(2)灵活回答。不作正面的回答,而是通过巧妙地转移语题,或运用形象生动的比喻、诙谐幽默的类比巧妙回答。乾隆皇帝曾问大学士纪晓岚一个问题:"有人说你不好,你怎么看待?"纪晓岚是这样回答的:"春雨如油,农夫喜其润泽,行人恶其泞泞;明月皎洁,佳人喜其玩赏,盗贼恶其光明。天尚不能尽如人意,何况臣乎?"他以不同人对待春雨、明月的截然不同的态度进行类比,不仅包含着很强的哲理性,更体现了纪晓岚包容与豁达的气度,虽然没有正面回答,但效果却要好上几倍。

(3)以辩作答。有时,询问的一方对回答者有误解或者故意向他挑衅,这就需要以辩作答了。吴仪任外经贸部部长时,有一次率团去美国参加中美知识产权谈判。双方刚一见面,美方代表就给中国代表团一个下马威:"我们是在和小偷谈判!"此语一出,场上气氛立即紧张起来。面对对方的无礼和挑衅,吴仪从容不迫地回敬道:"今天,我们不远万里前来,竟是和强盗在谈判!请看你们博物馆里的东西,有多少是从中国抢来的!"吴仪的回敬是坚决而得体的,她一语击中要害,笑谈间,把对方的嚣张气焰压下去,维护了祖国的尊严。但话是心平气和地说的,达到了反击的目的,也促进了谈判的正常开展。

所以说,会答,既要坦率真诚、机变灵活,又要能言善辩、注意礼节,具有充分的自信、不卑不亢的神态和从容幽默的风度。在社交往来中,答询的技巧能助你走向成功!

借鉴实例

一、问问题

查理是许多公司的企管顾问,他闯荡江湖的绝招就是"问问题"。

一次,一家专门在欧洲机场做咖啡餐饮的连锁公司请查理来帮忙,想找出提升业绩的方法。查理把几个机场的店长找来,然后开始问问题。

"你们感觉业绩不能提升的最大问题是什么?"

"人太多。"其中一个店长说。

"什么意思?"

"就是店里老是客满。"

"客满有什么问题?"

"你知道,在机场的旅客进了咖啡店,一坐下来就不动了,一直等到要登机才会起身。中间他们不会多点东西,只是占着位子……"

"对,其他客人也进不来,所以店里老是客满,看起来好像生意很好,其实业绩不佳。"另外一个店长附和道。

"好,问题是旅客占着位子不走。那怎么办?怎么让客人快点走呢?"查理问。

于是大家提出了用硬椅子使客人不舒服、清理桌子、反复询问客人,甚至雇用最丑的女服务员、在每张桌子上安装定时器等办法。

大家你一言,我一语,查理眼看大家吵得快不可收拾了,赶快拉回正题,说:"好,大家刚才说的都是要做些什么才能让客人早点离开。有没有不做什么就可以达到目的的办法?"

"不做什么? 关店不卖东西吗?"

"有点接近了。你们有没有注意客人在店里时眼睛都在看哪里?"查理提示。

"看美女喽!"

"还有呢?"

"对啦,客人最常看航班显示屏嘛!"

"客人在咖啡店里,都是等着要登机。如果有航班显示屏,他们就会安心地等待,不怕搞不清楚状况。"

"所以?"

"如果把航班显示屏关掉,假装坏掉,他们便坐不安心,一定坐不久的。"

"一直都关掉吗?"

"不,等客人少了,便把显示屏打开,其他的客人就会进来。"

"然后呢?"

"等客人多了,再把显示屏关掉,假装出了故障。"

"各位,你们真是一流的店长。我想我们找到答案了。"

这家机场连锁餐饮公司就靠着假装故障的航班显示屏,业绩果然大增。

简评

查理用提问的方式来解决问题,显示了独特的匠心。在提问中,他不急不躁,循循善诱,启动大家的思维,最后引导大家发现了问题,找到了解决问题的办法。

二、刘翔妙语回击记者

2004年雅典奥运会上,刘翔勇夺金牌,一名外国记者不怀好意地问他:"亚洲人在短跑上一直是弱势,许多人怀疑你的成绩的真实性,认为可能是服用了查不出的兴奋剂,请问你怎么看这个问题?"

刘翔盯着对方,略加思忖,从容地答道:"贵国的医学一向比中国发达,服用兴奋剂的历史也比中国悠久得多,如果有这药,你们的运动员一定用过了。不过可以肯定的是,你们就算服了兴奋剂,也进不了世界前三。"一番话,把这位记者噎得满脸通红,哑口无言。刘翔机智的回击赢得了在场中外人士的尊重与钦佩。

(摘自《演讲与口才》2007年第7期)

简评

这是刘翔在雅典奥运会上获得110米跨栏金牌后,与一位外国记者的对话。很显然这位记者的提问别有用心,企图让刘翔的金牌蒙上"兴奋剂"的阴影。刘翔的嘴上功夫与腿上功夫一样的出色,回答得颇为机智巧妙。他用了一个二难推理,先褒后贬,把对方置于两难境地:如果说有这种兴奋剂,那么就得承认本国的运动员用过了;如果说没有这种兴奋剂,又与他刚才的说法自相矛盾,无异于自己打自己的嘴巴。而刘翔的回答逻辑严谨,无懈可击,令外国记者哑口无言,最终搬起石头砸了自己的脚。

口语练习

一、某同学家里需要办理宽带网开户业务,但他对这一业务的具体情况还不熟悉,需要向××公司询问有关事宜,请你为这位同学设计他的提问内容,最好能亲自到宽带网业务单位练习提问。

二、阅读下面的材料,谈谈你的感受。

《中国青年报》曾报道,2002年,伟大的科学家霍金到杭州出席学术会议时,记者提问了些大白话,如:"您认为人类历史的下一个世纪最伟大的发明将是什么?"霍金不无讽刺地说:"如果我知道,我就已经把它做出来了。"

三、下面这段对话中,漏了最关键的一句,请你根据答询的要求,试填完整,然后说说这段话给了你什么启示。

南朝时,齐高帝曾与当时的书法家王僧虔一起研习书法。有一次,高帝突然问王僧虔:"你和我谁的字更好?"

这问题比较难回答,说高帝的字比自己的好,是违心之言;说高帝的字不如自己,又会使高帝的面子搁不住,弄不好还会将君臣之间的关系弄得很糟糕。

王僧虔的回答很巧妙:_____

皇帝就那么几个,而臣子却不计其数,王僧虔的言外之意是很清楚的。

高帝领悟了其中的言外之意,哈哈一笑,也就作罢,不再提这事了。

启示:_____

四、于慧是某公司的一位文秘。一天上午,总经理打电话让她准备一份材料,下午开会用。接完电话,她马上把材料打印好放在总经理的桌子上。但等到即将开会时,总经理并没有在自己的办公桌上找到那份材料,于是就问于慧:"会议材料呢?"

"我放在您的桌子上了。"

"你说什么?放在我的桌子上了?"因为着急,总经理有些生气,"你看看,我的桌子上哪有什么材料啊?你不是说我故意把它藏起来了吧?作为一名秘书,你怎么能这样对待我交办的工作呢?"

于慧成了一个"背黑锅"的秘书,这时,她是这样回答的:_____
_____
_____。

第二天,公司董事长把于慧放在总经理办公桌上的那份材料还给了她,说是自己昨天顺手拿去看了看。于慧没有向总经理作任何解释……总经理弄明白真相后有些愧疚,但因此也更器重于慧了。不久,分管人事的副总经理离职,总经理毫不犹豫地建议董事会让于慧接替这个职位。

语文实践活动三 观察植物的生长过程

一、活动主题

探究植物的生长过程

二、活动目的和要求

1. 在实际操作中进一步修正观察记录表的设计。
2. 依据不同观察对象,学会观察、测量和记录植物生长的基本方法。
3. 体验分工与合作,善于汲取不同意见,学会批判与反思。

4.培养学生的责任感和参与较长时间观察记录活动的学习毅力和忍耐力。

三、活动内容及步骤

(一)学生以小组合作的形式(可自由组合)确定观察对象。

(二)各组做好前期准备

1.准备好观察对象——萌发期(绿豆)、生长期(吊兰)、开花期(水仙)。

2.准备好相应的观察工具——日志学习单、彩色笔、白色卡纸、尺、棉线。

3.确定好各成员的分工——各小组成员分为测量员、数据记录员、绘图员、日志编辑员和汇报员进行分工合作。

(三)放手实践,发现问题

1.制定观察指标。

水仙(观察开花期):花色、花形、花瓣数、叶色、叶形、根长度、开花数、花苞数。

吊兰(观察生长期):叶形、叶色、叶片数、叶的大小。

绿豆(观察萌发期):植物高度、豆长、根长度、子叶、新叶颜色、种皮、茎颜色。

2.分组观察、测量和绘制各组植物的生长变化过程,并将在观察与测量过程中碰到的实际困难和疑惑写在观察日志上。

在上述的观察指标中,学生极有可能产生的问题有:

(1)花形怎样描述?

(2)叶形怎样描述?

(3)水仙的根极多,根的长度以什么为衡量标准?

(4)吊兰叶的大小怎样衡量?

仔细观察与测量,并在对比与实际操作中发现指标设计的不合理性,以及测量与操作中的实际问题。

(四)讨论问题、解决问题

1.先就学生提出的问题进行归类。

2.学生分组讨论每一个问题,提出各组解决问题的方法,将方法写在白色的答题卡纸上,并相互判断方法的可行性。

(1)就花形或叶形的问题,教师可提供各类花形和叶形的图案,请各组学生针对观察对象进行选择判断,判断后,教师可询问学生:"老师是怎样获得这些资料的?"利用设问引导学生意识到运用文献或上网查阅资料的方法去获取知识信息。

(2)而对于某些有较大争议性的问题,诸如水仙根长度、吊兰叶大小的测量问题,可在各组学生介绍方法后,请学生在后继的再次实践阶段加以方法的验证。为引导学生想出更合理的方法,教师在此可用一系列的设问给学生以建议引导学生改进方法,诸如:当需要测量或记录的对象很多时,例如,科学家想了解和研究某个鲸群的生活习性的时候,他们是怎样研究的呢?他们如何才能在汪洋大海中寻找和研究这些鲸呢?既然在研究对象众多的情况下,科学家会利用标记跟踪观察的方法,那么,你们提出的观察方法中究竟哪些方法是较好的呢?或者,你们的方法是否有进一步可改进之处呢?

(五)再次观察,完成记录

1.当学生提出解决方案后,教师再次放手让他们通过实践,完成观察日志的撰写和植物生长图的绘制,并验证各种测量方法的可行性。

2.请各组汇报员简单汇报哪种测量方法的可行性更强。

(六)交流表达,激励观察

请各组绘图员和汇报员依次上前展示各自的植物生长图和观察日志,教师与其他小组共同给每一组评分。

(七)小结

教师在各组评议的基础上评出优胜组并总结整个的观察活动。

第四单元

艺 术 魅 力

单元导读

在这个单元中,五篇课文都与艺术相关,分别为不同艺术创作和研究领域的专家或学者所撰写的、具有一定专业权威的文章。

《音乐就在你心中》叙说了音乐的美,强调只有用"三只耳朵"听不同风格的音乐,才能领略音乐美的丰富多彩。《画里阴晴》谈画家对江南阴雨的独特感受,说明只有既师法传统,又借鉴外国绘画技法,才能开创新的画风。《牡丹的拒绝》作者赞美牡丹的不苟且不俯就不妥协不媚俗,托物言志,启示人们做一个像牡丹那样有独立人格、高洁精神的人。《城市的文物与文化》是一篇文化考察随笔,作者从参观巴黎老街时所体会到的浓重的历史感,进一步认识巴黎人先进的文化观念,悟出城市建筑的文化内涵。《我国古代的几种建筑》介绍了我国古代的七种建筑,有典雅端庄的厅、严整瑰丽的堂、体型不一的楼、造型各异的阁、形式多样的亭、傍水而立的榭、轻盈疏朗的轩,从一个侧面表现了我国古代劳动人民创造的灿烂文明。

艺术作品的阅读不仅是要接受新的知识,还要接受其中艺术之美和写作技巧。接受艺术之美,就是在阅读过程中,领略艺术作品的美。这种领略过程,是一种对作品从内容到形式的整体把握,是一种将自己投入作品的情感体验,是一种与作者产生共鸣的审美活动。

这五篇文章的作者分别是作曲家、画家、作家和学者,他们所从事的艺术创作和研究领域不同,写作的艺术技巧不同,语言也各有特色。阅读时应细加体味,这也是本单元的学习重点。

本单元的课文启示我们,对艺术重在感悟,重在领会,重在借鉴,重在继承,这样才能使艺术不断地发展前进。

本单元还包括应用写作——"新闻"和口语交际——"采访"。

古今中外很多学者都对"新闻"下过定义,一个有趣的定义是:"狗咬人不是新闻,人咬狗才是新闻。"(博加特,美国《纽约太阳报》采访主任)我们通过理论的学习,把知识点应用到写作中去;通过写作练习,提高新闻的写作水平。

在本单元的口语交际训练中,既要通过学习锻炼自己的听说能力,又要提高自己的思维能力,这样才能更好地培养社交能力。

"新闻发布会"是本单元语文实践活动的主要形式,通过活动激发学生学习的兴趣,培养学生的口语交际能力及谈判能力。

十六 音乐就在你心中[①]

陈 钢[②]

> 音乐是没有国家的语言,乐谱是世界共同的符号。欣赏音乐就是接受文化的熏陶,就是继承人类文明的成果,就是与古今中外音乐家的心灵沟通。
>
> "乐为心声",音乐用音符、旋律艺术地表达情感。所以音乐比其他语言更容易沟通人的心灵。"乐为多声",古典音乐、流行音乐、现代音乐表达感情的方式各有特点,你如能欣赏多种音乐,生活将更丰富多彩。"乐为无声",《老子》中说"大音希声",白居易在《琵琶行》中说"此时无声胜有声"。音乐的表现力无限丰富。如果你有一对善于欣赏音乐的耳朵,你就能自由地欣赏古今中外无限丰富的美的乐曲,尽情地享受音乐的美!

音乐是什么?我——懂吗?

当然,哪有音乐家不懂音乐之理!可我真是常常为这个问题所困惑。似乎在音乐的旅途上跋涉得越长、越久,反而对"音乐"的定义越朦胧、越糊涂。特别是当一些理论家提着冷冰冰的解剖刀"分析"音乐(如什么是"奏鸣曲"[③],

---

① 选自《三只耳朵听音乐》(百花文艺出版社1997年版)。
② 陈钢(1935~),著名的小提琴协奏曲《梁山伯与祝英台》的作曲者之一(另一位是何占豪),上海人,音乐作品有《苗岭的早晨》等,文学作品有散文集《黑色浪漫曲》等。
③ 奏鸣曲:乐曲形式之一。一般由三个或四个性质不同的乐章组成,用一件或两件乐器演奏。

什么是"变奏曲"①,什么是呈示部、发展部、再现部②……)时,我就更觉得音乐顿时变得僵硬、枯干和不可亲近了。其实,音乐就在这里,就在你心中!

乐为心声。这是音乐最神奇的魅力。音乐,它可以像雷电一样,一闪间劈开你的心扉,让你的心颤抖,让你的心翻腾,让你的心苞绽开朵朵鲜花。音乐,它可以"捕捉到一些快乐的影子、悲伤的痕迹;听到严酷的命运之门被沉重地敲响;嗅到从绿色田野上飘来的幽香……"(朱俊:《仰视音乐》)1981年我去美国回访小提琴大师斯特恩时,特地送了他一幅摘自《乐记》③的条幅:"情动于中而形于声。"这个中国古训递给了我们一把解开音乐之谜的钥匙——那就是"情"。有了真情,才有美乐。

乐为多声。音乐是一个缤纷多彩的音响万花筒,它是一种宽容的艺术,一种包含量特别大的艺术。特别是作为一个20世纪的现代人,我们不能只用一只耳朵听一种音乐,而是应该竖起三只耳朵来听三种不同的音乐④——古典音乐、流行音乐和现代音乐。纽约就是这样一个音乐万花筒。当衣着讲究、正襟危坐的听众在金碧辉煌的大都会歌剧院欣赏普契尼⑤的正歌剧时,雀跃的人流也正涌进百老汇⑥的剧院里为那些新上演的轻歌剧喝彩——以庇隆夫人⑦为题材的音乐剧《艾维塔》竟连演数年而不衰;当千百万青年如痴如狂地迷醉在杰克逊的歌声中时,莫扎特、贝多芬的交响曲却像空气、水流那样,轻轻地渗进了商店、办公室和人们的心中,显示出它们无限的生命力!现代音乐的上座率虽然没有那么高,但却拥有一批忠实的知音。有一次,我出席了一场现代音乐会,听众只有三四十人,但是,他们那么专注、那么热诚地倾听着每首新作。每当作品演毕,作曲家就在听众的欢呼声中与聚光灯的照射下上台谢幕。置身于如此温馨的氛围,现代作曲家一点儿也不会感到孤独与寂寞。人们既然有一颗"性格组合"的内心,那就会有"立体声、多轨道"的听觉网。不同层次、不同口味的人,会有不同的听觉选择。我们既可以走近崇高,"抛却一切烦恼的

---

① 变奏曲:运用变奏手法谱写的乐曲。变奏,乐曲结构原则,运用各种手法将主题等音乐素材加以变化重复。
② 呈示部、发展部、再现部:"赋格"曲式的三个组成部分。呈示部是使一个简短而富有特性的主题在各个声部轮流出现一次;发展部是主题及插段在各个不同的情调上一再出现;再现部是最后主题再度回到原调,并常以尾声结束。
③ 《乐记》:《礼记》篇名。一说为孔子的再传弟子公孙尼子所作。主要阐述音乐的本原、音乐的美感、音乐的社会作用、乐和礼的关系等。论及音乐本原时认为音乐乃由于人心之"感物而动,故形于声"。
④ 三种不同的音乐:陈钢在散文《三只耳朵听音乐》中说:古典音乐是属于过去的音乐,但它的精粹在历史的长河中始终闪烁着异彩。流行音乐是属于现代的——特别是青年人的音乐,它随着时尚风向不断变换,所以我们得用一只"招风耳朵"来听它。现代音乐由于它的实验性与超前性,因此从某种意义上讲,是属于未来的。
⑤ 普契尼(1858~1924):意大利歌剧作曲家。写有歌剧12部,著名的有《蝴蝶夫人》等。
⑥ 百老汇:美国纽约市南北向主要街道之一。长达25公里,宽22~45米。下段为金融、商业活动中心和娱乐场所。
⑦ 庇隆夫人:阿根廷前总统庇隆(1895~1974)的夫人。音乐剧《艾维塔》取材于她的传奇生涯。

思绪,得到一份超脱与来自内心深处的协和"(《仰视音乐》);又可以随着克莱德曼的演奏《飘》①的琴声,"飘到了郝思嘉的身旁"(胡欣华:《美妙的享受》),得到一种美妙的享受,这就叫"百货中百客"。但作为多面体的现代人来说,理当会同时爱好各种音乐,这又叫"三只耳朵听音乐"。我曾以此作为一篇散文的题目与这本书的书名,漫画大师丁聪还特意为我作画。

乐为无声。"无声"者,无言之声也!它从无中生有,生出一个千变万化的大千世界,生出一串无边无际的奇思妙想。听音乐时,可以感受着它"无限的美妙"和"无穷的魅力",给人以"无限的遐想"(孙薇:《音乐的魅力》)。无限,是音乐又一神奇的魅力。意大利现代诗人翁加雷蒂有一句有名的短诗:"我用无垠/把我照亮。"无垠就是无限,无限是艺术的最高境界,而这个境界唯有你心中才有——因此,音乐就在你心中!

思考与练习

一、第1自然段的两个设问句有什么作用?作曲家问"我——懂吗?"中破折号的作用是什么?

二、为什么说"乐为心声","这是音乐最神奇的魅力"?

三、为什么说"乐为多声",要用"三只耳朵听音乐"?

四、为什么说"乐为无声","无限,是音乐又一神奇的魅力"?

五、你心中有音乐吗?你喜欢哪一种音乐?读了本文你对音乐有什么新的看法?

---

① 《飘》:美国著名畅销小说,一译《乱世佳人》。作者玛格丽特·米切尔。根据小说改编的电影夺得多项奥斯卡金像奖。

十七　画里阴晴

吴冠中

> **学习提示**
>
> 古人主张"诗中有画，画中有诗"。绘画是用线条、色彩表现画家心中的诗意。文章、诗歌、绘画既是客观事物的反映，又是主观情思的表达。相同的景物在不同的诗人、画家眼里，呈现出不同的形象，再化而为诗，绘而成画，风格的差异就更大，呈现出千姿百态、五颜六色的瑰丽画境。
>
> 本文着重谈论对阴晴的感受。西洋风景画家热衷于表现阳光的变幻，中国西画家也大都陶醉于阳光的强烈色彩感。作者受中国诗歌和水墨画文化传统熏陶，对微风细雨的阴湿景色却情有独钟，并用油画、水墨两种技法表现阴雨的美，在继承传统、借鉴外国文化的基础上，创作出独具风格的新画作。作者的独特感悟，定会给你许多启示。

今春又路过故乡江苏宜兴县，热情的主人在匆忙中陪我去看灵谷洞。天微雨，主人感到有些遗憾。车窗外，雨洗过的茶场一片墨绿，像浓酣的水彩画。细看，密密点点的嫩绿新芽在闪亮；古树老干黑得像铁，柳丝分外妖娆，随雨飘摇；桃花，我立即记起潘天寿③老师的题画诗"默看细雨湿桃花"，这个"湿"字透露了画家敏锐的审美触觉。

---

① 选自《美丑缘》(百花文艺出版社 1997 年版)。
② 吴冠中(1919～2010)，著名画家，江苏宜兴人。20 世纪现代中国绘画的代表画家之一。终生致力于油画民族化及中国画现代化之探索，形成了鲜明的艺术特色。已出版画集 40 余种，文集 10 余种。
③ 潘天寿(1898～1971)：现代画家、美术教育家。浙江宁海人。曾任中国美术家协会副主席，浙江美术学院院长。著有《中国绘画史》等。

湿,渲染了山林、村落,改变了大自然的色调。山区的红土和绿竹,本来并不很协调,雨后,红土成了棕红色,草绿色和竹林也偏暗绿了,它们都渗进了深暗色的成分,统一于含灰的中间调里,或者说它们都含蕴着墨色了。衣服湿了,颜色变深,湿衣服穿在身上不舒服,但湿了的大自然景色却格外地有韵味。中国画家爱画风雨归舟,爱画"斜风细雨不须归"①的诗境。因为雨,有些景物朦胧了,有些形象突出了,似乎那位宇宙大画家在挥写不同的画面,表达着不同的意境。

我自学过水彩画②和水墨画③后,便特别喜欢画阴天和微雨天的景色,我不喜欢英国古老风格的水彩画。我以往的水彩画可说是水墨画的变种,从意境和情趣方面看,模仿西洋的手法少,受益于中国画的成分多。西洋画中也有表现风雨的题材,但西洋画中是将风雨作为一种事故或大自然的变态来描写的,很少将阴雨作为一种欣赏对象的审美趣味来表现。西方风景画之独立始于印象派④,印象派发源于阳光,画家们投靠阳光,说光就是画面的主人,因为一味分析色彩与阳光的物理关系,甚至说"黑"与"白"都不是色彩,而中西画家大都沉醉于阳光所刺激的强烈的色彩感,追求亮、艳、丽、华、鲜……多半是从"晴"派生出来的。

曾有画油画⑤的人说:江南不宜画油画。大概就是因为江南阴雨多,或者他那油画技法只宜对付洋式的对象。数十年来,我感到在生活中每次表现不同对象时,永远需要寻找相适应的技法,现成的西方的和我国传统的技法都不很合用。浓而滞的油画里有时要吸收水分,娇艳的色彩往往须渗进墨韵……人们喜欢晴天,有时也喜欢阴天,如果阴与晴中体现了两种审美趣味,则鱼与熊掌⑥是可以兼得的。又画油画又画水墨,我的这两个画种都不纯了,只是用了两种不同的工具而已,头发都灰白了,还拿不定主意该定居到油画布上呢,还是从此落户在水墨之乡了!

思考与练习

一、第1自然段写宜兴春雨,引用"默看细雨湿桃花"的诗句,在全文中有什么作用?

---

① 斜风细雨不须归:唐代诗人张志和的《渔歌子》:"西塞山前白鹭飞,桃花流水鳜鱼肥。青箬笠,绿蓑衣,斜风细雨不须归。"
② 水彩画:用水彩绘成的画。水彩是用水调和后使用的绘画颜料,能表现出透明感、轻快、湿润等特有效果。
③ 水墨画:指纯用水墨不着彩色的国画。
④ 印象派:19世纪下半叶在法国兴起的一个画派。代表作家有莫奈、雷诺阿等。
⑤ 油画:西洋画的一种,用含油质的颜料在布或木板上绘成,能表现出物体的真实感和丰富的色彩效果。
⑥ 鱼与熊掌:《孟子·告子上》:"鱼,我所欲也,熊掌,亦我所欲也,二者不可得兼,舍鱼而取熊掌者也。"这里作者反其意而用之,说的是可以兼得。

二、"湿"和雨景,在普通人和画家的眼里有什么不同?

三、西洋油画家对阳光、阴雨的感受和表现与作者有什么不同?

四、第4自然段说"鱼和熊掌是可以兼得的",比喻什么?作者说自己"拿不定主意"的真实含义是什么?

五、读读作者另外两段文字,说说你对画家审美观的理解。

  追寻美、发现美,是我的职业、职责,也成了我生活和生命的整体。

  到哪里去找美的对象?天上人间。在杂草丛中、在乱石堆里、在密林深处、在悠悠湖上、在雪峰之巅、在琼楼玉宇;在父老乡亲处、在异国情调中;在欢乐中、在咒骂中;在晨曦中、在黑夜里……

(《美丑缘·自序》)

  "孤松矮屋老夫家",古代房矮,那高高的孤松,有风骨,有曲直之美,构成了画境。今日的大城市,难觅孤松矮屋之家,老夫们也都住入了高楼,要赏孤松,必须下楼,高楼矮松住宅区,着实委屈了高傲的松。驱车过闹市,偶见杂树成丛,那是最美最美的城市风景了。在石林似的新建筑群中被保留住的老树,即便瘦骨嶙峋,那前昂后俯,曲曲弯弯的体态,展现了曲线之魅力,真是城中珍异。直线统治的城市呼唤曲线,美丽的人生曲线!

(《曲》)

十八 牡丹的拒绝①

张抗抗②

学习提示

> 牡丹又有洛阳花、富贵花、"国色天香"和"花中之王"之美称。洛阳牡丹以花大色艳、绚丽多姿名扬天下,故有"洛阳牡丹甲天下"之说。
>
> 牡丹一向是富与贵的象征,人们写牡丹,大多描绘它的绚丽娇艳,赞美它的国色天香,描写自己与牡丹的奇遇。在有些文人的笔下,牡丹甚至成为"慕荣华富贵"的讽刺对象。这篇文章标题就给人耳目一新的感觉,文章另辟蹊径,尽叙人们对牡丹的不遇,从一个侧面写出了牡丹的不苟同,赞美"牡丹的拒绝",文章因此显得不同凡响。

它被世人所期待、所仰慕、所赞誉,是由于它的美。

它美得秀韵多姿,美得雍容华贵,美得绚丽娇艳,美得惊世骇俗③。它的美是早已被世人所确定、所公认了的。它的美不惧怕争议和挑战。

有多少人没有欣赏过牡丹呢?

却偏偏要坐上汽车火车飞机轮船,千里万里爬山涉水,天南海北不约而同,揣着焦渴与翘盼的心,滔滔黄河般地涌进洛阳城。

---

① 选自《收获》1992年第1期。
② 张抗抗(1950~),浙江杭州人,一级作家,黑龙江省作家协会副主席。代表作有《赤彤丹朱》、《隐形伴侣》、《钟点人》等。
③ 惊世骇俗:因言行异于常道而震惊世俗。世、俗,指一般人。

欧阳修①曾有诗云:洛阳地脉花最重,牡丹尤为天下奇。

传说中的牡丹,是被武则天②一怒之下逐出京城,贬去洛阳的。却不料洛阳的水土最适合牡丹的生长。于是洛阳的牡丹蔚然成风,渐盛于唐,极盛于宋。每年阳历四月中旬春色融融的日子,街巷园林千株万株牡丹竞放,花团锦簇香云缭绕——好一座五彩缤纷的牡丹城。

所以看牡丹是一定要去洛阳去看的。没有看过洛阳城牡丹就不算看过牡丹。何况洛阳牡丹还有那么点来历,它因被贬而增值而名声大噪③,是否因此勾起人的好奇也未可知。

这一年已是洛阳的第九届牡丹花会。这一年的春却来得迟迟。

连日浓云阴雨,四月的洛阳城冷风飕飕。

街上挤满了从很远很远的地方赶来的看花人。看花人踩着年年应准的花期。

明明是梧桐发叶,柳枝滴翠,桃花梨花姹紫嫣红,海棠更已落英纷纷——可洛阳人说春尚不曾到来;看花人说,牡丹城好安静。

一个又冷又静的洛阳,让你觉得有什么地方不对劲。你悄悄闭上眼睛不忍寻觅。你深呼吸掩藏好了最后的侥幸,姗姗步入王城公园。你相信牡丹生性喜欢热闹,你知道牡丹不像幽兰习惯寂寞,你甚至怀着自私的企图,愿牡丹接受这提前的参拜和瞻仰。

然而,枝繁叶茂的满园绿色,却仅有零零落落的几处浅红、几点粉白。一丛丛半人高的牡丹枝株之上,昂然挺起千头万头硕大饱满的牡丹花苞,个个形同仙桃,却是朱唇紧闭,皓齿轻咬,薄薄的花瓣层层包裹,透出一副傲慢的冷色,绝无开花的意思。偌大一个牡丹王国,竟然是一片淡淡萧瑟的灰绿……

一丝苍白的阳光伸出手竭力抚弄着它,它却木然呆立,无动于衷。

惊愕伴随着失望和疑虑——你不知道牡丹为什么要拒绝,拒绝本该属于它的荣誉和赞颂。

于是看花人说这个洛阳牡丹真是徒有虚名;于是洛阳人摇头说其实洛阳牡丹从未如今年这样失约,这个春实在太冷,寒流接着寒流怎么能怪牡丹?当年武则天皇帝令百花连夜速发以待她明朝游玩上苑,百花慑于皇威纷纷开放,惟独牡丹不从,宁可发配洛阳。如今怎么就能让牡丹轻易改了性子?

于是你面对绿色的牡丹园,只能竭尽你想象的空间。想象它在阳光与温

---

① 欧阳修(1007~1073),字永叔,号醉翁,又号六一居士。吉州吉水(今江西永丰)人。谥号文忠,世称欧阳文忠公,北宋卓越的文学家、史学家。
② 武则天(624~705),中国历史上唯一正统的女皇帝。
③ 名声大噪:由于名声高而引起人们的极大关注。

暖中火热的激情；想象它在春晖里的辉煌与灿烂——牡丹开花时犹如解冻的大江，一夜间千朵万朵纵情怒放，排山倒海惊天动地。那般恣意那般宏伟，那般壮丽那般浩荡。它积蓄了整整一年的精气，都在这短短几天中轰轰烈烈地迸发出来。它不开则已，一开则倾其所有挥洒净尽，终要开得一个倾国倾城，国色天香。

你也许在梦中曾亲吻过那些赤橙黄绿青蓝紫的花瓣，而此刻你须在想象中创造姚黄魏紫豆绿墨撒金白雪塔铜雀春锦帐芙蓉烟绒紫首案红火炼金丹……想象花开时节洛阳城上空被牡丹映照的五彩祥云；想象微风夜露中颤动的牡丹花香；想象被花气濡染的树和房屋；想象洛阳城延续了一千多年的"花开花落二十日，满城人人皆若狂"之盛况。想象给予你失望的纪念，给予你来年的安慰与希望。牡丹为自己营造了神秘与完美——恰恰在没有牡丹的日子里，你探访了窥视了牡丹的个性。

其实你在很久以前并不喜欢牡丹。因为它总被人作为富贵膜拜。后来你目睹了一次牡丹的落花，你相信所有的人都会为之感动：一阵清风徐来，娇艳鲜嫩的盛期牡丹忽然整朵整朵地坠落，铺散一地绚丽的花瓣。那花瓣落地时鲜艳夺目，如同一只奉上祭坛的大鸟脱落的羽毛，低吟着壮烈的悲歌离去。牡丹没有花谢花败之时，要么烁于枝头，要么归于泥土，它跨越萎顿和衰老，由青春而死亡，由美丽而消遁。它虽美却不吝惜生命，即使告别也要留给人最后一次惊心动魄的体味。

所以在这阴冷的四月里，奇迹不会发生。任凭游人扫兴和诅咒，牡丹依然安之若素。它不苟且不俯就不妥协不媚俗，它遵循自己的花期自己的规律，它有权利为自己选择每年一度的盛大节日。它为什么不拒绝寒冷？！

天南海北的看花人，依然络绎不绝地涌入洛阳城。人们不会因牡丹的拒绝而拒绝它的美。如果它再被贬谪十次，也许它就会繁衍出十个洛阳牡丹城。

于是你在无言的遗憾中感悟到，富贵与高贵只是一字之差。同人一样，花儿也是有灵性、有品位之高低的。品位这东西为气为魄为筋骨为神韵只可意会。你叹服牡丹卓尔不群①之姿，方知"品位"是多么容易被世人忽略或漠视的美。

思考与练习

一、认真阅读本文，仔细揣摩，说说作者喜欢牡丹的原因，以及作者赞美牡丹有怎样的

---

① 卓尔不群：指优秀卓越，超出常人。易误用为形容人的性格孤傲，难以与周围人相处。卓尔，高高直立的样子。不群，与众不同。

"品位"与个性。

二、本文多次运用衬托的手法来表现"牡丹的拒绝"。如：作者反复交代看花人的多，看花人对牡丹的期待等。阅读文章，具体说说哪些地方运用了衬托手法，有什么作用。

三、本文在叙述看花人时，多次出现第二人称"你"，选择文章的一段文字改为第一人称或者第三人称来叙述，比较不同的叙述人称在表达效果上的差异。

四、本文的许多段落都很短小，这样的行文方式在阅读上有什么效果？找一篇段落较长的文章进行比较，说说这两种段落安排的优势与不足。

五、说说下列句子所运用的修辞方法以及表达效果。

1.它美得秀韵多姿，美得雍容华贵，美得绚丽娇艳，美得惊世骇俗。

2.一丛丛半人高的牡丹枝株之上，昂然挺起千头万头硕大饱满的牡丹花苞，个个形同仙桃，却是朱唇紧闭，皓齿轻咬，薄薄的花瓣层层相裹，透出一副傲慢的冷色，绝无开花的意思。

3.一丝苍白的阳光伸出手竭力抚弄着它，它却木然呆立，无动于衷。

十九　城市的文物与文化①

冯骥才②

学习提示

本文是作者访问法国时所写的一篇文化考察随笔。文章通过细致描写巴黎老街老屋的独特风貌及深埋在其斑驳外表下的浓厚的历史感,深深地体悟出城市建筑的文化内涵,从而提出保护城市文化的思考。回顾巴黎人走过的保存城市古老文化之路,作者在赞美巴黎人不懈的努力与自豪之余,流露出对中国文物与文化保护工作现状的忧虑。

文章叙议结合,描写细腻,议论精辟,想象丰富,语言优美,富有哲理和审美情趣。

有一种说法:到美国去看新的,到欧洲去看老的;还有一种类似的说法:在美国想未来的事,在欧洲想历史的事。如果世上的任何道理,都是在讲事物一个侧面,我看上边的说法没错。欧洲的名城全都浓浓而优美地充满着历史感。尤其是雅典、罗马与巴黎。

---

① 本文选自 2000 年 6 月 12 日香港《大公报》。
② 冯骥才(1942～),当代著名作家、民间文艺家。其小说多以清末民间传说为题材,思考中国传统文化的现代化问题。近年来,冯骥才致力于城市保护和民间文化遗产抢救上,完成从文艺家向"社会活动家"的角色转换,被称为"民间文化的守望者和保护者"。

巴黎的历史感,并不仅仅来自于埃菲尔铁塔①、凯旋门②、卢浮宫③和圣母院④。那是旅游者眼里的历史,或只是历史的几个耀眼的顶级的象征。巴黎真正的历史感是在城中随处可见的那一片片风光依旧的老街老屋之中。

在这里,墙壁差不多全老化了,斑驳、脱落、生苔,并被大片簇密又婆娑的常青藤覆盖;阳台上美丽的铁栏大多锈红;铺在地上的方形石块也已经磨圆,走在上边更像大鹅卵石;那些石头台阶仿佛睡了一夜的枕头那样,中间部分生生地被踩得凹陷下去;又窄又弯的街巷,很少阳光通明,而总是被斜射下来的光束切割得一段明媚而灿烂,一段塞满黑黑的阴影。可就在这阴影里,常常会埋伏着一家老店,是面包店、酒店、鞋店还是书店?咖啡店总是香味四溢,店铺门上书写的年号只有在历史书上才能找到。至于店里陈设的瓷盘、画片和早年的遗物等等,就是这家老店独有的迷人的见证了。

不要只用旅游者的眼睛去看,找一位这街上的老人聊一聊,也许他会告诉你毕加索⑤曾经常和谁在这里见面;莫泊桑⑥坐过哪一张椅子;哪一盏灯传说来自凡尔赛宫⑦或爱丽舍宫⑧。当然最生动的还是那些细节奇特的古老的故事。这时,你会忽然明白,巴黎那浩大而深厚的文化,正是沉淀在这老街老巷——这一片片昔日的空间里;而且他们不像博物馆的陈列品那样确凿而冰冷,在这里一切都是有血有肉,活喷喷的,生动又真实,而且永远也甭想弄清它的底细。如果这些老街老巷老楼老屋拆了,活生生的历史必然会失散、飘落、无迹可寻。损失也就无法弥补!

从城市保护的角度看,文物与文化不是一个概念。

文物是指名胜古迹。它们多是历史上皇家与宗教遗产中的精华,显示着一个城市文化创造的极致。自然是首要保护的。

文化的内容却广泛得多,更多的表现在大片大片的民居中。它是城市整个生活文化的载体,也是城市真正的独特性之所在。就好比北京的城市文化特征不是在故宫,而是在胡同和四合院里。但要保护起来并非易事。

---

① 埃菲尔铁塔:一座于1889年建成位于法国巴黎战神广场上的镂空结构铁塔。其得名于设计它的桥梁工程师居斯塔夫·埃菲尔。铁塔设计新颖独特,是世界建筑史上的技术杰作,因而成为法国和巴黎的一个重要景点和突出标志。
② 凯旋门:欧洲纪念战争胜利的一种建筑。巴黎凯旋门,位于巴黎戴高乐星形广场的中央,又称星形广场凯旋门,为巴黎四大代表建筑之一。
③ 卢浮宫:世界上最古老、最大、最著名的博物馆之一。
④ 圣母院:一座位于法国巴黎市中心、西堤岛上的教堂建筑。
⑤ 毕加索(1881~1973),出生在西班牙马拉加(Malaga),现代艺术的创始人,西方现代派绘画的主要代表。
⑥ 莫泊桑,19世纪后半期法国优秀的批判现实主义作家,与契诃夫和欧·亨利并列世界三大短篇小说巨匠,对后世产生极大影响,被誉为"短篇小说之王"。代表作有《漂亮朋友》、《羊脂球》、《项链》、《我的叔叔于勒》等。
⑦ 凡尔赛宫:作为法兰西宫廷长达107年(1682~1789)。今日的凡尔赛宫已是举世闻名的游览胜地。
⑧ 爱丽舍宫:巴黎古建筑,是法国总统官邸,巴黎重要建筑之一。

记得与一位文友在电视上谈城市保护时,这位文友说:"北京比天津古老得多,也经典得多,紫禁城、天坛、雍和宫、颐和园,天津有吗?要保护首先是北京。"显然这位文友把文物与文化这两个不同意义的事物混淆了。文物之间可以划分品级,文化之间却是完全平等的。各个民族、地域、城市的文化都是自己一方水土独自的创造,都是对人类多元文化的一己贡献。失去了自己的文化,就失去了自己的个性特征,乃至一种精神。从整体文化上说,也就失去了其中一个独特的文化个性。

然而,巴黎的过去和我们今天一样,也经受过现代化的冲击。特别是五六十年代,高楼大厦要在巴黎市中心立足,成群的汽车都想在老城区内冲开宽阔的大道。老城区的街道狭窄,房子的设施陈旧,卫生条件差,供电不足,从实用的角度完全有理由拆掉和另建新楼——这些理由被房地产商们叫嚷得最凶。现在使我们为之倾倒的古老又迷人的沃日广场,在当初差不多已经被宣布了死刑。尽管法国最早的城市保护法颁布于1913年,但受保护的数万座建筑都属文物,没有民居。1943年以来的保护法规定有了进步,开始注重文物的"历史环境",名胜古迹方圆500米之内的所有民居建筑都受保护,但从民居的角度看还不过是沾了名胜古迹的光,并没有独立的民居的保护条例。这由于名胜古迹是一座座建筑,比较好保护;民居是一片片城区,而且其中是良莠掺杂,产权分散,很难规划。世界上无论哪个国家,城市保护的最大问题都不在名胜古迹而在民居方面。那么究竟是谁把巴黎这大片大片的老街原汁原味地保护下来了?

是巴黎人自己!是他们在报上写文章,办展览,成立街区的保护组织(如历史住宅协会、老房子协会等等),宣传他们的观点——这些老屋绝非仅仅是建筑,这些老街也绝非仅仅是道路,它们构成了"历史文化空间"。巴黎人的全部精神文化及其长长的根,都深深扎在这空间里。而且这空间又绝非只属于过去。在文物中历史是死的,在文化中历史却仍然活着。从深远的过去到无限的未来,它血缘相连,一脉相承,形成一种强大和进展的文化与精神。割断历史绝不是发展历史,除掉历史更不是真正地创造未来。因此,他们为保护这空间而努力数十年。如今这些观点已经成了巴黎人的共识。巴黎已经有了清晰的民居保护区和严格的保护民居的法规。特别是1964年法国建立了"文物普查委员会",对本土的文化资源进行彻底又细密的清点,具有历史文化价值的民居便进了国家文化遗产的视野之中。这些,在阿尔斯纳尔馆——巴黎城市规划展览中心的彩色图表和电视屏幕上,都会一目了然。在保护区内,老屋老街享有名胜古迹同样的待遇。即使维修老屋,也必须获得政府有关部门批准;尤其临街的老墙是大家共享的历史作品,不准损坏分毫。而这些老屋的房主们还会得到政府的经济补贴。一位巴黎人对我骄傲地说:巴黎到处是工地,但不是建新的,而是维修老的。这里的官员们为了赢得选民们的选票也要大唱保护主义的高调,取悦于选民。当保护城市文化的愿望已经成为一种自觉而顽强的民意,谁还会为巴黎的文化操心与担心?如果再去问"难道巴黎人不想舒舒服服住上现代化的大房子",岂不是可笑的么?

我思考着我们与他们的距离。

刚到巴黎的第一天,主人从机场接我们去旅馆。天色很晚,车子穿过华灯璀璨的夜巴黎,一头扎进一条漆黑的窄巷,停在一家小旅馆的门洞口。待进了店,店员不叫我们把箱子放进电梯里,因为这种60年代装配在老房子里的电梯最多能乘载两个人。我们只能提着重重的箱子沿着旋转的铁梯爬上三楼,而卧室又小又斜,其中一个墙角尖尖的大概只能立一根笤帚。可是推开卫生间的门,里边却是意外的漂亮舒适,设施十分先进。第二天醒来转转看,才明白这座旅馆考究之极,家具全部仿古。整座楼处处都陈设着古老的艺术品。推开窗是一个很小的天井,上边红瓦蓝天,四面墙爬满常青藤。此时天已深秋,叶子半绿半红,图画一般美丽。一扇扇窗子镶在其中,窗框漆着白漆。我忽然生出一种错觉——会不会哪扇窗子一开,邦斯舅舅或娜娜伸出头来?

第二天一早,我的主人来旅店见面就问我:

"这旅馆怎么样?习惯吗?"

"很美。应该是典型的巴黎吧!"我说。

我的主人听了特别高兴。而且整整一天都十分愉快。这便是巴黎人的观念,也是他们的一种情感——他们为自己生活其中的文化而骄傲。我还想听听她于此再说点什么,但一忙,没有往下说。后来我遇到一位城市保护专家,一句话把我的思考引向深入:"城市的精神重于它的使用。"

除了巴黎人,谁还会这样想?我们?

1999 年 12 月 20 日

思考与练习

一、计时速读全文,说说作者是怎样区分城市的文物与文化这两个概念的。

二、用30秒时间跳读第9、10两自然段,概括巴黎人走过的保存城市古老文化之路,说说巴黎人保护城市文化的先进观念。

三、文章开头写道"欧洲的名城全都浓浓而优美地充满着历史感",请你以巴黎为例,进行具体阐述。

四、作者在文章最后详细记叙了自己的亲身经历,说说这样写的好处。

五、你赞同作者关于文物与文化关系的论点吗?试举一些具体的例子阐述你的观点。

二十　我国古代的几种建筑①

郭黛姮②

学习提示

　　本文简要介绍了我国古代的几种建筑。这些建筑的制式有些彼此相近，如厅与堂、楼与阁、亭与轩，要说得清楚，确实不容易。作者抓住各种建筑功用、制式上的特征加以说明，给人以清晰而具体的印象：厅典雅端庄，堂严整瑰丽，楼体型不一，阁造型各异，亭形式多样，榭傍水而立，轩轻盈疏朗。

　　作者在说明每种建筑时，抓住建筑形式取决于功用这种内在联系，先说功用上的特征，再说建筑形式上的特征。文章又将制式相近的建筑安排在相邻的位置，有利于读者从比较中把握它们各自的特征。

　　阅读时，可边读边摘录出各段文字中说明建筑特征的语句，再比较一下制式相近的建筑有哪些不同处，看看每种建筑有什么特征。

　　我们祖国的建筑，具有久远的历史和独特的艺术传统。在长期的发展演变中，我国古代宅第和园林建筑，逐步形成了多种类型，它们各有特点，具有比较固定的制式。人们常常提到的有厅、堂、楼、阁、亭、榭、轩等。这里仅就这几种建筑作些简单的介绍。

---

① 选自《百科知识》1980年第8期，有改动。
② 郭黛姮(héng)，清华大学建筑学院教授、博士生导师，著名古建筑专家。"雷峰塔"改建总设计师。师从建筑史学大师梁思成先生。

厅

厅在古典园林或宅第中,多具有小型公共建筑的性质,用来会客、宴请宾客、观赏花木,需要用较大的室内空间来满足接纳众多宾客的要求,因此,在建筑群中,厅的体量往往是最大的。门、窗等装修也是最考究的。厅的造型典雅端庄,前后多置花木、叠石,使人们在里面就能够欣赏园林景色。有些厅四面都开门窗,称为"四面厅";有些厅由前后两幢长方形房屋并在一起,以增加进深,扩大室内空间,但两幢房屋的结构又常自成体系,称为"鸳鸯厅"。还有一些厅当中少用几根立柱,代之以自梁悬吊的木雕花篮,这就是江南园林或住宅中所特有的"花篮厅"。

堂

堂常常是对居住建筑群中正房的称呼。它是长者居住的地方,也常作为举行家庭重要庆典的场所。在离宫型园林中,供居住用的那一部分建筑也往往称为堂。如颐和园内光绪居住的四合院正房名为"玉澜堂",慈禧居住的四合院正房名为"乐寿堂"。一些文人、士大夫喜欢把自己宅第的正房叫做堂,如"世伦堂"、"秉礼堂"、"慎德堂"等等,以标榜其风雅和有德。堂多位于居住建筑群的中轴线上,体型严整,整修瑰丽,一般作两坡悬山、硬山屋顶,偶有用歇山顶的。室内往往用隔扇、屏门、落地罩、博古架、太师壁等分隔空间。

楼

"重屋曰楼",这是古人常说的一句话。从古代建筑实例来看,这"重"字不限于两重,二层以上的就可称之为"楼"。楼有很广泛的用途,在宋画《清明上河图》中绘有作为商业建筑的茶楼酒肆;在明、清的住宅和园林中有作为卧室、书房和观赏风景的楼,如"见山楼""明瑟楼""听橹楼"等等。古代建筑中还有许多不同于前者的楼,如汉画像石所刻的大住宅旁的"望楼",北宋在汴梁城中所建监视火警用的"望火楼",古代城防工程中的敌楼、城楼,许多古城中的钟楼、鼓楼。它们虽然很高,但多数不是"重屋",下半部有的以木构架支撑,有的是夯土台或城墙。楼的体型繁简不一,人们常见的钟楼、鼓楼、城楼是较简单的型式,历史上曾出现过体型非常复杂的楼,如宋画中的黄鹤楼。类似这样的建筑今天已不多见,仅山西省还幸存有明、清所建的万泉飞云楼和介休玄神楼,是极宝贵的遗构[①]。

[①] 遗构:古代留传下来的建筑物。

阁

阁在古代往往是对收藏贵重文献的建筑的称呼。历代的寺院中常可见到"藏经阁"这样的名字;汉代曾建有藏书的"天禄阁""石渠阁";清代乾隆皇帝为收藏四库全书专门修建类似国家图书馆性质的"内廷四阁",即北京故宫的"文渊阁",沈阳的"文溯阁",圆明园的"文源阁",承德避暑山庄的"文津阁"。这四阁的建筑型式均仿宁波私人藏书的"天一阁",做成长方形平面,两坡硬山顶,二层楼,阁的正面满开门窗,其余三面都是实墙。

阁在园林中是作观赏风景用的建筑。例如苏州拙政园的"留听阁",命名用了"留得枯荷听雨声"这句诗的意思,表明建它是为了欣赏荷花。

在一些宗教建筑群中,供奉高大佛像的多层建筑也被称为阁,如辽代建筑的河北蓟县独乐寺"观音阁",明代建筑的广西容县"真武阁",清代建筑的承德普宁寺"大乘阁"、颐和园"佛香阁"等。它们的平面有长方形、凸字形、八角形,立面造型挺拔庄重,是中国多层木构建筑的代表,其中"大乘阁"在现存木构建筑中高度居第二位(39米多),"佛香阁"高度居第三位。

亭

亭是我国园林中几乎不可缺少的建筑,无论公园、私园,大园、小园,古园、今园,都可找到亭子。在我国古典文学作品中,有许多名篇描写了亭子,至今脍炙人口。亭既是供游人在内停留小憩的得景建筑①,又是供游人自外观赏的点景建筑。例如苏州拙政园西部的"补园",本来是另一家的园子,园内小山上有一座"宜两亭",这个亭名据说寓意是"一亭宜作两家春"。登上这个亭子,就可以饱览两园春色。由于亭子是点景建筑②,人们对它们的体型推敲得更为细致,总是力求完美。匠师们依据它们所处的不同自然环境,常把它们的平面设计成三角、四面、六边、八边、扇面、圆形、梅花等不同的形式,供人们欣赏。

榭

东汉末年刘熙著的分科词典《释名》中说:"榭者,藉也;藉景而成者也。"这个解释点明了榭的含义。榭也属于园林中的得景建筑。它的突出特点是建在水边,往往从岸上延伸到水上。榭多是长方形或近于方形的单层建筑,结构轻巧,立面开敞,常用歇山屋顶。跨水部分由立在水中的石构梁柱支撑,临水的

---

① 得景建筑:在风景区中便于游人饱览到最优美景色的建筑。
② 点景建筑:在自然风景区经过人为的设计而起美化作用可以成为风景点的建筑。

一面多不设门窗,而置带弓形靠背的坐凳栏杆,供人凭栏而坐。典型的实例如苏州拙政园的"芙蓉榭",网师园的"濯缨水阁",颐和园里谐趣园的"饮绿""洗秋"等都是。

轩

轩是古典园林中观赏性的小建筑,也是起点景作用的,但在轩中往往陈放简单家具,供人们饮茶、下棋、鉴赏书画使用,这是和亭不同的地方。轩可以露在水边,也可以隐于半山,建筑布局较为自由,风格也多轻盈疏朗。网师园的"竹外一枝轩"和颐和园的"写秋轩",代表了私家园林和皇家园林中轩的不同形式。

轩还是江南民间厅、堂等建筑中天花板装修的名称。这是一种以弧面向上凸起的天花板,表面显露出一条条假椽,可以在两排纵列的柱子间形成一个单元。一座厅内如在进深方向设五列柱子,则可出现四个单元,称为"四轩"。假椽弯曲的曲线形式不同,又有不同的名称,如弓形轩、菱角轩、鹤胫轩等。

上述几种建筑,从它们的用途与建筑形式看,有些是彼此相近的,例如厅与堂,楼与阁,亭与轩。因此有些园林建筑往往把名称搞混,如拙政园的主厅被称为"堂",有些私人的藏书建筑,往往被称为藏书楼。也有些建筑则由于文人士大夫随意题名,把厅、堂类型的建筑称为轩、馆,如苏州留园的"五峰仙馆""林泉耆硕馆",怡园的"藕香榭",网师园的"小山丛桂轩"等,实际上都属厅一类的建筑。这种称呼往往使人们不易把握厅、堂、楼、阁的确切含义。

今天,对建筑的称呼,有的还保留着传统的含义,有的随着时代的变迁,含义已经发生了变化,如人民大会堂的"堂"就跟乐寿堂的"堂"大不相同了。

思考与练习

一、给划线字词注音并注意其写法。

宴请(　　)　　伦(　　)　　重屋(　　)　　脍炙人口(　　)
濯缨水阁(　　)　胫(　　)　　耆(　　)　　椽(　　)

二、解释下列词语。

1.酒肆:_____

2.脍炙人口:_____

3.小憩:_____

4.典型:_____

三、体会下列句中划线词语的准确性。

1.我国古代宅第和园林建筑,<u>逐步</u>形成了许多各有特点的、有<u>比较</u>固定制式的类型。

2.在建筑群中,厅的<u>体量</u>往往是最大的。

3.榭<u>也</u>属于园林中的得景建筑。它的<u>突出</u>特点是建在水边。

四、阅读下列文字,回答问题。

  阁在古代<u>往往</u>是对收藏贵重文献的建筑的称呼。历代的寺院中常可见到"藏经阁"这样的名字;汉代曾建有藏书的"天禄阁""石渠阁";清代乾隆皇帝为收藏四库全书专门修建类似国家图书馆性质的"内廷四阁",即北京故宫的"文渊阁",沈阳的"文溯阁",圆明园的"文源阁",承德避暑山庄的"文津阁"。这四阁的建筑型式均仿宁波私人藏书的"天一阁",做成长方形平面,两坡硬山顶,二层楼,阁的正面满开门窗,其余三面都是实墙。

  阁在园林中是作观赏风景用的建筑。例如苏州拙政园的"留听阁",命名用了"留得枯荷听雨声"这句诗的意思,表明建它是为了欣赏荷花。

  在一些宗教建筑群中,供奉高大佛像的多层建筑也被称为阁,如辽代建筑的河北蓟县独乐寺"观音阁",明代建筑的广西容县"真武阁",清代建筑的承德普宁寺"大乘阁"、颐和园"佛香阁"等。它们的平面有长方形、凸字形、八角形,立面造型挺拔庄重,是中国多层木构建筑的代表,其中"大乘阁"在<u>现存</u>木构建筑中高度居第二位(39米多),"佛香阁"高度居第三位。

1.你认为文中划线词能否删去,为什么?

2.这段文字运用了哪些说明方法?

3.介绍宗教建筑中的阁时举了三个例子,三个例子的列举顺序能不能更改?为什么?

4.这段说明列举了大量充满书香味或宗教气息的阁名,你觉得这样产生了什么效果?

五、阅读课文,按要求填写表格。

建筑	功用特征	制式特征	说明方法
厅			
堂			
楼			
阁			
亭			
榭			
轩			

应用写作一 新 闻

>> **范例**

"神五"载人航天飞行新闻两篇

一、心随飞翔
——中国首次载人航天飞行北京航天指挥控制中心现场目击

2003年10月15日,北京时间上午9时。

一个将永远载入史册的时刻!

历史将在这里定格——中国首次载人航天飞行任务正式实施。

这一刻,我们期待得太久太久;

这一刻,我们激动的心狂跳不停!

凌晨4点,记者驱车走进了中国北京航天城。这里是中国载人飞船的飞行指挥控制中心,也是中国载人航天测控的神经中枢。它担负着中国载人航天工程试验任务的指挥调度、信息交换、监控显示、分析计算和飞行控制等任务。

宽敞、明亮的现代化航天指挥控制中心大厅里,最引人注目的是四块巨幅液晶屏幕,上面显示着从我国西北大漠载人航天发射场传来的壮观画面:高大的发射塔架拥抱着乳白色的巨型运载火箭,火箭上端承载着中国航天的新生代——"神舟"五号飞船。

大屏幕上还清晰地标示着不断变化的北京时间、任务时间和飞行时间,排成五个阵势的数百台终端机上不断地跳跃着各种飞行控制理论参数。大厅里的各测控站(船)洪亮、清晰的报告声此伏彼起,发射前的各项准备工作正在紧张有序地进行。

指挥控制台上,指挥决策者、工程技术专家正密切关注着发射前的各种状态。据北京航天指挥控制中心的同志介绍,在今天参试阵容中,绝大部分是近几年毕业的博士、硕士和学士,他们的平均年龄在三十岁左右。

时间正一秒一秒地向前推移,我们的心也随之怦怦直跳……

8时59分,飞船发射进入一分钟读秒。指挥控制中心大厅里的气氛非常紧张。

"10、9、8、7、6……"扬声器里传来最后的读秒。

"点火!"

"起飞!"

巨型运载火箭喷射出一团橘红色的烈焰,托举着"神舟"五号载人飞船拔地而起,直刺苍穹。

这一刻,我们的心也随之飞翔!

这一刻,所有的语言是那样苍白!

喜悦与胜利的泪水夺眶而出!

就在飞船进入苍穹的瞬间,描绘我国西北地区版图和火箭飞行理论曲线的大屏幕上随即闪现一个小小的红色亮点,标示着船箭实际飞行的曲线也在缓缓地向前延伸——

"发现目标!"

"跟踪正常!"

来自地面测控站和远望号测量船的测控数据源源不断地汇集到指挥控制中心。

记者从大屏幕显示的画面上看到:火箭正常起飞后,位于火箭顶部的逃逸塔和船箭正常分离。

9时03分,整流罩正常分离。

此刻,位于指挥控制中心大厅后侧的计算机终端机房内,科技人员正全神贯注地收集从各测控站发来的数据,紧张地进行飞船遥测数据处理,密切监视着船箭的飞行状态,适时对飞船发出控指令。

发射后约10分钟,大厅里传来航天员杨利伟清晰的报告声:"船箭正常分离!"

此时,担任这次飞行实验任务总调度的申敬松果断地下达了帆板展开的口令。从"神舟"一号飞船首次飞行试验任务开始,今年才29岁的他已是第五次坐在这个关键岗位上。随即,遥控机房内年龄不足30岁的欧余军用鼠标迅速地点击了发令键,向飞船发出了入轨指令,这是北京航天指挥控制中心采用透明控制方式向"神舟"五号飞船发送的第一个极其关键的指令。从这里发出的指令,1秒钟就可以到达飞船。

少顷,大厅里就传来航天员的报告声:"帆板已经展开!"

与此同时,在计算机房内,科技人员一个个正目不转睛地监视、处理这计算机显示屏上一组组流动的数字,手指飞速敲击着键盘,计算着飞船实时轨道。船箭分离8分钟时,轨道专家组综合技术人员的计算结果进行了轨道根数选优,得出了飞船入轨参数。

9时20分,"神舟"五号飞船准确进入预定轨道。顿时,大厅里掌声雷鸣。

9时25分,指挥控制中心大厅的技术人员再次与杨利伟进行沟通:

"'神舟'五号,我是北京,下面由医监医生与你通话。"

"'神舟'五号明白!"

"'神舟'五号,我是医监医生。地面观察你的状态很好,你自我感觉如何?"

"感觉良好,完毕!"

此时,大厅大屏幕蔚蓝色的背景上,相互交织而又排列有序的飞船飞行曲线,犹如一幅色彩斑斓的优美画卷,真实而又形象地展现在人们面前。在北京航天指挥控制中心技术人员的精心指挥和准确控制下,"神舟"五号飞船仿若矫健的雄鹰,在太空中尽情地飞翔……

(王光荣)

二、英雄潇洒走苍穹(节选)

2003年10月15日这一天,成就了一个古老民族的飞天梦想,也书写了一名青年军人的特殊光荣。杨利伟是我们这个时代的飞天第一人,是当今青年人真正的偶像。

"神舟"五号飞船起飞9分多钟后,进入地球椭圆轨道。杨利伟立刻处于失重状态。他产生了错觉,身体仿佛倒了过来,全身感觉很难受。他意识到,这样时间长了,会导致"空间运动病",给执行任务带来可怕的后果。于是,他调动自己的意志力,克服着失重带来的不适,强迫自己设想是在模拟器上静坐……几分钟后,他的状态恢复了正常。

这不是一个简单的经历,杨利伟回忆时用了三句话:"很难受,很要劲,很耗体力。"

有资料记载,世界上50%的航天员都在太空发生过"空间运动病"。这种病严重时会使人产生头晕、目眩、呕吐等症状。杨利伟是单人执行任务,如果发生"空间运动病",后果将不堪设想。教练黄伟芬说:"杨利伟完全是凭着顽强的意志战胜困难的。"

坚如磐石的意志,也是练出来的。

杨利伟平时看了不少俄罗斯和美国有关"空间运动"的资料,早就有意识地在训练中加强了这方面的自我锻炼。一天,妻子回家时发现杨利伟一个人在客厅里不停地转圆圈,惊讶地问:"你这是在干什么?"他说:"过两天我们就要进行转椅训练考核了,我先刺激刺激自己。"每次做转椅训练时,他做的时间最长,别人做5到8分钟,他却做15分钟,头也摆到最大幅度。一位对航天员训练要求非常严格的老专家曾自豪地说:"杨利伟在转椅训练上成绩最出色,他是我最得意的学生。"

人生活在地球上,已习惯了地球对自己的吸引力。超重和失重的感觉,只能够想象。而杨利伟在地面上就必须先熬过离心机训练这一关。

坐进一个由8米多长铁臂夹着的圆筒里,以100千米的时速旋转。旋转中,不仅要练习紧张腹肌和鼓腹呼吸等抗负荷动作,而且还要随时回答问题,判读信号,保持敏捷的判断反应能力。每次训练要做8个G(8倍于地球引力)的负载,持续时间40秒。"那真是一秒一秒地熬,脸变形,眼泪不自觉地往下流。"杨利伟说。

刚开始训练时,杨利伟的心率是每分钟140多次,经过训练,降到110次,并且在高负载的情况下,他不用很大的力量去对抗,还能观察别的东西。离心机里的面板上有3个灯,其中的警灯是坚持不住的时候按的,杨利伟从来没有按过。

"喜欢的东西,你不能去做;不喜欢的东西,你必须要做,还要常年坚持。这确实是一件非常考验人的事情。"战友翟志刚尤其佩服杨利伟这点。

水上应急训练对有些人可能是很轻松的事情,但对杨利伟来说并不轻松,因为杨利伟每次跳水时都要呛水,半天缓不过劲来。但不管怎样,他都按照教练的要求去做,每次都把自己呛得后脑勺疼。

杨利伟是一个喜欢吃肉的人,但为了控制体重,他从不多吃。晚上饿了,也没自己加过餐。"要保持训练,你不得不坚持这样做,尽管是件很痛苦的事情。"杨利伟对记者说。

10月16日,杨利伟乘坐飞船环绕地球14圈后返回地面。在穿越"黑障"时,他与地面失去了联系,飞船在急速下降,外面是烧灼的火苗,通红一片,过载达到10个G,噪音冲击有160多分贝。通常情况下,这很容易造成人呼吸极度困难或停止,意志丧失,"黑视",甚至直接影响生命。杨利伟努力调整着自己的呼吸和力量,同超重对抗。两分多钟后,飞船冲出黑障区,向着陆场奔去。

杨利伟战胜了艰险,也战胜了自己。

接受记者采访的间隙,我们邀请杨利伟给大家唱一首歌。杨利伟爽快地答应了:"我们是中国的航天员,驾驶着神舟号宇宙飞船。在太空漫步,在宇宙探险……"

我们期待着这昂扬的旋律能够陪伴杨利伟和他的战友们,再上"神舟",遨游太空。

(冯春梅　刘程)

简评

《心随飞翔》是写事件的消息,《英雄潇洒走苍穹》(节选)是写人物的通讯。两者都有相似之处,都涉及我国第一个航天人杨利伟和有关杨利伟的太空生活情况。不同在于:《心随飞翔》主要是报道发射事件本身,杨利伟是组成这一事件的信息之一。由于强调"快"和"短",写作视角较为宏观,侧重报道事件发生的进程和社会反响;《英雄潇洒走苍穹》(节选)是以航天英雄杨利伟为报道重心,用较长的时间和篇幅,比较全面地报道杨利伟在"潇洒走苍穹"之前如何备战,在遨游太空之时如何战胜困难的事迹,突出杨利伟作为新时代偶像的精神品质和崭新风貌。

写作指导

一、新闻的概述

(一)新闻的概念

新闻有广义和狭义两种涵义。广义的新闻指报刊的新闻栏目里,广播电视的新闻时间里经常使用的一大类文章体裁,包括消息、通讯、特写等。狭义的新闻就是指消息(本节主要认识狭义上的新闻)。

(二)消息的特性(写作原则)

新闻要求用事实说话,篇幅短小,其特性为:

(1)真实性:即所写为真人、真事、真情况。

(2)时效性:即要求报道迅速、及时。

(3)社会性:即要求反映社会生活,影响社会。

简而言之,新闻要求新、真、快、短。

(三)消息的要素

新闻的表达方式主要是记叙,所以,少不了以下几个要素:

即事情发生的时间、地点、涉及的人物,事情的发生、发展、结局等过程以及事情产生的影响。用英语概括为五个 W 一个 H,即何时(WHEN)何地(WHERE)何人(WHO)何事(WHAT)何故(WHY)以及如何(HOW)。

(四)消息的种类

消息的种类较多,按不同的标准可划分成若干种类。

按篇幅长短分为长消息、短消息、简讯、一句话新闻、标题新闻等;按报道对象分为事件性消息、人物消息、会议消息等;按报道内容有工业消息、农业消息、文教消息、体育消息等。比较通用的划分,是将其分为动态消息、综合消息、人物消息、述评消息等。以下分别予以介绍:

(1)动态消息:它是对国内外新近发生的事件和社会生活中的新情况、新动向、新成就的报道。这类消息多用动态的事实说话,寓理于事;报道出手快,争分夺秒;文字简洁,篇幅短小,信息量大。

(2)综合消息:它不是对某一单独事件的报道,而是报道带有全局性的情况、动向、成就、问题。它纵览全局,报道面较广,声势浩大,能给人以较为完整的印象。其内容点面结合,写法上往往是由一个新近发生的事实为契机,由此以点带面,报道这一类的情况。

(3)人物消息:它是以新闻的形式报道新闻人物,反映某个特定人物的思想和事迹的新闻体裁。侧重于报道新闻人物在新近做了什么,完成了什么,发明创造了什么,它要通过具体事实的叙述和描写,以事显人。

(4)述评消息:它是消息中较为特别的一种。它在"以事实说话"的客观化报道的基础上,采用边述边评、夹叙夹议的方式来报道和评说新闻事实。

二、消息的写作格式

消息的体式通常包括标题、导语、正文、倒金字塔式结构和背景材料的穿插。

(一)标题

新闻的标题是全文的眉目,点明意义,吸引读者。

标题应准确地概括和点出主题,不能题文不符;要有鲜明的个性,避免一般化、共性化;要生动形象,引人入胜,可以运用借代、对偶、排比等修辞手法。应该说,消息的标题比任何文章的标题都更能传情达意,一目了然。

消息标题有主题(正题)、引题(眉题)、副题(次题)三种。

(1)主题概括与说明主要事实和思想内容。

(2)引题揭示消息的思想意义或交代背景,说明原因,烘托气氛。

(3)副题提示报道的事实结果,或作内容提要。

(二)导语

导语指一篇消息的第一自然段或第一句话。导语一般是用简明生动的语言点明新闻中最主要、最新鲜的事实,揭示全篇的中心思想。一般来说,导语要求具备新闻的"五要素"或"六要素"。

导语的基本要求可以归结为下列两点。第一要抓住新闻事实中最核心、最本质的东西,使读者读完导语即可略知整篇新闻的内容,起到提要、提示的作用;第二要用一切办法吸引读者的眼球,引导读者尽可能读下去。

要做到第一条,必须具备训练有素的分析能力;要做到第二条,则要有写作技巧。

(1)导语写作中的思维过程,通常是以作者的自问自答开始的。

①什么事情是已经发生的事件中最重要的?

②什么人参加进去了? ——谁干的或谁讲的?

③是用直接性导语,还是用延缓性导语?

④有没有什么吸引人的词汇或生动形象的短语要写进导语中?

⑤主题是什么?什么样的动词能最有效地吸引读者?

以上五个问题中,第三个问题涉及导语的类型。导语有两种类型。一类是直接性导语,直接写出事实的核心的导语。多是陈述性的像速记一样地反映事实。另一类是延缓性导语,多用于"软"消息,即所报道的不是正在发展中的、变化中的或突发性的事件。它通常用来设置一种现场或创造某种气氛,多是解释性、说明性的。

(2)导语的形式主要有下列几种。

①叙述式。用摘录或综合的方法把消息中最鲜艳、最主要的事实简明扼要地写出来。

②描写式。对消息的主要事实或某一侧面作简洁朴素而又有特色的描写,以酿成气氛。

③提问式。先揭露矛盾,鲜明地、尖锐地提出问题,再作简要的回答,引起读者的关注和思考。

④结论式。把结论写在开头,提示报道某一事物的意义或目的或总结。

⑤号召式。提出号召,给读者指出方向和奋斗目标。

另外还有摘要式、评论式、综合式、解释式等。

(三)主体

主体是消息的主干部分。它紧接导语之后,对导语作具体全面的阐述,具体展开事实或进一步突出中心,从而写出导语所概括的内容,表现全篇消息的主题思想。应按"时间顺序"或"逻辑顺序"写作,但仍然要先写主要的,再写次要的。

主体的正文和导语常呈倒金字塔式结构。倒金字塔式结构,是指按消息内容的重要性安排材料,即把最重要的事实(新闻的高潮或结局、结果)放在最前面,把次要的材料放在第二段,更次要的和不重要的材料依次排列在第三、第四段,直至结尾。

也有的把主体的正文安排成横向式结构。横向式结构,即在导语之后,作者根据对事实的正确分析所得到的认识,横向叙述事实的来龙去脉和分头展现事实的环境和条件、原因和结果。这种横向式结构的新闻内容一般比较重要,且具有相当强的指导性,篇幅一般较长,要求作者对客观事实有较全面的了解,有较强的写作能力,能够敏锐地把握事实和正确驾驭主题。

(四)背景

背景指记者所报道的新闻事实的历史条件、环境条件,以及其他与新闻事实有关的外部联系。正文之中除了具体展开导语提示的新闻事实以外还有背景材料的穿插。背景材料的穿插实际上是介绍新闻事实的来龙去脉、发展过程。

背景有哪些作用?

(1)说明新闻事件的起因。

(2)显示或帮助读者理解新闻事件的重要性。

(3)突出新闻稿件的新闻价值。

(4)表明记者的观点。记者是不准在新闻中发表议论的,但是,谁也无法禁止记者通过写新闻来表达自己的立场和看法。纯客观的报道是不存在的。

背景的类型常见的有三种:对比性的,说明性的,注释性的。有的新闻学则将背景分为四种,即人物背景、地理背景、历史背景和事物背景。

(五)结尾

消息的结尾有小结式、启发式、号召式、分析式、展望式等。这些结尾写作与一般记叙文结尾的写作并没有大的不同。

三、消息写作的注意事项

(一)客观公正

客观、公正是消息写作的一个重要态度,即不带主观偏见,实事求是,力求真实。既要看到事物的过去,也要看到事物的将来;既要看到有利条件,也要看到困难。

(二)立场鲜明

所谓立场,是一个人的世界观和方法论,受其社会阶级地位、文化教育程度、思想道德品质等方面的影响,有一定的稳定性,但也不是不可以改变的。

(三)要让事实说话

让事实说话是由新闻本身的特点所决定的,对消息来说尤其如此。消息写作最好是客观记录,不发议论或少发议论,让读者从事实的叙述中自然而然地得出结论。

(四)短小精悍

消息要求简短、精辟,要尽量快地报道出去,传播开来。

写作练习

一、下面这几则导语属于哪一类导语?

1. 湖南省石门乡有件稀奇事,园艺场的"瞎老倌"吴立盛连续5年坚持订报,竟然从一个五保户变成了小康户。

2. ××这个几百万人口的大城市,每天要产生2700多吨垃圾,但街道却保持着常年整洁。这样大量的垃圾是怎样处理的?

3. 春运期间,某地出现借代购火车票之机行骗事件。

二、假设你是校园记者,采集新近开展工作、举行活动的信息并撰写一则消息,向《学生月报》等刊物或广播站投稿。

口语交际四 采 访

表达指导

采访,是一项社会交往活动。在采访活动中,既能锻炼听说能力,提高思维能力,又能培养社交能力。

通过学习,我们要明确采访的意义,学会一定的采访技巧。在实践中运用和巩固所学到的知识,切实提高自己的能力。

一、采访的意义

采访,是采集和访问,一般多用于新闻报道。我们学习采访,是以我们的需求为出发点的。今后我们都将踏上社会,必须在社会活动中进行信息交流和联系,这也就是社会交际。社会交际成功,事业才能顺达。因此,学习采访的知识,训练采访的技能,主要是为了培养和提高交际能力。

二、采访中的提问

一次完整的采访应该包括四个基本环节:确定采访的选题;做好采访准备;进行访问采集;写出采访报道。

要想采访成功,最主要的是善于提问。采访中的提问要注意以下几点:

(一)问得关键

这是指提问的内容要问到点子上。

六届人大会议上,第一次来大陆采访的香港记者,向国家领导人提出了这样一个问题:香港的主权收回后,要不要在香港驻军?这就是一个要害问题。小平同志在接见港澳代表时特别指出,驻军是主权的象征。——港澳记者问得关键。

(二)问得自然

这是提问的态度和气氛问题。在个别交谈的时候,采访者的提问应该自然而然地在谈话过程中提出,不要采取生硬的"审问"方式。

(三)问得简明

这是提问的表达形式问题。采访的时候,你应该简练地告诉对方,你想了解什么。如果提问过于啰嗦,对方就会不耐烦。而且,有些场合,采访只能见缝插针地进行,问题过长,就插不进去了。

有一次邓小平同志接见日本外宾,接见完毕,送客人出门。日本记者就利用这个极短暂的空隙,走过去,向小平同志提出很简短的问题:"听说您要辞去副总理职务,是吗?"小平同志答:"有这个打算,但是要有正式手续,经中央批准。"日本记者据此写了独家新闻。

(四)问得合适

这是指向采访对象提出那些只有问他才最合适的问题。这是在采访对象之间"合理分配"问题。也就是说,该问甲的,不要问乙;该问乙的,不要问丙。

一位外国记者曾经说过:"大约有百分之九十九的新闻是部分或全部以提问——也就是向人提问题为基础写成的。"

可见,在采访过程中,提问是十分重要的。

三、提问的技巧

采访的提问技巧是一种艺术。如何提问,是有一定的技巧可以掌握的。

(一)提问的目的要明确

采访提问的目的一定要十分明确,同时要设法与采访对象沟通,使对方了解你的采访目的和要求,以适应采访时的谈话。同时要根据不同采访对象的具体情况,如文化程度、性格特点、接受能力等来设计采访提问。

第十一届亚运会开幕前夕,点燃圣火的西藏少女达旺央宗是众多记者采访的新闻人物,他们的目的就是要了解她的情况。不少记者考虑到达旺央宗来自西藏,年龄较小,性格较腼腆,汉语程度不高,所以提问尽量从她身边熟悉的事谈起,如学校、家庭等,采访往往比较成功,稿子写出来让人感到亲切朴实。如果采访的目的定在要达旺央宗谈谈对亚运会的全面认识,那么,采访也许就会一无所获了。

(二)提问的内容要具体

采访的提问可由一般到具体,一步一步、一层一层地向深处了解,直到收集到理想的材料为止。一般来说,问题越具体,对方就越容易回答,获得的信息也就越有价值。

郭沫若早在1938年就曾对采访他的记者说:"最主要的不是把问题提得太大。"像郭老这样的人物都提出这样的要求,何况一般的采访对象呢?

1977年,美国新闻学教授阿伦森在中国社会科学院讲学,有一次他讲完后让大家提问,当时有人就问:"你认为如何解决美国当前存在的许多问题?"因为问题提得太大了,他只有幽默地说:"啊,要是我知道解决的办法,我想我应该马上回国参加竞选了。可惜我不知道。当然,我很可能提出以社会主义作为解决的办法。"

可见,问题不能太空、太大。要善于把自己的大问题变小,变成一个问题串。由看得见、摸得着的具体问题一步步深入,由一系列的小问题,合起来反映出一个大问题。

(三)创设随机提问的语境

整个采访提问的过程是一个积极思考的过程:先问什么?再问什么?对方对这个问题会不会敏感?如何打消对方的顾虑?这是不是有价值的材料?要不要追问下去?假如对方拒绝回答这个问题怎么办?……采访者既要谈笑风生,表现得应对自如,又要不断地开动脑筋,思考和整理各种问题。

在采访时,要善于发现事物的疑问点。提问不仅是口才的问题,更主要的还是思维能力问题,是你对事物存在的疑问点是否敏感的问题。

一位记者采访著名的"白衣天使"林巧稚,发现了她生活道路上的疑问点:她很爱孩子,可是为什么没有结婚,自己不要孩子?记者就把这个问题向林巧稚提出,引出了她对自己新中国成立前生活道路的追述。记者了解到,她年轻的时候,在旧中国一家洋人开办的医院工作,在那种条件下,竞争是很激烈的,为了事业,生活上不得不做出了这样的牺牲。于是记者就从中了解了旧中国知识分子的坎坷道路。

总之,采访提问是一门谈话的艺术,它需要思想,需要才识,需要灵敏,更需要对人的尊重。

(四)运用灵活的提问方式

在采访时,一般可运用两种提问方式。一种是提开放式问题,一种是提闭合式问题。

例如,"您到中国来访问有什么感想?"这就是开放式问题。对方回答自由,回旋余地很大。他可以讲上两个小时,滔滔不绝谈自己的感想;也可以用"留下美好记忆"一句应酬的话,结束他的回答。

而"您喜欢北京吗?"这就是闭合式问题。对方只能回答"喜欢"或"不喜欢",一定要具体地回答,不易回避。

开放式问题一般较缓和、自然,适于创造和谐的气氛,但是容易使谈话松散、空泛;闭合式问题一般较尖锐、紧凑,适于深挖某些问题,肯定或否定某些事实或看法,但是使用起来不容易,弄不好会破坏轻松的气氛。

采访中,一般提开放式问题较多,闭合式问题不宜提得太多。要把两者巧妙地结合在一起,灵活地加以运用,使采访的提问更活泼、更有效。

借鉴实例

姚明2002年被美国休斯顿火箭队挑中,成为NBA的首位外籍新秀状元。几年来,他在NBA取得了巨大的成功,成了闻名世界的球星和全世界球迷心中的偶像。姚明在场上与对手比拼,场下还要与记者过招。场上,他挥洒自如;场下,他谈笑风生,用如珠妙语应对记者。姚明与记者曾经有这样6组问答:

第一组:

记者:最伟大的球员总是努力提高他们的技术,你想提高什么技术?

姚明：我想学会各种技术，以便更好地帮助球队，任何能更好地帮助球队的技术我都要学习。

第二组：

记者：你认为自己职业生涯的顶峰何时到来？

姚明：我也不知道自己何时会到达顶峰。对我来说，我并不希望顶峰到来，因为到达了顶峰就预示着要走下坡路了。我希望每年都有长进和提高。

第三组：

记者：中国队赢球是不是靠运气？

姚明肯定地说道：靠运气、勇气、实力加信心！

第四组：

记者：在NBA，你最喜欢看哪个球员打球，为什么？

姚明：这个世界每天都很精彩。就像你吃饭不能天天只盯着肉一样，要每样东西都吃一点。打篮球也一样，从欣赏的角度说，看哪种类型的球员打球对我来说都是一种享受。

第五组：

记者：现在好像有个定律，只要你打满40分钟，中国队就能赢球，你怎么看这个现象？

姚明：（沉思）怎么说呢，原来上海队李秋平教练用我，上海媒体就问，不用姚明，上海队怎么办？李教练当时就回答："我有姚明为什么不用？"打个比方说吧，你手里有一挺机关枪，为什么还要拿一把笤帚或者红缨枪去战斗？

第六组：

记者：当王仁鹏投中压哨三分后，你第一个冲上去抱住了他，王仁鹏说，你差点把他撞了个跟头，现在想起来，你当时的兴奋之情是不是已经无法控制了？

姚明：我不知道这样的比喻确不确切，当时就好比一个病人得知自己已经到了癌症晚期了，但医生突然跑来告诉他这是误诊，当时的心情应该就是这样。

> 简评

　　姚明往往是在没有准备的情况下接受采访的，但他总能侃侃而谈，有时尽情袒露心怀，好像是一个透明的大男孩；有时又言简意赅，宛如一个充满哲思的智者。他的答问，简练精辟，三言两语中体现着思想的深度，让人回味无穷。姚明在答问时还经常用到比喻，有时很难说得清的问题被他一个随口的比喻说得清清楚楚。他的比喻，雅俗共赏，朴实中藏着精明，通俗中透着雅致，有一种四两拨千斤的巧劲。以上六组问答，前三组富含哲理，简洁深刻，后三组善用比喻，巧妙生动。在这六组问答中，我们还能时时感受到姚明谦逊的人品和巧于回避的机智。

思考与练习

一、怎样理解"采访中的提问是一种艺术"？

二、提问的方式有哪些？举例说明它们的区别。

三、选择你最崇拜的一位科学家或艺术家，假设他将要到你的学校来访问，你被派去接待并采访他。你可先到图书馆收集一下有关这位专家的材料，然后，拟一份采访提纲。

四、结合你所学的专业，在老师的指导下，进行一次与专业相结合的模拟采访。

五、采访你的某一位同学（或老师），然后写一篇报道。

语文实践活动四　新闻发布会

一、活动主题

"时尚与健康"新闻发布会

二、活动目的和要求

1.进一步推进各专业的实践教学，培养学生综合运用所学知识的能力。

2.丰富学生的第二课堂，加强校园文化建设。

3.激发学生学习的兴趣，掌握查找资料、引用资料的方法，能从相关的报刊、书籍、网站或其他媒体中获取所需要的资料。

4.培养学生的口语交际能力及谈判能力。

三、活动内容及步骤

1.确定新闻发布会日期、地点、新闻点等。注意事项：与希望发布事件日期相配合，促进自身对外宣传，挖掘新闻点，制造新闻效应，注意避免与重大新闻事件撞车。该步骤应在正式新闻发布会前20天完成，最迟15天，并在邀请函发布前预订会场，否则会影响下一步工作。

2.确定组织者与参与人员，拟订详细邀请名单、会议议程、时间表、发布会现场布置方案等。注意事项：该步骤主要由主办者提出要求，承办者具体负责。

3.按照邀请名单，分工合作发送邀请函和请柬，回收确认信息，制定参会详细名单，以便下一步安排。注意事项：该步骤一定要计划周密，由专人负责，适当放大邀请名单，并预备备用方案，确保新闻发布会参与人的数量和质量。

4.购买礼品，选聘主持人、礼仪人员和接待人员，并进行培训和预演。设计背板，布置会场，充分考虑每一个细节，比如音响和放映设备、领导的发言稿、新闻通稿、现场的音乐选择、会议间隙时间的余兴安排等。

5. 正式发布会开始前一到两个小时检查一切准备工作是否就绪,将会议议程精确到分钟,并制定意外情况补救措施。

6. 按计划开始发布会。发布会程序通常为来宾签到、贵宾接待、主持人宣布发布会开始和会议议程、按会议议程进行。

7. 评测新闻发布会效果,收集反馈信息,总结经验。

附:

一、主办单位:201001班全体同学

二、发布主题:健康小站"时尚与健康"饮品新闻发布会

三、发布时间、地点

(1)新闻发布会时间:2010年12月20日下午16:30

(2)发布地点:综合楼多媒体教室1

四、组织工作:由宣传部、后勤接待组负责,负责来宾签到、贵宾接待、材料分发、会后安排讨论总结经验等。

五、主持人:吕川、张娜

六、邀请媒体及有关领导:

(1)新闻媒体:校广播台、校文学社团等校园记者。

(2)有关领导:校长、办公室主任、营旅专业有关领导、其他专业相关领导、营旅专业老师、营旅专业各班班主任、学校其他专业学生代表等。

七、会场布置:

(1)鲜花。

(2)发布会会场背景:悬挂横幅为健康小站"时尚与健康"新闻发布会,悬挂展示健康小站"时尚与健康"宣传海报(宣传画)。

八、发布会前宣传氛围的渲染:邀请校广播台为我班新闻发布会前期作信息预告,采写1~2篇新闻报道。

九、议程安排:下午16:30,主持人宣布新闻发布会开始。

(1)相关负责人就发布会的意义、目的、主题、内容、时间安排进行发布、介绍。

(2)记者提问,参会负责人答记者问。(产品开发部负责人、人事部负责人、总经理、销售部负责人、策划部负责人等答记者问)

(3)新闻发布会结束,请营旅专业老师点评。

第五单元

徽 风 皖 韵

单元导读

　　安徽,中华人民共和国东部省份,简称"皖"。公元1667年因清代江南省东西分置而建省。省名取自安庆府、徽州府首字。对日战争期间曾分置皖北行政公署、皖南行政公署。1952年,重建安徽省。安徽是中国东部襟江近海的内陆省份,境内山河秀丽、物产丰富;江河密布、稻香鱼肥。安徽人杰地灵、历史文化多元。形成了安徽丰富繁荣的文化资源和源远流长的灿烂历史。不同地区的人们在安徽这片江淮大地上,团结努力,相互借鉴,共同发展,创造了安徽繁荣的历史和灿烂的文明。

　　为了激发广大同学热爱家乡、热爱祖国的思想感情,本单元选取了五篇介绍具有安徽特色的自然和文化、物质和非物质遗产的文章,《可爱的家乡——安徽》总的介绍了有关安徽地理、历史、人物和旅游资源等知识。《登黄山记》记叙了作者游览世界地质公园、世界文化与自然遗产、全国十大重点风景名胜区、国家森林公园、国家级自然保护区黄山所见到的雄峻、秀丽的自然风光,抒发了作者以黄山、中国人为荣的思想感情。《黄梅戏》介绍了黄梅调由乡野小调走进艺术殿堂的进程,它是安徽地方戏曲集大成的非物质文化遗产。《璀璨瑰宝天下奇》介绍了号称全国第一观赏石的灵璧石。为了体现徽风皖韵的特色,我们还通过《皖风徽韵民歌情》一文,介绍了广为传唱的安徽民歌。

　　本单元选取的课文中,《登黄山记》是一篇记叙文,其他几篇都是说明文。阅读时注意比较不同文体的特点和区别。

第五单元　徽风皖韵

　　本单元还包括书面写作——"读后感"和口语知识——"演讲"。

　　"读后感"是一种在读的基础上发表看法、抒发情感的文体。读写知识介绍了读后感的写作技巧和应该注意的一些问题。相信对同学们的写作会有一点帮助。

　　"演讲"重点从演讲的方法和技巧这个角度进行介绍,不同于"演讲稿"的写作。同学们可以借鉴"即席发言"进行学习。

　　结合本单元的学习内容和口语知识,本单元的语文实践活动安排了"家乡美"主题演讲会,让同学们有机会夸夸自己的家乡。

二十一　我的家乡——安徽[①]

学习提示

　　对于我们生活的省份，很多人并没有充分的了解。本文系统介绍了安徽的地理、历史、人物、旅游资源等知识，对我们了解安徽的概貌，增强对家乡的热爱和自豪感很有帮助。

　　本文层次清楚，条理清晰，材料安排井然有序，能运用分类、举例、列数字等说明方法，材料选取重点突出，有详有略，展现了安徽不同于其他省份的独特风貌，阅读时应加以体会。

　　安徽省在中国东南部、长江下游，邻接山东、江苏、浙江、江西、湖北、河南6省。长江、淮河横贯其中，将全省分为淮北、江淮、江南三大自然区。

　　安徽地貌类型多样，山地、丘陵、岗地（台地）、平原兼备，江南多为重峦叠嶂的山区，江淮之间为绵延起伏的丘陵，淮北则是一马平川的大平原。因此全省四季分明，气候温和；河湖交错，山川壮丽；地形复杂，资源丰富，既有南方的色彩，也有北方的特色。

　　南北过渡地带的特征和地质、地形上的差异，必然给安徽带来生物的多样性。这里有相当数量的国内外珍稀植物，如连香树、黄山松、黄山梅、明党参、天竺桂、八角莲、天麻、珊瑚菜、黄山花楸、南方铁杉、长序榆等30余种，分别列为国家二、三级保护植物。珍稀保护动物有云豹、金钱豹、白鳍豚、梅花鹿、白鹤、黑鹳、白头鹤、丹顶鹤、扬子鳄等17种，短尾猴、穿山甲、麝、黑麂、中华鲟、胭

[①] 根据网络资料改编。

脂鱼等32种,分别列为国家一、二级稀有保护动物。

安徽的矿产资源也十分丰富,现已查明90多个矿种,近万个矿床,其中有54个矿种近500处探明储量,煤储量居全国第6位,铁、铜、钒占第5位,主要集中在淮北、沿江和皖南三大地区。淮南与淮北煤田,是我国黄河以南最大的煤田,今已成为华东最大的火力发电心脏和洗煤生产中心;马鞍山钢铁公司,属全国十大钢铁基地之一;铜陵有色金属公司,是中国六大产铜基地之一。省内还有安庆石油化工总厂、宁国水泥厂、美菱电冰箱厂等一大批大、中型企业,将地方优势转化为巨大的财富。

安徽历史悠久。春秋时,西北部属宋,西部属楚,东属吴。战国时,全境属楚。秦始设郡县制,安徽分属砀、鄣、泗水和九江郡。其后分析不断,沿革纷繁,直到1667年(清康熙六年)才正式建立安徽省,简称"皖",辖8府51县(萧县、砀山后由江苏划进,婺源、英山、盱眙划出),省会安庆。几经演变,截至2007年,安徽省辖17个地级市、44个市辖区、5个县级市、56个县。省会合肥。人口6600多万。

安徽人杰地灵,英才辈出,在五千年中华史册上有着光辉的一页。这里不仅哺育了古代政治家管仲、孙叔敖、范增、张良、著名清官包拯、画家李公麟、文学家张孝祥和吴敬梓等众多人物,而且还形成五个人物高峰期,这就是:

一、以曹操、周瑜为代表的三国人物高峰期,如曹丕、曹植、曹仁、鲁肃、吕蒙等数百人,他们既是文臣武将,又是文学家、音乐家。与此同时,还有著名的医学家华佗、天文学家王蕃、雕塑家戴逵、散文家嵇康、品酒家刘伶等。

二、以朱元璋为代表的明代人物高峰期,如胡大海、常遇春、徐达、朱升等,为"席卷江淮皆英雄"的代表,正是依靠这数千名江淮儿女的南征北战,才打下明代江山,统治中国200多年。

三、清初,以方苞为代表的桐城派与以戴震为代表的(皖派)经学派人物高峰期——这是一个庞大的人物群体,中间不仅有朝廷重臣,而且有经学家、文学家、文字学家、数学家、天文学家、医学家、出版家、理财学家(如王茂荫是马克思《资本论》中唯一提到的中国人)、雕刻家、京剧艺术家(如程长庚等),甚至还有徽商大贾等等,在他们的带动和影响下,此时安徽(尤其皖南)文风骀荡,人才济济,素有"东南邹鲁"之称、"天下财富归徽商"之说。

四、清末,以李鸿章为代表的淮军将领人物高峰期,其中文职总督巡抚及武职提督总兵以上者达67人,府道、副将以上者多达700多人,形成一股强大的淮系势力,它上承湘系,下启北洋,对中国近代史影响极其深远。

五、以胡适、陈独秀等为代表的民国人物高峰期,这中间有柏文蔚、段祺瑞、冯玉祥、张治中、卫立煌、廖运周、孙立人、陈绍禹、王稼祥、李克农、张劲夫、姚依林、黄镇、汪道涵；全省还有130名将军,仅金寨、六安两"将军县"就有少将以上者88人(1966年以前授衔统计)。此外,还涌现出大批学者、专家,如教育家陶行知、文学家张恨水、蒋光慈、阿英、周而复、鲁彦周,诗人田间,音乐家张曙,现代雕塑家刘开渠,画家吴作人,美学家朱光潜,佛学家赵朴初,艺术家杨小楼、舒绣文、王莹、严凤英、夏菊花,数学家杨武之,物理学家杨振宁,气候学家叶笃正,医学家汪筐仁,植物学家侯学煜等等。总之,安徽历代人才济济,灿若繁星。

前人曾有诗曰:"何必求仙上天堂,皖山皖水竞画廊",今天看来并不过分。

有人曾将安徽旅游资源归纳为五多,这就是:

一、历史文化名城多。现列为国家级历史文化名城的有歙县、亳州和寿县;列为省级的有安庆、桐城和黟县及屯溪宋代老街、休宁万安镇等明、清古镇老街8处。它们各具风采,古色古香,仅黄山市古建筑而言,就有3800余幢,其规模之大,构造之精,雕刻之美,被誉为"古民居建筑艺术的宝库"、"东方文化的缩影"。

二、山水名胜多。安徽自然风光历来以雄伟、秀丽、山水相依、古树名刹点缀、群体奇特而驰名海内外。黄山拥有72奇峰,400多个景点,其中奇松、怪石、云海、温泉,堪称天下"四绝",并有日出、晚霞、佛光、雾凇、冰挂等时令景观,云天变幻无穷,身临其境,宛若登临太空星球。1990年已被联合国教科文组织列入世界自然文化遗产目录,令世人瞩目,供世人共享。九华山为中国"四大佛教名山"之一,现存古寺庙78座,佛像700多尊,文物2000多件,是世界佛子僧徒向往和朝拜的神圣之地。还有林壑深秀的琅琊山,因宋代欧阳修《醉翁亭记》而扬名天下;古"南岳"天柱山,凌霄矗立,为"中天一柱";近偎黄山西南的齐云山,不仅是我国"四大道教名山"之一,而且是丹霞地貌的典型。除了以上5处国家级风景名胜区外,另有省级风景名胜区21处,主要有太平湖、天堂寨、巢湖、浮山、小孤山、采石矶、敬亭山、齐山——秋浦仙境、石台溶洞群、太极洞、涂山——白乳泉、八公山、皇藏峪等,真是:皖山皖水,漫卷珠帘;江淮大地,美不胜收!

三、文物古迹多。安丰塘、明中都皇城、花戏楼、许国石坊、潜口古民居等9处,已被列为国家级文物重点保护单位;省级重点文物保护单位有197处,其中革命旧址和建筑物33处,石刻、石窟及塑像16处,古建筑87处,古遗址35处,古墓葬26处。烈士陵园11处。此外还有大量的出土文物,如和县猿人门齿化石、淮河古象化石、虢季子白盘、鄂君启金节等。

四、自然保护区多。现全省设有黄山、琅琊山森林公园、清凉峰、牯牛岭、马鬃岭、皇甫山、皇藏峪自然保护区;扬子鳄、升金湖水禽保护区、(皖江)白鳍豚养护场,总面积86.6万亩。这里不仅有保存完好的原始森林,而且也是动物乐园,为旅游观光、探古寻幽、科学考察提供了良好的条件。

五、民俗风情多。安徽地处江淮之间,地区的差异和交通状况的不同使得南北民俗风情丰富多彩,各有特色。如淮北多为中原官话,口味咸中带辣,汤汁口重色浓,惯用香菜佐味和配色;"席上无酒不进餐",喝酒猜拳行令,择筷打扛习以成风。因地近黄淮,灾害频繁,住居简朴,衣着朴素(老人爱穿黑、白、蓝三色),民风悍,"即使走险,也群起响应",因而多出英雄人物,诚如梁启超所说:"淮河流域,阳开阴合,为我国数千年来政治史的中心,其代产英雄,龙跳虎卧,为吾国数千年人物史的代表。"安徽历史上曾有四个封建王朝的"太祖",即三国时魏太祖曹操、五代十国时吴太祖杨行密、后梁太祖朱温、明太祖朱元璋,均系沿淮人物,如果再加上农民起义领袖及各路豪杰,真可谓"英雄辈出,龙跳虎卧"了。而江淮地区,多为江淮官话,传统膳用沿江菜系(扬州菜),口味偏甜主鲜,但自清末"两湖"等移民的到来,既形成许多"方言岛",又造成辣味东移的现象,未冲击地区仍然是"晨行茶肆,食喜鲜甜"(如天长等地)。民风淳厚,言必包公余公(宋包拯、元余阙),逢年过节,生老嫁娶,待客择居,更是古今参半,各取所需。处于万山丛中的皖南山区,由于开发较迟,交通不便,方言支派较多,仅徽州一地而言,虽多说徽州话,但"同山不同音,问路带翻译"的现象依然存在,有些村落仍然保存唐、宋古音,有"中国古音活化石"之称。宗族深数,崇尚儒风,"养子不读书,似如养圈猪",已成为家规族训,所以千百年来,"十户之村,不废诵读"。他们所走之路是:学—官—商,或学—商—官。所以自宋以后,有"天下文人半徽州"之说。由于商业的繁荣,以及物质和精神上的追求,这里又创造了以烹制山珍海味而著称的徽菜,闻名遐迩的徽剧,精美绝伦的徽州"三雕"(砖、石、木)艺术等成就。

今天,来安徽旅游观光者,不仅可饱览黄山、九华山、天柱山、齐云山的自然风光,欣赏黄梅戏、徽剧、目连戏、傩戏的唱、念、做、打,探访徽州"八古"(古街巷、古民居、古祠庙、古宝塔、古牌坊、古桥梁、古亭阁、古墓葬)风貌,尝到正宗徽菜,品到黄山毛峰、太平猴魁、祁门红茶、六安瓜片等香茗,买到"文房四宝"(砚、墨、笔、纸)和"万安罗盘",领略独特的八皖民俗风情,还可感受安徽在改革开放之后日新月异的巨大变化。

思考与练习

一、阅读课文,分析课文舍弃了哪些有关安徽的材料,为什么?

二、本文在介绍安徽的有关知识时,重点的略加介绍,一般的则一笔带过。试举例加以说明,并分析其好处在哪。

三、课文在介绍安徽的民俗风情时,提到了曹操、杨行密、朱温、朱元璋等人,这和前面对安徽历史人物的介绍有什么不同?

四、口语练习

介绍你家乡最具特色的一处景观。

二十二　登黄山记①

徐　迟②

学习提示

黄山是安徽沟通世界的一张亮丽名片,许多人把它与长江、长城、黄河看做中华民族的地理标志,历来不乏有关它的名家名作。徐迟的这一篇开篇居高临下,勾勒黄山全貌;然后宕开一笔,回顾几千年来登山的历史,突出地展示了黄山的"奇"、"险"、"峻";之后正面写景,重点描绘云海、奇松、日出、彩虹,以及摄身光。全文体现了人类征服自然的意志和进程,歌颂那些把仙境送给人间的人们——那些为更多的人打开进入胜境之门的劳动者、创造者,那些善于征服并使自己融入大自然的攀登者、探索者。

文章构思精巧,语言气势磅礴,运用了丰富的想象与联想。阅读时要注意体会这一特色。

一

大自然是崇高,卓越而美的。它煞费心机,创造世界。它创造了人间,还安排了一处胜境。它选中皖南山区。它是大手笔,用火山喷发的手法,迅速地,在周围一百二十公里,面积千余平方公里的一个浑圆的区域里,分布了这

---

①　选自《徐迟散文选集》(上海文艺出版社 1979 年版)。
②　徐迟(1914～1996),浙江吴兴人,当代著名作家、诗人、报告文学家,其作品《地质之光》、《哥德巴赫猜想》曾享誉文坛。

么多花岗岩的山峰。它巧妙地搭配了其中三十六大峰和三十六小峰。高峰下临深谷;幽潭傍依天柱。这些朱砂的,丹红的,紫霭色的群峰,前拥后簇,高矮参差。三个主峰,高风峻骨,鼎足而立,撑起青天。

这样布置后,它打开了它的云库,拨给这区域的,有倏来倏去的云,扑朔迷离的雾,绮丽多彩的霞光,雪浪滚滚的云海。云海五座,如五大洋,汹涌澎湃。被雪浪拍击的山峰,或被吞没,或露顶巅,沉浮其中。然后,大自然又毫不悭吝地赐予几千种植物。它处处散下了天女花和高山杜鹃。它还特意委托风神带来名贵的松树树种,播在险要处。黄山松铁骨冰肌;异萝松天下罕见。这样,大自然把紫红的峰,雪浪云的海,虚无缥缈的雾,苍翠的松,拿过来组成了无穷尽的幻异的景。云海上下,有三十六源,二十四溪,十六泉,还有八潭,四瀑。一道温泉,能治百病。各种走兽之外,又有各种飞禽。神奇的音乐鸟能唱出八个乐音。希世①的灵芝草,有珊瑚似的肉芝。作为最高的效果,它格外赏赐了只属于幸福的少数人的,极罕见的摄身光。这种光最神奇不过。它有彩色光晕如镜框,中间一明镜可显见人形。三个人并立峰上,各自从峰前摄身光中看见自己的面容身影。

这样,大自然布置完毕,显然满意了,因此它在自己的这件艺术品上,最后三下两下,将那些可以让人从人间通入胜境去的通道全部切断,处处悬崖绝壁,无可托足。它不肯随便把胜境给予人类。它封了山。

二

鸿蒙以后多少年,只有善于攀援的金丝猴来游。以后又多少年,才来到了人。第一个来者黄帝,一来到,黄山命了名。他和浮丘公、容成子上山采药。传说他在三大主峰之一,海拔1840公尺②的光明顶之傍,炼丹峰上,飞升了。

又几千年,无人攀登这不可攀登的黄山。直到盛唐,开元天宝年间,才有个诗人来到。即使在猿猴愁攀登的地方,这位诗人也不愁。在他足下,险阻山道阻不住他。他是李白。他逸兴横飞,登上了海拔1860公尺的莲花峰,黄山最高峰的绝顶。有诗为证:丹崖夹石柱,菡萏金芙蓉;伊惜升绝顶,俯视天目松。李白在想象中看见,浮丘处公引来了王子乔③,"吹笙舞风松"。他还想"乘桥蹑

---

① 希世:世间很少有,一般写作"稀世"。
② 1公尺=1米。
③ 王子乔:神话人物。一说名晋,字子晋,相传为周灵王太子,喜吹笙作凤凰鸣声,为浮丘公引往嵩山修炼。30余年后,在缑氏山顶上,向世人挥手告别,升天而去,故有"王子登仙"的传说。

彩虹"①,又想"遗形入无穷"②,可见他游兴之浓。

又数百年,宋代有一位吴龙翰,"上丹崖万仞之巅,夜宿莲花峰顶。霜月洗空,一碧万里"。看来那时候只能这样,白天登山,当天回不去,得在山顶露宿,也是一种享乐。

可是这以后,元明清数百年内,绝大多数旅行家都没有能登上莲花峰顶。汪瑾以"从者七人,二僧与俱",组成一支浩浩荡荡的登山队,"一仆前持斧斤,剪伐丛莽,一仆鸣金继之,二三人肩糗③执剑戟以随"。他们只到了半山寺,狼狈不堪,临峰翘望,败兴而归。只有少数人到达了光明顶。登莲花峰顶的更少了。而三大主峰之中的天都峰,海拔只有1810公尺,却最险峻,从来没有人上去过。那时有一批诗人,结盟于天都峰下,称天都社。诗倒是写了不少,可登了上去的,没有一个。

登天都,有记载的,仅后来的普门法师、云水僧、李匡台、方夜和徐霞客。

三

白露之晨,我们从温泉宾馆出发。经人字瀑,看到了从前的人登山之途,五百级罗汉级。这是在两大瀑布奔泻而下的光滑的峭壁上琢凿出来的石级,没有扶手,仅可托足,果然惊险。但我们现在并不需要从这儿登山。另外有比较平缓的,相当宽阔的石级从瀑布旁侧的山林间,一路往上铺砌。我们甚至还经过了一段公路,只是它还没有修成。一路总有石级。装在险峻地方的铁栏杆很结实;红漆了,更美观。林业学校在名贵树木上悬挂小牌子,写着树名和它们的拉丁学名,像公园里那样的。

过了立马亭,龙蟠坡,到半山寺,便见天都峰挺立在前,雄峻难以攀登。这时山路渐渐地陡峭,我们快到达那人间与胜境的最后边界线了。

然而,现在这边界线的道路全是石级铺砌的了,相当宽阔,直到天都峰趾。仰头看吧!天都峰,果然像过去的旅行家所描写的"卓绝云际"。他们来到这里时,莫不"心甚欲往"。可是"客怨,仆泣",他们都被劝阻了。"不可上,乃止",他们没上去。方夜在他的《小游记》中写道:"天都险莫能上。自普门师蹑其顶,继之者惟云水僧一十八人集月夜登之,归而几堕崖者已四。又次为李匡台,登而其仆亦堕险几毙。自后遂无至者。近蹑其险而至者,惟余侣耳。"

那时上天都确实险。但现今我们面前,已有了上天的云梯。一条鸟道,像

---

① 乘桥蹑彩虹:李白《送温处士归黄山白鹅峰旧居》一诗中的诗句。
② 吹笙舞风松,遗形入无穷:李白《至陵阳山登天柱石酬韩侍御见招隐黄山》一诗中的诗句。
③ 糗(qiǔ):古代指干粮。

绳梯从上空落下来。它似乎是无穷尽的石级,等我们去攀登。它陡则陡矣,累亦累人,却并不可怕。石级是不为不宽阔的,两旁还有石栏,中间挂铁索,保护你。我们直上,直上,直上,不久后便已到了最险处的鲫鱼背。

那是一条石梁,两旁削壁千仞。石梁狭仄,中间断却。方夜到此,"稍栗"。我们却无可战栗,因为鲫鱼背上也有石栏和铁索在卫护我们。这也化险为夷了。

如是,古人不可能去的,以为最险的地方,鲫鱼背,阎王坡,小心壁等等,今天已不再是艰险的,不再是不可能去的地方了。我们一行人全到了天都峰顶。千里江山,俱收眼底;黄山奇景,尽踏足下。

我们这江山,这时代,正是这样,属于少数人的幸福已属于多数人。虽然这里历代有人开山筑道,却只有这时代才开成了山,筑成了道。感谢那些黄山石工,峭壁见他们就退让了,险处见他们就回避了。他们征服了黄山。断崖之间架上桥梁,正可以观泉赏瀑。险绝处的红漆栏杆,本身便是可羡的风景。

胜境已成为公园。绝处已经逢生。看呵,天都峰,莲花峰,玉屏峰,莲蕊峰,光明顶,狮子林,这许多许多佳丽处,都在公园中。看呵,这是何等的公园!

<h2 style="text-align:center">四</h2>

只见云气氤氲来,飞升于文殊院,清凉台,飘拂过东海门,西海门,弥漫于北海宾馆,白鹅岭。如此之漂泊无定;若许之变化多端,毫秒之间,景物不同;同一地点,瞬息万变。一忽儿阳光泛滥;一忽儿雨脚奔驰。却永有云雾,飘去浮来;整个的公园,藏在其中。几枝松,几个观松人,溶出溶入;一幅幅,有似古山水,笔意简洁。而大风呼啸,摇撼松树,如龙如凤,显出它们矫健多姿。它们的根盘入岩缝,和花岗石一般颜色,一般坚贞。它们有风修剪的波浪形的华盖;它们因风展开了似飞翔之翼翅。从峰顶俯视,它们如苔藓,披覆住岩石;从山腰仰视,它们如天女,亭亭而玉立。沿着岩壁折缝,一个个的走将出来,薄纱轻绡,露出的身段翩然起舞。而这舞松之风更把云雾吹得千姿万态,令人眼花缭乱。这云雾或散或聚;群峰则忽隐忽现。刚才还是倾盆雨,迷天雾,而千分之一秒还不到,它们全部停住,散去了。庄严的天都峰上,收起了哈达;俏丽的莲蕊峰顶,揭下了蝉翼似的面纱。阳光一照,丹崖贴金。这时,云海滚滚,如海宁潮来,直拍文殊院宾馆前面的崖岸。朱砂峰被吞没;桃花峰到了波涛底。耕云峰成了一座小岛;鳌鱼峰游泳在雪浪花间。波涛平静了,月色耀眼。这时文殊院正南前方,天蝎星座①的全身,如飞龙一条,伏在面前,一动不动。等人骑

---

① 天蝎星座:黄道十二星座中最显著的星座,夏季出现在南方天空,形状像一只蝎子,尾指向东南。

乘，便可起飞。而当我在静静的群峰间，暗蓝的宾馆里，突然睡醒，轻轻起来，看到峰峦还只有明暗阴阳之分时，黎明的霞光却渐渐显出了紫蓝青绿诸色。初升的太阳透露出第一颗微粒。从未见过这鲜红如此之红；也从未见过这鲜红如此之鲜。一刹间火球腾空；凝眸处彩霞掩映。光影有了千变万化；空间射下百道光柱。万松林无比绚丽；云谷寺豪光四射。忽见琉璃宝灯一盏，高悬始信峰顶。奇光异彩，散花坞如大放焰火。焰火正飞舞，那暗鸣变色，叱咤的风云又汇聚起来。笙管齐鸣，山呼谷应。风急了。西海门前，雪浪滔滔。而排云亭前，好比一座繁忙的海港，码头上装卸着一包包柔软的货物。我多么想从这儿扬帆出海去。可是暗礁多，浪这样险恶，准可以撞碎我的帆桅，打翻我的船。我穿过密林小径，奔上左数峰。上有平台，可以观海。但见浩瀚一片，了无边际，海上蓬莱，尤为诡奇。我又穿过更密的林子，翻过更奇的山峰，蛇行经过更险的悬崖，踏进更深的波浪。一苇可航，我到了海心的飞来峰上。游兴更浓了，我又踏上云层，到那黄山图上没有标志，在任何一篇游记之中无人提及，根本没有石级，没有小径，没有航线，没有方向的云中。仅在岩缝间，松根中，雪浪褶皱里，载沉载浮，我到海外去了。浓云四集，八方茫茫。忽见一位药农，告诉我，这里名叫海外五峰。他给我看黄山的最高荣誉，一枝灵芝草，头尾花茎俱全，色泽鲜红如珊瑚。他给我指点了道路，自己缘着绳子下到数十丈深谷去了。他在飞腾，在荡秋千。黄山是属于他的，属于这样的药农的。我又不知穿过了几层云，盘过几重岭，发现我在炼丹峰上，光明顶前。大雨将至，我刚好躲进气象站里。黄山也属于他们，这几个年轻的科学工作者。他们邀我进入他们的研究室。倾盆大雨倒下来了。这时气象工作者祝贺我，因为将看到最好的景色了。那时我喘息甫定，他们却催促我上观察台去。果然，雨过天又晴。天都突兀而立，如古代将军。绯红的莲花峰迎着阳光，舒展了一瓣瓣的含水的花瓣。轻盈的云海隙处，看得见山下晶晶的水珠。休宁的白岳山，青阳的九华山，临安的天目山，九江的匡庐山。远处如白练一条浮着的，正是长江。这时彩虹一道，挂上了天空。七彩鲜艳，银海衬底。妙极！妙极了！彩虹并不远，它近在目前，就在观察台边。不过十步之外，虹脚升起，跨天都，直上青空，至极远处。仿佛可以从这长虹之脚，拾级而登，临虹款步，俯览江山。而云海之间，忽生宝光。松影之荫，琉璃一片，闪闪在垂虹下，离我只二十步，探手可得。它光彩异常。它中间晶莹。它的比彩虹尤其富丽的镜圈内有面镜子。摄身光！摄身光！

这是何等的公园！这是何等的人间！

1962 年

思考与练习

一、阅读课文,体会并阐述作者通过对黄山的描绘抒发的思想感情。

二、本文构思精巧,阅读课文,体会并阐述作者为什么要在第二部分写对攀登黄山历史的回顾,为什么要在第四部分末尾赞叹"这是何等的公园!这是何等的人间!"

三、下列句子主要运用了什么修辞手法?这样写有什么好处?

1.它选中皖南山区。它是大手笔,用火山喷发的手法,迅速地,在周围一百二十公里,面积千余平方公里的一个浑圆的区域里,分布了这么多花岗岩的山峰。它巧妙地搭配了其中三十六大峰和三十六小峰。

2.这样布置后,它打开了它的云库,拨给这区域的,有倏来倏去的云,扑朔迷离的雾,绮丽多彩的霞光,雪浪滚滚的云海。

3.他逸兴横飞,登上了海拔1860公尺的莲花峰,黄山最高峰的绝顶。有诗为证:丹崖夹石柱,菡萏金芙蓉;伊惜升绝顶,俯视天目松。

4.几枝松,几个观松人,溶出溶入;一幅幅,有似古山水,笔意简洁。

5.那是一条石梁,两旁削壁千仞。

6.感谢那些黄山石工,峭壁见他们就退让了,险处见他们就回避了。

四、说一说你对下列句子的理解。

1."它不肯随便把胜境给予人类。它封了山",句中的"它"是指什么?为什么说"不肯随便把胜境给予人类"?

2."第一个来者黄帝,一来到,黄山命了名",就你的理解,黄山是谁命的名?以什么命名?

3."险绝处的红漆栏杆,本身便是可羡的风景",句中为什么说红漆栏杆"本身便是可羡的风景"?

4."登天都,有记载的,仅后来的普门法师、云水僧、李匡台、方夜和徐霞客",句中的"有记载的"一词去掉可以吗,为什么?

五、作文

通过网络另找一篇描写黄山的名家名作,试在主旨、结构、表达技巧等方面加以比较,抓住一点展开议论,写一篇议论文。

二十三 黄梅戏①

> **学习提示**
>
> 　　本文系统介绍了兴盛于安徽、流传于全国、深受全球华人喜爱的戏曲形式——黄梅戏。分别介绍了黄梅戏的起源、发展历史,以及唱腔、语言、乐器、角色、剧目等艺术特点。
>
> 　　在介绍时采用了定义、解释、分类、引用、举例等多种说明方法。虽有不少戏曲专用名词,但语言平实、表述准确,层次分明、详略得当,易于读者接受。

　　黄梅戏,旧称黄梅调或采茶戏,与京剧、越剧、评剧、豫剧并称中国五大剧种。

　　黄梅戏的起源最早可追溯到唐代。据史料记载,早于唐代时期,黄梅采茶歌就很盛行,经宋代民歌的发展、元代杂剧的影响,逐渐形成民间戏曲雏形。至明清,黄梅县戏风更盛。明崇祯年间,黄梅知县曾维伦在《黄梅风教论》中就有"十月为乡戏"的记述。清道光九年,在别霁林的《问花水榭诗集》中,一首竹枝词的描述就更为生动:"多云山上稻荪多,太白湖中渔出波。相约今年酬社主,村村齐唱采茶歌。"

　　黄梅戏的发展历史,大致分为三个阶段:

　　第一阶段,约从清乾隆到辛亥革命前后。产生并流传到皖、鄂、赣三省间的采茶调、江西调、桐城调、凤阳歌,受当地戏曲(青阳腔、徽调)演出的影响,与

---

① 根据网络资料整理。

莲湘、高跷、旱船等民间艺术结合,逐渐形成了一些小戏。进一步发展,又从一种叫"罗汉桩"的曲艺形式和青阳腔与徽调吸收了演出内容与表现形式,于是产生了故事完整的本戏。从小戏到本戏还有一种过渡形式,老艺人称之为"串戏"。所谓"串戏"就是各自独立而又彼此关连着的一组小戏,有的以事"串",有的则以人"串"。"串戏"的情节比小戏丰富,出场的人物也突破了小丑、小旦、小生的三小范围。其中一些年龄大的人物需要用正旦、老生、老丑来扮演。这就为本戏的产生创造了条件。

第二阶段,是从辛亥革命到1949年。这一阶段,黄梅戏演出活动渐渐职业化,并从农村草台走上了城市舞台。黄梅戏入安庆城后,曾与京剧合班,并在上海受到越剧、扬剧、淮剧和从北方来的评剧(时称"蹦蹦戏")的影响,在演出的内容与形式上都起了很大变化。编排、移植了一批新剧目,其中有连台本戏《文素臣》、《宏碧缘》、《华丽缘》、《蜜蜂记》等。音乐方面,对传统唱腔进行初步改革,减少了老腔中的虚声衬字,使之明快、流畅,观众易于听懂所唱的内容。并取消了帮腔,试用胡琴伴奏。表演方面,吸收融化了京剧和其他兄弟剧种的程式动作,丰富了表现手段。其他如服装、化妆和舞台设置,亦较农村草台时有所发展。

第三阶段,是从1949年至今。1952年,黄梅戏艺人带着《打猪草》、《蓝桥会》等剧目到上海演出。几十年来造就了一大批演员,除对黄梅戏演唱艺术有突出贡献的严凤英、王少舫等老一辈艺术家外,中青年演员马兰、韩再芬等相继在舞台上、银幕上和电视屏幕上展现了各自的英姿,受到了观众的喜爱。严凤英、王少舫合演的《天仙配》,曾二度摄制成影片,轰动海内外。

黄梅戏唱腔委婉清新,分花腔和平词两大类。花腔以演小戏为主,富有浓厚的生活气息和民歌风味,多用"衬词"如"呼舍"、"喂却"之类,如《夫妻观灯》、《蓝桥会》、《打猪草》等;平词是正本戏中最主要的唱腔,常用于大段叙述、抒情,听起来委婉悠扬,如《梁祝》、《天仙配》等。现代黄梅戏在音乐方面增强了"平词"类唱腔的表现力,常用于大段抒情、叙事,是正本戏的主要唱腔;突破了某些"花腔"专戏专用的限制,吸收民歌和其他音乐成分,创造了与传统唱腔相协调的新腔。

黄梅戏语言以安庆地方语言为基础,属北方方言语系的江淮方言。从地理位置上看,安庆位于吴越方言、楚方言、赣方言、湘方言、北方方言等中国几大方言区的交汇处,受到了多种方言的影响和滋养,吸收了众多方言词汇及语音语调,形成了独具风格的安庆方言特点——不疾不徐、不高不低、形象直观、灵动活泼、通俗易懂、干净利落、鼻音缺失、尾音低平。虽然流行区域不广泛,但由于它兼具多种方言的特点,所以,安庆方言既有鲜明的个性,又能被众多地区的人理解接受。黄梅戏唱词结构在正本戏多为七字句和十字句式。七字句大多是二、二、三结构,十字句大多是三、三、四结构。有时可根据需要以七字、十字句为框架,字数可压缩或增扩,曲调则常使用垛句。花腔小戏的唱词灵活多变,有三至七字不等,中间常夹杂多种口语化无词意的字。句数不一定为偶数,有时奇数句重复最后一句便成偶数。唱念方法均用接近普通话的安庆官话唱念。正本戏中用韵母念、官话唱,小戏说白则用安庆地方的乡音土语,唱腔仍用官话唱。

黄梅戏最初只有打击乐器伴奏,即所谓"三打七唱"。抗日战争时期,曾尝试用京胡托腔,后又试用二胡伴奏,但都未能推广。到建国初期,才逐渐确定用高胡作为主要伴奏乐器,并逐步建立起以民族乐器为主、西洋乐器为辅的混合乐队,以增强音乐的表现力。

黄梅戏角色行当的体制是在"二小戏"、"三小戏"的基础上发展起来的。上演正本大戏后,角色行当才逐渐发展成正旦、正生、小旦、小生、小丑、老旦、花脸诸行。

正旦:多扮演庄重、正派的成年妇女,重唱工,表演要求稳重大方。所扮演的角色如:《荞麦记》中的王三女、《罗帕记》中的陈赛金、《渔网会母》中的陈氏等。

正生:又称挂须,有黑白须之分,一般黑须称正生,白须称老生。重唱念,讲究喷口,吐字铿锵有力。所扮演的角色如:《荞麦记》中的徐文进、《告经承》中的张朝宗、《桐城奇案》中的张柏龄等。

小旦:又称花旦,多扮演活泼、多情的少女或少妇,要求唱做并重,念白多用小白(安庆官话),声调脆嫩甜美,表演时常执手帕、扇子之类,舞动简单的巾帕花、扇子花。所扮演的角色如:《打猪草》中的陶金花、《游春》中的赵翠花、《小辞店》中的刘凤英等。演出正本大戏后,小旦行又细分出闺门旦及专演丫鬟的行当"捧托"。旦行是黄梅戏的主要行当,旧有"一旦挑一班"之说。

小生:多扮演青少年男子,用大嗓演唱,表演时常执折扇。扮演的角色如:《罗帕记》中的王科举、《春香闹学》中的王金荣、《女驸马》中的李兆廷、《天仙配》中的董永等。

小丑:分小丑、老丑、女丑(彩旦)三小行。在黄梅戏中,丑行比较受欢迎。为帮助演出,小丑常拿着一根七八寸长的旱烟袋,老丑则拿着一根两三尺长的长烟袋,插科打诨,调节演出气氛。扮演的角色如:《打豆腐》中的王小六、《钓蛤蟆》中的杨三笑等。

老旦:扮演老年妇女,在戏中多为配角。如《荞麦记》中的王夫人。

花脸:黄梅戏中花脸专工戏极少,除在大本戏中扮演包拯之类的角色外,多扮演恶霸、寨主之类的角色,如《卖花记》中的草鼎、《二龙山》中的于彪等。

在剧目方面,号称"大戏三十六本,小戏七十二折"。大戏主要表现的是当时人民对阶级压迫、贫富悬殊的现实不满和对自由美好生活的向往。如《荞麦记》、《告粮官》、《天仙配》等。小戏大都表现的是农村劳动者的生活片段,如《点大麦》、《纺棉纱》、《卖斗笠》等。

新中国成立以后,先后整理改编了《天仙配》、《女驸马》、《罗帕记》、《赵桂英》、《慈母泪》、《三搜国丈府》等一批大小传统剧目,创作了神话剧《牛郎织女》、历史剧《失刑斩》、现代戏《春暖花开》、《小店春早》、《蓓蕾初开》等。其中《天仙配》、《女驸马》和《牛郎织女》相继搬上银幕,在国内外产生了较大影响。

严凤英、王少舫、吴琼、马兰、黄新德、韩再芬等是黄梅戏的著名演员。

黄梅戏是中国五大戏曲剧种之一,影响十分深远。目前黄梅戏流行区域正在萎缩,各级黄梅戏剧团特别是县级剧团的生存日益艰难,需要政府和全社会的关心与扶植。

思考与练习

一、结合课文,谈谈你对黄梅戏及中国其他戏种的了解。

二、本文采用了定义、解释、分类、引用、举例等多种说明方法,试举例加以说明。

三、找出课文中的戏曲专用名词,并弄清其含义。

四、看一出黄梅戏并写一篇观后感。

二十四　璀璨瑰宝天下奇[1]

梁　超

> **学习提示**
>
> 　　这是一篇介绍极具安徽特色的观赏石——灵璧石的说明文,文章旁征博引,介绍了灵璧石的观赏史、自然美学和文化内涵的外在表现(即形体、肌质、纹理、色泽、音韵等诸多方面)、产地、分类和成因等知识。
> 　　本文采用定义、解释、举例、引用、分类等说明方法,介绍了灵璧石的有关知识,客观上解释了灵璧石深受广大赏石爱好者喜爱的原因。语言体现科学小品的特色,既准确周密,又生动典雅,阅读时应加以体会。

　　在世界赏石界,提起灵璧石,可谓无人不知。一块石头售价几十万元、几百万元已不鲜见,在美、德、法等国家博物馆均有供藏。灵通天籁、隽永石坛的灵璧石以其璀璨之光,辉映华夏,为中华及世界石文化谱写了绚丽多彩的篇章。

一

　　"灵璧石",因与"泗滨浮磬"同山同质同生,故备受追寻古风之儒家文人的钟情,被当作修身养性的灵物,成为中国文人士大夫文房赏石的正统代表。
　　我国第一部观赏石专著、宋人著的《云林石谱》把灵璧石排列在全国一百

---

[1]　选自2006年10月20日《安徽日报》,有删改。

一十六种观赏石的第一位。纵观历史,古人留下了诸多赞美灵璧石的诗文佳话。宋饶节《向居卿新藏灵璧石歌》云:"灵璧之石妙天下,奇姿异质穷变化。"方岩《磬石歌》云:"灵璧一石天下奇,宝落世间何巍巍;声若青铜色碧玉,秀润四时岚岗翠。"苏轼《灵璧张氏园亭记》多处隐约提及灵璧石,对其喜爱可见一斑。米芾更是收藏多块灵璧石,并以此总结出"相石四法"理论。宋以后各代宫廷更是广收灵璧石。清乾隆皇帝最爱之,亲赐"天下第一石"之誉。现在蒲松龄故居藏有三块奇石,一块名为"海岳石"的灵璧石,系其好友毕际友罢官归田途中买得,两人都非常喜欢,时常在一起赏玩,为此蒲翁还疾笔赋诗一首:"大人何浩伟,赎尔抱花冠。刺史归田日,余钱买旧山。"

二

灵璧石博大精深、气韵高古,作为观赏石瑰宝,其自然美学和文化内涵是多元化的,具体表现在形体、肌质、纹理、色泽、音韵等诸多方面。

灵璧石体态多姿,富有变化,或"瘦、透、漏、皱",或"圆、蕴、雄、稳",大者高达十余米,重数百吨,一石成景;中者可度尺寸大小,或作园林点缀,或为厅堂清供;小者径不盈尺,可作手头把玩,又称手石——米芾以八寸之灵璧石砚换得甘露寺旁一晋唐古宅,传为千秋佳话。

灵璧石根据形象,分为具象(象形)石和抽象石两大类。具象石即自然石体肖形状物,妙造天成,或如人物鸟兽,或如山水鱼虫等。抽象石,即似是非是,朦胧恍惚,以简约雅逸的美学趣味为最高艺术境界。

"坚"是供石审美要素之一。灵璧石硬度一般在莫氏5~6度之间,保存性能高于他石,其肌理缜密,质素纯净,具有分量感和温润感。

灵璧石纹理丰富耐读,常见的有胡桃纹、蜜枣纹、蛛网纹、龟盖纹、指斗纹、柳枝纹、珍珠纹等。也有的圆润细腻、滑如凝脂,入手把玩,怡心满怀。

灵璧石以青黑色居多,近年随着新石种的出现,也不乏色彩斑斓、光怪陆离者,有些石头的色彩随景就势,相得成趣,常有出人意料的佳品。

音韵美是灵璧石最大特点,一块石头可发出多种美妙清越之音。唐人李勋诗云:"出水见贞质,在悬含玉音。"

三

随着赏石热的升温,石磬山阴所产青黑色奇形"灵璧石"越来越少,人们便向四周山下寻觅,近年也发现了不少极具观赏性的美石,都具秀润之美。因其产于灵璧境内,世人亦统称其为"灵璧石",这样"灵璧石"的外延便扩大了。

目前,灵璧境内美石可分为六大类。一是磬石类(专指历史上称的狭义

"灵璧石"),石色青黑,可为"八音",玲珑剔透,形态各异。二是龙鳞石类,俗称皖螺石,有红、灰、黄等种,石身有凹凸鳞状,规律排列成无数条龙身形状。三是五彩灵璧石类,该类石色彩鲜艳,有红、黄、褐等色,透润似玉,有声者特佳。四是透花石类,黑灰石底上生有动植物、山川、脸谱、文字、图画等图案,古相典雅。五是白灵璧石类,或一块纯白如玉,或在其他底色石上镶有白色如玉石头,此类原石很少,多是人为造型。六是龟纹石类,该石石质青黑坚硬,石肤有凹凸不平线条绘成的纹理,该类石主要产于白马山下,现已近绝迹。

灵璧石美轮美奂,它究竟是怎样形成的呢?在距今8亿年前的震旦纪,灵璧是一片浅海,这里阳光充裕,生活着大量浮游生物。浮游生物死后与海水中碳酸盐一起沉淀下来,由于地壳运动被深埋于地下,在地球内部温度、压力作用下固结成岩。混杂于其中的藻类由于成分的不同,就形成了各种色彩的花纹、图案。经过数亿年的地壳构造运动、风化和蚀变作用,岩层发生褶皱断裂,加之亿万年的雨水冲刷,使灵璧石形成了"瘦、皱、漏、透"等美学特点。

四

古代灵璧石基本属于达官显贵专享。今天,随着经济的发展,已有越来越多的人开始收藏、赏玩灵璧石,这也为灵璧石产业的发展开辟了广阔前景。但我们应该认识到,只有对灵璧石进行有序开发,才能让灵璧石文化脉络续延。

思考与练习

一、文章在介绍灵璧石时是从哪些地方表现标题"璀璨瑰宝天下奇"的?
二、本文语言准确周密,试以灵璧石的成因一段加以分析。
三、唐人李勋诗云:"出水见贞质,在悬含玉音。"表现了灵璧石的什么特点?

二十五　皖风徽韵民歌情[①]

黄幸平

> **学习提示**
>
> 　　本文由台湾著名诗人余光中的《民歌》入手,介绍了安徽民歌的地域特色,以及在全国有较大影响的知名民歌,从而引出作者对皖风徽韵的深情,对安徽的爱。
> 　　本文采用由总到分的结构形式,表达方式以说明为主,通过引用、举例、解释等说明方法,详细介绍了安徽广为传唱、脍炙人口的地方民歌,条理清晰,重点突出,阅读时要仔细加以体会。

　　台湾著名诗人余光中曾有一题为《民歌》的诗,这样写道:传说北方有一首民歌/只有黄河的肺活量能歌唱/从青海到黄海/风也听见/沙也听见//如果黄河冻成了冰海/还有长江最最母性的鼻音/从高原到平原/鱼也听见/龙也听见//如果长江冻成了冰河/还有我,还有我的红海在呼啸/从早潮到晚潮/醒也听见/梦也听见//有一天我的血也结冰/还有你的血他的血在合唱/从 A 型到 O 型/哭也听见/笑也听见

　　民歌是非物质文化遗产中的一项重要财产。民歌来源于地方生活,具有浓郁的地方色彩,深受人民喜爱。民歌是组成地方戏剧、舞蹈的要素。优秀的民歌可以不胫而走,传遍五洲四海,因而是音乐创作的基本素材和作曲家们的灵感源泉。

　　安徽省民歌汇聚着皖风徽韵,是安徽风土人情的集中展示点,汇聚着世界

[①] 选自 2007 年 10 月《大泽文学》,有删节。

各地安徽人的乡情,民歌有她独有的向心力。古有大禹在怀远一带治水,三过家门而不入,妻子托人唱民歌。这在某种意义上表达了某种安徽精神。

很多人都知道安徽是个戏曲大省,其实安徽民歌资源也是相当丰富的,也是民歌大省。但是当今社会流行音乐的大行其道让这些传统民间音乐被年轻人所忽视,民歌的传唱和传承面临巨大阻碍。省文化厅上世纪90年代中期就举办了第一届民歌节,以弘扬民歌、传承民歌。

安徽省地处黄河文化与长江文化的过渡地带,从语言、习俗到气候都带有这种过渡性,因而安徽民歌带有南北风格共存互动与兼容并蓄的特点,这种复杂性又使得它更加奥妙无穷,丰富多彩。按照地域风格,一般把安徽民歌划分成五个区。皖南民歌优美抒情,以安庆的黄梅调为代表,悠扬婉转,朴素细腻,清丽迷人;皖西民歌高亢嘹亮;皖北民歌粗犷朴实,豪放,高亢,语言幽默诙谐;皖东民歌风趣幽默;而江淮民歌则具有南北混合的色彩。民歌的代表有大别山的山歌和巢湖的秧歌,大别山山歌中的慢赶牛、震颈红等唱腔自成体系,虽然高亢,但却又是小调式的叙述手法,激昂中不失缠绵。虽然同是江淮之间,巢湖的秧歌又有所不同,这是一种田歌,是农民们在插秧季节兴致所至创作出来的歌,比如《一支歌一趟秧》。

安徽民歌的体裁,可以大体分为号子、山歌和小调。号子在劳动时唱,有打夯、打桩、车水、打场、挑水等号子。安徽流行的小调很多,除了全国流行的《孟姜女》、《四季调》等民歌外,安徽特有的知名小调有《凤阳花鼓》、《王三姐赶集》、《摘石榴》、《对花》、《五更调》、《十二条毛巾》等。《凤阳花鼓》自民国以来多次被作曲家改编而成为流行歌曲,《八月桂花遍地开》、《摘石榴》、《对花》、《王三姐赶集》等,不仅是脍炙人口的民歌,有的还被改编为优美的器乐曲而广泛流传。

1982年北京中国唱片社出版盒带《凤阳花鼓:安徽民歌集锦》,这是值得怀念让人珍藏在心的皖风徽韵,其中收录有宿州民歌《大鼓镲》,宿松民歌《田埂小路》、《小斑鸠》,涡阳民歌《对花》,凤阳民歌《凤阳花鼓》、《布谷声声唱插秧》、《凤阳变成了金凤凰》,巢湖民歌《一支歌一趟秧》、《我家宝宝睡着了》,皖南民歌《牛歌》,六安民歌《采茶》,当涂民歌《熟透的庄稼一片黄》、《回娘家》,五河民歌《摘石榴》,大别山民歌《游春》,皖北民歌《家家户户喜洋洋》,肥西民歌《放牛对歌》,屯溪民歌《小石桥》,繁昌民歌《水乡五月耘田忙》,望江民歌《你说呀说呀》。

其中收录的《大鼓镲》是这个专集的第一支曲目,是宿州的民歌。这是一首热情奔放体现宿州独特魅力的民歌,2007年5月10日在宿州政务新区银河公园举行由安徽省委宣传部、省广电局、省文化厅共同举办的"宿州新歌"——

安徽省"江淮情"艺术团赴宿州大型慰问演出中就演绎了这首歌。

涡阳民歌《对花》是一首男女声对唱歌曲,曲调热烈欢快,通过一问一答的形式,描绘出四季代表性的花卉,也描写出四种小动物。歌中唱道"什么开花树底下?紫金树下蜜蜂绕,迎春花开树底下。什么花开水面上?荷叶上边蛤蟆跳,莲蓬开花水面上。"

凤阳民歌《凤阳花鼓》。"凤阳花鼓"是流传在安徽凤阳地区的一种传统民间歌舞,表演者一边击鼓,一边唱歌。在旧社会,由于安徽境内的淮河流域经常发洪水,一有灾情,老百姓便四处逃荒,沿路乞讨。乞讨的手段之一就是身背花鼓,手执小锣,边敲边舞边唱。《凤阳花鼓》就是当时卖唱者演唱的歌曲。歌中的歌词"身背花鼓走四乡",表现了当时逃荒卖唱时的情景。

五河民歌《摘石榴》。这首歌曲集中体现了我省北部地区的民歌风趣、幽默的特色,曲调优美,旋律流畅,是反映当地农村青年男女恋爱细节的民间小调。歌中叙述一位姑娘在园中摘石榴,她的情人想和她约会,隔墙扔了一块石头,不巧打在姑娘头上的情景。是上世纪50年代初由五河县小溪镇当地艺术团团长霍锦堂老人改编而成的一出反抗农村包办婚姻,追求自由恋爱的二人小戏。当时由王万侠(饰嫂子)、安华芝(饰小姑子)、张相千(饰小生)三人演唱,受到百姓喜爱。艺术团也主动出击,到各地巡演,喝彩声不绝于耳,各地争相学唱,传唱大江南北。淮南籍著名女民歌手、被誉为"中国民歌四小名旦"、中国东方歌舞团的青年歌唱演员张燕,在第二届中国中部投资贸易博览会开幕式文艺晚会上演唱了这首歌曲,作为中国中部省份安徽的推介。这也是享誉全国、传遍世界的著名曲目,在2001年南宁国际民歌艺术节上,来自安徽省五河县的选手以这首歌获得全国金奖。同时获金奖的还有五河另一位选手唱的民歌《打菜薹》,《打菜薹》则表现了一个纯真少女在劳动之余思念心上人,向往美好生活的爱情故事!

这些经典民歌所呈现的独特旋律,在喧哗繁复的人世间,不间断送入你我的耳朵,涤荡心灵,丰富人生,增强你我对皖风徽韵的深情,对安徽的爱。

思考与练习

一、阅读课文,理解安徽民歌的地域特点。

二、本文采用由总到分的结构形式,试举例加以说明。

三、学唱一首家乡民歌。

应用写作二　读后感

范例　　　　　读彭端淑《为学》

　　读过彭端淑《为学》,大家多会对富僧大加批评,诚然,富僧拥有雄厚的物质基础,而没能到南海,这确实是应该大加斥责的。但是,大家多忽视了另一方面,那就是富僧听到贫僧由南海回来之后,脸上显出的"惭色"。仅此一点,笔者认为也是值得赞许的,因为能显出"惭色",就说明他有了悔意,他的"惭色"至少会成为他尔后实现理想的一种动力。

　　在人生的道路上,谁能不办错一两件事?重要的是做错之后如何对待,一个人如果能在做错之后显出"惭色",那就说明他已经认错了,并可能在此之后有悔改。

　　展开历史的画卷,让我们看一看那些没有实现理想于惭愧之后奋发有为的人,是如何面对失败与挫折的。我国古代文学家苏洵,他举进士不中,有"惭色"烧尽以前所写之文,闭户苦读,通读六经、百家之说,终于成为著名的文学家。异邦音乐大师贝多芬,32岁时突然耳聋了。当时他心情痛苦绝望之极,甚至一度闪过自杀的念头,有"惭色"后并没自杀,反而以惊人的勇气和毅力克服了困难。最后一部杰作——《第九交响曲》是在他的听觉完全丧失后完成的。

　　再拿我们当代的事例来说吧,当代保尔——张海迪,在医院工作时,有人拿着一瓶贴着外文商标的西药,求她翻译。这时她并不懂外文,因而她只好惭愧地摇摇头,而就在这以后,她立志要学好外语,终于掌握了几门外国语言。……

　　从以上事例中,我们可以看出失败和挫折并不可怕,可怕的是在失败中永不爬起。一次失败,只不过是多了一次更好地反省自己,从而更好地认识自己、认识生活的艰辛的机会。然后,求索、奋斗,开发潜能,激发勇气,磨炼意志创造出难以想象的奇迹。不要在乎别人的嘲笑与讽刺,你应爬起来,在别人的取笑中开拓你的路。

　　在我们学习中,由于各种原因而遭挫,有的人便灰心丧气萎靡不振,甚至麻木不仁。还有的人在失败面前并没有失望,在显出"惭色"以后,能够总结经验和教训,勇往直前,鼓足勇气努力学习,并取得了好成绩。

　　前人在逆境中,在艰苦的环境中能够有这样远大的理想和抱负,我们90年代的青少年在这样好的条件下,难道就没有吗?

简评

　　本文是一篇颇有新意的"读后感"。

首先,文章的立意构思新,撷取的感受点也新。它不同于一般学生写《为学》读后感的思路立意,而是另辟蹊径,紧紧抓住富僧听说贫僧回来之后面有"惭色"这一点,作为自己的感受点,充分肯定富僧有悔改的态度,开展议论,阐述观点。文章就显得别具一格,生气勃勃。

其次,作者运用论据的角度也很有新意。论证中列举的苏洵、贝多芬、张海迪这三个名人是众所周知的,但文章摈弃了人们熟知的有关这三个名人如何奋发成才的材料,却选取了他们在"没有实现理想而惭愧之后""是如何面对失败和挫折的"这方面的材料。这三则材料不但鲜为人知,而且紧扣论点,论点和论据高度统一。

另外,文章在论证过程中,不是简单地进行材料堆砌,而是对这些材料进行深入的剖析。因此文章的论证不但具有新意,而且具有一定的深度。

 写作指导

一、什么是读后感

当人们读到一则材料,一篇文章或一本书,往往会由此及彼地联想到生活中的许多人和事,而产生一些感触、联想和体会,把这些感受行之于文,便是读后感。

读后感包括"读"和"感"两个部分。"读"是"感"的基础,"感"因"读"而触发,没有"读"也就无所谓"感",所以读和感要求首先要精读原作,准确全面地把握原作写作意图和文章所蕴含的思想意义,然后在此基础上对原作进行恰当的引述。为下面的"感"酝酿情感,使"感"有坚实的基础,这样不但有助于立论的确立,而且本身就是为立论服务的一个有力的论据。离开了对原文思想核心的理解和掌握,读后感就成了空中楼阁,而缺乏高度的语言组织和概括能力,写作时往往陷入对原文冗长的复述而喧宾夺主。对原文照抄照搬,面面俱到,则是学生写读后感的通病。

其次,感是核心。这里的感,既不是离开原文的空发议论,也不是对原作内容的简单重复,而是作者在原作思想观念的启迪下产生的新的观念,是心灵的闪光,是认识的飞跃。一般地说,读后感的"感"有两种情况。一种情况是通过对原文思想的进一步阐发,来表现作者认识的深化。另一种情况是作者在原作思想内容的基础上生发出来的新的观点。不论是对原作思想内容的进一步解释,还是在原作思想内容的基础上产生新的观念,都必须体现作者认识的进一步提高和深化,力求新颖别致,切忌蜻蜓点水,不深不透,这样才算真有所感,感到了实处。

再次,联系实际是关键。读后感既要从原文出发,但又不能局限于原文就事论事,而要联系自己、他人、社会的实际,有的放矢,展开联想,深入挖掘,写出"感受"的普遍意义来。因为读后感的生命在于"联系实际,有感而发"。所谓联系实际,一般包含两方面内容,一是联系现实生活中与材料有内在联系的人和事,以此来作比较、对照。二是要结合自身生活经历中一些有代表意义并与所供材料联系紧密的生动事例。通过丰富的联想,引用古今中外能证明论点的事例或富有哲理的理论论据,既可充实文章内容,也可深化中心论点,加强文章的说服力。所以从本质上讲,读后感的写作过程,就是作者以原作的主题为指导,分析研究实际问题后,将获得的新的观念用文字表达出来的思维过程。

二、读后感的写作

读后感的结构应是怎样的呢?它可用"引—议—联—结"四个字加以概括。

(1)"引",即简述原文有关内容。如所读书、文的篇名、作者、写作年代,以及原书或原文的内容概要。写这部分内容是为了交代感想从何而来,并为后文的议论作好铺垫。这部分一定要突出一个"简"字,绝不能大段大段地叙述所读书、文的具体内容,而是要简述与感想有直接关系的部分,略去与感想无关的东西。

(2)"议",即亮明基本观点。选择感受最深的一点,用一个简洁的句子明确表述出来。这样的句子可称为"观点句"。这个观点句表述的,就是这篇文章的中心论点。"观点句"可以在篇首,也可以在篇末或篇中。初学写作的同学,最好采用开门见山的方法,把观点写在篇首。

(3)"联",即围绕基本观点摆事实讲道理。这部分就是议论文的本论部分,是对基本观点(即中心论点)的阐述,通过摆事实讲道理证明观点的正确性,使论点更加突出、更有说服力。这个过程应注意的是,所摆事实、所讲道理都必须紧紧围绕基本观点,为基本观点服务。

(4)"结",即围绕基本观点联系实际。一篇好的读后感应当有时代气息,有真情实感。要做到这一点,必须善于联系实际。这"实际"可以是个人的思想、言行、经历,也可以是某种社会现象。联系实际时也应当注意紧紧围绕基本观点,为观点服务,而不能盲目联系、前后脱节。

以上四点是写读后感的基本思路,但是这思路不是一成不变的,要善于灵活掌握。比如,"简述原文"一般在"亮明观点"前,但二者先后次序互换也是可以的。再者,如果在第三个步骤摆事实讲道理时所摆的事实就是社会现象或个人经历,就不必再写第四个部分了。

写读后感应注意以下问题:

一是要重视"读"。在"读"与"感"的关系中,"读"是"感"的前提、基础,"感"是"读"的延伸或结果。必须先"读"而后"感",不"读"则无"感"。因此,要写读后感首先要读懂原文,要准确把握原文的基本内容,正确理解原文的中心思想和关键语句的含义,深入体会作者的写作目的和文中表达的思想感情。

二是要准确选择感受点。读完一本书或一篇文章,会有许多感想和体会;对同样一本书或一篇文章,不同的人从不同的角度思考问题,更是会产生不同的看法、受到不同的启迪。以大家熟知的"滥竽充数"成语故事为例,从讽刺南郭先生的角度去思考,可以领悟到没有真本领蒙混过日子的人早晚要"露馅",认识到掌握真才实学的重要性;若是考虑在齐宣王时南郭先生能混下去的原因,就可以想到领导者要有实事求是的领导作风,不能搞华而不实,否则会给浑水摸鱼的人留下空子可钻;再要从管理体制的角度去思考,就可进一步认识到齐宣王的"大锅饭"缺少必要的考评机制,为南郭先生一类的人提供了饱食终日混日子的客观条件,从而联想到改革开放以来,打破"铁饭碗",废除大锅饭的必要性。一篇读后感,不能写出诸多的感想或体会,这就要加以选择。作为初学者,就要选择自己感受最深又觉得有话可说的一点来写。要注意把握分析问题的角度,注意联系自己的实际情况,从众多的头绪中选择最恰当的感受点,作为全文议论的中心。

三要写得有真情实感。不要矫揉造作地拼凑感受,要避免公式化。上半篇介绍文章内容,下半篇对照自己联系实际来个自我批评,最后再来写上几句空洞的保证。我们要开放思路,只有真正理解原文闪耀的思想火花和艺术力量,真切的感受才会骤然产生。

四要写独特新鲜的感受。检查式的读后感不可取,要尽力写出有新意的见解来感染读者。例如王安石《读孟尝君传》一反常人论调,说孟尝君只是好做鸡鸣狗盗之徒的首领,所以真正有治国之才的士一个也没得到。全文不到一百字,却被誉为驳论文的"千秋绝调"。

写作练习

阅读短文,写一篇读后感。

有一对兄弟,他们住在80层楼上。有一天他们外出旅行回家,发现大楼停电了!虽然他们背着大包的行李,但看来没有什么别的选择,于是哥哥对弟弟说,我们就爬楼梯上去!于是,他们背着两大包行李开始爬楼梯。爬到20楼的时候他们开始累了,哥哥说:"包包太重了,不如这样吧,我们把包包放在这里,等来电后坐电梯来拿。"于是,他们把行李放在了20楼,轻松多了,继续向上爬。

他们有说有笑地往上爬,但是好景不长,到了40楼,两人实在累了。想到还只爬了一半,两人开始互相埋怨,指责对方不注意大楼的停电公告,才会落得如此下场。他们边吵边爬,就这样一路爬到了60楼。到了60楼,他们累得连吵架的力气也没有了。弟弟对哥哥说:"我们不要吵了,爬完它吧。"于是他们默默地继续爬楼,终于80楼到了!兴奋地来到家门口兄弟俩才发现他们的钥匙留在了20楼的包包里了……

有人说,这个故事其实就是反映了我们的人生:20岁之前,我们活在家人、老师的期望之下,背负着很多的压力、包袱,自己也不够成熟、能力不足,因此步履难免不稳。20岁之后,离开了众人的压力,卸下了包袱,开始全力以赴地追求自己的梦想,就这样愉快地过了20年。可是到了40岁,发现青春已逝,不免产生许多的遗憾和追悔,于是开始遗憾这个、惋惜那个、抱怨这个、嫉恨那个……就这样在抱怨中度过了20年。到了60岁,发现人生已所剩不多,于是告诉自己不要再抱怨了,就珍惜剩下的日子吧!于是默默地走完了自己的余年。到了生命的尽头,才想起自己好像有什么事情没有完成……原来,我们所有的梦想都留在了20岁的青春岁月,还没有来得及完成……

口语交际五　演　讲

一、演讲的含义

广义的演讲:凡是以多数人为听众进行的讲话,都可以叫演讲。

狭义的演讲:特指在公众场合就某问题或某事件发表自己见解的一种口语形式。借助有声语言和态势语言,面对广大听众发表意见、抒发感情,从而达到感召听众的一种口语表达方式。

二、演讲的特点

(1)"讲"、"演"同步、声形结合:演讲必须具备三个要素:演讲者、信息、听众。对演讲者来说,要靠声音和体态语言来传递信息;对听众来说,不仅需听,而且要看,视听同时起作用来接受演讲者所传达的信息。

(2)针对性:演讲是一种针对性很强的社会实践活动,具有强烈的时代色彩。古今中外的著名演讲,无不切合时代的脉搏,为时代呐喊,也是时代特征的折射。

(3)鼓动性:说服和鼓动是演讲的重要特征,也是演讲的最终目的。

(4)要达到演讲的目的,演讲本身必须具备很强的艺术感染力。演讲的艺术感染力来自于演讲的语言艺术、内容的安排和演讲者的风度、仪表等。

三、演讲必备的条件

演讲者:演讲活动的主体,信息的发源地。

演讲者的修养:理论修养,品德修养,学识修养,气质修养。

四、演讲的种类

(1)从内容分:政治演讲、学术演讲、管理演讲、交际演讲。

(2)从形式分:命题演讲、即兴演讲、论辩演讲。

(3)从风格分:激昂型、深沉型、严谨型、活泼型。

五、演讲的注意事项

(1)开场白很重要,但是不应太长,重点是抛出问题或激发兴趣。

(2)站起来讲,要时刻意识到是面对听众而不是屏幕,照顾到整个会场。

(3)需要观察听众对你所讲内容的反应,激发听众的兴趣,保持他们的注意力。

(4)语音和语调都很重要,该快则快,该重则重,该停顿处则适当停顿。
(5)和听众应有适当的交流互动,但是不可太多。
(6)手势和小动作都不应该太多,而且肢体动作要注意和所讲内容相配合。

借鉴实例

将演讲进行到底
李 梅①

尊敬的评委、亲爱的朋友们:大家好!

我为什么要将演讲进行到底呢?因为,演讲是适合我的一种劳动方式。它已经内化到我的意识深处,成了我的一种自然而然的社会实践活动。

记得上小学的时候,我被老家祁东县一个远近闻名的"李铁嘴"所启迪。这个李铁嘴文化水平不高,口才却很棒。哪里不平哪有他,哪里有吃也有他。不管再大的纠纷和矛盾,只要他一出口便大事化小、小事化了。我很佩服他。我就跟着他。久而久之,他便悄悄地给了我两个锦囊:一是能说会道可以混到饭吃,二是群众喜欢精彩的演讲。

1996年3月,湖南省演讲学会李钢会长将我引进到演讲队伍。从此,我与演讲结下了不解之缘。拉起衡阳市演讲大旗,创办《演讲艺术报》,主办演讲大赛,培训演讲人才。哪里有我哪里就有演讲的声音,哪里有演讲活动哪里就有我出现的身影。到如今我的演讲、讲座已有300多场。记录演讲笔记100多万字。整理、创作群众喜闻乐听的语言上万条。不管寒冬酷暑,际遇升迁,这一辛勤劳动就是弹指一挥间的10个春秋。

10年间,我跨越了2500多年的演讲时空。仰望古希腊苏格拉底、柏拉图智慧美德对话的神采,观摩狄摩西尼思想政治斗争的基地;聆听到孔子周游列国的《论语》,看到了春秋战国的舌战风云;探寻我国历史上第一位演讲学教授邵守义的演讲法宝,必读《演讲与口才》杂志为我所用的经典;欣赏李燕杰塑造美的心灵的艺术之巅,感悟到刘吉对话演讲的魅力,为景老克宁诠释着生命的意义所震撼。我在演讲这个富矿中辛勤劳动、寻宝挖金:挖到了智慧巨人的艺术、玄奥平易的科学、思想交锋的武器、情感美德的载体,我还挖到了演讲这个管理社会的工具。

有一次,我在古罗马西塞罗那里碰撞出"演讲术视为国家管理民众工具之一"的火花,这么一碰撞,还真的将演讲用到了管理上。我是衡阳市面向全国公开选拔大中型企业领导的第一个法人代表。担任厂长、党委书记8年,我就讲了

---

① 李梅,曾任某县乡政府的干部。上世纪90年代末,衡阳市委为振兴经济,挽救部分濒临破产的国有企业,面向全国公开招考27名大中型企业的厂长、经理。李梅凭着自己的才能、思想、经营理念和雄辩的口才,在数百位应聘者中脱颖而出,成了衡阳市玛钢厂的厂长兼党委书记。

8年:讲政策,使人懂、使人明;讲改制,使人知、使人信;讲真理,精辟透彻。讲稳定,寓事于理。这一讲还真讲出了老有所养、病有所医、人有所得的实惠;讲来了筑巢引凤的商机,讲破了2000多万元的债务,讲活了企业的起死回生。这个时候,我才真正体会到:什么叫"一人之辩,重于九鼎之宝;三寸之舌,强于百万之师"。

有人说,十年磨一"剑"。我呢?我的十年磨成了一个"家"吗?没有。我既没有磨成演讲理论家,又没有磨成演讲艺术家,也没有磨成演讲实践家。是改弦易辙另谋他图,还是不撞南墙不回头?我,撞到南墙也不回头!

因为,我以辛勤劳动为荣,以辛勤劳动丰富我的人生。

如果,我有很高的才华,只要辛勤劳动,就会绽放出演讲理论家的光彩;如果,我有很高的天赋,只要辛勤劳动,就会绽放出演讲艺术家的光环;如果,我没有很高的才华和天赋,只有平庸的智力,只要我劳动、劳动再劳动,也会绽放出演讲实践家的光艳!

坐等成功就是一个希望月亮变成金子的傻瓜!

将演讲进行到底,才能使辛勤劳动换化为演讲家成功的天才!谢谢!

(此稿在2006年全国"知荣辱、树新风"演讲大赛112篇参赛演讲辞中脱颖而出,获得了全国最佳演讲辞奖)

> 简评

该文语言流畅,气势磅礴,构思精妙,理论联系实际,以其自身的思想、工作为线索贯穿全文,细细展开演说,将人引入演讲的最高境界,不由自主地受其感染;此文理论性较强,文学性的语言与口语化的言词相结合,形成了独特的演讲写作风范,从家乡的李铁嘴说起到古希腊的苏格拉底、柏拉图和中国古代的孔子,再到近现代的邵守义、李燕杰、刘吉等。文章思绪飘曳,思路开阔,哲理严谨,行文洒脱,给人以美的享受;该文具有较深厚的演讲文化底蕴,以诗歌化的文采、哲理化的思想、演讲化的语言,向世人细说了一名演讲实践者的责任和秉性。

> 口语练习

就下列话题作演讲、交谈或辩论练习:
1. 我的兴趣;我的自由观;我的幸福观。
2. 选择老板,还是被老板选择,还是自己做老板?
3. 专业学习应该重知识,还是重技能,又或者是并重?
4. 设想自己将要谋求或竞选某一职位,作一个自我介绍或竞选演说。

语文实践活动五 "家乡美"主题演讲会

一、活动主题

赞美自己的家乡

二、活动目的和要求

1. 培养学生热爱家乡、热爱祖国的思想感情。
2. 锻炼演讲的技巧。
3. 会写介绍类演讲稿。
4. 要求全班同学参加。

三、活动内容及步骤

1. 活动组织者先确定参加演讲的同学。(以来自不同地方的同学为宜,如有来自相同地方的同学,必须明确不同的演讲主题;以每人10分钟为计,人数不宜超过10人)
2. 聘请相关老师和同学担任评委。
3. 确定获奖等级并购买相应奖品。
4. 确定主持人。主持人应了解每位同学的演讲辞并设计好串联词。

第六单元

自然奥秘

单元导读

随着人类文明的不断进步和科学技术的飞速发展，人类对身边事物规律和对未知世界的探索也在持续地深入中，由最初对宇宙和自然的懵懂好奇、猜测与幻想到今天有了载人飞船的太空遨游这一系列认知上的飞跃。但是直到今天，还有很多的问题是悬而未决的谜团，对此，人类继续进行着研究与探索，而很多研究成果需要从被少数人得知到为多数人了解，从文学领域上来讲，科普作品无疑是承载这一任务的有效文化载体。本单元选取的五篇课文均属介绍自然奥秘的说明文。

本单元选取的课文涉及了天文、地理、生物及未来对外太空探索的研究，《神奇的极光》介绍的是内陆地区无法见到的一种大气发光现象；"蝉"是大家非常熟悉的一种生物，但对它的习性很多人并不了解，相信学习了《蝉》以后，大家对"蝉"会有更清楚的认识；《空间和时间旅行》用缜密的推理和大胆的想象，阐述了星际和星系之间旅行的有关知识；《蚁与蝶的生死之交》客观地介绍了蚂蚁与欧洲蓝蝶相互依存的关系和相依为命的过程，文章内容让人警醒；《雁荡山》是一篇古文，文章介绍的因流水侵蚀而形成高山的理论比外国人要早七百多年。这几篇文章的作者在说明的过程中，在符合客观实际，提供可靠、科学根据并运用多种说明方法准确加以说明的同时，运用比喻、拟人等多种文学表现手法，将说明对象形象化、人格化，将复杂、深奥的科学知识深入浅出地展现给读者。"言而无文，行之不远"，正是由于多种文学表现手法的综合运用，使得普通读者对复杂的专业知识读来也趣味盎然。

本单元还包括应用文写作知识——"经济合同"和口语知识——"推销"。

　　经济合同是现实生活中经常会遇到的一种应用文体,它规定了当事人双方的权利和义务。因此在制定的过程中,当事人双方都会尽可能地多争取一点权利,少尽一点义务。学习一点经济合同的知识能有效地规避此类风险。

　　推销是商业社会最常见的现象之一,很多商业巨子都是从推销做起的,学一点推销知识对以后走向社会大有裨益。

　　本单元的语文实践活动我们安排的是"贸易洽谈会",贸易洽谈会有大有小,让我们从最基本的做起。

二十六　神奇的极光

曹　冲

　　本文通过古老的神话传说入手,从表象到实质介绍了南北极地区特有的一种大气发光现象,说明极光存在的悠久历史和地域,再诠释极光的定义,介绍极光的性质。接着在"极光一瞥"中介绍极光发生的区域,以及多姿多彩、变化万千的形态特征。"极光的来龙去脉"则是由表及里介绍极光的物理性,形成的条件、原理。最后以"极光也还有许许多多没有解开的谜"收束全文,使读者理性地认识、了解极光。

　　本文在说明时运用定义、解释、分类、比喻等多种说明方法,在说明中融入生动描写和恰当比喻,使文章通俗易懂。

古老的神话传说

　　相传公元前两千多年的一天,夜来临了。随着夕阳西沉,夜已将它黑色的翅膀张开在神州大地上,把远山、近树、河流和土丘,以及所有的一切全都掩盖起来。一个名叫附宝②的年轻女子独自坐在旷野上,她眼眉下的一湾秋水闪耀着火一般的激情,显然是被这清幽的夜晚深深地吸引住了。夜空像无边无际的大海,显得广阔、安详而又神秘。天幕上,群星闪闪烁烁,静静地俯瞰着黑魆

---

　　① 选自《极光的故事》(海洋出版社1989年版)。
　　② 附宝:黄帝的母亲。《河图稽命征》上说:"附宝见大电光绕北斗枢星,照耀郊野,感而孕二十五月,而生黄帝轩辕于青邱。"

魆的地面,突然,在大熊星座①中,飘洒出一缕彩虹般的神奇光带,如烟似雾,摇曳不定,时动时静,像行云流水,最后化成一个硕大无比的光环,萦绕在北斗星的周围。其时,环的亮度急剧增强,宛如皓月悬挂当空,向大地泻下一片淡银色的光华,映亮了整个原野。四下里万物都清晰分明,形影可见,一切都成为活生生的了。附宝见此情景,心中不禁为之一动。由此便身怀六甲,生下了个儿子。这男孩就是黄帝轩辕氏。以上所述可能是世界上关于极光的最古老神话传说之一。

在我国的古书《山海经》中也有极光的记载。书中谈到北方有个神仙,形貌如一条红色的蛇,在夜空中闪闪发光,它的名字叫触龙。关于触龙有如下一段描述:"人面蛇身,赤色,身长千里,钟山之神也。"这里所指的触龙,实际上就是极光。

极光是天空中一种特殊的光,是人们能用肉眼看得见的唯一的高空大气现象,它常常出现在南北半球的高纬地区,主要是在南极区和北极区。这种光的美丽显示,是由高空大气中的放电辐射造成的。出现在北半球的叫做北极光,出现在南半球的叫做南极光;南北极光泛称极光。在我国所能见到的当然是北极光。在古代,我国没有极光这个词,所以是根据极光的形状差异分别加以称谓,如叫做"天狗"、"刀星"、"蚩尤旗"、"天开眼"、"星陨如雨"等等,它们大部分散落在史书的星象、妖星、异星、流星、祥气的记载中。

极光这一术语来源于拉丁文伊欧斯②一词。传说伊欧斯是希腊神话中"黎明"(其实,指的是晨曦和朝霞)的化身,是希腊神泰坦③的女儿,是太阳神和月亮女神的妹妹,她又是北风等多种风和黄昏星等多颗星的母亲。极光还曾被说成是猎户星座④的妻子。在艺术作品中,伊欧斯被说成是一个年轻的女人,她不是手挽个年轻的小伙子快步如飞地赶路,便是乘着飞马驾挽的四轮车,从海中腾空而起;有时她还被描绘成这样一个女神,手持大水罐,伸展双翅,向世上施舍朝露,如同我国佛教故事中的观音菩萨,普洒甘露到人间。

极光一瞥

极光被视为自然界中最漂亮的奇观之一。如果我们乘着宇宙飞船,越过地球的南北极上空,从遥远的太空向地球望去,会见到围绕地球磁极存在一个闪闪发亮的光环,这个环就叫做极光卵。由于它们向太阳的一边有点被压扁,

---

① 大熊星座:即北斗星,由七颗明亮的星组成,分布成勺形。
② 伊欧斯:古罗马神话中的黎明女神。
③ 泰坦:一般译作"提坦",这里指提坦许佩里翁,伊欧斯之父,天神乌剌诺斯和地神盖亚的儿子。
④ 猎户星座:赤道带的星座之一,由两颗一等星、五颗二等星及其他更暗的星组成。

而背太阳的一边却稍稍被拉伸,因而呈现出卵一样的形状。极光卵处在连续不断的变化之中,时明时暗,时而向赤道方向伸展,时而又向极点方向收缩。处在午夜部分的光环显得最宽最明亮。长期观测统计结果表明,极光最经常出现的地方是在南北磁纬度67度附近的两个环带状区域内,分别称作南极光区和北极光区。在极光区内差不多每天都会发生极光活动。在极光卵所包围的内部区域,通常叫做极盖区,在该区域内,极光出现的机会反而要比纬度较低的极光区来得少。在中低纬地区,尤其是近赤道区域,很少出现极光,但并不是说压根儿观测不到极光。1958年2月10日夜间的一次特大极光,在热带都能见到,而且显示出鲜艳的红色。这类极光往往与特大的太阳耀斑爆发和强烈的地磁暴有关。

在寒冷的极区,人们举目瞭望夜空,常常见到五光十色、千姿百态、各种各样形状的极光。毫不夸大地说,在世界上简直找不出两个一模一样的极光形体来。从科学研究的角度,人们将极光按其形态特征分成五种:一是底边整齐微微弯曲的圆弧状的极光孤;二是有弯扭折皱的飘带状的极光带;三是如云朵一般的片朵状的极光片;四是面纱一样均匀的帐幔状的极光幔;五是沿磁力线方向的射线状的极光芒。

极光形体的亮度变化也是很大的,从刚刚能看得见的银河星云般的亮度,一直亮到满月时的月亮亮度。在强极光出现时,地面上物体的轮廓都能被照见,甚至会照出物体的影子来。最为动人的当然是极光运动所造成的瞬息万变的奇妙景象。我们形容事物变得快时常说:"眼睛一眨,老母鸡变鸭。"极光可真是这样,翻手为云,覆手为雨,变化莫测,而这一切又往往发生在几秒钟或数分钟之内。极光的运动变化,是自然界这个魔术大师,以天空为舞台上演的一出光的活剧,上下纵横成百上千公里,甚至还存在近万公里长的极光带。这种宏伟壮观的自然景象,好像沾了一点仙气似的,颇具神秘色彩。令人叹为观止的则是极光的色彩,早已不能用五颜六色去描绘。说到底,其本色不外乎是红、绿、紫、蓝、白、黄,可是大自然这一超级画家用出神入化的手法,将深浅浓淡、隐显明暗一搭配、一组合,好家伙,一下子变成了万花筒啦。根据不完全的统计,目前能分辨清楚的极光色调已达一百六十余种。

极光这般多姿多彩,如此变化万千,又是在这样辽阔无垠的穹隆中、漆黑寂静的寒夜里和荒无人烟的极区,此情此景,此时此刻,面对五彩缤纷的极光图形,亲爱的读者,你说能不令人心醉,不叫人神往吗?无怪乎在许许多多的极区探险者和旅行家的笔记中,描写极光时往往显得语竭词穷,只好说些"无法以言语形容""再也找不出合适的词句加以描绘"之类的话作为遁词。是的,普通的美丽、壮观、奇妙等字眼在极光面前均显得异常的苍白无力,可以说,即使有生花妙笔也难述说极光的神采、气势、秉性脾气于万一。

极光的来龙去脉

长期以来,极光的成因机理未能得到满意的解释。在相当长一段时间内,人们一直认为极光可能是由以下三种原因形成的。一种看法认为极光是地球外面燃起的大火,因为北极区临近地球的边缘,所以能看到这种大火。另一种看法认为,极光是红日西沉以后,透射反照出来的辉光。还有一种看法认为,极地冰雪丰富,它们在白天吸收阳光,贮存起来,到夜晚释放出来,便成了极光。总之,众说纷纭,无一定论。直到20世纪60年代,将地面观测结果与卫星和火箭探测到的资料结合起来研究,才逐步形成了极光的物理性描述。

现在人们认识到,极光一方面与地球高空大气和地磁场的大规模相互作用有关,另一方面又与太阳喷发出来的高速带电粒子流有关,这种粒子流通常称为太阳风。由此可见,形成极光必不可少的条件是大气、磁场和太阳风,缺一不可。具备这三个条件的太阳系其他行星,如木星和水星,它们的周围,也会产生极光,这已被实际观察的事实所证明。

地磁场分布在地球周围,被太阳风包裹着,形成一个棒槌状的胶体,它的科学名称叫做磁层。为了更形象化,我们打这样一个比方。可以把磁层看成一个巨大无比的电视机显像管,它将进入高空大气的太阳风粒子流汇聚成束,聚焦到地磁的极区,极区大气就是显像管的荧光屏,极光则是电视屏幕上移动的图像。但是,这里的电视屏幕却不是18英寸或24英寸,而是直径为4000公里的极区高空大气。通常,地面上的观众,在某个地方只能见到画面的1/50。在电视显像管中,电子束击中电视屏幕,因为屏上涂有发光物质,会发射出光,显示成图像。同样,来自空间的电子束,打入极区高空大气层时,会激发大气中的分子和原子,导致发光,人们便见到了极光的图像显示。在电视显像管中,是一对电极和一个电磁铁作用于电子束,产生并形成一种活动的图像。在极光发生时,极光的显示和运动则是由于粒子束受到磁层中电场和磁场变化的调制造成的。

极光不仅是个光学现象,而且是个无线电现象,可以用雷达进行探测研究,它还会辐射出某些无线电波。有人还说,极光能发出各种各样的声音。极光不仅是科学研究的重要课题,它还直接影响到无线电通信、长电缆通信,以及长的管道和电力传送线等许多实用工程项目。极光还可以影响到气候,影响生物学过程。当然,极光也还有许许多多没有解开的谜。

思考与练习

一、下列术语解释错误的一项是(　　)

A. 从遥远的太空向地球望去,会见到围绕地球磁极存在一个闪闪发光的光环,这个环就叫做极光卵。

B. 极光最经常出现的地方是在南北磁纬度67度附近的两个环带状区域内,分别称作南极光区和北极光区。

C. 在极光卵包围的内部区域以外,通常叫做极盖区。

D. 地磁场分布在地球周围,被太阳风包裹着,形成一个棒槌状的腔体,它的科学名称叫做磁层。

二、下列各组词语中加点的字读音正确的一项是(　　)

A. 俯瞰(hàn)　　黑魆魆(xū)　　轩辕(xuānyuán)　　蚩尤(zhìyóu)
B. 瞭(liào)望　　极光幔(màn)　　穹隆(qónglóng)　　秉(chéng)性
C. 贮(chǔ)存　　棒槌(chuí)状　　调(tiáo)制　　无垠(yín)
D. 晨曦(xī)　　粒子束(shù)　　瞬(shùn)息　　触(chù)龙

三、阅读分析第一节"古老的神话传说",回答下列问题。

1. 本节一共列举了几个神话故事?请给每一个故事取名。
2. 从第一节的神话传说,我们可以看出极光有哪些特点?
3. 从本节来看四个段落说明的侧重点有所不同,它们各是从什么角度来说明的?

四、现在的科学研究认为,形成极光的三个必不可少的条件是什么?

二十七　蝉①

法布尔②

学习提示

> 这是一篇介绍动物生态的科学小品，用第一人称，生动有趣地介绍了蝉的生活习性和生长过程。
>
> 本文在写作顺序上颇具特色，它不是按照蝉的生长过程来写，而是采用了倒叙的方法，先说明蝉从幼虫到成虫的生长过程，再写蝉从产卵到幼虫的生长过程。这样写，似乎颠倒了蝉由卵到幼虫，由幼虫再到成虫的生长过程，但读起来仍觉得条理清楚，安排有序。另外，文中多处运用了拟人的修辞手法，使蝉具有人的思想行为和爱憎感情，因而读起来亲切动人。

蝉的地穴

我有很好的环境可以研究蝉的习性。一到七月初，蝉就占据了我门前的树。我是屋里的主人，它却是门外的统治者。有了它的统治，无论怎样总是不很安静的。

每年蝉的初次出现是在夏至。在阳光曝晒的道路上有好些小圆孔，孔口与地面相平。蝉的幼虫就从这些圆孔爬出，在地面上变成完全的蝉。蝉喜欢

---

① 节选自《昆虫的故事》。
② 法布尔(1823～1915)，法国昆虫学家、动物行为学家、作家。他的《昆虫的故事》是介绍昆虫生活情态的书。他笔下的科学小品，不但有很强的科学性和丰富的知识性，而且写事、说物、言理情趣盎然，别具一格，被世人称为"昆虫界的荷马"。

顶干燥、阳光顶多的地方。幼虫有一种有力的工具，能够刺透晒干的泥土和沙石。我要考察它们遗弃下的储藏室，必须用刀子来挖掘。

这小圆孔约一寸口径，周围一点土都没有。大多数掘地昆虫，例如金蜣，窠^①外面总有一座土堆。这种区别是由于它们工作方法的不同。金蜣的工作是由洞口开始，所以把掘出来的废料堆积在地面。蝉的幼虫是从地下上来的，最后的工作才是开辟大门口。因为门还未开，所以不可能在门口堆积泥土。

蝉的隧道大都是深十五六寸，下面较宽大，底部却完全关闭起来。做隧道的时候，泥土搬到哪里去了呢？为什么墙壁不会塌下来呢？谁都以为幼虫用有爪的腿爬上爬下，会将泥土弄塌了，把自己的房子塞住。其实，它的动作简直像矿工或铁路工程师。矿工用支柱支撑隧道，铁路工程师用砖墙使地道坚固。蝉同他们一样聪明，在隧道的墙上涂上灰泥。它身子里藏有一种极粘的液体，可以用来做灰泥。地穴常常建筑在含有汁液的植物根须上，为的是可以从根须中取得汁液。

能够很随便地在穴道内爬上爬下，这是很重要的。它必须先知道外面的气候是怎样的，才能决定可以出去晒太阳的日子来到没有。所以它工作好几个星期，甚至几个月，做成一圈涂墁^②得很坚固的墙壁，以求适于上下爬行。隧道的顶上留一层一指厚的土，用来抵御外面的恶劣气候，直到最后一刹那。只要有一些好天气的消息，它就爬上来，利用顶上的薄盖去考察气候的情况。

假使它估量到外面有雨或风暴——纤弱的幼虫脱皮的时候，这是一件顶重要的事情——它就小心谨慎地溜到温暖严紧的隧道底下。如果气候看来很温暖，它就用爪击碎天花板，爬到地面上来。

它臃肿的身体里面有一种汁液，可以用来抵御穴里的尘土。它掘土的时候，将汁液喷洒在泥土上，使泥土成为泥浆，于是墙壁就更加柔软。幼虫再用它肥重的身体压上去，使烂泥挤进干土的罅隙。所以，它在地面上出现的时候，身上常有许多潮湿的泥点。

蝉的幼虫初次出现于地面，常常在邻近的地方徘徊，寻求适当的地点——一棵小矮树，一丛百里香，一片野草叶，或者一根灌木枝——脱掉身上的皮。找到就爬上去，用前爪紧紧地把握住，丝毫不动。

于是它外层的皮开始由背上裂开，里面露出淡绿色的蝉体。头先出来，接着是吸管和前腿，最后是后腿与折着的翅膀。这时候，除掉尾部，全体都出来了。

---

① 窠（kē）：鸟兽住的窝。
② 墁（màn）：把砖或石块铺在地面上。

接着,它表演一种奇怪的体操。在空中腾跃,翻转,使头部倒悬,折皱的翼向外伸直,竭力张开。然后用一种几乎看不清的动作,尽力翻上来,并用前爪钩住它的空皮。这个动作使尾端从壳中脱出。总的过程大概要半点钟。

这个刚得到自由的蝉,短期内还不十分强壮。在它的柔弱的身体还没有足够的力气和漂亮的颜色以前,必须好好地沐浴阳光和空气。只用前爪挂在已脱下的壳上,摇摆在微风中,依然很脆弱,依然是绿色的。直到变成棕色,才同平常的蝉一样强壮了。假定它在早晨九点钟占据了树枝,大概要到十二点半才扔下它的皮飞去。空壳挂在树枝上,有时可达一两个月之久。

蝉的卵

普通的蝉喜欢在干的细枝上产卵。它选择最小的枝,像枯草或铅笔那样粗细,而且往往是向上翘起,差不多已经枯死的小枝。

它找到适当的细树枝,就用胸部的尖利工具刺成一排小孔。这些小孔的形成,好像用针斜刺下去,把纤维撕裂,并微微挑起。如果它不受干扰,一根枯枝常常刺出三四十个孔。卵就产在这些孔里。小孔成为狭窄的小径,一个个斜下去。一个小孔内约生十个卵,所以生卵总数为三四百个。

这是一个蝉的很好的家庭。它之所以产这么多卵,是为了防御某种特别的危险。必须有大量的卵,遭到毁坏的时候才可能有幸存者。我经过多次的观察,才知道这种危险是什么。这是一种极小的蚋①,蝉和它比起来,简直成为庞大的怪物。

蚋和蝉一样,也有穿刺工具,位于身体下面近中部处,伸出来和身体成直角。蝉卵刚产出,蚋立刻就想把它毁掉。这真是蝉家族的大灾祸。大怪物只须一踏,就可轧扁它们,然而它们置身于大怪物之前却异常镇静,毫无顾忌,真令人惊讶。我曾看见三只蚋依次呆在那里,准备掠夺一只倒霉的蝉。

蝉刚把卵装满一个小孔,到稍高的地方另做新孔,蚋立刻来到这里。虽然蝉的爪可以够着它,而蚋却很镇静,一点不害怕,像在自己家里一样,在蝉卵上刺一个孔,把自己的卵放进去。蝉飞去了,多数孔内已混进异类的卵,把蝉的卵毁坏。这种成熟的蚋的幼虫,每个小孔内有一个,以蝉卵为食,代替了蝉的家族。

这可怜的母亲一直一无所知。它的大而锐利的眼睛并不是看不见这些可怕的敌人不怀好意地呆在旁边。然而它仍然无动于衷,让自己牺牲。它要轧碎这些坏种子非常容易,不过它竟不能改变它的本能来拯救它的家族。

---

① 蚋(ruì):小昆虫,体长两三毫米,头小,色黑,胸部隆起,吸人和牲畜的血液。

我从放大镜里见过蝉卵的孵化。开始很像极小的鱼,眼睛大而黑,身体下面有一种鳍状物,由两个前腿联结而成。这种鳍有些运动力,能够帮助幼虫走出壳外,并且帮助它走出有纤维的树枝——这是比较困难的事情。

鱼形幼虫一到孔外,皮即刻脱去。但脱下的皮自动形成一种线,幼虫靠它能够附着在树枝上。幼虫落地之前,在这里行日光浴,踢踢腿,试试它的精力,有时却又懒洋洋地在线端摇摆着。

它的触须现在自由了,左右挥动;腿可以伸缩;前面的爪能够开合自如。身体悬挂着,只要有微风就动摇不定。它在这里为将来的出世做准备。我看到的昆虫再没有比这个更奇妙了。

不久,它落到地上。这个像跳蚤一般大的小动物在线上摇荡,以防在硬地上摔伤。身体在空气中渐渐变坚强了。它开始投入严肃的实际生活中了。

这时候,它面前危险重重。只要一点风就能把它吹到硬的岩石上,或车辙的污水中,或不毛的黄沙上,或坚硬得无法钻下去的粘土上。

这个弱小的动物迫切需要隐蔽,所以必须立刻到地下寻觅藏身的地方。天冷了,迟缓就有死亡的危险。它不得不各处寻找软土。毫无疑问,许多是在没有找到以前就死去了。

最后,它找到适当的地点,用前足的钩扒掘地面。我从放大镜里见它挥动锄头,将泥土掘出抛在地面。几分钟以后,一个土穴就挖成了。这小生物钻下去,隐藏了自己,此后就不再出现了。

未长成的蝉的地下生活,至今还是个秘密,不过在它来到地面以前,地下生活所经过的时间我们是知道的,大概是四年。以后,在阳光中的歌唱只有五个星期。

四年黑暗中的苦工,一个月阳光下的享乐,这就是蝉的生活。我们不应当讨厌它那喧嚣的歌声,因为它掘土四年,现在才能够穿起漂亮的衣服,长起可与飞鸟匹敌的翅膀,沐浴在温暖的阳光中。什么样的钹声①能响亮到足以歌颂它那得来不易的刹那欢愉呢?

思考与练习

一、下面是蝉的生命简史。请根据课文提供的资料,在括号里填上时间词语,然后回答下列问题。

成虫产卵(　　)→蝉卵孵化(　　)→幼虫落到地上(　　)→幼虫钻进地里

---

① 钹(bó)声:蝉鸣声。钹,一种打击乐器。

（　　）→幼虫从地穴里爬出（　　）→幼虫爬上灌木枝或草叶（　　）→幼虫蜕变成成虫（　　）→成虫离枝飞去（　　）→成虫交配、产卵后死亡（　　）

1."蝉的卵"这部分的第6段"它要轧碎这些坏种子非常容易,不过它竟不能改变它的本能来拯救它的家族"一句中"本能"指什么?

2.文章最后一段说:"四年黑暗中的苦工,一个月阳光下的享乐,这就是蝉的生活。"而前一段则说:"未长成的蝉的地下生活,至今还是个秘密。"既然是个"秘密",作者为何说是"苦工"呢?这样说是否矛盾?为什么?

二、本文多处运用了拟人的修辞手法,如"一到七月初,蝉就占据了我门前的树。""有了它的统治,无论怎样总是不很安静的。"等等。尽量从文章中找出类似的句子,并说说它们的表达作用。

三、选择恰当的词填在横线上,并说明理由。

接着,它表演一种奇怪的体操。在空中_____（翻腾、翻滚、腾跃),翻转,使头部_____（悬挂、倒悬、悬空),折皱的翼向外伸直,竭力张开。然后用一种几乎看不清的动作,尽力翻上来,并用前爪____（抓、挂、钩)住它的空皮。

这些小孔的形成,好像用针斜____（扎、刺、穿)下去,把纤维撕裂,并微微挑起。

四、写作练习

观察一种你喜爱的动物(最好是昆虫),用简洁的文字说明其生活习性。

二十八　空间和时间旅行①

齐然尔曼②

> 本文以科学的说明、缜密的推理和大胆的想象，阐述了星际和星系之间旅行的有关知识。"空间旅行"部分，作者介绍了地球与其他行星、恒星之间的距离，及到这些星球所需要的速度和对应的时间，重点介绍了"加快速度"及产生加速度的方法。在"时间旅行"部分，作者介绍了时间膨胀现象，根据理论大胆推测介绍了人类可以回归过去的有关知识。
>
> 　　准确的知识介绍和丰富大胆的想象是本文的一大特点。在介绍时间和空间旅行的知识时，作者尊重科学，但又不拘于现有的科学知识，以其丰富的常识和大胆的想象，拓开思维的空间，探索宇宙，预测未来，使读者受到一种精神上的浸染，阅读时应加以体会理解。

到其他行星上旅行

　　让我们在地球通向宇宙中的任何行星、恒星和星系的宇宙高速公路上开始我们的旅行。踩油门以 60 英里③每小时的速度行驶，要用半年的时间才能

---

① 选自《火星，我的第二家园》（江苏人民出版社 1998 年版），李明译，有删节。
② 巴里·齐然尔曼，戴维·齐然尔曼，英国当代著名科普作家，他们合作撰写的《火星，我的第二家园》具有很强的科学性，充满了大胆的，甚至是神奇的想象，洋溢着热爱科学、追求真理的执著和热情，为人类展示了美妙无比、光明无限的未来世界。
③ 1 英里＝1609.344 米。

到达月球;在火星与地球间隔距离最近时(每26个月出现一次),要用93年的时间才能到达火星;需要6800年的时间才能到达太阳系最外处的冥王星。半年的时间并不糟糕,然而又有谁会花93年的时间去宇宙的某个地方?即使我们能到达火星,那时也得让重孙来安葬我们。到达冥王星需要6800年,相当于最早的文明时代延续至今的年数。很显然,以时速60英里的速度,不能进行星际旅行。好在我们有时速更快的飞行器。

1947年,美国空军飞行员查理斯·耶格尔首次突破声音的障碍,以超过670英里(1078公里)每小时的速度飞行。6年后,他创造了新的飞行纪录,比以前的速度快2.5倍。在这之后,1969年"阿波罗10号"指挥舱内宇航员的速度为时速24791英里(39896公里),这是人类旅行的最快速度。不载人的宇宙飞船的速度更快。其中,以115200英里(185391公里)每小时或32英里(51公里)每秒的巡航速度绕太阳飞行的美国宇航局的德国建造的太阳神探测器是速度最快的宇宙飞船(在离太阳最近时,速度可达到44英里每秒,但这个速度不是常量)。只有这个速度才能满足我们到遥远星球上去的需要。因此,我们停好车,登上太阳神探测器(其实我们无法登上这个无人驾驶的飞行器)。以32英里每秒的速度旅行,13分钟可绕地球飞行一周,2小时到达月球,18天到达火星,3.5年到达冥王星。

到其他恒星上去

人类到其他恒星上去可不是一件大美差。半人马座比邻星是离我们最近的恒星(这里当然不包括我们自己的太阳)之一,与地球相距25万亿英里远,即地球到冥王星距离的7000倍。我们乘坐太阳神探测器到达半人马座比邻星,要用25000年。我们星系中的其他恒星都比半人马座远成百上千倍。其他星系就更远了。我们的银河系有数百颗以巨大的螺旋形排列的恒星。我们所看到的空中的恒星只是该螺旋形的一部分。其他星系更遥远,若不用高倍望远镜,就辨不出其中的各颗恒星(在宇宙的万亿个星系中只有5个能够用肉眼看到,它们在天空中分别只有一个小黑点)。

由于恒星和星系之间相距遥远,英里这一测量单位很快变得不实用。天文学家改用光年(ly)。光年是光在真空中传播一年的距离,约为5.9万亿英里(9.5万亿公里)。半人马座离地球约4.2光年,即从地球到半人马座,光约需要4.2年。上面已谈到,太阳神探测器的速度是光速的千分之六,飞完这段距离需要25000年。光穿过银河系的螺旋形,需要10万年;太阳神探测器需要6亿年。这个距离实在让人吃惊。我们能够在有生之年到达银河系中最近的恒星吗?

加快速度

显而易见,即便以 32 英里每秒的速度进行星际旅行还不够快。光的速度最快,它在空间等真空的速度为每秒 186300 英里(299800 公里)。问题在于在连续的时间段要能够提供足够的推力。推力产生加速度,进行星际旅行的飞船所需加速度为 1 个重力加速度或接近 5 个重力加速度,这是地球和物体之间的重力产生的自由落体加速度(不考虑空气阻力)。这个速率为 32 英尺每秒。即岩石从高层建筑物上落下时,1 秒钟后速度达到 5 英尺每秒,2 秒钟后为 64 英尺每秒,3 秒钟后为 96 英尺每秒,依此类推每秒钟增加 32 英尺。如果飞船能做到以这个速率加速,一年后就能达到光速!

但我们现在还做不到这一点。我们现在所用的化学推进火箭不能提供完成远程飞行所需的推力。火箭发动机中的燃烧是非核燃烧,燃料的燃烧效率很差,不能提供足够力量。火箭燃料箱不能携带足够的燃料。核推进系统就强多了,而这种系统正在研究中。裂变反应堆释放能量的方式与原子弹和核电厂一样,采用现代技术就可以实现。它们提供的加速度将远远高于光速的 1%。在 3~4 星期中可到达地外行星,用 400 年的时间可到达半人马座。

核聚变是实现核推进的另一种更好的方法,这是太阳、其他恒星和氢弹释放能量的方式。遗憾的是,在受控核聚变中,现有技术也不能释放足够的能量。未来的宇宙飞船可能根本不必携带燃料。例如,帆船或宇宙飞船配有直径为数百英里的帆,在飞行过程中可以从太阳风(太阳发出的高能、高速带电粒子流)获取能量。从理论上说,这类宇宙飞船能达到飞往恒星所需的加速度。梦想家们也在设计其他的异想天开的技术,例如物质—反物质发动机(一种能将在空间中广泛分布的氢原子聚集和集中起来用作核燃料的新发明)。

即使我们能够以光速或接近光速旅行,旅行范围也限于我们在有生之年可进行探索的星体。在我们的银河系中最遥远的恒星离我们 8 万光年。麦哲伦星云是离我们最近的星系,有约 17 万光年之遥。宇宙中最遥远的星系距地球约有 150 亿光年。即使以光速旅行,也只能到达邻近星系中的几百个恒星。

难道只能如此吗?未必!

时间旅行

运动物体接近光速会出现令人费解的现象。对随光一起旅行的任何物体和人员来说,时间慢了下来。这是爱因斯坦的狭义相对论的部分内容,利用原子钟进行的实验证明了这一点。并非只有时钟减慢,化学反应和生物过程也减慢了。这一现象叫时间膨胀。

运动速度和时间变化不是简单的线性关系。光速降到一半或四分之一时,时间变化率并没有分别降到一半或四分之一。只有速度十分接近光速时,时间膨胀才明显。时间膨胀成为现实,令人惊叹不已。速度十分接近光速时,空间旅行者衰老的速度是没有进行旅行的人的千分之一或万分之一。在地球上已过去了10万年,而我们的空间冒险者也许只长了10岁。地球上已经历数代沧桑,文明已经历多次兴衰,冰期出现又消失多次。这位空间冒险者在空间仅度过10年。人类在时间膨胀中生活,生命好像暂时停止了,实际上能够到遥远的恒星和其他星系中旅行。最主要的障碍是我们无法达到光速。

时间膨胀不仅为探索人类能力所不能及的宇宙提供了方法,它也是一种时间旅行(一种科学幻想活动,指人离开现在而置身于未来或过去——译注)。如果空间旅行者能活一万岁,那么他们不就在未来旅行吗,体验未来吗?毕竟,他们在"过去"的9920年前就去世了(假定人的寿命为80岁)。

我们假定,时间膨胀的现象不是时间旅行——既不是未来时间的一部分,也不是过去时间的一部分。我们都知道即使用光速旅行也需要时间,旅行做不到即刻到达。例如,光从月球到地球需要1秒多钟。阳光到达地球需要约8分钟。半人马座比邻星的光到达地球需要4.2年,M104星系的光到达地球需要4000万年。我们抬头看到的月亮是1秒多钟之前的月亮,太阳光是在8分钟前出现的,半人马座比邻星闪烁的光是4.2年前的。用功能很强的望远镜看到的M104星系发出的光是4000万年前的。我们所见到的一切都是过去的。我们生活在过去。如果太阳突然爆炸并消失,我们仍能看到它在空中又持续闪耀8分钟。在这8分钟内,我们仍受到其重力的影响。

反之亦然。任何人从M104星系来看地球,他所看到的是4000万年前的情景。

如果我们的光学望远镜的能力无穷大,对过去能看到多远?宇宙的外缘约为150亿光年之遥,即我们能看到这么远的过去。这是宇宙开始出现的时间,也就是常说的创世大爆炸。也没有比这更遥远的距离和过去了。事实上,当时尚不存在时间。回顾过去,我们看到的一切是炫目的白光,这种白光来自宇宙首次产生的光能。从技术上说,白光出现的时间是在创世大爆炸之后约30万年,这一点是站得住的。我们确实无法超过白光的范围去看清楚每件事物的开始(天文学家所说的注意到"宇宙的边缘"时,并非指那么远。他们指的是创世大爆炸后的10亿~20亿年间,首批恒星和星系的形成)。

假定有一颗围绕M104星系中的某颗恒星运行的行星。这是一颗反射能力很强的行星,其表面是特别光滑和闪光的岩石。我们称之为镜子X行星。假定地球上的天文学家已经发明了功能很强大的大型光学望远镜来收集镜子

X行星反射的光。就像您从镜子中看到自己的形象一样,地球上的天文学家把望远镜对准镜子X时,能看到自己的反射的形象。但镜子X必须是4000万光年之遥。光从地球到达镜子X需要4000万年,然后从镜子X到达地球又需要4000万年。这就是8000万年时间。

天文学家无法看到自己的反射形象,他们只能看到地球上到处出现的恐龙。那不是侏罗纪公园。

看到过去事物这种现象不是时间旅行。一些理论物理学家认为我们能够在时间上回到过去,但极其复杂,要设计出旋转黑洞、白洞、虫孔和超级绳索,能量比整个宇宙的能量可能还大。这肯定不是很近的将来会出现的技术,但现在可以作出大量的设想。

思考与练习

一、什么是空间旅行?什么是时间旅行?

二、什么叫"时间膨胀"?为什么说时间膨胀"为探索人类能力所不能及的宇宙提供了方法"?

三、本文作者设想的为飞船提供足够推力的方法有:

1. _____
2. _____
3. _____
4. _____

四、知识性和趣味性强是这篇文章的特点,是如何体现的?

二十九　蚁与蝶的生死之交[1]

石旭初

学习提示

本文客观地介绍了蚂蚁与欧洲蓝蝶相互依存的关系和相依为命的过程，并向世人发出警示：世界是一个普遍联系的统一整体，如果其中一个环节损毁了，会出现意想不到的后果，由此带来难以挽回的损失。

本文运用拟人和比喻的手法，使语言生动形象，饶有趣味，例如把欧洲蓝蝶说成"会飞的美丽'花朵'"，把蝴蝶与蚂蚁的依存关系比喻为"田园牧歌"、"盟友"等。这些手法的运用会不会违背说明文语言准确、周密的要求？阅读时要注意体会。

英国的田野上出现了一桩怪事：有一种叫"欧洲蓝蝶"的美丽蝴蝶，忽然变少了。不知不觉中，它们的翩翩倩影在暖春的晴空里消失了。谁也猜不透，这种会飞的美丽"花朵"上哪儿去了。

科学家进行了广泛的调查研究，终于发现，那蓝蝶已经在英国绝种了。而引起蓝蝶绝种的原因，又与两种蚂蚁的灭绝息息相关[2]。英国人没有想到，由于他们破坏了两种细小蚂蚁种群的生活习性，导致了它们的灭绝。更让自然爱好者们感到难过和震惊的是，蚂蚁的死，也把欧洲蓝蝶送上了绝路。因为这种蚁与蝶之间存在着生死与共的关系。

成熟的蓝蝶个头较小，差不多只有一张邮票大小。在它们的幼虫阶段，其

---

[1] 选自1997年9月29日《科技日报》。
[2] 息息相关：比喻关系密切。

腹部有很多类型的腺体,所分泌出的挥发性物质,具有诱惑蚂蚁的香味。蓝蝶幼虫成了蚂蚁的食品供应站。

闻到特殊的香甜味时,蚂蚁就爬到蓝蝶幼虫那里去尽情享受。如果是普通蝴蝶的幼虫,对蚂蚁是不讲客气的,它们会拼命扭曲和摇摆躯体,以便把蚂蚁从腹部赶走。但蓝蝶幼虫却热情欢迎蚂蚁的入侵,并为入侵者提供可口的食物。

当然,蚂蚁并不是白吃白拿,蓝蝶也需要蚂蚁帮忙。当蚂蚁在草地上发现蓝蝶产的卵时,便马上派工蚁来照顾这些幼小的生命,等待它的孵化。不仅如此,还派兵蚁守卫在幼虫的周围,深怕被其他昆虫掠去。蓝蝶的幼虫是吃树叶的,每吃完一张新叶片,众蚂蚁就把它抬到另一张新叶上,让它吃个饱。蚂蚁的行为很像牧人把牛羊赶到更绿的草地上。

很明显,蚁蝶之间这种生死与共的搭档关系,是经历了漫长岁月考验的。例如,一些蓝蝶成年后,必须得到这种蚂蚁的刺激才会在植物上产卵。甚至,一些蓝蝶幼虫的表皮要比同类幼虫的表皮厚60倍,这也是长期形成的一种适应,能防止蚂蚁那铁钳一样的上颚刺穿它的表皮。

每逢北风呼啸,冬天来临,蓝蝶的幼虫经不住严寒的袭击,蚂蚁就把它们搬进自己温暖舒适的蚁穴里,蚂蚁吸食蓝蝶幼虫分泌的蜜露,而把它们自己的幼虫作为食物奉献给这位贵客,招待得如同上宾。

但是,当春天的脚步声响起时,这曲田园牧歌也就结束了。这时,刚从茧蛹中钻出的蝴蝶,可能会受到蚂蚁的攻击,那些悉心照顾蓝蝶幼虫的蚂蚁,已变成了可怕的肉食者。幸运的是,在新生蝶的体表部附着一层细小的鳞屑,当蚂蚁用颚去攻击它时,那些鳞屑很容易纷纷剥落。由于鳞屑像滑石粉一样保护着蓝蝶的足、触角以及上颚,进攻的蚂蚁只有跟跟跄跄地在空中乱抓一气,而在这时候,蓝蝶已不慌不忙摆脱困境,自由自在地飞走了。

大自然就是这样复杂而有趣,地上爬的蚂蚁和空中飞的蓝蝶,居然结成了同生共死的盟友。推土机把两种蚂蚁的栖息地给毁了,从而也灭绝了这两种蚂蚁。"城门失火,殃及池鱼"①,与蚂蚁相依为命的蓝蝶随之消失,仅仅给人们留下了美好的记忆。

这个真实的故事虽然发生在几十年前,但对世人的警示是深刻的。它告诉我们,世界是一个普遍联系的统一整体,如果其中一个环节损毁了,会出现意想不到的后果,由此带来的损失是难以挽回的。

---

① 城门失火,殃及池鱼:比喻因牵连而受祸害或损失。

思考与练习

一、选出加点字注音全部正确的一组（　　）

A. 翩翩(piān)　　倩影(qīng)　　腺体(xiàn)

B. 诱惑(yòu)　　入侵(qīn)　　孵化(fú)

C. 鳞屑(xiè)　　栖息(qī)　　踉跄(liàng qiāng)

D. 分泌(mì)　　茧蛹(yǒng)　　剥落(bāo)

二、本文运用比喻和拟人等修辞方法，语言形象生动。说说下列语句分别运用了什么修辞手法，结合这一特点，谈一谈在科学小品中，应如何把握语言的形象性和准确性。

1. 谁也猜不透，这种会飞的美丽"花朵"上哪儿去了。

2. 当然，蚂蚁并不是白吃白拿，蓝蝶也需要蚂蚁帮忙。

3. 当春天的脚步声响起时，这曲田园牧歌也就结束了。

4. 但蓝蝶幼虫却热情欢迎蚂蚁的入侵。

5. 地上爬的蚂蚁和空中飞的蓝蝶，居然结成了同生共死的盟友。

三、指出下段文字中运用的说明方法。

很明显，蚁蝶之间这种生死与共的搭档关系，是经历了漫长岁月考验的。例如，一些蓝蝶成年后，必须得到这种蚂蚁的刺激才会在植物上产卵。甚至，一些蓝蝶幼虫的表皮要比同类幼虫的表皮厚60倍，这也是长期形成的一种适应，能防止蚂蚁那铁钳一样的上颚刺穿它的表皮。

四、如何理解蚁与蝶之间的"生死之交"？读完全文，你有什么启发？

三十　雁荡山①

沈　括②

学习提示

本文运用引用说明、分析说明等方法，说明雁荡山被发现的经过和名称的由来，描写了雁荡山"不类他山"的地貌特征，分析了雁荡山的形成原因。写得有根有据，有资料、有传闻、有事实、有比较、有推断，层次清楚，结构严谨，清晰地说明了因流水侵蚀造成地表如此独特的自然奥秘。

温州雁荡山，天下奇秀，然自古图牒③，未尝有言④者。祥符⑤中，因造玉清宫⑥，伐山取材，方有人见之，此时尚未有名。按西域书⑦，阿罗汉⑧诺矩罗⑨居震旦⑩东南大海际雁荡山芙蓉峰龙湫⑪。唐僧贯休⑫为《诺矩罗赞》，有"雁荡经行⑬

---

① 雁荡山：在浙江省东南部，有南北两组山。这里指的是乐清市东北的北雁荡，山多悬崖奇峰，是著名的风景区。
② 沈括(1031～1095)，字存中，号梦溪丈人，杭州钱塘(今浙江杭州)人，北宋科学家、改革家。著有《梦溪笔谈》。
③ 图牒：地图、文书。
④ 言：这里是记载的意思。
⑤ 祥符："大中祥符"的简称，宋真宗年号，1008～1016年。
⑥ 玉清宫：宫殿名，"玉清昭应宫"的简称。
⑦ 西域书：泛指有关佛教的著作。西域，古代称我国新疆及其以西地区。
⑧ 阿罗汉：梵语音译，圣者、得道者的意思。
⑨ 诺矩罗：唐朝和尚。
⑩ 震旦：古代印度称中国为"震旦"。
⑪ 龙湫(qiū)：雁荡山著名的大瀑布。
⑫ 贯休：唐末和尚，能写诗，著有《禅月集》。
⑬ 雁荡经行：就是"经行于雁荡"。雁荡，又名雁湖，在芙蓉峰顶，龙湫瀑布就在雁湖下。经行，行路经过。

云漠漠①，龙湫宴坐②雨蒙蒙"之句。此山南有芙蓉峰，峰下芙蓉驿③，前瞰大海，然未知雁荡、龙湫所在，后因伐木，始见此山。山顶有大池，相传以为雁荡；下有二潭水，以为龙湫④。又有经行峡、宴坐峰，皆后人以贯休诗名之也。谢灵运⑤为永嘉守，凡永嘉山水，游历殆⑥遍，独不言此山，盖当时未有雁荡之名。

予观雁荡诸峰，皆峭拔险怪，上耸千尺，穹⑦崖巨谷，不类⑧他山，皆包在诸谷中⑨，自岭⑩外望之，都无所见；至谷中则森然⑪干霄⑫。原⑬其理，当是为谷中大水冲激，沙土尽去，唯巨石岿然挺立耳。如大小龙湫、水帘、初月谷⑭之类，皆是水凿⑮之穴。自下望之则高岩峭壁，从上观之适⑯与地⑰平，以至诸峰之顶，亦低于山顶之地面⑱。世间沟壑⑲中水凿之处，皆有植土⑳龛岩㉑，亦此类㉒耳。今成皋㉓、陕西大涧中，立土动及㉔百尺，迥然㉕耸立，亦雁荡具体而微者㉖，但此土彼石㉗耳。既非㉘挺出地上，则为深谷林莽㉙所蔽，故古人未见，灵运所不至，理不足怪也。

---

① 漠漠：形容云密布的样子。
② 龙湫宴坐：即"宴坐于龙湫"。宴坐，静坐。
③ 芙蓉驿：驿站名。
④ 龙湫：这里指龙湫瀑布冲蚀成的水潭，下文"大小龙湫"同。
⑤ 谢灵运(385～433)，南朝宋诗人，曾任永嘉(现浙江省温州市)太守，喜游览，擅长写山水诗，有《谢康乐集》。
⑥ 殆(dài)：几乎。
⑦ 穹：高。
⑧ 类：相似。
⑨ 包在诸谷中：包容在(周围的)山谷里面，意思是周围都是高地，雁荡诸峰坐落在高地内部的盆谷之中。
⑩ 岭：指周围高地。
⑪ 森然：这里形容雁荡诸峰峭拔林立。
⑫ 干(gān)霄：直冲云霄。
⑬ 原：推究。
⑭ 水帘、初月谷：都是雁荡山里崖谷的名称。水帘，又名散水崖，中有洞穴叫"石天窗"。
⑮ 凿：这里是冲刷的意思。
⑯ 适：恰好。
⑰ 地：指周围高地。
⑱ 诸峰之顶，亦低于山顶之地面：意思是雁荡山的各个峰顶，也低于周围高地的地平面。
⑲ 沟壑：溪谷，河谷。
⑳ 植土：指沟壑两边高耸笔立的土层。植，立。
㉑ 龛岩：底部凹陷的岩石。龛，供佛像或神像的小阁子。
㉒ 亦此类：也(是)这一类(情况)。意思是和雁荡山的成因原理相同。
㉓ 成皋(gāo)：古地名，在现在河南省荥(xíng)阳市。
㉔ 动及：动不动，往往。
㉕ 迥(jiǒng)然：高远的样子。
㉖ 亦雁荡具体而微者：相当于"亦具体而微之雁荡"，也(可算是)具体而微的雁荡山。具体而微，形体齐备而规模较小。具，齐备。
㉗ 此土彼石：这里(是)土质，那里(是)石质。此，指成皋、陕西一带大涧中的土峰。彼，指雁荡山。
㉘ 既非：前面省略主语"雁荡山"。
㉙ 林莽：密林。莽，草木丛生的地方。

思考与练习

一、《雁荡山》一文用流水的侵蚀作用来解释造成雁荡诸峰峭拔险怪,包在谷中的原因。作者是观察了哪些事实作出这种解释的?文章的前一部分叙述雁荡山长期不为人所知的情形,同后一部分的推究原因有什么联系?

二、比较"以"、"之"在下列句中的用法。

1.山顶有大池,相传以为雁荡;下有二潭水,以为龙湫。

2.从上观之适与地平,以至诸峰之顶,亦低于山顶之地面。

3.又有经行峡、宴坐峰,皆后人以贯休诗名之也。

4.如大小龙湫、水帘、初月谷之类,皆是水凿之穴。

三、阅读下面的短文《石油》并讲述它的内容。

  鄜、延境内有石油,旧说"高奴县出脂水",即此也。生于水际,沙石与泉水相杂,惘惘而出,士人以雉尾裹之,用采入缶中。颇似淳漆,燃之如麻,但烟甚浓,所沾幄幕皆黑。余疑其烟可用,试扫其煤以为墨,黑光如漆,松墨不及也,遂大为之,其识文为"延川石液"者是也。此物后必大行于世,自余始为之。(引自《梦溪笔谈》)

应用写作三　经济合同

》范例

  杨××是酒店管理专业二年级学生。2003年7月,他与同班另两位同学一起去某酒店应聘。岗位有主管、前台服务、客房服务,顺利通过面试后,酒店给他们三人出示了用工合同。

  三人通过对合同条款的仔细阅读,一致讨论通过。其中尤为令人满意的"月薪800元""免费提供食宿"——暑假期间,吃住不用愁,还可赚回来下学期学费,又可积累一定的工作经验……三人欣然签订了合同。合同内容如下:

甲方(聘用单位):××××酒店

乙方(受聘人):杨××、李××、陈××

甲乙双方根据国家和本市有关法规、规定,按照自愿、平等、协商一致的原则,签订本合同。

  第一条　合同期限

  合同有效期:自<u>2010</u>年<u>7</u>月<u>1</u>日至<u>2010</u>年<u>9</u>月<u>1</u>日止。合同期满聘用关系自然终止。

  第二条　工作岗位

甲方根据工作任务需要及乙方的岗位意向与乙方签订岗位聘用合同,明确乙方的具体工作岗位及职责。

第三条　工作条件和劳动保护

1.甲方为乙方提供符合国家规定的安全卫生的工作环境,保证乙方的人身安全及在人体不受危害的环境条件下工作。

2.甲方根据乙方工作岗位的实际情况,按国家有关规定向乙方提供必要的劳动保护用品。

3.甲方可根据工作需要组织乙方参加必要的业务知识培训。

第四条　工作报酬

1.根据国家、市府和单位的有关规定,乙方的工作岗位,甲方按月支付乙方工资为800元人民币,免费安排乙方食宿。

2.乙方享受规定的福利待遇。

3.乙方享受国家规定的法定节假日等假期。

第五条　工作纪律、奖励和惩处

1.乙方应遵守国家的法律、法规。

2.乙方应遵守甲方规定的各项规章制度和劳动纪律,自觉服从甲方的管理、教育。

3.乙方如违反甲方的规章制度、劳动纪律,甲方按市府和单位的有关规定予以处罚。

第六条　聘用合同的变更、终止和解除

1.聘用合同依法签订后,合同双方必须全面履行合同规定的义务,任何一方不得擅自变更合同。确需变更时,双方应协商一致,并按原签订程序变更合同。双方未达成一致意见的,原合同继续有效。

2.聘用合同期满或者双方约定的合同终止条件出现时,聘用合同即自行终止。

3.甲方单位被撤销,聘用合同自行终止。

4.经聘用合同双方当事人协商一致,聘用合同可以解除。

5.乙方有下列情形之一的,甲方可以解除聘用合同。

(1)在试用期内被证明不符合聘用条件的;

(2)严重违反工作纪律或聘用单位规章制度的;

(3)故意不完成工作任务,给公司造成严重损失的;

(4)严重失职,营私舞弊,对甲方单位利益造成重大损害的;

(5)被依法追究刑事责任的。

6.有下列情形之一的,甲方可以解除聘用合同。

(1)乙方患病或非因工负伤医疗期满后,不能从事原工作,也不愿从事甲方另行安排适当工作的;

(2)乙方不能胜任工作,经过培训或者调整工作岗位,仍不能胜任工作的;

(3)聘用合同订立时所依据的客观情况发生重大变化,致使已签订的聘用合同无法履行,经当事人协商不能就变更聘用合同达成协议的;

(4)乙方不履行聘用合同的。

7.有下列情形之一的,甲方不能终止或解除聘用合同。

(1)乙方患病或负伤在规定的医疗期内的(符合《实施意见》第三条第五款规定者除外);

(2)女职工在孕期、产期、哺乳期内的(符合《实施意见》第三条第五款规定者除外);

(3)法律、法规规定的其他情形。

8.有下列情形之一的,乙方可以通知聘用单位解除聘用合同。

(1)在试用期内的;

(2)甲方未按照聘用合同约定支付工作报酬或者提供工作条件的。

9.乙方要求解除聘用合同,应当提前三天以书面形式通知甲方。

第七条 违反和解除聘用合同的经济补偿

1.经聘用合同当事人协商一致,由甲方解除聘用合同的(不包括在见习期),甲方应根据乙方在本单位工作年限,每满一年发给相当于一个月工资的经济补偿,最多不超过十二个月。

2.乙方不能胜任工作,经过培训或者调整工作岗位仍不能胜任工作,由甲方解除聘用合同的,甲方应按其在本单位工作年限,工作时间每满一年发给相当于一个月工资的经济补偿金,最多不超过十二个月。

3.聘用合同订立时所依据的客观情况发生重大变化,致使已签订的合同无法履行,经当事人协商不能就变更合同达成协议,由甲方解除聘用合同的,甲方按受聘人员在本单位工作年限,工作时间每满一年发给相当一个月工资的经济补偿金。

4.甲方单位被撤销的,甲方应在被撤销前按乙方在本单位工作年限支付经济补偿金。工作时间每满一年发给相当一个月工资的经济补偿金。(经济补偿金的工资计算数为乙方被解除聘用合同的上一年月平均工资。)

5.聘用合同履行期间,乙方要求解除聘用合同的,应按不满聘用合同规定的期限,支付当月基本工资作为违约金给甲方。

6.乙方因"用人单位未按照聘用合同的约定支付工作报酬"而通知甲方解除聘用合同的,甲方应按合同约定结算并解除聘用合同的同时支付欠发的工作报酬。

第八条 其他事项

1.甲乙双方因实施聘用合同发生人事争议,按法律规定,先申请仲裁,对仲裁裁决不服,可向人民法院提起诉讼。

2.本合同一式三份,甲方二份,乙方一份,经甲、乙双方签字后生效。

3.本合同条款如与国家法律、法规相抵触时,以国家法律、法规为准。

甲方（盖章）　　　　　　　　　　乙方（签字）
代表（签字）
签约时间：2010年6月30日　　　　签约时间：2010年6月30日

　　合同签订后，酒店要求每人先付300元押金，并开具了"合同违约金"的收据。次日，三人就参加了为期七天的短期培训。

　　第一天，三人着酒店员工制服，从早上八点一直工作至晚上十点，中途只有短暂的"快餐"时间是自己的。工作内容是擦地板、刷盘子。

　　第二天，一切照常进行。

　　第三天，一切仍旧照常。

　　第三天，三位同学商量决定不干了。找到了主管要求退回300元钱，却被告知是他们先不干活先违约，300元不予退还。

▶▶ 简评

　　按理说，这份合同的条款也算完备，杨××等人也有一定的合同意识，但杨××等人恰恰忽略了也许是酒店方有意隐瞒的最关键的几点：对合同条款中的工作细节（如工作时间、内容）没有考虑，无形中给自己带来了麻烦；同时也没有辨别"押金"和"合同违约金"的区别；签订合同时没有注意用人单位的培训内容与岗位是否一致。除社会经验不足外，关键还在于杨××等人对合同知识了解不多。

写作指导

　　随着市场经济的不断深入，尤其是经济一体化，人与人之间的经济交往越来越频繁，由此不可避免地出现经济纠纷。其中相当一部分是由合同引起的经济纠纷。为此，我们很有必要掌握合同特别是经济合同的相关知识。

一、合同的性质和种类

1.什么是合同

　　合同也叫"契约"。根据《中华人民共和国合同法》（以下简称《合同法》）规定，合同是指平等主体的自然人、法人、其他组织之间设立、变更、终止民事权利义务关系的协议。本节所讲的合同，就是《合同法》所称的合同。

　　有人认为，当今时代，人类已进入契约社会。此语不无道理。合同在社会经济生活中发挥着越来越重要的作用：有利于国民经济计划的编制和实施；有利于实现专业化协作；有利于企业加强经营管理；有利于科学技术的发展；有利于扩大对外经济技术的交流与合作；有利于保护合同当事人的合法权益。

2.合同的特点

①内容的合法性;②条款的完备性;③格式的规范性;④措词的严密性。
3.订立合同应遵循的原则
①平等原则;②自愿原则;③公平原则;④诚实信用原则;⑤遵守法律,不得损害社会公共利益原则。
4.合同的种类
(1)按性质分类
①买卖合同;②供用电、水、热力合同;③赠与合同;④借款合同;⑤租赁合同;⑥融资租赁合同;⑦承揽合同;⑧建筑工程合同;⑨运输合同;⑩技术合同;⑪保管合同;⑫仓储合同;⑬委托合同;⑭行纪合同;⑮居间合同。
(2)按形式分类
①条款式经济合同;②表格式经济合同;③综合式经济合同。

二、合同的格式

书面合同无论采用条文式、表格式、条文与表格结合式哪一种格式,一般都由以下四个部分组成。
1.标题
标题即合同名称,写在第一行居中的位置,字体要稍大一些。它由合同的性质和文种组成,如"买卖合同"、"借款合同"等。
2.签约当事人名称
第二行空两格写明签订合同双方或多方单位名称和法定代表人姓名,机关单位应写全称,企业应按照营业执照上核准的名称填写。为了后面行文方便,常在名称后面括号内注明"甲方"、"乙方"或"供方"、"需方"或"卖方"、"买方"。如有第三者可简称为"丙方"。
3.正文
正文是合同的主体和核心,一般包括前言、条款和附则三个部分。
(1)前言
前言主要交代签约的目的和根据,文字要求简洁明了。如"为了……,根据……,经双方充分协商,订立如下合同,共同遵照执行"。有的合同则省略了前言。
(2)条款
条款即合同的具体内容。根据《合同法》规定,合同内容一般包括以下条款:
其一,标的。标的是当事人双方的权利和义务共同指向的对象。如货物、劳务、工程项目等。
其二,数量和质量。数量和质量是对标的数量和质量的要求。数量单位如重量、体积、长度、面积等要采用国家统一的公制单位。质量是检验标的内在素质和外观形态优劣的标志,它可用规格型号、品种、含量、成分、等级、商标等来表示。在合同中,数量和质量要表达得准确无误、具体、清楚,否则合同无法执行。
其三,价款或报酬。价款或报酬是指取得合同标的的一方向对方支付的代价。以物为标的,其代价叫"价款";以劳务为标的,其代价叫"报酬"。

其四,履行的期限、地点和方式。履行的期限是指缔约者履行义务和享有权利的期限,要具体写明年月日。履行的地点和方式,是指交(提)货、服务、建设、付款等的地点和方式。

其五,违约责任。违约责任是指当事人一方不履行合同义务或者履行合同义务不符合约定的,应当承担继续履行、采取补救措施或者赔偿损失等责任。违约责任要事先商定写明,这是预防违约和违约后处理的依据。

其六,解决争议的方法。当事人如果在履行合同时发生争议,可以通过和解或者调解来解决,也可以通过仲裁方式解决,还可以通过法院审判解决。具体解决争议的方法,也要由双方预先约定,并在合同中写明。

除以上条款外,根据法律规定的或按合同性质必须具备的条款,以及当事人一方要求必须规定的条款,也应写上。

(3)附则

附则包括合同有效期限、份数、保存方式以及补充办法等。合同如有附件,也要写明附件的名称、份数、页数,并将附件附在合同后面。

4.尾部

尾部应写明签约单位全称并加盖公章或合同专用章,要有双方代表签名。如果是由双方主管机关鉴定或已经公证机关公证的,也要具名并加盖印章。为了联系方便,还要写上合同当事人的地址、邮编、电话、银行账号等。最后写上签订合同的年月日。

三、经济合同的写作要求

其一,内容要合法。

其二,格式要规范。

其三,条款要完备。

其四,语言要准确。

写作练习

一、填空题。

1.经济合同要发挥应有的作用,就必须具备以下几个方面的特点:(1)内容的_____性;(2)格式的_____性;(3)条款的_____性;(4)措词的_____性。

2.经济合同一般都应包括以下部分:(1)_____;(2)_____;(3)_____;(4)_____。

3.按照有关规定,经济合同所应具备的主要条款有:(1)_____;(2)_____和_____;(3)_____或者_____;(4)履行的_____、_____和_____;(5)_____;(6)_____。

4.在经济合同的落款处,主要有以下内容:(1)_____;(2)_____。

二、合同语言须准确、周密,以防止产生歧义,造成纠纷。请指出下列合同语言中不确切的地方,并加以修改。

1. 某公司从国外进口原木,合同中规定的质量标准为"直径50厘米以上"。

2. 某合同中规定:"交货地点:北京。"

3. 某合同中的"违约责任"中写道:"乙方不能按期交货,每延期一天,应偿付甲方5%的违约金。"

4. 某技术合同的"成交金额与付款时间、付款方式"写道:"项目开发经费十万元。甲方在合同签订后向乙方汇出三万元;乙方交付开发成果鉴定证书后,甲方付清全部余款并汇入乙方开户银行账号。逾期不付,将按加息20%收取滞纳金。"

三、结合推销实战练习,根据合同的格式,签订一份购销合同。

口语交际六　推销的策略与技巧

一、推销策略

(1)试探性策略,亦称"刺激—反应策略"。就是在不了解客户需要的情况下,事先准备好要说的话,对客户进行试探。同时密切注意对方的反应,然后根据反应进行说明或宣传。

(2)针对性策略,亦称"配合—成交策略"。这种策略的特点,是事先基本了解客户的某些方面的需要,然后有针对性地进行"说服",当讲到"点子"上引起客户共鸣时,就有可能促成交易。

(3)诱导性策略,亦称"诱发—满足策略"。这是一种创造性推销,即首先设法引起客户需要,再说明自己所推销的这种服务产品能较好地满足这种需要。这种策略要求推销人员有较高的推销技巧,在"不知不觉"中成交。

二、推销技巧

1. 上门推销技巧

(1)找好上门对象。可以通过商业性资料手册或公共广告媒体寻找重要线索,也可以到商场、门市部等商业网点寻找客户名称、地址、电话、产品和商标。

(2)做好上门推销前的准备工作,尤其要对所在公司发展状况和产品、服务的内容材料要十分熟悉、充分了解并牢记,以便推销时有问必答;同时对客户的基本情况和要求应有一定的了解。

(3)掌握"开门"的方法,即要选好上门时间,以免吃"闭门羹",可以采用电话、传真、电子邮件等手段事先交谈或传送文字资料给对方并预约面谈的时间、地点。也可以采用请熟人引见、名片开道、与对方有关人员交朋友等策略,赢得客户的欢迎。

(4)把握适当的成交时机。应善于体察顾客的情绪,在给客户留下好感和信任时,抓住时机发起"进攻",争取签约成交。

(5)学会推销的谈话艺术。

2.洽谈艺术

首先注意自己的仪表和服饰打扮,给客户一个良好的印象。同时,言行举止要文明、懂礼貌、有修养,做到稳重而不呆板、活泼而不轻浮、谦逊而不自卑、直率而不鲁莽、敏捷而不冒失。

在开始洽谈时,推销人员应巧妙地把谈话转入正题,做到自然、轻松、适时。可采取以关心、赞誉、请教、炫耀、探讨等方式入题,顺利地提出洽谈的内容,以引起客户的注意和兴趣。

在洽谈过程中,推销人员应谦虚谨言,注意让客户多说话,认真倾听,表示关注与兴趣,并做出积极的反应。遇到障碍时,要细心分析,耐心说服,排除疑虑,争取推销成功。在交谈中,语言要客观、全面,既要说明优点所在,也要如实反映缺点,切忌高谈阔论、"王婆卖瓜",让客户反感或不信任。

洽谈成功后,推销人员切忌匆忙离去,这样做,会让对方误以为上当受骗了,从而使客户反悔违约。应该用友好的态度和巧妙的方法祝贺客户做了笔好生意,并指导对方做好合约中的重要细节和其他一些注意事项。

3.排除推销障碍的技巧

(1)排除客户异议障碍。若发现客户欲言又止,自己应主动少说话,直截了当地请对方充分发表意见,以自由问答的方式真诚地与客户交换意见。对于一时难以纠正的偏见,可将话题转移。对恶意的反对意见,可以"装聋扮哑"。

(2)排除价格障碍。当客户认为价格偏高时,应充分介绍和展示产品、服务的特色和价值,使客户感到"一分钱一分货";对低价的看法,应介绍定价低的原因,让客户感到物美价廉。

(3)排除习惯势力障碍。实事求是地介绍客户不熟悉的产品或服务,并将其与他们已熟悉的产品或服务相比较,让客户乐于接受新的消费观念。

借鉴实例

十几年前,世界石油价格暴涨,汽车销售量大减。日本丰田汽车公司一名推销员在美国底特律汽车市场,面对徘徊犹豫的顾客,以流利的美式英语即兴发挥:"现在油价这样高,买轿车当然是最不合算的。可以说,只有根本不会算账的傻瓜才会买。我想来想去,最好的办法就是学中国人买自行车上下班,既便宜又不耗油,岂不两全其美?上个月,我兴冲冲地骑车上班,路上整整花了四个小时!我的妈呀,一到公司我累得大汗淋漓,躺在办公室的沙发上,打我都不想动。可一想,不行啊,被经理看见,非炒我鱿鱼不可,只得拼命支撑,起来工作,好不容易熬到下班,累得我全身骨架像散了一样。当我拖着沉重的脚步走到公司门口,突然想起还要顶风骑回去,伤心得真想大哭一场。这时,我才明白一个真理:轿车无论如何不能少,买轿车的傻瓜非做不可,而最佳的选择只能是买省油的车。本公司的丰田车是最省油的,而且价格便宜。因此,买丰田轿车的人其实不是傻瓜,而是最聪明的人……"果然,一席话说得顾客们纷纷称道,争相订购丰田车,丰田车的销路由此大增。

>> 简评

  这是推销实战中的先否后赞术,即所谓"先迎合再诱导,先讲坏再说好"的表达方法。这种方法峰回路转,一波三折,能在人心中产生强烈的刺激效果。其特点是先退后进,先贬后赞,在对方信服你前一种观点的时候,实际上是抓住了他对你的信任,而后,对你提出的另一种截然不同的观点,他也不得不信服。因为你赢得了他的心,让他认为你是在为他着想,对你所说的话怎么能不信不服呢?这名推销员将其前一种观点肆意渲染夸张,用观点转化造成强烈的反差,如从高崖跌至低谷,使人印象深刻,情感也随之转变,化为信服和购买欲。于是,他的推销获得了成功。

> 口语练习

  假如你是一家门窗加工厂老板,一位客户要求以先提货,一个月后付款的方式请你加工一大批门窗,你如何能做到既能留住客户,签下合同,又能规避拿不到钱的风险?

语文实践活动六　贸易洽谈会

一、活动主题

推销与拒绝

二、活动目的和要求

1. 培养同学察言观色和口头表达能力,提高拒绝话术水平。
2. 选取三到五人,向一个寝室的同学推销某种商品,班级其他同学担任评委。

三、实践内容及步骤

1. 确定推介商品(应选择万一推销不掉自己能用的),熟悉、了解产品功用和性能,了解同类产品的功用、性能及价格。找出推介商品的优势。
2. 在推销时,被推销方应寻找各种各样的理由和借口加以拒绝;推销方应根据对方的理由和借口加以劝解,力求促其购买。

第七单元

经 典 散 文

单元导读

　　本单元我们学习的重点是欣赏散文。

　　中国自先秦以来就是个散文大国,有着悠久灿烂的散文历史,历朝历代名家辈出,佳作连篇,种种的样式,种种的流派,表现着、批评着、解释着人生的各面,迂流曼衍,构成一道独特的风景线。可以不夸张地说,中国散文风格多姿多彩,体式多样共荣,光耀千秋,沾溉百代,成就不在众人称道的小说、戏曲和诗歌之下。

　　那么散文的本质是什么？追根溯源,散文其实就是美文,是华实相扶、文质俱美的艺术品。一篇好的散文,字字珠玑,内蕴丰盈,行文崇尚简洁,将人类心灵的喜怒哀乐、睹物思怀、叙事说理、舒情逸志尽释无疑；一方荷塘、一抔泥土、一场冷雨、一轮故乡的明月,都能悄然拨动你尘封已久的心弦,引发你无尽的想象和思考。一直以来,作为一种最可信赖和依托的文体,她就像一座干净的村庄温暖着焦灼的读者,熏陶滋养着一颗又一颗渴望依托的心灵。

　　本单元选录的五篇散文,皆为沉博绝丽、脍炙人口的传世作品。

　　作为现代散文压卷之作的《荷塘月色》,虽不乏寄情言慨的文字,但更见作者功力的,还是那种一洗浮华的清丽干净的语言美,作者描写月下荷塘,遣词精妙,文奇句瑰,味道极正而且醇厚,一些段落,读来如品美酒,令人击节赞赏。韩少华先生的《记忆》则是一篇饱含哲理的抒情散文。作者通过广泛的联想和深入的思索,将形形色色关于记忆的事理凝于笔端,告诉人们,应该留给人们什么样的记忆,什么行为才能给人们深深的记忆。这实际上说的是怎样做人的道理。

"记忆的真谛"也就是"人生的真谛"。季羡林先生的《月是故乡明》，抒写作者行走在异乡的风雨路上不变的温情和记忆，初读似乎简淡庸常，但细细品来，那种深挚的、似曾相识的乡思和乡情一定令你灵魂战栗。同为怀乡之作，乡愁诗人余光中的《听听那冷雨》就更倾向化古求新，别具一格，文字跳脱灵动，妙手天成，仿佛如歌的行板，读他的文章，可谓知美兼得。而初唐才子王勃的骈文名篇《滕王阁序》，就更以一支令洛阳纸贵的生花妙笔，说古喻今，比况自身，抒发"无路请缨"的感慨，锦绣文章，至今传诵。

德国语言学家福斯特曾经说过："假如散文衰亡了，思想也将同样衰亡，人类相互沟通的所有最好的道路都将因此而切断。"希望同学们以本单元的五篇散文为发端，探幽索隐、见微知著，了解、热爱散文这一重要的文学样式。

本单元还包括书面写作——"广告"和口语交际——"点评"。

随着人类文明的飞速发展，广告已经无处不在，无时不有。它以其特有的经济功能、独特的文化张力，深刻地影响着人类生活的广阔空间，也影响着学生的思维方式、语言习惯。了解什么是广告，学习撰写广告词，有助于激发学生从生活中学习语文的热情，促使其树立学以致用的学习观。

点评是一种用途广泛、随机性强的口语表达形式，本单元旨在通过这一训练，使同学们了解和掌握现场点评的技巧，能够快速构思内容和即席进行现场点评。

在本单元的语文实践活动中，我们安排学生以小组形式搜集各种广告语，意在引导同学们学会留心身边的"语文元素"，并锻炼自己的语文综合表达能力。

三十一　荷塘月色①

朱自清②

 学习提示

白色恐怖弥漫的1927年,任教清华大学的朱自清在进退失据的犹豫和彷徨中,写成了文情并茂的传世之作《荷塘月色》。

在这篇字字珠玑的散文名篇中,作者不但以春秋笔法曲写出一个夹缝当中知识分子的心路历程,更精妙之处在于,以素朴缜密、清灵澹远的语言,将荷塘月景写得动静结合、声色点染、光影交错、浓淡相间,整个画面极富立体感,有时不过淡香疏影的几笔描写,却曲尽风致,见骨见心;文章比喻贴切自然,传神生动,通感、叠词的使用,更是锦上添花,各尽其妙,各得其宜。正如杨振声先生所言,"风华从朴素出来,幽默从忠厚出来,腴厚从平淡出来"。

这几天心里颇不宁静。今晚在院子里坐着乘凉,忽然想起日日走过的荷塘,在这满月的光里,总该另有一番样子吧。月亮渐渐地升高了,墙外马路上孩子们的欢笑,已经听不见了;妻在屋里拍着闰儿,迷迷糊糊地哼着眠歌。我悄悄地披了大衫,带上门出去。

沿着荷塘,是一条曲折的小煤屑路。这是一条幽僻的路;白天也少人走,夜晚更加寂寞。荷塘四周,长着许多树,蓊蓊郁郁的。路的一旁,是些杨柳和

---

① 选自《朱自清文集》第1卷,略有删节。
② 朱自清(1898～1948),原名自华,号秋实,改名自清,字佩弦。原籍浙江绍兴,现代著名散文家、诗人、学者、民主战士。其散文朴素缜密,清隽沉郁,语言洗练,文笔清丽,极富有真情实感。主要作品有《背影》《踪迹》《春》《欧游杂记》等。

一些不知道名字的树。没有月光的晚上,这路上阴森森的,有些怕人。今晚却很好,虽然月光也还是淡淡的。

路上只我一个人,背着手踱着。这一片天地好像是我的;我也像超出了平常的自己,到了另一个世界里。我爱热闹,也爱冷静;爱群居,也爱独处。像今晚上,一个人在这苍茫的月下,什么都可以想,什么都可以不想,便觉是个自由的人。白天里一定要做的事,一定要说的话,现在都可不理。这是独处的妙处,我且受用这无边的荷香月色好了。

曲曲折折的荷塘上面,弥望①的是田田②的叶子。叶子出水很高,像亭亭的舞女的裙。层层的叶子中间,零星地点缀着些白花,有袅娜③地开着的,有羞涩地打着朵儿的;正如一粒粒的明珠,又如碧天里的星星,又如刚出浴的美人。微风过处,送来缕缕清香,仿佛远处高楼上渺茫的歌声似的。这时候叶子与花也有一丝的颤动,像闪电般,霎时传过荷塘的那边去了。叶子本是肩并肩密密地挨着,这便宛然有了一道凝碧的波痕。叶子底下是脉脉的流水,遮住了,不能见一些颜色,而叶子却更见风致了。

月光如流水一般,静静地泻在这一片叶子和花上。薄薄的青雾浮起在荷塘里。叶子和花仿佛在牛乳中洗过一样;又像笼着轻纱的梦。虽然是满月,天上却有一层淡淡的云,所以不能朗照;但我以为这恰是到了好处——酣眠固不可少,小睡也别有风味的。月光是隔了树照过来的,高处丛生的灌木,落下参差的斑驳的黑影;弯弯的杨柳的稀疏的倩影④,却又像是画在荷叶上。塘中的月色并不均匀;但光与影有着和谐的旋律,如梵婀玲⑤上奏着的名曲。

荷塘的四面,远远近近,高高低低都是树,而杨柳最多。这些树将一片荷塘重重围住;只在小路一旁,漏着几段空隙,像是特为月光留下的。树色一例⑥是阴阴的,乍看像一团烟雾;但杨柳的丰姿,便在烟雾里也辨得出。树梢上隐隐约约的是一带远山,只有些大意罢了。树缝里也漏着一两点路灯光,没精打采的,是渴睡人的眼。这时候最热闹的,要数树上的蝉声与水里的蛙声;但热闹是他们的,我什么也没有。

忽然想起采莲的事情来了。采莲是江南的旧俗,似乎很早就有,而六朝时为盛;从诗歌里可以约略知道。

---

① 弥望:满眼。弥,满。
② 田田:形容荷叶相连的样子,古乐府《江南曲》中有"莲叶何田田"的句子。
③ 袅娜(niǎo nuó):柔美的样子。
④ 倩影:美丽的影子。倩,美丽。
⑤ 梵婀玲:英语 violin(小提琴)的译音。
⑥ 一例:一概;一律。

于是又记起,《西洲曲》①里的句子:

采莲南塘秋,莲花过人头;低头弄莲子,莲子清如水。

今晚若有采莲人,这儿的莲花也算得"过人头"了;只不见一些流水的影子,是不行的。这令我到底惦着江南了。——这样想着,猛一抬头,不觉已是自己的门前;轻轻地推门进去,什么声息也没有了,妻已睡熟好久了。

1927年7月,北京清华园

思考与练习

一、找出本文描写作者心情的语句,理出作者的行踪,说说贯穿全文的感情线索是什么,本文的行文顺序又是什么。

二、本文多次运用了比喻的修辞手法,请找出相关句子,填写下列表格:

本体	喻体	完整句子	相似点
叶子			
白花			
清香			
月光			
树色			
灯光			

三、在下列一段文句中的空白处,用《荷塘月色》一文中的双音词填充:

在(　　)的月色下,我独自站在一条(　　)的街道上。这里没有(　　)的垂柳,只有疏密不一的梧桐投下一排排(　　)的黑影。近处人行道上(　　)的路灯(　　)在(　　)不齐的楼房旁侧,散发着青白的光,至于那些在远处的,则显得很(　　),仿佛若有若无了。这条白天熙熙攘攘的街道,现在已是静(　　)的,一点(　　)也没有。在这里徘徊了一会儿,我的本来有些烦躁的心情也随着(　　)了下来。

四、背诵第4~6自然段。

五、将下面一段文字与《荷塘月色》第4自然段作比较,请从描写的重点、描写的顺序两个方面赏析两者的不同。

站在长堤上,面朝西方。下午的阳光从荷叶上反弹过来,翠绿映入眼睛。凝神之际,突然一阵强风从对面吹来,千百张荷叶的一侧,被卷起,竖起,形成直角,阳光便射在翻起的叶底,使得那竖起的一半,顿时转成昏亮的紫黄,低压的一半

---

① 《西洲曲》:南朝乐府中的诗。

在阴暗中,则转为深黛。千百张荷叶,霎时皆成深黛托着紫黄。紫黄耀眼,碧黛深沉。风、太阳与视觉如此的耦合,闪耀出荷叶多彩而豪迈的一面。观荷人的意识几乎跃出了胸腔,跃入那一片紫黄碧黛。瞬间风过,荷叶恢复了举天而立的姿态,紫黄黛绿同时消失。过后,同样的光景重演,同样的彩色,同样的兴奋。我站在堤边,穿着皮鞋的脚未敢涉入池水,公事包依旧沉重拉着我的肩膀。然而,我感谢那刹那的一刻,当阳光、荷叶、轻风与人,有那瞬间的多彩的神会。

三十二 记 忆[①]

韩少华[②]

学习提示

　　本文是一篇通过诗化语言阐述深刻人生哲理的抒情散文,写于"文革"后。在文中作者对由于"文革"浩劫,造成当时许多人思想上怀疑、迷惘、失落、困惑的现状,以年轻人勇于追求、探索的精神进行了严峻的思考。本文表现了作者敏锐的目光、深沉的忧虑,批评了当时社会上人们"不该记的记、该记的不记,只追求记忆持久"等现象,表达了自己对记忆的精湛理解。

　　在今天看来,这篇散文仍有值得我们思考和学习的价值。首先作者善于联想和深入地思考,将关于记忆形形色色的事理诉诸笔端,并得出"记忆的真谛"也就是"人生的真谛"的结论。

　　其次作者善于以虚拟的对话语境来表达内心所思,言辞恳切,语重心长。多方设喻,将深邃的哲理寓于多姿多彩的形象中,哲理与抒情水乳交融,和谐统一。

　　作者还善于运用排比的方法,文句较为整齐,富有音韵和谐的特点。巧用格言警句,给人深刻的启迪。

　　学习时要仔细体会,潜心揣摩,注意领会本文蕴含于形象之中的哲理。

　　你正望着我呢,年轻的朋友——虽然,你与我并没有促膝对语,可我觉得

---

① 选自《丑小鸭》1982年第六期,有改动。
② 韩少华(1933～2010),著名作家,曾获多项创作奖。作品结集有《韩少华散文选》《暖晴》《碧水悠悠》等。

出,你正望着我的额头、鬓角,端详着岁月留在那上面的痕迹。

你的眼睛仿佛正询问我:"记忆,是什么?"

哦,关于记忆,该说些什么呢?

医学家说:"健忘症是大脑走向衰亡的征兆。"

道德家说:"忘恩是负义之母。"

佛学家说:"置一切忧喜于心外者,得大自在。"①

而革命家却说:"忘记过去,就意味着背叛。"

"这说的都是忘却——记忆呢?"你的眼睛,仿佛还在问我。

真的,关于记忆,究竟该怎样描述?

哦,你知道,记忆么,没有重量。它却既可以压得人匍匐在地,又可以鼓舞人在理想的空间飞翔。

记忆没有体积。它却既可以让人敞开襟怀去拥抱整个世界,又可以使人的心眼儿狭隘得芥子②难容。

记忆没有色彩。它却既可以使人的心灵苍白、幽暗,又可以让人的内心世界绚丽、辉煌。

记忆没有标价。它却既可以让一个人的生命价值上升到崇高的境界,又可以使另一个人的灵魂贬值到零以下。

……而你,朋友,却执拗③地望着我,那微启着的双唇,似乎就要吐出一句:"记忆究竟是什么?"

"记忆么,是灰烬。"有人曾这样说,"它燃烧过,可总归要熄灭的。"

"记忆是流水。"有人也曾这样说,"它奔涌而来,可也总要消逝到地平线之外去。"

"记忆是落花。"有人还曾这样说,"它喷吐过芳香,焕发过光彩,却总不免无可奈何地随风飘落,同春天永别。"

其实呢,即便是灰烬,不也尽可以化入泥土,去催发新芽么;即便是流水,到了天尽头,不还能解一解远行人的干渴么;即便是落花,纷纷飘散之间,不恰好透露果实正在孕育的信息么……

一个献出自己的芳华,也要向人间启示出"春花秋实"④的哲理的人,那枝头硕果就是他赠予耕耘者的甘美的记忆。

---

① 自在:佛教用语。指空寂无碍,即逍遥自由的意思。
② 芥子:佛教用语,意思是极小。
③ 执拗:固执任性。
④ 春花秋实:春天开花,秋天结果。也作春华秋实。

一个走进沙漠,也肯为狂渴的同行者捧上自己的水囊的人,他就把清醇①的记忆留给了朋友。

一个将自己烧成灰,也要撒向大地,为生存者酝酿着稻谷香的人,他就永不会从后人的记忆中泯灭。

哦,年轻的朋友,关于记忆,请允许我追述②一两个听来的传说:

有个阴谋家,作孽③之余,用刑罚和药物毁了所有知情者的记忆力。可他自己,却恐怖得昼夜大睁着一双眼睛。一天夜半,他被自己的影子吓疯了。后来,有位哲学家说:"罪证可以被证人忘掉,而犯罪的记忆却无法被罪人摆脱——正像他不能扔掉自己的影子那样。"

有个过路人,在大地震颤的时候,从路边扭歪了的窗口里抢出一个孩子来。就在他把孩子搂在怀里的一刹那,屋梁撞裂了他的颅骨。记忆消失了,嘴角却留存着一丝笑意。后来,有位诗人说:"勇士可以忘掉自己的功勋,而人们却不会忘记勇士欣慰的笑容——那微笑是永恒的。"

关于记忆,也许我只能这样作答:

只记得个人忧患的,是庸人。

忘记了人民疾苦的,是叛徒。

把记忆中的荣耀当做冠冕④顶在头上的,是蠢货。

让不幸的记忆压得双膝着地的,是懦夫。

从成功的记忆里提炼警觉的,是智者。

而那忘掉自己的危难,却铭记着他人的艰辛,只为人民的幸福去忘我奋斗的人,才是勇士,真正的勇士!

在勇士的心灵深处,记忆,绝不是负担,而是宝藏,是能源——一经那理想火花的撞击,就会燃烧起来,化成光和热,迸出力和美,凝成铁锤、利剑和诗。

哦,年轻的朋友,你还在望着我,望着我呢——不知我匆匆写下的这些杂乱的意思,可接触到了记忆所蕴含着的真谛⑤了么?

思考与练习

一、朗读课文,体会本文段落短小,语句整齐,像是一首"散文诗"的特点。仔细阅读本

---

① 清醇(chún):(气味、滋味)清而纯正。
② 追述:述说过去的事情。
③ 作孽(niè):佛教用语,做坏事。孽,罪恶。
④ 冠冕(miǎn):古代帝王、官员戴的帽子。
⑤ 真谛(dì):真实意义或道理。谛,道理(原为佛教用语)。

文,思考"诗节"的标志在哪里,能否说说每一部分的大体意思。

二、阅读课文,思考"记忆的真谛"在文中具体指的什么。

三、欣赏本文,要抓住通过形象来阐述哲理、抒发感情的特点。思考下面两句话,注意讨论一下括号中的问题。

1.即使是落花,当纷纷飘散之间,不恰好透露果实正在孕育的信息么……

(这句话蕴含了一个什么道理?它与上下文的哪些话有联系?)

2.一个将自己烧成灰,也要撒向大地,为生存者酝酿着稻谷香的人,他就不会从后人的记忆中泯灭。

(这句话与上文的哪些话是对应的?作者在这里抒发了什么情感?)

四、阅读下面的句子,揣摩加点部分的含义。

1.记忆没有体积。它却既可以让人敞开襟怀去拥抱整个世界,又可以使人的心眼儿狭隘得芥子难容。

2.在勇士的心灵深处,记忆,绝不是负担,而是宝藏,是能源——一经那理想火花的撞击,就会燃烧起来,化成光和热,迸出力和美,凝成铁锤、利剑和诗。

三十三　月是故乡明

季羡林[①]

学习提示

　　每个人都有自己的故乡，每个人都爱自己的故乡。季羡林先生从小生活在山东西北部的大平原上，少小离家，老大未回，他对那块土地更是充满了深深的眷恋，他的散文、随笔常常流露出浓厚的怀乡之情。这种深情，魂萦梦牵，挥之不去，最终幻化为"故乡那苇坑上面和水中的那个小月亮"。

　　水是故乡清，月是故乡明。这篇散文以月亮为抒情线索，通过对故乡和童年生活的回忆，特别是对故乡月色的动人描写，抒发了先生对故乡永远的怀念与牵挂。季老一生言有物，行有格，文章淳朴恬淡，本色天然，不愧大家风范。

　　每个人都有个故乡，人人的故乡都有个月亮。人人都爱自己的故乡的月亮。事情大概就是这个样子。

　　但是，如果只有孤零零一个月亮，未免显得有点孤单。因此，在中国古代诗文中，月亮总有什么东西当陪衬，最多的是山和水，什么"山高月小"、"三潭印月"等等，不可胜数。

　　我的故乡是在山东西北部大平原上。我小的时候，从来没有见过山，也不知山为何物。

[①] 季羡林（1911～2009），字希逋，又字齐奘。著名文学家、语言学家、教育家和社会活动家、翻译家、散文家，精通12国语言。曾历任中国科学院哲学社会科学部委员、北京大学副校长、中国社科院南亚研究所所长。

我曾幻想,山大概是一个圆而粗的柱子吧,顶天立地,好不威风。以后到了济南,才见到山,恍然大悟:山原来是这个样子呀!因此,我在故乡望月,从来不同山联系。像苏东坡说的"月出于东山之上,徘徊于斗牛之间",完全是我无法想象的。

至于水,我的故乡小村却大大地有。几个大苇坑占了小村面积一多半。在我这个小孩子眼中,虽不能像洞庭湖"八月湖水平"那样有气派,但也颇有一点烟波浩渺之势。到了夏天,黄昏以后,我在坑边的场院里躺在地上,数天上的星星。有时候在古柳下面点起篝火,然后上树一摇,成群的知了飞落下来,比白天用嚼烂的麦粒去粘要容易得多。我天天晚上乐此不疲,天天盼望黄昏早早来临。

到了更晚的时候,我走到坑边,抬头看到晴空一轮明月,清光四溢,与水里的那个月亮相映成趣。我当时虽然还不懂什么叫诗兴,但也顾而乐之,心中油然有什么东西在萌动。有时候在坑边玩很久,才回家睡觉。在梦中见到两个月亮叠在一起,清光更加晶莹澄澈。第二天一早起来,到坑边苇子丛里去捡鸭子下的蛋,白白地一闪光,手伸向水中,一摸就是一个蛋。此时更是乐不可支了。

我只在故乡呆了六年,以后就离乡背井,漂泊天涯。在济南住了十多年,在北京度过四年,又回到济南呆了一年,然后在欧洲住了近十一年,重又回到北京,到现在已经四十多年了。在这期间,我曾到过世界上将近三十个国家,我看过许许多多的月亮。在风光旖旎①的瑞士莱茫湖上,在平沙无垠的非洲大沙漠中,在碧波万顷的大海中,在巍峨雄奇的高山上,我都看到过月亮,这些月亮应该说都是美妙绝伦的,我都异常喜欢。但是,看到它们,我立刻就想到我故乡那苇坑上面和水中的那个小月亮。对比之下,无论如何我也感到,这些广阔世界的大月亮,万万比不上我那心爱的小月亮。不管我离开我的故乡多少万里,我的心立刻就飞来了。我的小月亮,我永远忘不掉你!

我现在已经年近耄耋②,住的朗润园是燕园胜地。夸大一点说,此地有茂林修竹,绿水环流,还有几座土山,点缀其间。风光无疑是绝妙的。前几年,我从庐山休养回来,一个同在庐山休养的老朋友来看我。他看到这样的风光,慨然说:"你住在这样的好地方,还到庐山干吗呢!"可见朗润园给人印象之深。此地既有山,有水,有树,有竹,有花,有鸟,每逢望③夜,一轮当空,月光闪耀于

---

① 旖旎(yǐ nǐ):柔和美丽。
② 耄耋(mào dié):泛指老年。耄,指八九十岁的年纪;耋,指七八十岁的年纪。
③ 望:农历每月十五。

碧波之上,上下空濛,一碧数顷,而且荷香远溢,宿鸟幽鸣,真不能不说是赏月胜地。荷塘月色的奇景,就在我的窗外。不管是谁来到这里,难道还能不顾而乐之吗?

然而,每值这样的良辰美景,我想到的却仍然是故乡苇坑里的那个平凡的小月亮。见月思乡,已经成为我经常的经历。思乡之病,说不上是苦是乐,其中有追忆,有惆怅,有留恋,有惋惜。流光如逝,时不再来。在微苦中实有甜美在。

月是故乡明,我什么时候能够再看到我故乡的月亮呀!我怅望南天,心飞向故里。

思考与练习

一、作者在第4、5自然段中追忆了哪些童年趣事?

二、从全文看,作者为什么要写世界各地美妙绝伦的月亮和朗润园的奇景?

三、"月"作为作者思乡之情的依托,贯穿全文。请写出两句借月抒怀的诗句。

三十四　听听那冷雨

余光中[①]

学习提示

这是在充满家国忧愁之思年代写成的文字,虽是从写乍暖还寒时候的春雨落笔,却巧妙地表达了对传统文化的赞美和眷恋,体现出作者强烈的故土情结和中国意识。

余光中经历了去国离乡的痛楚。这里,作者借一场凄迷的春雨,真切地勾勒出一个行吟冷雨的游子形象,抒写了一曲淅沥声中的断肠曲。题目中的一个"冷"字,境界全出,在这种清冷忧伤的基调下,作者打开情感的大门,把所有的对江南竹楼、雨巷孤灯、古屋老瓦的回忆放在潇潇冷雨中,愈发使这种乡愁显得缠绵而凄凉。

文章屡引古诗名句,长短参差,整散交错,极富飞扬灵动的神韵。

惊蛰一过,春寒加剧。先是料料峭峭,继而雨季开始,时而淋淋漓漓,时而淅淅沥沥,天潮潮地湿湿,即使在梦里,也似乎有把伞撑着。而就凭一把伞,躲过一阵潇潇的冷雨,也躲不过整个雨季。连思想也都是潮润润的。每天回家,曲折穿过金门街到厦门街迷宫式的长巷短巷,雨里风里,走入霏霏令人更想入非非。想这样子的台北凄凄切切完全是黑白片的味道,想整个中国整部中国的历史无非是一张黑白片子,片头到片尾,一直是这样下着雨的。这种感觉,

---

[①] 余光中(1928~　),祖籍福建永春,生于江苏南京,1948年随父母迁香港,次年赴台,就读于台湾大学外文系。1953年,与覃子豪、钟鼎文等共创"蓝星"诗社,后赴美进修,获爱荷华大学艺术硕士学位。返台后,任师大、政大、台大及香港中文大学教授,现任台湾中山大学文学院院长。

不知道是不是从安东尼奥尼那里来的。不过那一块土地是久违了，二十五年，四分之一的世纪，即使有雨，也隔着千山万山，千伞万伞。二十五年，一切都断了，只有气候，只有气象报告还牵连在一起，大寒流从那块土地上弥天卷来，这种酷冷吾与古大陆分担。不能扑进她怀里，被她的裙边扫一扫也算是安慰孺慕之情吧。

这样想时，严寒里竟有一点温暖的感觉了。这样想时，他希望这些狭长的巷子永远延伸下去，他的思路也可以延伸下去，不是金门街到厦门街，而是金门到厦门。他是厦门人，至少是广义的厦门人，二十年来，不住在厦门，住在厦门街，算是嘲弄吧，也算是安慰。不过说到广义，他同样也是广义的江南人，常州人，南京人，川娃儿，五陵少年。杏花春雨江南，那是他的少年时代了。再过半个月就是清明。安东尼奥尼的镜头摇过去，摇过去又摇过来。残山剩水犹如是。皇天后土犹如是。纭纭黔首纷纷黎民从北到南犹如是。那里面是中国吗？那里面当然还是中国永远是中国。只是杏花春雨已不再，牧童遥指已不再，剑门细雨渭城轻尘也都已不再。然则他日思夜梦的那片土地，究竟在哪里呢？

在报纸的头条标题里吗？还是香港的谣言里？还是傅聪的黑键白键马思聪的挑弓拨弦？还是安东尼奥尼的镜底勒马洲的望中？还是呢，故宫博物院的壁头和玻璃柜内，京戏的锣鼓声中太白和东坡的韵里？

杏花，春雨，江南。六个方块字，或许那片土地就在那里面。而无论赤县也好神州也好中国也好，变来变去，只要仓颉的灵感不灭，美丽的中文不老，那形象，那磁石一般的向心力当必然长在。因为一个方块字是一个天地。太初有字，于是汉族的心灵，祖先的回忆和希望便有了寄托。譬如凭空写一个"雨"字，点点滴滴，滂滂沱沱，淅淅沥沥，一切云情雨意，就宛然其中了。视觉上的这种美感，岂是什么 rain 也好 pluie 也好所能满足？翻开一部《辞源》或《辞海》，金木水火土，各成世界，而一入"雨"部，古神州的天颜千变万化，便悉在望中，美丽的霜雪云霞，骇人的雷电霹雳，展露的无非是神的好脾气与坏脾气，气象台百读不厌门外汉百思不解的百科全书。

听听，那冷雨。看看，那冷雨。嗅嗅闻闻，那冷雨。舔舔吧，那冷雨。雨在他的伞上，这城市百万人的伞上，雨衣上，屋上，天线上。雨下在基隆港，在防波堤，在海峡的船上，清明这季雨。雨是女性，应该最富于感性。雨气空濛而迷幻，细细嗅嗅，清清爽爽新新，有一点点薄荷的香味，浓的时候，竟发出草和树林雨后特有的淡淡土腥气，也许那竟是蚯蚓和蜗牛的腥气吧，毕竟是惊蛰了啊。也许地上的地下的生命，也许古中国层层叠叠的记忆皆蠢蠢而蠕，也许是植物的潜意识和梦吧，那腥气。

第三次去美国，在高高的丹佛山居住了两年。美国的西部，多山多沙漠，千里干旱,天,蓝似安格罗·萨克逊人的眼睛;地,红如印第安人的肌肤;云,却是罕见的白鸟。落基山簇簇耀目的雪峰上,很少飘云牵雾。一来高,二来干,三来森林线以上,杉柏也止步,中国诗词里"荡胸生层云"或是"商略黄昏雨"的意趣,是落基山上难睹的景象。落基山岭之胜,在石,在雪。那些奇岩怪石,相叠互倚,砌一场惊心动魄的雕塑展览,给太阳和千里的风看。那雪,白得虚虚幻幻,冷得清清醒醒,那股皑皑不绝一仰难尽的气势,压得人呼吸困难,心寒眸酸。不过要领略"白云回望合,青霭入看无"的境界,仍须回来中国。台湾湿度很高,最饶云气氤氲雨意迷离的情调。两度夜宿溪头,树香沁鼻,宵寒袭肘,枕着润碧湿翠苍苍交叠的山影和万籁都歇的岑寂,仙人一样睡去。山中一夜饱雨,次晨醒来,在旭日未升的原始幽静中,冲着隔夜的寒气,踏着满地的断柯折枝和仍在流泻的细股雨水,一径探入森林的秘密,曲曲弯弯,步上山去。溪头的山,树密雾浓,蓊郁的水汽从谷底冉冉升起,时稠时稀,蒸腾多姿,幻化无定,只能从雾破云开的空处,窥见乍现即隐的一峰半壑,要纵览全貌,几乎是不可能的。至少上山两次,只能在白茫茫里和溪头诸峰玩捉迷藏的游戏。回到台北,世人问起,除了笑而不答心自闲,故作神秘之外,实际的印象,也无非在虚无之间罢了。云缭烟绕,山隐水迢的中国风景,由来予人宋画的韵味。那天下也许是赵家的天下,那山水却是米家的山水。而究竟,是米氏父子下笔像中国的山水,还是中国的山水上纸像宋画,恐怕是谁也说不清楚了吧?

　　雨不但可嗅,可观,更可以听。听听那冷雨。听雨,只要不是石破天惊的台风暴雨,在听觉上总是一种美感。大陆上的秋天,无论是疏雨滴梧桐,或是骤雨打荷叶,听去总有一点凄凉,凄清,凄楚。于今在岛上回味,则在凄楚之外,再笼上一层凄迷了。饶你多少豪情侠气,怕也经不起三番五次的风吹雨打。一打少年听雨,红烛昏沉。再打中年听雨,客舟中,江阔云低。三打白头听雨,在僧庐下。这便是亡宋之痛,一颗敏感心灵的一生:楼上,江上,庙里,用冷冷的雨珠子串成。十年前,他曾在一场摧心折骨的鬼雨中迷失了自己。雨,该是一滴湿漓漓的灵魂,在窗外喊谁。

　　雨打在树上和瓦上,韵律都清脆可听。尤其是铿铿敲在屋瓦上,那古老的音乐,属于中国。王禹偁在黄冈,破如椽的大竹为屋瓦。据说住在竹楼上面,急雨声如瀑布,密雪声比碎玉,而无论鼓琴,咏诗,下棋,投壶,共鸣的效果都特别好。这样岂不像住在竹筒里,任何细脆的声响,怕都会加倍夸大,反而令人耳朵过敏吧。

　　雨天的屋瓦,浮漾湿湿的流光,灰而温柔,迎光则微明,背光则幽黯,对于视觉,是一种低沉的安慰。至于雨敲在鳞鳞千瓣的瓦上,由远而近,轻轻重重轻轻,夹着一股股的细流沿瓦槽与屋檐潺潺泻下,各种敲击音与滑音密织成网,谁的千指百指在按摩耳轮。"下雨了",温柔的灰美人来了,她冰冰的纤手在屋顶拂弄着无数的黑键啊灰键,把响午一下子奏成了黄昏。

在古老的大陆上,千屋万户是如此。二十多年前,初来这岛上,日式的瓦屋亦是如此。先是天暗了下来,城市像罩在一块巨幅的毛玻璃里,阴影在户内延长复加深。然后凉凉的水意弥漫在空间,风自每一个角落里旋起,感觉得到,每一个屋顶上呼吸沉重都覆着灰云。雨来了,最轻的敲打乐敲打这城市。苍茫的屋顶,远远近近,一张张敲过去,古老的琴,那细细密密的节奏,单调里自有一种柔婉与亲切,滴滴点点滴滴,似幻似真,若孩时在摇篮里,一曲耳熟的童谣摇摇欲睡,母亲吟哦鼻音与喉音。或是在江南的泽国水乡,一大筐绿油油的桑叶被噬于千百头蚕,细细琐琐屑屑,口器与口器咀咀嚼嚼。雨来了,雨来的时候瓦这么说,一片瓦说,千亿片瓦说,轻轻地奏吧沉沉地弹,徐徐地叩吧挞挞地打,间间歇歇敲一个雨季,即兴演奏从惊蛰到清明,在零落的坟上冷冷奏挽歌,一片瓦吟千亿片瓦吟。

在旧式的古屋里听雨,听四月,霏霏不绝的黄梅雨,朝夕不断,旬月绵延,湿黏黏的苔藓从石阶下一直侵到他舌底,心底。到七月,听台风台雨在古屋顶上一夜盲奏,千层海底的热浪沸沸被狂风挟来,掀翻整个太平洋只为向他的矮屋檐重重压下,整个海在他的蜗壳上哗哗泻过。不然便是雷雨夜,白烟一般的纱帐里听羯鼓一通又一通,滔天的暴雨滂滂沛沛扑来,强劲的电琵琶忐忑忑忐忐忑忑,弹动屋瓦的惊悸腾腾欲掀起。不然便是斜斜的西北雨,斜斜刷在窗玻璃上,鞭在墙上打在阔大的芭蕉叶上,一阵寒潮泻过,秋意便弥漫旧式的庭院了。

在旧式的古屋里听雨,春雨绵绵听到秋雨潇潇,从少年听到中年,听听那冷雨。雨是一种单调而耐听的音乐是室内乐是室外乐,户内听听,户外听听,冷冷,那音乐。雨是一种回忆的音乐,听听那冷雨,回忆江南的雨下得满地是江湖下在桥上和船上,也下在四川在秧田和蛙塘,下肥了嘉陵江下湿布谷咕咕的啼声,雨是潮潮润润的音乐下在渴望的唇上,舔舔那冷雨。

因为雨是最最原始的敲打乐从记忆的彼端敲起。瓦是最最低沉的乐器灰蒙蒙的温柔覆盖着听雨的人,瓦是音乐的雨伞撑起。但不久公寓的时代来临,台北你怎么一下子长高了,瓦的音乐竟成了绝响。千片万片的瓦翩翩,美丽的灰蝴蝶纷纷飞走,飞入历史的记忆。现在雨下下来,下在水泥的屋顶和墙上,没有音韵的雨季。树也砍光了,那月桂,那枫树,柳树和擎天的巨椰,雨来的时候不再有丛叶嘈嘈切切,闪动湿湿的绿光迎接。鸟声减了啾啾,蛙声沉了咯咯,秋天的虫吟也减了唧唧。七十年代的台北不需要这些,一个乐队接一个乐队便遣散尽了。要听鸡叫,只有去《诗经》的韵里找。现在只剩下一张黑白片,黑白的默片。

正如马车的时代去后,三轮车的时代也去了。曾经在雨夜,三轮车的油布篷挂起,送她回家的途中,篷里的世界小得多可爱,而且躲在警察的辖区以外,雨衣的口袋越大越好,盛得下他的一只手里握一只纤纤的手。台湾的雨季这么长,该有人发明一种宽宽的双人雨衣,一人分穿一只袖子,此外的部分就不必分得太苛。而无论工业如何发达,一时似乎还废不了雨伞。只要雨不倾盆,风不横吹,撑一把伞在雨中仍不失古典的韵味。任雨点敲在黑布伞或是透明的塑胶伞上,将骨柄一旋,雨珠向四方喷溅,伞缘便旋成了一圈飞檐。跟女友共一把雨伞,该是一种美丽的合作吧。最好是初恋,有点兴奋,更有点不好意思,若即若离之间,雨不妨下大一点。真正初恋,恐怕是兴奋得不需要伞的,手牵手在雨中狂奔而去,把年轻的长发和肌肤交给漫天的淋淋漓漓,然后向对方的唇上颊上尝凉凉甜甜的雨水。不过那要非常年轻且激情,同时,也只能发生在法国的新潮片里吧。

大多数的雨伞想不会为约会张开。上班下班,上学放学,菜市来回的途中。现实的伞,灰色的星期三。握着雨伞。他听那冷雨打在伞上。索性更冷一些就好了,他想。索性把湿湿的灰雨冻成干干爽爽的白雨,六角形的结晶体在无风的空中回回旋旋地降下来,等须眉和肩头白尽时,伸手一拂就落了。二十五年,没有受故乡白雨的祝福,或许发上下一点白霜是一种变相的自我补偿吧。一位英雄,经得起多少次雨季?他的额头是水成岩削成还是火成岩?他的心底究竟有多厚的苔藓?厦门街的雨巷走了二十年与记忆等长,一座无瓦的公寓在巷底等他,一盏灯在楼上的雨窗子里,等他回去,向晚餐后的沉思冥想去整理青苔深深的记忆。

前尘隔海。古屋不再。听听那冷雨。

思考与练习

一、本文的题目是《听听那冷雨》,其实文中并非仅仅从听觉一个角度去写雨,作者还从哪些角度去写?他借雨声雨景要表达一种什么思想感情?

二、作者在文中艺术地运用了通感技法,用声光色味绘出了一幅多姿多彩的雨景图。请从文中任选两个运用通感的句子,并分析这样写的好处。

三、对古典诗文的运用,余光中仿佛信手拈来,而毫无斧凿痕迹,娴熟的技巧令人叹服。从文中找找巧妙引用或化用古诗文的语句,写出原诗句或整首诗,并与同学交流一下。

四、文坛巨子余光中不仅为我们开辟了一块散文绿洲,更被誉为"以现代文学为轴心的扛鼎诗人"。与同学合作,共同办一期手抄报,把你熟知的余光中的优秀诗文推荐给大家。

三十五　滕王阁序

王　勃①

  《滕王阁序》是一篇对偶工整、文采飞扬的骈文，作者借登高胜饯，感怀时事，慨叹身世。虽也有人生无常、命舛数奇的怨叹，但更多是给人激励，令人振奋。

  全文以饯别滕王阁为中心，分别抒写了"洪府"的人杰地灵，滕王阁秋景之美，宴会胜况，人生遇合，借古勉今；紧扣"别"字，自叙遭际，谢主引宾。统观全文，由地及人，由人及景，由景及情，步步递进，紧扣题意。

  王勃年少成名，才力华瞻，文风"壮而不虚，刚而能润"，本文的一联"落霞与孤鹜齐飞，秋水共长天一色"，如今已成为千古绝唱。

  豫章②故郡，洪都③新府。星分翼轸④，地接衡庐⑤。襟三江而带五湖⑥，控蛮

---

　①　王勃(649或650～676或675)，唐代诗人。字子安。绛州龙门(今山西河津)人，与杨炯、卢照邻、骆宾王齐名，号称"初唐四杰"。
　②　豫章：滕王阁在今江西省南昌市。南昌，为汉豫章郡治。
　③　洪都：汉豫章郡，唐改为洪州，设都督府。
　④　星分翼轸(zhěn)：古人习惯以天上星宿与地上区域对应，称为"某地在某星之分野"。据《晋书·天文志》，豫章属吴地，吴越扬州当牛斗二星的分野，与翼轸二星相邻。翼、轸，星宿名，属二十八宿。
　⑤　衡：衡山，此代指衡州(治所在今湖南省衡阳市)。庐：庐山，此代指江州(治所在今江西省九江市)。
　⑥　三江：泛指长江中下游的江河。五湖：南方大湖的总称。

荆而引瓯越①。物华天宝,龙光射牛斗之墟②;人杰地灵,徐孺下陈蕃之榻③。雄州雾列,俊采④星驰。台隍枕夷夏之交,宾主尽东南之美。都督阎公⑤之雅望,棨戟⑥遥临;宇文新州之懿范,襜帷暂驻⑦。十旬休假⑧,胜友如云;千里逢迎,高朋满座。腾蛟起凤,孟学士之词宗⑨;紫电青霜,王将军之武库⑩。家君作宰,路出名区,童子何知,躬逢胜饯。

时维九月,序属三秋⑪。潦水尽而寒潭清,烟光凝而暮山紫。俨骖騑于上路,访风景于崇阿。临帝子之长洲,得天人之旧馆⑫。层台耸翠,上出重霄;飞阁流丹,下临无地。鹤汀凫渚,穷岛屿之萦回;桂殿兰宫,即冈峦之体势。披绣闼,俯雕甍:山原旷其盈视,川泽纡其骇瞩。闾阎扑地,钟鸣鼎食之家⑬;舸舰迷津,青雀黄龙之轴⑭。云销雨霁,彩彻区明⑮。落霞与孤鹜齐飞,秋水共长天一色。渔舟唱晚,响穷彭蠡⑯之滨;雁阵惊寒,声断衡阳⑰之浦。

遥襟甫⑱畅,逸兴遄飞。爽籁⑲发而清风生,纤歌凝而白云遏⑳。睢园绿

---

① 蛮荆:古楚地,今湖北、湖南一带。瓯越:古越地,今浙江地区。古东越王建都于东瓯(今浙江永嘉)。
② 物华二句:据《晋书·张华传》,晋初,牛、斗二星之间常有紫气照射,据说是宝剑之精,上彻于天。张华命人寻找,果然在丰城(今江西省丰城县,古属豫章郡)牢狱的地下,掘出龙泉、太阿二剑。后这对宝剑入水化为双龙。
③ 徐孺句:据《后汉书·徐稚传》,东汉名士陈蕃为豫章太守,不接宾客,惟徐稚来访时,才设一睡榻,徐稚去后又悬置起来。徐孺,徐孺子的省称。徐孺子名稚,东汉豫章南昌人,当时隐士。
④ 采:通"寀",官吏。
⑤ 都督:掌管督察诸州军事的官员,唐代分上、中、下三等。阎公:名未详。
⑥ 棨(qǐ)戟:外有赤黑色缯作套的木戟,古代大官出行时用。这里代指仪仗。
⑦ 宇文新州:复姓宇文的新州(在今广东境内)刺史,名未详。襜(chān)帷:车上的帷幕,这里代指车马。
⑧ 十旬休假:唐制,十日为一旬,遇旬日则官员休沐,称为"旬休"。假,通"暇",空闲。
⑨ 腾蛟起凤:《西京杂记》:"董仲舒梦蛟龙入怀,乃作《春秋繁露》。"又:"扬雄著《太玄经》,梦吐凤凰集《玄》之上,顷而灭。"孟学士:名未详。
⑩ 紫电青霜:《古今注》:"吴大皇帝(孙权)有宝剑六,二曰紫电。"《西京杂记》:"高祖(刘邦)斩白蛇剑,刃上常带霜雪。"王将军:名未详。意在美称在座的文武胜友、高朋。
⑪ 三秋:古人称七、八、九月为孟秋、仲秋、季秋,三秋即季秋,九月。
⑫ 帝子、天人:都指滕王李元婴。
⑬ 闾阎:里门,这里代指房屋。钟鸣鼎食:古代贵族鸣钟列鼎而食。
⑭ 舸(gě):《方言》:"南楚江、湘,凡船大者谓之舸。"青雀黄龙:船的装饰形状。轴:通"舳(zhú)",船尾把舵处,这里代指船只。
⑮ 彩:虹。彻:通"贯"。
⑯ 彭蠡:古大泽名,即今鄱阳湖。
⑰ 衡阳:今属湖南省,境内有回雁峰,相传秋雁到此就不再南飞,待春而返。
⑱ 甫:方才。
⑲ 爽籁:管子参差不齐的排箫。
⑳ 白云遏:形容音响优美,能驻行云。《列子·汤问》:"薛谭学讴于秦青,未穷青之技,自谓尽之,遂辞归。秦青弗止,饯于郊衢。抚节悲歌,声振林木,响遏行云。"

竹①,气凌彭泽之樽②;邺水朱华③,光照临川④之笔。四美具,二难并⑤。穷睇眄于中天,极娱游于暇日。天高地迥,觉宇宙之无穷;兴尽悲来,识盈虚之有数。望长安于日下⑥,目吴会于云间⑦。地势极而南溟深,天柱高而北辰远⑧。关山难越,谁悲失路之人;萍水相逢,尽是他乡之客。怀帝阍而不见⑨,奉宣室以何年⑩。

嗟乎!时运不齐,命途多舛;冯唐易老⑪,李广⑫难封。屈贾谊于长沙,非无圣主⑬;窜梁鸿于海曲,岂乏明时⑭?所赖君子见机⑮,达人知命⑯。老当益壮⑰,宁移白首之心;穷且益坚,不坠青云之志⑱。酌贪泉而觉爽⑲,处涸辙以犹欢⑳。北海虽赊,扶摇可接㉑;东隅已逝,桑榆非晚㉒。孟尝高洁,空余报国之情㉓;阮籍

---

① 睢(suī)园:即汉梁孝王菟园。《水经注》:"睢水又东南流,历于竹圃……世人言梁王竹园也。"
② 彭泽:县名,在今江西湖口县东。陶渊明曾官彭泽县令,世称陶彭泽。樽:酒器。陶渊明《归去来兮辞》有"有酒盈樽"之句。
③ 邺水:在邺下(今河北临漳)。邺下是曹魏兴起的地方。朱华:荷花。曹植《公宴诗》:"秋兰被长坂,朱华冒绿池。"
④ 临川:郡名,治所在今江西省抚州市。这里指代谢灵运。谢曾任临川内史,《宋书》本传称他"文章之美,江左莫逮"。
⑤ 四美:指良辰、美景、赏心、乐事。二难:指贤主、嘉宾难得。
⑥ 望长安句:《世说新语·夙惠》:"晋明帝数岁,坐元帝膝上。有人从长安来,元帝因问明帝:'汝意谓长安何如日远?'答曰:'日远,不闻人从日边来,居然可知。'元帝异之。明日集群臣宴会,告以此意,更重问之,乃答曰:'日近。'元帝失色曰:'尔何故异昨日之言邪?'答曰:'举目见日,不见长安。'"
⑦ 吴会:吴郡,治所在今江苏省苏州市。云间:江苏松江(古华亭)的古称。《世说新语·排调》:陆云(字士龙)华亭人,未识荀隐,张华使其相互介绍而不作常语,"云因抗手曰:'云间陆士龙。'"
⑧ 天柱:《神异经》:"昆仑之山,有铜柱焉。其高入天,所谓天柱也。"北辰:《论语·为政》:"为政以德,譬如北辰,居其所而众星共(拱)之。"
⑨ 帝阍(hūn):天帝的守门人。屈原《离骚》:"吾令帝阍开关兮,倚阊阖而望予。"
⑩ 奉宣室句:贾谊迁谪长沙四年后,汉文帝复召他回长安,于宣室中问鬼神之事。宣室,汉未央宫正殿,为皇帝召见大臣议事之处。
⑪ 冯唐易老:《史记·冯唐列传》:"(冯)唐以孝著,为中郎署长,事文帝。……拜唐为车骑都尉,主中尉及郡国车士。七年,景帝立,以唐为楚相,免。武帝立,求贤良,举冯唐。唐时年九十余,不能复为官。"
⑫ 李广:汉武帝时名将,多次与匈奴作战,军功卓著,却始终未获封爵。
⑬ 屈贾谊句:贾谊在汉文帝时被贬为长沙王太傅。圣主:指汉文帝。
⑭ 梁鸿:东汉人,因得罪章帝,避居齐鲁、吴中。明时:指章帝时代。
⑮ 君子见机:谓识时务。《易·系辞下》:"君子见几(机)而作。"
⑯ 达人知命:通达事理之人认识天命。《易·系辞上》:"乐天知命故不忧。"
⑰ 老当益壮:《后汉书·马援传》:"丈夫为志,穷当益坚,老当益壮。"
⑱ 青云之志:《续逸民传》:"嵇康早有青云之志。"
⑲ 酌贪泉句:据《晋书·吴隐之传》,廉官吴隐之赴广州刺史任,饮贪泉之水,并作诗说:"古人云此水,一歃怀千金。试使(伯)夷(叔)齐饮,终当不易心。"贪泉,在广州附近的石门,传说饮此水会贪得无厌。
⑳ 处涸辙:《庄子·外物》有鲋鱼处涸辙的故事。涸辙,比喻困厄的处境。
㉑ 北海二句:语意本《庄子·逍遥游》。
㉒ 东隅二句:《后汉书·冯异传》:"失之东隅,收之桑榆。"东隅,日出处,表示早晨。桑榆,日落处,表示傍晚。
㉓ 孟尝二句:孟尝字伯周,东汉会稽上虞人。曾任合浦太守,以廉洁奉公著称,后因病隐居。桓帝时,虽有人屡次荐举,终不见用。事见《后汉书·孟尝传》。

猖狂,岂效穷途之哭①!

勃,三尺②微命,一介书生。无路请缨,等终军之弱冠③;有怀投笔,爱宗悫之长风④。舍簪笏于百龄⑤,奉晨昏⑥于万里。非谢家之宝树⑦,接孟氏之芳邻⑧。他日趋庭,叨陪鲤对⑨;今兹捧袂,喜托龙门⑩。杨意不逢,抚凌云而自惜⑪;钟期相遇,奏流水以何惭⑫。

呜呼!胜地不常,盛筵难再;兰亭⑬已矣,梓泽⑭丘墟。临别赠言,幸承恩于伟饯;登高作赋,是所望于群公。敢竭鄙怀,恭疏短引;一言均赋,四韵俱成。请洒潘江,各倾陆海云尔⑮。

思考与练习

一、如何理解作者在文中流露的思想感情?

二、阅读下列文字,回答1~3题。

　　嗟乎! 时运不齐,命途多舛;冯唐易老,李广难封。屈贾谊于长沙,非无圣主;窜梁鸿于海曲,岂乏明时? 所赖君子见机,达人知命。老当益壮,宁移白首之心;穷且益坚,不坠青云之志。酌贪泉而觉爽,处涸辙以犹欢。北海虽赊,扶摇可接;东隅已逝,桑榆非晚。孟尝高洁,空余报国之情;阮籍猖狂,岂效穷途之哭!

---

① 阮籍:字嗣宗,晋代名士。《晋书·阮籍传》:籍"时率意独驾,不由径路。车迹所穷,辄恸哭而反"。
② 三尺:指幼小。
③ 无路二句:据《汉书·终军传》,终军字子云,汉代济南人。武帝时出使南越,自请"愿受长缨,必羁南越王而致之阙下",时仅二十余岁。等,相同,用作动词。弱冠,古人二十岁行冠礼,表示成年,称"弱冠"。
④ 投笔:用汉班超投笔从戎的故事,事见《后汉书·班超传》。宗悫(què):宗悫字元干,南朝宋南阳人,年少时向叔父自述志向,云"愿乘长风破万里浪"。事见《宋书·宗悫传》。
⑤ 簪笏(hù):冠簪、手版。官吏用物,这里代指官职地位。百龄:百年,犹"一生"。
⑥ 奉晨昏:《礼记·曲礼上》:"凡为人子之礼……昏定而晨省。"
⑦ 非谢家句:《世说新语·言语》:"谢太傅(安)问诸子侄'子弟亦何预人事,而正欲使其佳?'诸人莫有言者。车骑(谢玄)答曰:'譬如芝兰玉树,欲使其生于庭阶耳。'"
⑧ 接孟氏句:据说孟轲的母亲为教育儿子而三迁择邻,最后定居于学宫附近。事见刘向《列女传·母仪篇》。
⑨ 他日二句:《论语·季氏》:"(孔子)尝独立,(孔)鲤趋而过庭。(子)曰:'学诗乎?'对曰:'未也。''不学诗,无以言。'鲤退而学诗。他日,又独立,鲤趋而过庭。(子)曰:'学礼乎?'对曰:'未也。''不学礼,无以立。'鲤退而学礼。"鲤,孔鲤,孔子之子。
⑩ 捧袂(mèi):举起双袖,表示恭敬的姿势。喜托龙门:《后汉书·李膺传》:"膺以声名自高,士有被其容接者,名为登龙门."
⑪ 杨意二句:据《史记·司马相如列传》,司马相如经蜀人杨得意引荐,方能入朝见汉武帝。又云:"相如既奏《大人》之颂,天子大悦,飘飘有凌云之气。"杨意,杨得意的省称。凌云,指司马相如作《大人赋》。
⑫ 钟期二句:《列子·汤问》:"伯牙善鼓琴,钟子期善听。伯牙鼓琴……志在流水,钟子期曰:'善哉! 洋洋兮若江河。'"钟期,钟子期的省称。
⑬ 兰亭:在今浙江省绍兴市附近。晋穆帝永和九年(353)三月三日上巳节,王羲之与群贤宴集于此,行修禊礼,祓除不祥。
⑭ 梓泽:即晋石崇的金谷园,故址在今河南省洛阳市西北。
⑮ 请洒二句:钟嵘《诗品》:"陆(机)才如海,潘(岳)才如江。"

1. 有通假字的一项是（　　）
A. 所赖君子见机　　　B. 处涸辙以犹欢　　　C. 命途多舛　　　D. 东隅已逝
2. 解释加点字词的意思。
(1) 北海虽赊
(2) 东隅已逝，桑榆非晚
(3) 窜梁鸿于海曲
(4) 不坠青云之志
3. 对本段文字解说有误的一项是（　　）
A. 本段文字在句式上多采用对偶、反问等，体现了骈体文的特点。
B. 本段文字用了大量典故。如：冯唐、李广、孟尝、阮籍等。
C. 本段文字内容上描写了宴会的盛况，抒发了人生的感慨。
D. 本段文字既有作者对现实的不满和苦闷，也有作者对追求的坚定乐观。
三、课文用了大量的典故，这些典故是如何运用的？起到了什么作用？

应用写作四　广　告

>> **范例**　　　　　一、美国一家电话公司的广告

电视画面：傍晚，一对老年夫妇正在餐厅用餐，电话铃响，老妇人起身接电话，一会儿，老妇人回到餐桌旁。

老先生：谁的电话？

老妇人：是女儿打来的。

老先生：有什么事？

老妇人：没事。

老先生：没事？几千里地打来电话？

老妇人：(呜咽)她说她爱我们。

（两位老人相视无言，激动不已。）

旁白：用电话传递你的爱吧！

>> **简评**

本案例是美国一家电话公司的广告，标题使用直接式，文字简洁，一目了然。正文描绘了一幅温馨的生活画面，蕴含着深切的亲情与挚爱，强烈的感情诉求溢于言表。结尾画龙点睛，揭示了广告的主旨，使人恍然大悟，感染力强。

二、美国史丹利移门的广告词

一直被模仿，从未被超越

> 简评

商家最忌讳别人抄袭自己的产品,美国史丹利移门的广告词却别有一番大气——"一直被模仿"让人感受其"海纳百川,有容乃大"的胸襟,而"从未被超越"则显示,不论是设计还是质量,都拥有无法被超越的自信,让人不得不佩服。就广告词本身而言,本广告句式整饬,简洁有力,底气十足,堪称经典。

写作指导

广告是一种公开而广泛地向公众传递信息的实用文体,主要用于向公众推广商品、服务项目或文娱体育活动。

就历史而言,广告是商品经济的产物,目的在于促销商品。促销就是向消费者传递有关本企业及产品的各种信息,说服、吸引消费者购买其产品,以达到扩大销售量的目的,这就产生了商品广告。有这么一个有趣的案例:英国作家毛姆刚开始写作时名不见经传,作品销路不佳,年轻的毛姆灵机一动,于是花钱在报纸上刊登了一则征婚广告:"本人喜欢音乐和运动,年轻富有,仪表堂堂,身体健康,开朗大方,欲觅一位像毛姆的小说《×××××》中女主角那样的女郎为配偶。"此广告一经刊出,立刻吸引了众多目光,好奇的人们纷纷奔向书店,寻找小说中的女主角。没过几天,伦敦书店的毛姆小说全部卖完,毛姆的名字也迅速家喻户晓。

毛姆在这里用征婚广告的方式,巧妙地为自己的小说做了广告,由于广告设计不动声色地抓住了年轻女性读者的心理,因此登出后,作者推销自己作品的目的迅速达成。虽然刊登的当时,毛姆的实际情况与广告有所不符,但广告一经刊登,毛姆的小说大量卖出,知名度提高,很快就真的如广告中所描述的那样年轻富有了。

广告的种类有多种多样,就其表现形式来分,有全部用文字表达的文字广告;有以图像为主配有文字说明的图像广告;有以文艺演出形式如小品、舞蹈等来介绍商品的文艺广告;有以实物、模型等陈列橱窗、画廊来宣传商品的实物广告。以传播媒介为标准,可分为报纸广告、杂志广告、电视广告、电影广告、网络广告、包装广告、广播广告、招贴广告、POP广告、车体广告、门票广告、餐盒广告等。

不管哪一类广告,最重要最基本的载体是语言文字。

一篇广告的写作格式包括标题、正文、随文三部分。

一、标题

标题即广告的题目,它是广告给人的第一印象,是广告内容的凝聚和提炼,可以突出广告的主题,新颖别致,有强大的吸引力和感染力。标题的写作贵在紧扣主题、突出重点、语言简洁、独辟蹊径、引人入胜。它有以下三种形式:

1. 直接标题

直截了当地用商品的名称、品牌等作为广告标题的核心内容,直接表明广告的主题和销售重点。它的特点是简洁明了、一目了然。比如"六神特效花露水"的标题:"六神有主,一家无忧。"

2. 间接标题

不直接点明广告主题或介绍产品,而是采用暗示、诱导性曲径通幽的方式,引导消费者阅读正文的兴趣,它的特点是含蓄蕴藉、充满诱惑。比如"巴伦"牌香水的广告标题:"为了每一个男子都风度翩翩"。

3. 复合标题

它是对直接标题和间接标题的综合运用,往往包含正标题和副标题两部分,它的特点是结合了以上两种标题的长处,更具吸引力和感染力,运用起来更灵活、更全面。比如:"独领风骚——泸州老窖"。

二、正文

正文是广告文案的核心,起着介绍商品、灌输知识、增进了解并最终实现广告促销的作用。要求更深入、更透彻地表现广告的主旨和内容。一般应写明商品的名称、用途、规格、特点、产地、性能、价格、出售方式、出售时间、地点等内容。

广告正文是广告文案的主导内容,因而其结构、内涵、技巧都多种多样,从形式结构上说,一般分为开端、中心段和结尾三部分;从内容上说,可以多方面实现消费者对商品的诉求,如表明主题、提供证明、鼓励行动等;因为广告的目的是引起消费者对商品的兴趣,使之产生购买的欲望,所以广告更要在技巧上下功夫,要求写作者具有扎实的语言功底和较高的文字修养。比如:

1. 直述式

直接介绍商品情况,这种方法自然朴实、清楚明白。

比如,广西永福制药厂的广告:"永福县是名贵特产罗汉果之乡,罗汉果味甜、性凉,具有清热润肺、止咳化痰、生津止渴、润肠通便、益肝健脾以及促进肠胃机能、降低血压等功效。"

2. 问答式

通过一问一答的形式,激发人们的好奇心,达到宣传商品的目的。这种方式形式活泼,有亲切感。

3. 证书式

借助商品或企业所荣获的各种证书、奖章或消费者对它的赞誉来证明其质量上乘、服务一流,这种方法有令人信服的力量。

比如,山东兰陵美酒,曾荣获 1915 年巴拿马国际博览会金质奖章;1980 年获山东优质产品证书;1987 年获"中国第一届黄酒节"一等奖。

4. 描述式

对商品或企业的局部或全部进行描写,这种方法能够对商品的特点进行渲染,给人以鲜明印象。

比如,日立电视机广告:只要是日立的彩电,您尽可放心地去欣赏那美丽鲜艳的图像,因为在它的背后,是一个一丝不苟严格检验的世界。在日立的生产工厂里,首先要对所有用于彩电生产的零件进行严格筛选,挑选出其中质量最好的使用。当电视的各个部分形成之后,再进行一次检验,合格之后方可用于组装。从零件的筛选算起,一共要经过20道检验程序,一台电视机才终于诞生。日立的目的就是向广大顾客提供最高质量的产品。

5.幽默式

用幽默诙谐的笔调和语言,在轻松愉快的气氛中宣传商品和企业,这种方法引人入胜,使人经久不忘。

比如,伦敦地铁广告:如果您无票乘车,那么,请在伦敦治安法院下车。

此外,还可采用布告式、目录式、论说式、对比式、象征式等手法。

三、随文

又称"附文",指的是附于正文后面的那些较次要的、备查备用的广告信息,它是整个广告文稿的有机组成部分,是对广告文稿的进一步补充,并为广大消费者提供必要的线索、资料,起指导购买的作用。

随文的内容包括商标、厂标、企业名称、商品名称、通讯地址、电话号码、电报挂号、查询方式、银行账号、联系人,甚至法人代表、法律顾问等。

广告写作的要求是:

第一,要真实。广告的内容要与被介绍的商品或服务项目相符,绝不能言过其实,欺骗公众,损害公众利益。在我国,制作和散布虚假广告是要承担法律责任的。

第二,重点突出,主次分明。最重要的内容放在醒目的位置上,力求给人留下深刻的印象。

第三,语言规范、精练、活泼、雅俗共赏。广告语最忌讳错字、别字,那种肆意篡改成语的做法是违反国家语言文字管理条例的。广告语言要有艺术性,让群众喜闻乐见,才有生命力,才能起到增强广告效果的作用。而制造低级庸俗的噱头,则适得其反。

写作练习

一、分析下面广告词的特征:

1.我有UC何需电话(新浪UC广告)

2.情系中国结,联通四海心(中国联通广告)

3.钻石恒久远,一颗永流传(戴比尔斯钻石广告)

4.放低偏见,你会有精彩发现!(柯尼卡广告)

5.果冻我要喜之郎(喜之郎广告)

6.新一代的选择(百事可乐广告)

7.学琴的孩子不会变坏(三叶钢琴广告)

8.上上下下的享受!(三菱电梯广告)

二、根据下面的素材,请以小组为单位,选择你感兴趣的材料,设计一则广告。

1.给一个防盗门的厂家设计防盗门的广告。

2.给你喜欢、熟悉的某种品牌的汽车设计广告。

3.给你喜欢的服装、皮鞋、围巾设计广告。

4.给你或同学使用的手机设计广告。

三、部分同学在校园中时有一些不良的语言和行为习惯,请就此问题拟几则公益广告,对其进行规劝、教育。

四、根据你所学专业的特点,为学校编写一份本专业的招生广告。要求:结构完整,语言简洁,突出专业特点和优势,富有说服力和鼓动性。

口语交际七　点　评

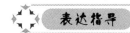

点评有书面点评和口头点评之分。现场点评就是一种在集体或公开场合对某些人的语言、行为、活动进行分析、评价的口语表达形式。它与即席演讲有相似之处,都要在现场即席发言。不同的是,现场点评的针对性更强,它的内容受到点评对象的制约,议论的成分更多一些。课堂上对同学发言的点评,演讲、辩论比赛中评委对选手的点评,歌手大赛中对歌手的点评等,都属于现场点评。

现场点评的作用在于对点评对象的发言或活动进行及时的反馈,作出恰当的评价,使点评对象了解自己发言或活动的效果、优点、问题等,激发其进一步努力的愿望。现场点评是一种比较高级的口语表达形式,要求点评者有较广的知识面,较强的分析判断能力和表述能力。同学们平时可以阅读一些现场点评的文字资料,观看一些现场点评的音像资料,从家庭、班级、学校有关活动的点评或模拟点评入手,训练自己的现场点评能力。

现场进行点评的基本要求:

1.认真听看,形成基本评价

把握点评对象的发言或活动的基本内容,是进行现场点评的前提和基础。点评者必须集中注意力,认真听看点评对象的发言、活动,从内容到表情、动作都要加以关注。同时,思考、梳理点评对象的基本观点、态度或活动的主题、方式,形成自己的基本看法。可以采用边听、边看、边记的方式,记下点评对象的可圈点、可讨论之处,记下自己随时产生的感受和认识。在进行现场点评前,应该形成自己发言的基本观点和思路框架,甚至考虑到需要讲的一些细节问题。这样才能在点评时胸有成竹,从容不迫。

2.实事求是,指明优点缺点

应站在客观公正的立场上对点评对象作实事求是的评价,尽量做到不夸大、不缩小、不以偏概全、不以个人喜好随意褒贬。尽量不用那种极端性的词语,如:"最"、"从来没有"、"无人能比"等。对具体发言、活动的优点要给予充分的肯定;对其明显的问题或缺点,也要恰当地点明,不能一味地赞扬或一味地批评。

3. 抓住重点，分析准确到位

面面俱到、泛泛而谈的点评不会产生好的效果。点评者必须善于发现主要问题，对重点问题进行分析、评价。如对一位同学的演讲作点评，首先要关注他的演讲在内容上最有意义的地方；其次，关注他的演讲在表达上最有特色的地方。对其问题、缺点的点评也同样要从内容和表达两方面去关注最重要的地方。在点评时，要结合其演讲的具体内容和语气、体态等来分析，不宜空洞地说"内容深刻"、"感情真挚"、"语言生动"之类的话。只有准确、到位的点评，才能让点评对象和观众心服口服。

4. 善于鼓励，指出努力方向

成功的点评应使点评对象对自己的发言或活动内容有一个正确的认识，明确以后在哪些方面需要发扬光大，在哪些方面需要改进、努力。点评者宜用鼓励的语气进行评价，在指出问题、不足时，要避免伤及对方的自尊心和自信心。指出努力的方向要具体、明确，甚至在方法上给对方提供一些具体的建议。

5. 展开互动，语言亲切自然

点评是双方甚至多方的交流。点评者在发言时，要注意点评对象和现场其他人的反应，适时与他们展开互动。可以向对方提一些问题，可以征询对方对自己点评的意见，也可以与现场的观众交流，使自己的点评取得更好的效果。要多用商讨、研究的口气，少用那种生硬的、命令式的口气。

借鉴实例

"春晖杯"创业大赛现场点评（节选）

创业交流会是"春晖杯"创业大赛项目对接与颁奖活动中的必备程序，其中，项目点评更成为吸引眼球的招牌环节。项目介绍、嘉宾点评，3位随机挑选的入围者与点评嘉宾之间的"碰撞"，给创业者留下深刻的印象和启示。这里选取的是第四届"春晖杯"创业大赛的一场现场嘉宾点评。

郑建华（以下简称"郑"）：我1987年留学美国，现在美国一家生命科学技术公司工作。在这个领域我干了很多年，对生物技术研究和产品转化很了解。我很早就创业了，2006年我开始了现在的项目，于是自己掏钱组织了一个团队。

我的团队正在努力把发酵产率能够再提高，现在需要1000万~2000万的资金，建立一家生产企业，一方面继续改造现有的工艺，另一方面做好基因改造工程。这种药国内没有，目前完全依靠进口。而我的药不用做临床试验，生产周期也比较短。资金主要用于购买设备，组建公司，1年之内能做出产品。产品售价是每毫克1~2美元，大概是每吨100万美元，我的生产计划是5吨以上。我的产品有很大潜力，既可以做保健品，也可以做临床药，对我的产品进行投资是不会吃亏的。

目前我只有研发的团队，还没有销售方面的团队，如果拿到投资，我可以和投资人一起协商,愿意合作建立一个团队。

竞争对手方面,国内很多知名高校和科研单位也在做,但都没有打开市场,据我了解,目前的市场可以容纳 50 吨以上的产品,因为药的对象是肝病、关节炎、抑郁症和老年痴呆等常见病,这里蕴含着巨大的市场。

嘉宾:如果你做药品,是要从头做到尾的,临床试验是必不可少的环节,这是这个行业整个产业化过程中的规则,你必须了解。你的演讲给我留下一个很深的印象,就是你提高酵母产率的技术没有问题,但作为一个创业项目,你还没有讲得很清楚。给你一个建议,你有这么好的技术,国内各个创业园都会提供很好的条件,你完全可以以投入很少的资金,再依托这些好的条件先运转起来,等别人再投资的时候就完全不一样了。我给很多留学人员都提过建议,就是项目一定要先落地,依托国内这些平台,先启动起来。中国现在不缺钱,缺的是好项目,或者说是缺少挖掘好项目的人才。

嘉宾:你创业的时间比较早,有没有成功的例子呢?

郑:本届"春晖杯"我报了两个项目,另一个项目已经成功地转让了。我也和一些公司商谈过,就是可以以技术入股的方式进行合作,完全没有问题。

嘉宾:你这个项目我感觉技术门槛不高,可替代的产品比较多,但我听了半天没搞明白你的核心竞争力是什么,现在国内一些做得比较成功的保健品有很强的营销手段和策划能力,对本土的需求也很了解,目前保健品市场鱼目混珠,在这样一个复杂的环境中,如果你不能突出自己产品的核心竞争力,如果你拿到必要的资金,如何达到自己的目标呢?

郑:在目前阶段,我们要进行基因改造,如果成功,这就是我们的核心竞争力,我的团队已经做好了前期准备,可以说成功的几率很大。而且这项技术是一般厂家做不了的。我考察过类似厂家,先期投资并不很多,大概两三百万人民币。

嘉宾:有一个建议,找风险投资和找政府资助不太一样。如果你是找风投,在你这个行业里最好先有知识产权,通过各项检测,很多事情就方便得多。

简评

本案例嘉宾点评的内容主要是入围者的创业构想。与书面点评不同,口头点评是即兴发挥,紧随入围者的思路展开,更容易碰撞出火花。在案例中,嘉宾着眼于对方创业的可行性,对创业中可能出现的问题进行点评,给出了相关合理的建议,点评内容具有很强的专业性、针对性和可操作性。总体而言,点评全面,切中肯綮。

口语练习

一、以平时的一堂课为内容,对教师的授课、同学们的讨论和回答、学习的效果等进行现场点评。

二、观看有关竞赛类、访谈类或其他形式的电视节目直播或录像,尝试对所看的节目作现场点评。

三、请其他同学对自己的某项活动或某次表演、某种行为进行现场点评,并与同学交流对点评的感受和体会。

语文实践活动七　征集广告词

一、活动主题

广告在当今世界无处不在,无处不有,对于广告来说,广告词就是它的灵魂。一则成功的广告,广告词言约意丰、令人回味,就像浓缩的文学精品,不仅有商味,更有文化韵味。通过征集广告词,不仅可以提高学生学习语文的兴趣、增强其鉴赏语言的能力,还可以通过这一饶有趣味的语文活动,达成建设开放而有活力的语文课程的目标。

二、活动目的和要求

1.培养学生课外学习语文的兴趣,养成随时积累语言素材的习惯,具有根据主题收集、整理、筛选资料的能力。

2.了解广告词的基本特点及创作广告词的基本要求。

3.积累语言素材,提高鉴赏语言能力。

4.培养学生协作意识、探究能力、审美情趣、创新精神。

三、实践内容及步骤

(一)策划筹备

学生在收集广告词以前,可进行下列准备活动:

1.通过各种方式了解有关广告的作用和广告词的写作要求等方面的知识。

2.与小组内的同学分工合作,按照不同的广告载体,如报纸、杂志、广播、电视、互联网、车体、路牌、橱窗、产品包装等,每人任意收集5～10则广告词,并注明画面内容、商品名称、生产或经销单位、联系方式,以及刊登发布的版面、栏目或时间、地点等,在收集的同时作简单评价。

(二)活动应用

1.仿照现有的广告,为自己熟悉的某种商品拟一则有创意的广告词。

2.2011年是我省建设"文化旅游大省"战略关键的一年,请你结合我省的实情,为宣传我省做一则广告。要求:至少打动自己。

3.黄山是我省著名的旅游景点。请根据自己的游览体验或阅读感受,参考下列例句,为黄山写一则宣传语。

　　例句①桂林:桂林山水甲天下

　　例句②黄鹤楼:登黄鹤楼,你的事业更上一层楼

　　例句③杭州宋城:给我一天,还你千年

　　黄山:

　　4.在小组内,将大家分工收集的广告词集中起来,评出最佳和最差的广告词,讨论其好或差的原因。与同学交流自己创作的广告词,听取大家的评价意见。

　　5.每个小组推荐一人,向全班同学介绍本组开展活动的情况、本组推选的最佳广告词、本组同学的广告创意,大家共同欣赏广告语言运用的技巧和魅力。

第八单元

小 说 鉴 赏

单元导读

　　这个单元我们学习的重点是小说鉴赏。

　　与散文追求立意新奇、言约意丰不同，小说更注重情节、人物等要素，这是由其叙事性强这一特点决定的。动辄洋洋万言的小说，在究天人之际、探心灵宇宙，细致展现人物性格和命运、表现盘根错节的矛盾冲突方面可谓得天独厚，阅读小说自古以来就是认识社会、认识人生的重要手段。一片落叶、一双靴子、大教授的纷争、小儿女的情怀，繁盛与衰败，富贵与贫穷，世间里巷家庭之常，青梅煮酒谈天论地，皆可成为小说描摹的对象。他们或高蹈扬厉，或平凡庸常，以各色的形容留存于小说之中，交汇成我们记忆中千姿百态的精神画像。

　　本单元所选的五篇课文，有的是中长篇小说的节选，有的自身独立成篇，但无论是鸿篇巨制还是只言片语，是淡笔轻描还是浓墨重彩，塑造的人物都称得上惟妙惟肖、活灵活现。

　　《最后一片常春藤叶》里那片永不飘落的树叶，在行将曲终人散的时候，让我们看到了终日买醉、潦倒不堪的贝尔曼的淳朴善良、宅心仁厚，那是命运多舛的老画家留给这苦难的世界的最后一丝温情。相比较贝尔曼眼冷心热带给我们的震撼和感动，《围城》里的那群三闾大学教授们，他们的钩心斗角、尔虞我诈，更多的是让人心寒齿冷；反倒是《品质》里生活在底层的鞋匠格斯拉，坚持"靴子理想"不肯俯就，最终与这个崇尚快捷时尚的时代渐行渐远，他的落魄而死，似乎更多传达了人性的崇高。才气横溢的曹雪芹则在《宝黛吵架》里，不但把一双小儿女暗生的情愫写得烟波流转九曲回肠，宝玉的率性单纯、黛玉的敏感多疑,更是绘影绘声、历历如画。相比曹氏的儿女情长,罗贯中关注的是英雄斗法,《青梅煮酒论英雄》里的曹操,身为兵精粮足的丞相,雄视天下,说话非常强势傲慢;而刘备虽然腹有良谋,暂时还无处安身立命,言语十分谨慎小心,两位英雄你进我退、论辩风生,十分传神。

"千古蓼洼埋玉地,落花啼鸟总关愁。"如今,无论是叱咤风云的一世英雄,还是烟火人生里平凡人的故事,都已随历史的尘嚣远遁,但他们留存的故事至今读来仍让我们心动不已,愿同学们细细揣摩、慢慢品味,学会领略小说的美妙。

本单元还包括书面写作——"规章制度"和口语交际——"交谈"。

规章制度是人们行动的准则和依据,本单元通过具体案例的点评,介绍了规章制度的种类、写法以及写作要求,旨在帮助同学们提高应用文的写作能力;本单元还安排了口语"交谈"的相关训练,通过这一相关训练,旨在帮助同学们掌握交谈的艺术,学会与他人融洽地沟通和交流,在交谈中获取信息、赢得真情、积累知识、提升自我。

交心有助于学生的互动发展,使其在愉悦中逐步养成良好的行为习惯。为此,本单元安排了"同学交心"这一语文实践活动,让同学们在开诚相见的环境里,平等对话,真诚交心,释放自我,了解他人,为走向社会、建立良好的人际关系打下基础。

三十六　最后一片常春藤叶

欧·亨利[①]

  本文是美国批判现实主义作家欧·亨利的一篇著名短篇小说。在这篇小说中,年轻画家琼西感染肺炎,生命垂危,尽管有好友苏的热情鼓励,但是琼西已然放弃了求生努力,而把生命寄托给随风飘零的树叶。老艺术家贝尔曼倾尽生命顶风冒雨在墙上画下一片树叶,不落的藤叶使琼西重又燃起了生命之火,老贝尔曼自己却罹患肺炎不幸去世。小说盛赞了艺术家之间至情至性、令人动容的友谊。

  欧·亨利的小说构思新颖,语言诙谐,结局常常出人意料,细品又觉得在情理之中,本文即鲜明地体现了这一特点。

  在华盛顿广场西边的一个小区里,街道都横七竖八地伸展开去,又分裂成一小条一小条的"胡同"。这些"胡同"稀奇古怪地拐着弯子。一条街有时自己本身就交叉了不止一次。有一回一个画家发现这条街有一种优越性:要是有个收账的跑到这条街上,来催要颜料、纸张和画布的钱,他就会突然发现自己两手空空,原路返回,一文钱的账也没有要到!

  所以,不久之后不少画家就摸索到这个古色古香的老格林尼治村来,寻求朝北的窗户、18世纪的尖顶山墙、荷兰式的阁楼,以及低廉的房租。然后,他们

[①] 欧·亨利(1862~1910),美国著名批判现实主义作家。他的一生极富传奇,作品风格幽默辛辣又独树一帜,有"美国生活的百科全书"之誉。代表作有小说集《白菜与国王》《四百万》《命运之路》等,与莫泊桑、契诃夫合称世界三大短篇小说之王。

又从第六街买来一些蜡酒杯和一两只火锅,这里便成了"艺术区"。

苏和琼西的画室设在一所又宽又矮的三层楼砖房的顶楼上。"琼西"是琼娜的爱称。她俩一个来自缅因州,一个是加利福尼亚州人。她们是在第八街的"台尔蒙尼歌之家"吃份饭时碰到的,她们发现彼此对艺术、生菜色拉和时装的爱好非常一致,便合租了那间画室。那是5月里的事。到了11月,一个冷酷的、肉眼看不见的、医生们叫做"肺炎"的不速之客,在艺术区里悄悄地游荡,用他冰冷的手指头这里碰一下那里碰一下。在广场东头,这个破坏者明目张胆地踏着大步,一下子就击倒几十个受害者,可是在迷宫一样、狭窄而铺满青苔的"胡同"里,他的步伐就慢了下来。

肺炎先生不是一个你们心目中行侠仗义的老的绅士。一个身子单薄,被加利福尼亚州的西风刮得没有血色的弱女子,本来不应该是这个有着红拳头的、呼吸急促的老家伙打击的对象。然而,琼西却遭到了打击;她躺在一张油漆过的铁床上,一动也不动,凝望着小小的荷兰式玻璃窗外对面砖房的空墙。

一天早晨,那个忙碌的医生扬了扬他那毛茸茸的灰白色眉毛,把苏叫到外边的走廊上。

"我看,她的病只有十分之一的恢复希望,"他一面把体温表里的水银柱甩下去,一面说,"这一分希望就是她想要活下去的念头。有些人好像不愿意活下去,喜欢照顾殡仪馆的生意,简直让整个医药界都无能为力。你的朋友断定自己是不会痊愈的了。她是不是有什么心事呢?"

"她——她希望有一天能够去画那不勒斯的海湾。"苏说。

"画画?——真是瞎扯!她脑子里有没有什么值得她想了又想的事——比如说,一个男人?"

"男人?"苏像吹口琴似的扯着嗓子说,"男人难道值得——不,医生,没有这样的事。"

"能达到的全部力量去治疗她。可要是我的病人开始算计会有多少辆马车送她出丧,我就得把治疗的效果减掉百分之五十。只要你能想法让她对冬季大衣袖子的时新式样感兴趣而提出一两个问题,那我可以向你保证把医好她的机会从十分之一提高到五分之一。"医生走后,苏走进工作室里,把一条日本餐巾哭成一团湿。后来她手里拿着画板,装作精神抖擞的样子走进琼西的屋子,嘴里吹着爵士音乐调子。

琼西躺着,脸朝着窗口,被子底下的身体纹丝不动。苏以为她睡着了,赶忙停止吹口哨。

她架好画板,开始给杂志里的故事画一张钢笔插图。年轻的画家为了铺平通向艺术的道路,不得不给杂志里的故事画插图,而这些故事又是年轻的作家为了铺平通向文学的道路而不得不写的。

苏正在给故事主人公,一个爱达荷州牧人的身上,画上一条马匹展览会穿的时髦马裤和一片单眼镜时,忽然听到一个重复了几次的低微的声音。她快步走到床边。

琼西的眼睛睁得很大。她望着窗外,数着……倒过来数。

"12,"她数道,歇了一会又说,"11,"然后是"10,"和"9",接着几乎同时数着"8"和"7"。

苏关切地看了看窗外。那儿有什么可数的呢?只见一个空荡阴暗的院子,20英尺以外还有一所砖房的空墙。一棵老极了的常春藤,枯萎的根纠结在一块,枝干攀在砖墙的半腰上。秋天的寒风把藤上的叶子差不多全都吹掉了,几乎只有光秃的枝条还缠附在剥落的砖块上。

"什么呀,亲爱的?"苏问道。

"6,"琼西几乎用耳语低声说道,"它们现在越落越快了。三天前还有差不多一百片。我数得头都疼了。但是现在好数了。又掉了一片。只剩下五片了。"

"五片什么呀,亲爱的。告诉你的苏娣吧。"

"叶子。常春藤上的。等到最后一片叶子掉下来,我也就该去了。这件事我三天前就知道了。难道医生没有告诉你?"

"哼,我从来没听过这种傻话,"苏十分不以为然地说,"那些破常春藤叶子和你的病好不好有什么关系?你以前不是很喜欢这棵树吗?你这个淘气孩子。不要说傻话了。瞧,医生今天早晨还告诉我,说你迅速痊愈的机会是,让我一字不改地照他的话说吧——他说有九成把握。噢,那简直和我们在纽约坐电车或者走过一座新楼房的把握一样大。喝点汤吧,让苏娣去画她的画,好把它卖给编辑先生,换了钱来给她的病孩子买点红葡萄酒,再给她自己买点猪排解解馋。"

"你不用买酒了,"琼西的眼睛直盯着窗外说道,"又落了一片。不,我不想喝汤。只剩下四片了。我想在天黑以前等着看那最后一片叶子掉下去。然后我也要去了。"

"琼西,亲爱的,"苏俯着身子对她说,"你答应我闭上眼睛,不要瞧窗外,等我画完,行吗?明天我非得交出这些插图。我需要光线,否则我就拉下窗帘了。"

"你不能到那间屋子里去画吗?"琼西冷冷地问道。

"我愿意呆在你跟前,"苏说,"再说,我也不想让你老看着那些讨厌的常春藤叶子。"

"你一画完就叫我，"琼西说着，便闭上了眼睛。她脸色苍白，一动不动地躺在床上，就像是座横倒在地上的雕像。"因为我想看那最后一片叶子掉下来，我等得不耐烦了，也想得不耐烦了。我想摆脱一切，飘下去，飘下去，像一片可怜的疲倦了的叶子那样。"

"你睡一会吧，"苏说道，"我得下楼把贝尔曼叫上来，给我当那个隐居的老矿工的模特儿。我一会儿就回来的。不要动，等我回来。"

老贝尔曼是住在她们这座楼房底层的一个画家。他年过六十，有一把像米开朗琪罗的摩西雕像那样的大胡子，这胡子长在一个像半人半兽的森林之神的头颅上，又鬈曲地飘拂在小鬼似的身躯上。贝尔曼是个失败的画家。他操了四十年的画笔，还远没有摸着艺术女神的衣裙。他老是说就要画他的那幅杰作了，可是直到现在他还没有动笔。几年来，他除了偶尔画点商业广告之类的玩意儿以外，什么也没有画过。他给艺术区里穷得雇不起职业模特儿的年轻画家们当模特儿，挣一点钱。他喝酒毫无节制，还时常提起他要画的那幅杰作。除此以外，他是一个火气十足的小老头子，十分瞧不起别人的温情，却认为自己是专门保护楼上画室里那两个年轻女画家的一只看家狗。

苏在楼下他那间光线黯淡的斗室里找到了嘴里酒气扑鼻的贝尔曼。一幅空白的画布绷在画架上，摆在屋角里，等待那幅杰作已经 25 年了，可是连一根线条还没等到。苏把琼西的胡思乱想告诉了他，还说她害怕琼西自个儿瘦小柔弱得像一片叶子一样，对这个世界的留恋越来越微弱，恐怕真会离世飘走了。

老贝尔曼两只发红的眼睛显然在迎风流泪，他十分轻蔑地嗤笑这种傻呆的胡思乱想。

"什么，"他喊道，"世界上真会有人蠢到因为那些该死的常春藤叶子落掉就想死？我从来没有听说过这种怪事。不，我才不给你那隐居的矿工糊涂虫当模特儿呢。你干吗让她胡思乱想？唉，可怜的琼西小姐。"

"她病得很厉害很虚弱，"苏说，"发高烧发得她神经昏乱，满脑子都是古怪想法。好，贝尔曼先生，你不愿意给我当模特儿，就拉倒，我看你是个讨厌的老——老啰嗦鬼。"

"你简直太婆婆妈妈了！"贝尔曼喊道，"谁说我不愿意当模特儿？走，我和你一块去。我不是讲了半天愿意给你当模特儿吗？老天爷，琼西小姐这么好的姑娘真不应该躺在这种地方生病。总有一天我要画一幅杰作，我们就可以都搬出去了。"

"一定的！"

他们上楼以后，琼西正睡着觉。苏把窗帘拉下，一直遮住窗台，做手势叫贝尔曼到隔壁屋子里去。他们在那里提心吊胆地瞅着窗外那棵常春藤。后来他们默默无言,彼此对望了一会。寒冷的雨夹杂着雪花不停地下着。贝尔曼穿着他的旧的蓝衬衣,坐在一把翻过来充当岩石的铁壶上,扮作隐居的矿工。

第二天早晨,苏只睡了一个小时的觉,醒来了,她看见琼西无神的眼睛睁得大大地注视拉下的绿窗帘。

"把窗帘拉起来,我要看看。"她低声地命令道。

苏疲倦地照办了。

然而,看呀!经过了漫长一夜的风吹雨打,在砖墙上还挂着一片藤叶。它是常春藤上最后的一片叶子了。靠近茎部仍然是深绿色,可是锯齿形的叶子边缘已经枯萎发黄,它傲然挂在一根离地二十多英尺的藤枝上。

"这是最后一片叶子。"琼西说道,"我以为它昨晚一定会落掉的。我听见风声的。今天它一定会落掉,我也会死的。"

"哎呀,哎呀,"苏把疲乏的脸庞挨近枕头边上对她说,"你不肯为自己着想,也得为我想想啊。我可怎么办呢?"

可是琼西不回答。当一个灵魂正在准备走上那神秘的、遥远的死亡之途时,她是世界上最寂寞的人了。那些把她和友谊及大地联结起来的关系逐渐消失以后,她那个狂想越来越强烈了。

白天总算过去了,甚至在暮色中她们还能看见那片孤零零的藤叶仍紧紧地依附在靠墙的枝上。后来,夜的到临带来了呼啸的北风,雨点不停地拍打着窗子,雨水从低垂的荷兰式屋檐上流泻下来。

天刚蒙蒙亮,琼西就毫不留情地吩咐拉起窗帘来。

那片藤叶仍然在那里。

琼西躺着对它看了许久。然后她招呼正在煤气炉上给她煮鸡汤的苏。

"我是一个坏女孩子,苏娣,"琼西说,"天意让那片最后的藤叶留在那里,证明我是多么坏。想死是有罪过的。你现在就给我拿点鸡汤来,再拿点掺葡萄酒的牛奶来,再——不,先给我一面小镜子,再把枕头垫垫高,我要坐起来看你做饭。"

过了一个钟头,她说道:"苏娣,我希望有一天能去画那不勒斯的海湾。"

下午医生来了,他走的时候,苏找了个借口跑到走廊上。

"有五成希望。"医生一面说,一面把苏细瘦的颤抖的手握在自己的手里,"好好护理你会成功的。现在我得去看楼下另一个病人。他的名字叫贝尔曼——听说也是个画家。也是肺炎。他年纪太大,身体又弱,病势很重。他是治不好的了;今天要把他送到医院里,让他更舒服一点。"

第二天,医生对苏说:"她已经脱离危险,你成功了。现在只剩下营养和护理了。"

　　下午苏跑到琼西的床前,琼西正躺着,安详地编织着一条毫无用处的深蓝色毛线披肩。苏用一只胳臂连枕头带人一把抱住了她。

　　"我有件事要告诉你,小家伙,"她说,"贝尔曼先生今天在医院里患肺炎去世了。他只病了两天。头一天早晨,门房发现他在楼下自己那间房里痛得动弹不了。他的鞋子和衣服全都湿透了,冰凉冰凉的。他们搞不清楚在那个凄风苦雨的夜晚,他究竟到哪里去了。后来他们发现了一盏没有熄灭的灯笼,一把挪动过地方的梯子,几支扔得满地的画笔,还有一块调色板,上面涂抹着绿色和黄色的颜料,还有——亲爱的,瞧瞧窗子外面,瞧瞧墙上那最后一片藤叶。难道你没有想过,为什么风刮得那样厉害,它却从来不摇一摇、动一动呢?唉,亲爱的,这片叶子才是贝尔曼的杰作——就是在最后一片叶子掉下来的晚上,他把它画在那里的。"

思考与练习

一、小说最震撼人心的是哪一个情节?说明原因。

二、小说的结局有怎样的特点?能找出前面的伏笔吗?

三、小说的主人公到底是谁?试分析这一人物形象。

四、"最后一片常春藤叶"对琼西和贝尔曼各有什么含义?

五、发挥想象,补写作者隐去的那段画家老贝尔曼画常春藤叶的情节。(不少于200字)

三十七　三闾大学的教授们

钱钟书[①]

> **学习提示**
>
> 　　本文选自钱钟书的小说《围城》，描绘了三闾大学一幅活色生香的知识分子众生相。
>
> 　　课文以主人公方鸿渐的行踪为线索，串起了一个个鲜活的面孔和一个个鄙陋的灵魂：政客校长高松年老谋深算，市侩学者李梅亭唯利是图，白痴教授顾尔谦阿谀奉承……小说特别浓墨重彩刻画了高、方两个人物不同的性格特征。高松年出尔反尔，以学位为名改聘方鸿渐为副教授，于是先发制人捏造出一封信；初出茅庐的方鸿渐，除了羞惭自责，别无话讲。两个人物，一个老奸巨猾，一个疏于世故，两相对照，性格鲜明。
>
> 　　钱钟书先生以叙述者的身份冷眼旁观，他的讲述，处处流露出俏皮、诡异、聪明的评论者本色，幽默之中又可让人体会到潜藏于后的人情世态的悲凉。

　　三闾大学校长高松年是位老科学家。这"老"字的位置非常为难，可以形容科学，也可以形容科学家。不幸的是，科学家跟科学不大相同：科学家像酒，愈老愈可贵；而科学像女人，老了便不值钱。高松年发奋办公，亲兼教务长，精明得真是睡觉还睁着眼睛，戴着眼镜，做梦都不含糊的：学校不但造就学生，并

[①] 钱钟书（1910～1998），原名仰先，字默存，号槐聚，中国现代著名作家、文学研究家。博学多能、学贯中西、兼通数国外语，在当代学术界自成一家，因其成就卓著，被誉为文化昆仑。代表作有《管锥编》、《谈艺录》、《围城》等。

且应该造就教授。找到一批没有名望的人来,他们要借学校的光,他们要靠学校才有地位,而学校并非非有他们不可。这种人才真能跟学校合为一体,真肯出力为公家做事。

亏得这一条科学定律,李梅亭、顾尔谦,还有方鸿渐会荣任教授。他们那天下午三点多到学校。高松年闻讯匆匆到教员宿舍里应酬一下,回到办公室,一月来的心事不能再搁在一边不想了。自从长沙危急,聘好的教授里十个倒有九个打电报来托故解约,七零八落,开不出班;幸而学生也受战事影响,只有一百五十八人。今天一来就是四个教授,军威大振,向部里报上也体面些。只是怎样对李梅亭和方鸿渐解释呢?部里汪次长①介绍汪处厚来当中国文学系主任,自己早写信聘定李梅亭了;可是,汪处厚是汪次长的伯父,论资格也比李梅亭好。那时候,被教授陆续辞聘的电报吓昏了头,怕上海这批人会打回票,只好先敷衍汪次长。汪处厚这人不好打发;李梅亭是老朋友,老朋友总讲得开,就怕他的脾气难对付,难对付!这姓方的青年人倒容易对付的,他是赵辛楣的来头。辛楣最初不肯来,介绍了他,说他是留学德国的博士,真糊涂透顶!他自己开来的学历,并没有学位,只是个各国浪荡的"游学生";并且并非学政治的,聘他当教授太冤枉了! 至多做副教授,循序渐升,年轻人初做事不应该爬得太高。这话可以叫辛楣对他说。为难的还是李梅亭,无论如何,他千辛万苦来了,绝不会一翻脸就走的;来得困难,去也没有那么容易,空口允许他些好处就是了。他从私立学校一跳而进国立学校,还不是自己提拔他的?做人总要有良心。这些反正是明天的事,别去想它;今天——今天晚上还有警察局长的晚饭呢! 这晚饭是照例应酬,小乡镇上的盛馔,翻来覆去,只有那几样,高松年也吃腻了;可是,这时候四点钟已过,肚子有点饿,所以,想到晚饭,嘴里一阵潮润。

同路的人,一到目的地,就分散了,好像是一个波浪里的水打到岸边,就四面溅开。可是,鸿渐们四个男人当天还一起到镇上去理发洗澡。回校,只见告白板上贴着粉红纸的布告,说中国文学系同学今晚七时半在联谊室举行茶会,欢迎李梅亭先生。梅亭欢喜得直说:"讨厌,讨厌! 我累得很,今天还想早点睡呢! 这些孩子热心得不懂道理。"鸿渐道:"你们都什么系,什么系,我还不知道是哪一系的教授呢! 高校长给我的电报没说明白。"辛楣忙说:"那没有关系。你可以教哲学,教国文——"梅亭狞笑道:"教国文是要得我许可的,方先生;你好好的巴结我一下,什么都可以商量。"

晚上近九点钟,方鸿渐在赵辛楣房里讲话,连打呵欠,正要回房里去睡,李

————————————
① 次长:当时国民政府的副部长。

梅亭打门进来了。两人想打趣他,但瞧他脸色不正,便问:"怎么欢迎会完得这样早?"梅亭一言不发,向椅子里坐下,鼻子里出气像待开发的火车头。两人忙问他:"怎么啦?"他拍桌大骂高松年混账,说官司打到教育部去,自己也不会输的。高松年身为校长,出去吃晚饭,这时候还不回来,影子也找不见。这种玩忽职守,就该死。今天,欢迎会原是汪处厚安排好的,兵法上有名的"敌人喘息未定,即予以迎头痛击"。先来校的四个中国文学系的讲师和助教,早和他打成一片,学生也唯命是听。他知道高松年跟李梅亭有约在先,自己迹近乘虚篡窃;可是,当系主任和结婚一样,"先进门三日就是大"。这开会不是欢迎,倒像新姨太太的见礼。李梅亭跟了学生代表一进会场,便觉空气两样;听得同事和学生一两声叫"汪主任",已经又疑又慌。汪处厚见了他,热情地双手握着他的手,好半天搓摩不放,仿佛捉搦①了情妇的手,一壁似怨似慕地说:"李先生,你真害我们等死了,我们天天在望你——张先生,薛先生,咱们不是今天早晨还讲起他的?——咱们今天早晨还讲起你。路上辛苦啦!好好休息两天,再上课,不忙。我把你的功课全排好了。李先生,咱们俩真是神交久矣!高校长拍电报到成都,要我组织中国文学系。我想,年纪老了,路又不好走,换生不如守熟,所以,我最初实在不想来。高校长,他可真会磨人哪!他请舍侄②——"张先生、薛先生、黄先生同声说:"汪先生就是汪次长的伯父③"——"请舍侄再三劝驾,我却不过情;我内人身体不好,也想换换空气。到这儿来了,知道有你先生,我真高兴,我想这系办得好了——"李梅亭一篇主任口气的训话闷在心里讲不出口,忍住气,搭讪了几句,喝了杯茶,只推头痛,早退席了。

辛楣和鸿渐安慰李梅亭一会,劝他回房睡,有话明天跟高松年去说。梅亭临走说:"我跟老高这样的交情,他还会耍我;他对你们两位一定也有把戏,瞧着罢!咱们采取一致行动,怕他什么!"梅亭去后,鸿渐望着辛楣道:"这不成话说!"辛楣皱眉道:"我想,这里面有误会。这事的内幕我全不知道。也许李梅亭压根儿在单相思,否则,太不像话了!不过,像李梅亭那种人,真要当主任,也是个笑话。他那些印头衔的讲究名片,现在可不能用了,哈哈!"鸿渐道:"我今年反正是倒霉年,准备到处碰钉子的。也许,明天高松年不认我这个蹩脚教授。"辛楣不耐烦道:"又来了!你好像存着心非倒霉不痛快似的。我告诉你,李梅亭的话未可全信——而且,你是我面上来的人,万事有我。"鸿渐虽然抱最大决意来悲观,听了,又觉得这悲观不妨延期一天。

---

① 捉搦(nuò):抓;握。
② 舍(shè)侄:谦辞。对别人称自己的侄子。
③ 伯父:原著曾误用敬辞"令伯"。

明天上午,辛楣先上校长室去,说把鸿渐的事讲讲明白;叫鸿渐等着,听了回话再去见高松年。鸿渐等了一个多钟点,不耐烦了,想自己真是神经过敏,高松年直接打电报来的。一个这样机关的首领,好意思说话不作准么?辛楣早尽了介绍人的责任。现在,自己就去正式拜会高松年,这最干脆。

高松年看方鸿渐和颜悦色,不相信世界上会有这样脾气好或城府深的人,忙问:"碰见赵先生没有?""还没有。我该来参见校长,这是应当的规矩。"方鸿渐自信说话得体。高松年想糟了!糟了!辛楣一定给李梅亭缠住不能脱身,自己跟这姓方的免不了一番唇舌:"方先生,我是要跟你谈谈——有许多话,我已经对赵先生说了——"鸿渐听口风不对,可脸上的笑容一时不及收敛,怪不自在地停留着。高松年看得恨不得把手指撮而去之:"方先生,你收到我的信没有?"一般人撒谎,嘴跟眼睛不能合作,嘴尽管雄赳赳地胡说,眼睛懦怯不敢平视对方。高松年老于世故,并且研究生物学的时候,学到西洋人相传的智慧,那就是:假使你的眼光能与狮子或老虎的眼光相接,彼此怒目对视,那野兽给你催眠了,不敢扑你。当然,野兽未必肯在享用你以前,跟你飞眼送秋波;可是,方鸿渐也不是野兽,至多只能算是家畜。

他给高松年三百瓦特的眼光射得不安,觉得这封信不收到是自己的过失:这次来得太冒昧了。果然,高松年写信收回成命,同时有一种不出所料的满意,惶遽地说:"没有呀!我真没有收到呀!重要不重要?高先生什么时候发的?"倒像自己撒谎,收到了信在抵赖。"咦!怎么没收到?"高松年直跳起来,假惊异的表情做得惟妙惟肖,比方鸿渐的真惊惶自然得多。他没演话剧,是话剧的不幸而是演员们的大幸——"这信很重要。唉!现在抗战时间的邮政简直该死。可是,你先生已经来了,好得很,这些话可以面谈了。"鸿渐稍微放心,迎合道:"内地去上海的信,常出乱子。这次长沙的战事恐怕也有影响,一大批信会遗失,高先生给我的信假如寄出得早——"

高松年做了个一切撇开的手势,宽宏地饶赦那封自己没写、方鸿渐没收到的信:"信就不提了,我深怕方先生看了那封信,会不肯屈就;现在你来了,你就别想跑,呵呵!是这么一回事,你听我说,我跟你先生虽然素昧平生;可是,我听辛楣讲起你的学问、人品种种,我真高兴,立刻就拍电报请先生来帮忙,电报上说——"高松年顿一顿,试探鸿渐是不是善办交涉的人,因为善办交涉的人绝不会这时候替自己说许下的条件的。可是,方鸿渐像鱼吞了饵,一钓就上,急口接说:"高先生电报上招我来当教授,可是,没说明白什么系的教授,所以,我想问一问。""我原意请先生来当政治系的教授,因为先生是辛楣介绍来的,说先生是留德的博士。可是,先生自己开来的履历上并没有学位——"鸿渐的脸红得像有一百零三度①寒热的病人——"并且不是学政治的,辛楣全搞错了。先生跟辛楣的交情本来不很深罢?"鸿渐脸上的寒热又升高了华氏表上一度,不知怎么对答;高松年看在眼里,胆量更大——"当然,我绝不计较学位,我只讲真才实学。不过,部里定的规矩呆板得很:照先生的学历,至多只能当专任讲师,教授待遇呈报上去一定要驳下来的。我想,辛楣的保荐不会错,所以,破格聘先生为副教授,月薪二百八十元,下学年再升。快信给先生,就是解释这一回事。我以为先生收到信的。"

鸿渐只好第二次声明没收到信,同时,觉得降级为副教授已经天恩高厚了。"先生的聘书,我方才已经托辛楣带去了。先生教授什么课程,现在很成问题:我们暂时还没有哲学系,国文系教授已经够了;只有一班文法学院一年级学生共修的论理学②,三个钟点,似乎太少一点,将来我再想办法罢!"

鸿渐出校长室,灵魂像给蒸汽碌碡③滚过,一些气概也无。只觉得自己是高松年大发慈悲收留的一个弃物。满肚子又羞又恨,却没有个发泄的对象。回到房里,辛楣赶来,说李梅亭的事终算帮高松年解决了,要谈鸿渐的事。他知道鸿渐已经跟高松年谈过话,忙道:"你没有跟他翻脸罢?这都是我不好。我有个印象,以为你是博士,当初介绍你到这来,只希望这事快成功——""好让你专有苏小姐。"——"不用提了,我把我的薪水——好,好,我不,我不,"辛楣打拱赔笑地道歉,还称赞鸿渐有涵养,说自己在校长室讲话,李梅亭直闯进来,咆哮得不成体统。鸿渐问梅亭的事怎样了的。辛楣冷笑道:"高松年请我劝他,纠缠了半天,他说,除非学校照他开的价钱买他带来的西药——唉,我还要给高松年回音呢!我心上牵挂着你的事,所以,先赶回来看你。"鸿渐本来气倒平了,知道高松年真依李梅亭的价钱替学校买他带来的私货,又气闷起来;想到李梅亭就有补偿,只自己一个人吃亏。高松年下帖子,当晚上替新来的教授接风。鸿渐闹别扭要辞,经不起辛楣苦劝,并且傍晚高松年亲来回拜,总算有了面子,还是去了。

上课一个多星期,鸿渐跟同住一廊的几个同事渐渐熟了。历史系的陆子潇曾作敦交睦邻的拜访。所以,一天下午,鸿渐去回看他。陆子潇这人刻意修饰,头发又油又光,深恐为帽子埋没,与之不共戴天,深冬也光着顶。鼻子短而阔,仿佛原有笔直下来的趋势,给人迎鼻孔打了一拳,阻止前进,这鼻子后退不

---

① 一百零三度:华氏温标(下文称"华氏表"),记作 103 ℉;约等于三十九点四四摄氏度,记作 39.44℃。这里的"华氏"即德国物理学家丹尼尔·加百列·华伦海特(Daniel Gabriel Fahrenheit,1686~1736),"摄氏"即瑞典天文学家安德斯·摄尔修斯(Anders Celsius,1701~1744)。
② 论理学:"逻辑学"的旧称。
③ 蒸汽碌碡(liù zhou):以蒸汽机为动力的轧道机。碌碡,用于碾轧谷物或轧平场地的一种圆柱体的石制器具。

迭,向两旁横溢。因为没结婚,他对自己年龄的态度,不免落后在时代的后面;最初,他还肯说外国算法的十足岁数,年复一年,他偷偷买了一本翻译的《Life Begins at Forty》①,对人家干脆不说年龄,不讲生肖,只说:"小得很呢！还是小弟弟呢！"同时,表现小弟弟该有的活泼和顽皮。他讲话时喜欢窃窃私语,仿佛句句是军事机密。当然,军事机密他也知道的,他不是有亲戚在行政院,有朋友在外交部么？他亲戚曾经写给他一封信,这左角印"行政院"的大信封上大书着"陆子潇先生",就仿佛行政院都要让他正位居中似的。他写给外交部那位朋友的信,信封虽然不大,而上面开的地址"外交部欧美司"六字,笔酣墨饱,字字端楷,文盲在黑夜里也该一目了然的。这一封来函,一封去信,轮流地在他桌上装点着。大前天早晨,该死的听差收拾房间,不小心打翻墨水瓶,把"行政院"淹得昏天黑地,陆子潇挽救不及,跳脚痛骂。那位亲戚国而忘家,没来过第二次信;那位朋友外难顾内,一封信也没回过。从此,陆子潇只能写信到行政院去,书桌上两封信都是去信了。今日正是去信外交部的日子。子潇等鸿渐看见了桌上的信封,忙把这信搁在抽屉里,说:"不相干。有一位朋友招我到外交部去,回他封信。"

鸿渐信以为真,不得不做出惜别的神情道:"啊哟！怎么陆先生要高就了！校长肯放你走么？"子潇连摇头道:"没有的事！做官没有意思,我回信去坚辞的。高校长待人很厚道,好几个电报把我催来;现在,你们各位又来了,学校渐渐上轨道,我好意思拆他台么？"鸿渐想起高松年和自己的谈话,叹气道:"校长对你先生,当然另眼相看了。像我们这种——"子潇说话低得有气无声,仿佛思想在呼吸:"是呀,校长就是有这个毛病,说了话不作准的。我知道了你的事,很不平。"机密得好像四壁全挂着偷听的耳朵。

鸿渐没想到自己的事人家早已知道了,脸微红道:"我倒没有什么,不过高先生——我总算学个教训。""哪里的话！副教授当然有屈一点,可是,你的待遇算是副教授里最高的了。""什么？副教授里还分等么？"鸿渐大有约翰生博士不屑把臭虫和跳蚤分等的派头。"分好几等呢！譬如,你们同来,我们同系的顾尔谦就比你低两级;就像系主任罢,我们的系主任韩先生比赵先生高一级,赵先生又比外语系的刘东方高一级。这里面等次多得很,你先生初回国做事,所以搅不清了。"

鸿渐茅塞顿开,听说自己比顾尔谦高,气平了些,随口问道:"为什么你们的系主任薪水特别高呢？""因为他是博士,Ph. D.②。我没有到过美国,所以,没

---

① 作者原注:"《人生从四十岁才开始》是当时流行的一本美国书籍。"
② Ph. D.:英语 Doctor of Philosophy(哲学博士)的缩写。

听见过他毕业的那个大学,据说很有名。在纽约,叫什么克莱登大学①。"鸿渐吓得直跳起来,宛如自己的阴私给人揭破,几乎失声叫道:"什么大学?""克莱登大学。你知道克莱登大学?""我知道。哼,我也是——"鸿渐恨不得把自己舌头咬住,已经泄漏三个字。

子潇听话中有因,像黄泥里的竹笋,尖端微露,便想盘问到底。鸿渐不肯说,他愈起疑心,只恨不能采取特务机关的有效刑罚来逼口供。鸿渐回房,又气又笑。自从唐小姐把文凭的事向他质问以后,他不肯再想起自己跟爱尔兰人那一番交涉,他牢记着要忘掉这事。每逢念头有扯到它的趋势,他赶快转移思路,然而,身上已经一阵羞愧的微热。适才陆子潇的话倒仿佛一帖药,把心里的鬼胎打下一半。韩学愈撒他的谎,并非跟自己同谋;但有了他,似乎自己的欺骗减轻了罪名。当然,新添上一种不快意,可是,这种不快意是透风的,见得天日的;不比买文凭的事,像谋杀灭迹的尸首,对自己都要遮掩得一丝不露。撒谎骗人该像韩学愈那样才行,要有勇气坚持到底。自己太不成了,撒了谎还要讲良心,真是大傻瓜。假如索性大胆老脸,至少高松年的欺负就可以避免。老实人吃的亏,骗子被揭破的耻辱——这两种相反的痛苦,自己居然一箭双雕地兼备了。鸿渐忽然想,近来连撒谎都不会了。因此,恍然大悟,撒谎往往是高兴快乐的流露,也算是一种创造,好比小孩子游戏里的自骗自。一个人身心畅适,精力充溢,会不把顽强的事实放在眼里,觉得有本领跟现实开玩笑。真到忧患穷困的时候,人穷智短,谎话都讲不好的。

这一天,韩学愈特来拜访。通名之后,方鸿渐倒窘起来,同时快意地失望。理想中的韩学愈不知怎样的嚣张浮滑,不料是个沉默寡言的人。他想陆子潇也许记错,孙小姐准是过信流言。木讷朴实是韩学愈的看家本领。现代人有两个流行的信仰:第一,女子无貌便是德,所以,漂亮的女人准比不上丑女人那样有思想,有品节;第二,男子无口才,就是表示有道德,所以,哑巴是天下最诚朴的人。也许上够了演讲和宣传的当,现代人矫枉过正,以为只有不说话的人开口准说真话,害得新官上任,训话时个个都说:"为政不在多言。"恨不能只指嘴、指心、指天,三个手势了事。韩学愈虽非哑巴,天生有点口吃。因为要掩饰自己的口吃,他讲话少、慢、着力,仿佛每个字都有他全部人格作担保。不轻易开口的人总使旁人想他满腹深藏着智慧,正像密封牢锁的箱子,一般人总以为里面结结实实都是宝贝。高松年在昆明第一次见到这人,觉得他诚恳安详,像个君子;而且未老先秃,可见脑子里的学问多得冒上来,把头发都挤掉了。再一看他开的学历,除掉博士学位以外,还有一条:"著作散见美国《史学杂志》、

---

① 克莱登大学:虚拟的一所出卖文凭的美国大学。

《星期六文学评论》等大刊物中",不由自主地另眼相看。韩学愈也确向这些刊物投过稿,但高松年不知道,他的作品发表在《星期六文学评论》的人事广告栏(中国青年,受高等教育,愿意帮助研究中国问题的人,取费低廉)和《史学杂志》的通信栏(韩学愈君征求二十年前本刊,愿出让者请某处接洽)。最后,他听说韩太太是美国人,他简直改容相敬了;能娶外国老婆的非精通西学不可,自己年轻时不是想娶个比国①女人没有成功么?这人做得系主任。他当时也没想到,这外国老婆是在中国娶的白俄。

  跟韩学愈谈话仿佛看慢动电影,你想不到简捷的一句话需要那么多的筹备,动员那么复杂的身体机构。时间都给他的话胶着,只好拖泥带水地慢走。韩学愈约鸿渐上他家去吃晚饭,鸿渐谢过他;韩学愈又危坐不说话了,鸿渐只好找话敷衍,便问:"听说嫂夫人是在美国娶的?"韩学愈点头,伸颈咽口唾沫,唾沫下去,一句话从喉核下浮上:"你先生到过美国没有?""没有去过——"索性试探他一下——"可是,我一度想去,曾经跟一个 Dr. Mahoney 通信。"是不是自己神经过敏呢?韩学愈似乎脸色微红,像阴天忽透太阳。"这个人是个骗子。"韩学愈的声调并不激动,说话也不增多。"我知道。什么克莱登大学!我险的上了他的当。"鸿渐一面想,这人肯说那爱尔兰人是"骗子",一定知道瞒不了自己了。"你没有上他的当罢!克莱登是好学校,他是这学校里一个开除的小职员,借着幌子向外国不知道的人骗钱,你真没有上当?唔,那最好。""真有克莱登这学校么?我以为全是那爱尔兰人捣的鬼。"鸿渐诧异得站起来。"很认真、严格的学校,虽然知道的人很少——普通学生不容易进。""我听陆先生说,你就是这学校毕业的。""是的。"鸿渐满腹疑团,真想问个详细。可是,初次见面,不好意思追究,倒像自己不相信他,并且这人说话经济,问不出什么来。最好有机会看看他的文凭,就知道他的克莱登是一是二了。韩学愈回家路上,腿有点软,想陆子潇的报告准得很,这姓方的跟爱尔兰人有过交涉,幸亏他不像自己去过美国,就恨不知道他是否真的没买文凭,也许他在撒谎。

  方鸿渐吃韩家的晚饭,甚为满意。他兴高采烈,没回房就去看辛楣:"老赵,我回来了。今天对不住你,抛下你一个人吃饭。"辛楣因为韩学愈没请自己,独吃了一客②又冷又硬的包饭——这吃到的饭在胃里作酸,这没吃到的饭在心里作酸,说:"国际贵宾回来了!饭吃得好呀?是中国菜,还是西洋菜?洋太太招待得好不好?""他家里老妈子做的中菜。韩太太真丑!这样的老婆在中国也娶得到,何必去外国去觅宝呢!辛楣,今天我恨你没有在——""哼,谢

---

① 比国:比利时王国(The Kingdom of Belgium)的简称。
② 一客:一份。

谢——今天还有谁呀？只有你！真了不得！韩学愈上自校长，下到同事，谁都不理；就敷衍你一个人，是不是洋太太跟你有什么亲戚？"辛楣欣赏自己的幽默，笑个不了。

鸿渐给辛楣那么一说，心里得意，假装不服气道："副教授就不是人？只有你们大主任、大教授配彼此结交？辛楣，讲正经话，今天有你，韩太太的国籍问题可以解决了。你是老美国，听她说话盘问她几句，就水落石出。"辛楣虽然觉得这句话中听，还不愿意立刻放弃他的不快："你这人真没良心。吃了人家的饭，还要管闲事，探听人家阴私。只要女人可以做太太，管她什么美国人、俄国人！难道是了美国人，她女人的成分就加了倍？养孩子的效率会与众不同？"鸿渐笑道："我是对韩学愈的学籍有兴趣。我总有一个感觉，假使他太太的国籍是假的，那么他的学籍也有问题。""我劝你省点事罢！你瞧，谎是撒不得的。自己捣了鬼，从此对人家也多疑心——我知道你那一回事是开的玩笑，可是开玩笑开出来多少麻烦。像我们这样规规矩矩，就不会疑神疑鬼。"鸿渐恼道："说得好漂亮！为什么当初我告诉了你韩学愈薪水比你高一级，你要气得掼纱帽不干呢？"辛楣道："我并没有那样气量小——这全是你不好，听了许多闲话来告诉我；否则，我耳根清净，好好的，不会跟人计较。"辛楣瞧鸿渐真动了气，忙张眼道："说着玩儿的。别气得生胃病，抽支烟罢。"

鸿渐闷闷回房，难得一团高兴，找朋友扫尽了兴。人天生是该孤独的，各归各，老死不相往来。身体里容不下的东西，或消化，或排泄，是个人的事；为什么心里容不下的情感，要找同伴来分摊？聚在一起，动不动自己冒犯人，或者人开罪自己。好像一只只刺猬，只好保持着彼此间的距离；要亲密团结，不是你刺痛我的肉，就是我擦破你的皮。鸿渐真想把这些感慨跟一个能了解自己的人谈谈，孙小姐好像比赵辛楣能了解自己，至少她听自己的话很有兴味——不过，刚才说人跟人该免接触，怎么又找女人呢？也许男人跟男人在一起像一群刺猬，男人跟女人在一起像——鸿渐想不出像什么，翻开笔记来准备明天的功课。

思考与练习

一、你喜欢小说《围城》的主人公方鸿渐吗？为什么？

二、你赞同方鸿渐"灵感"闪现而悟出的"刺猬学说"吗？谈谈你的理由。

三、钱钟书的长篇小说《围城》，可谓才情横溢，妙喻连篇，试举一个本篇中你印象最深刻的妙喻。

四、李梅亭、高松年、陆子潇都是三闾大学"伪学术圈子"的教授，热衷于追名逐利。李梅亭贪财好色，高松年圆滑机变，陆子潇机心暗藏。请选择其中一个人物，简述他的一个故事。

三十八 品 质

高尔斯华绥①

学习提示

> 　　正如德国哲学家康德所言,物质进步和文明倒退呈二律背反,在工业文明高速发展的同时,一些美好的精神品质却在逐渐消失。英国著名作家高尔斯华绥用批判反思的精神,带着无限的伤感,塑造了一个闪耀底层光芒的鞋匠格斯拉的形象。格斯拉诚实敬业,技艺精湛,面临断炊也不愿降低靴子的质量。但是就是这个淳朴、认真、本分的手艺人,却在无奈的现实社会被逐宕失返的人们渐渐忘却,格氏兄弟生意下滑竟至饿死,"靴子理想"最终破灭。
> 　　《品质》语言简练,情节跌宕,表面波澜不惊,实则爱憎分明,是一篇典型高氏风格的作品。

　　我很年轻时就认识他了,因为他承做我父亲的靴子。他和他哥哥合开一爿②店,店房有两间打通的铺面,开设在一条横街上——这条街现在已经不存在了,但是在那时,它却是坐落在伦敦西区的一条新式街道。

　　那座店房有某种朴素安静的特色,门面上没有注明任何为王室服务的标记,只有包含他自己日耳曼姓氏的"格斯拉兄弟"的招牌;橱窗里陈列着几双靴子。我还记得,要想说明橱窗里那些靴子为什么老不更换,我总觉得很为难,

---

①　高尔斯华绥(1867~1933),英国小说家、剧作家。师承俄法两国现实主义大师。主要作品有《福尔赛世家》三部曲、《银盒》、《斗争》等。
②　爿(pán):商店、工厂等一家叫一爿。

因为他只承做订货，并不出售现成靴子；要说那些都是他做得不合脚因而被退回来的靴子，那似乎是不可想象的。是不是他买了那些靴子来做摆设的呢？这好像也不可思议。把那些不是亲手做的皮靴陈列在自己的店里，他是绝不能容忍的。而且，那几双靴子太美观了——有一双轻跳舞靴，细长到非言语所能形容的地步；那双带布口的漆皮靴，叫人看了舍不得离开；还有那双褐色长筒马靴，闪着怪异的黑而亮的光辉，虽然是簇新的，看来好像已经经历过一百年了。只有亲眼看过靴子灵魂的人才能做出那样的靴子——这些靴子体现了各种靴子的本质，确实是模范品。我当然在后来才有这种想法，不过，在我大约十四岁那年，我够格去跟他定做成年人靴子的时候，对他们两兄弟的品格就有了些模糊的印象。因为从那时起一直到现在，我总觉得，做靴子，特别是做像他所做的靴子，简直是神妙的手艺。

我清楚地记得：有一天，我把幼小的脚伸到他跟前，羞怯地问道：

"格斯拉先生，做靴子是不是很难的事呢？"

他回答说："这是一种手艺。"从他含讽带刺的红胡根上，突然露出了一丝微笑。

他本人有点儿像皮革制成的人：脸庞黄皱皱的，头发和胡须是微红和鬈曲的，双颊和嘴角间斜挂着一些整齐的皱纹，话音很单调，喉音很重；因为皮革是一种死板板的物品，本来就有点儿僵硬和迟钝。这正是他的面孔的特征，只有他的蓝灰眼睛含蓄着朴实严肃的风度，好像在迷恋着理想。他哥哥虽然由于勤苦在各方面都显得更虚弱、更苍白，但是他们两兄弟却很相像，所以我在早年有时要等到跟他们订好靴子的时候，才能确定他们到底谁是谁。后来我搞清楚了：如果没有说"我要问问我的兄弟"，那就是他本人；如果说了这句话，那就是他的哥哥了。

一个人年纪大了而又荒唐起来以至于赊账的时候，不知怎么的，他绝不赊格斯拉兄弟俩的账。如果有人拖欠他几双——比如说——两双以上靴子的价款，竟心安理得地确信自己还是他的主顾，所以走进他的店铺，把自己的脚伸到那蓝色铁架眼镜底下，那就未免有点儿太不应该了。

人们不可能时常到他那里去，因为他所做的靴子非常经穿，一时穿不坏的——他好像把靴子的精华缝到靴子里去了。

人们走进他的店堂，不会像走进一般店铺那样怀着"请把我要买的东西拿来，让我走吧！"的心情，而是心平气和地像走进教堂那样。来客坐在那张仅有的木椅上等候着，因为他的店堂里从来没有人的。过了一会，可以看到他的或他哥哥的面孔从店堂里二楼楼梯口往下边张望——楼梯口是黑洞洞的，同时透出沁人脾胃的皮革气味。随后就可以听到一阵喉音，以及趿拉着木皮拖鞋踏在狭窄木楼梯上的踢跶声;他终于站在来客的面前,上身没有穿外衣,背有点儿弯,腰间围着皮围裙,袖子往后卷起,眼睛雯动着——像刚从靴子梦中惊醒过来,或者说,像一只在日光中受了惊动因而感到不安的猫头鹰。

  于是我就说:"你好吗,格斯拉先生?你可以给我做一双俄国皮靴吗?"

  他会一声不响地离开我,退回到原来的地方去,或者到店堂的另一边去;这时,我就继续坐在木椅上休息,欣赏皮革的香味。不久后,他回来了,细瘦多筋的手里拿着一张黄褐色皮革。他眼睛盯着皮革对我说:"多么美的一张皮啊!"等我也赞美一番以后,他就继续说:"你什么时候要?"我回答说:"啊,你什么时候方便,我就什么时候要。"于是他就说:"半个月以后,好不好?"如果答话的是他的哥哥,他就说:"我要问问我的兄弟!"

  然后,我会含糊地说:"谢谢你,再见吧,格斯拉先生。"他一边说"再见!",一边继续注视他手里的皮革。我向门口走去的时候,就又听到他趿拉着木皮拖鞋的踢跶声把他送回到楼上做他的靴子梦了。但是假如我要定做的是他还没有替我做过的新式样靴子,那他一定要照手续办事了——叫我脱下靴子,把靴子老拿在手里,以立刻变得又批评又抚爱的眼光注视着靴子,好像在回想他创造这双靴子时所付出的热情,好像在责备我竟这样穿坏了他的杰作。然后,他就把我的脚放在一张纸上,用铅笔在外沿搔上两三次,跟着用他的敏感的手指来回地摸我的脚趾,想摸出我的要求的要点。

  有一天,我有机会跟他谈了一件事;我忘不了那一天。我对他说:"格斯拉先生,你晓得吗,上一双在城里散步的靴子咯吱咯吱地响了。"

  他看了我一下,没有作声,好像在盼望我撤回或重新考虑我的话;然后他说:

  "那双靴子不该咯吱咯吱地响呀。"

  "对不起,它响了。"

  "你是不是在靴子还经穿的时候把它弄湿了呢?"

  "我想没有吧。"

  他听了这句话以后,蹙蹙眉头,好像在搜寻对那双靴子的回忆;我提起了这件严重的事情,真觉得难过。

  "把靴子送回来!"他说,"我想看一看。"

  由于我的咯吱咯吱响的靴子,我内心里涌起了一阵怜悯的感情;我完全可以想象到他埋头细看那双靴子时的历久不停的悲惨心情。

  "有些靴子,"他慢慢地说,"做好的时候就是坏的。如果我不能把它修好,就不收你这双靴子的工钱。"

  有一次(也只有这一次),我穿着那双因为急需才在一家大公司买的靴子,

漫不经心地走进他的店铺。他接受了我的订货,但没拿皮革给我看;我可以意识到他的眼睛在细看我脚上的次等皮革。他最后说:

"那不是我做的靴子。"

他的语调里没有愤怒,也没有悲哀,连鄙视的情绪也没有,不过那里面却隐藏着可以冰冻血液的东西。为了讲究时髦,我左脚上的靴子有一处使人很不舒服;他把手伸下去,用一个手指在那块地方压了一下。

"这里疼痛吧,"他说,"这些大公司真不顾体面。可耻!"跟着,他心里好像有点儿沉不住气了,所以说了一连串的挖苦话。我听到他议论他的职业上的情况和艰难,这是唯一的一次。

"他们把一切垄断去了,"他说,"他们利用广告而不靠工作把一切垄断去了。我们热爱靴子,但是他们抢去了我们的生意。事到如今——我很快就要失业了。生意一年年地清淡下去——过后你会明白的。"我看看他满是褶皱的面孔,看到了我以前未曾注意到的东西:苦涩的心事和惨痛的奋斗——他的红胡子好像突然添上好多花白须毛了!

我尽一切可能向他说明我买这双倒霉靴子时的情况。但是他的面孔和声调使我获得很深刻的印象,结果在随后几分钟里,我订了许多双靴子。这下可糟了!这些靴子比以前的格外经穿。差不多穿了两年,我也没想起要到他那里去一趟。

后来我再去他那里的时候,我很惊奇地发现:他的店铺外边的两个橱窗中的一个漆上另外一个人的名字了——也是个靴匠的名字,当然是为王室服务的啦。往常的那几双靴子已经失去了孤高的气派,挤缩在单独的橱窗里去了。在里面,现在已缩成一小间,店堂的楼梯井口比以前更黑暗、更充满着皮革气味。我也比平时等了更长的时间,才看到一张面孔向下边窥视,随后才有一阵趿拉着木皮拖鞋的踢跶声。最后,他站在我的面前了;他透过那副生了锈的铁架眼镜注视着我说:

"你是不是——先生?"

"啊!格斯拉先生!"我结结巴巴地说:"你要晓得,你的靴子实在太结实了!看,这双还很像样的呢!"我把脚向他伸过去。他看了看这双靴子。

"是的,"他说,"人们好像不需要结实靴子了。"

为了避开他的带责备的眼光和语调,我赶紧接着说:"你的店铺怎么啦?"

他安静地回答说:"开销太大了。你要做靴子吗?"

虽然我只需要两双,我却向他定做了三双;我很快就离开了那里。我有一种难以描述的感觉,以为他的心里把我看成对他心存坏意的一分子;也许不一定跟他本人作对,而是跟他的靴子理想作对。我想,人们是不喜欢那样的感觉的;因为过了好几个月以后,我又到他的店铺里去;我记得,我去看他的时候,心里有这样的感觉:"呵!怎么啦,我撇不开这位老人——所以我就去了!也许会看到他的哥哥呢!"

因为我晓得,他哥哥很老实,甚至在暗地里也不至于责备我。

我的心安下了,在店堂出现的正是他的哥哥,他正在整理一张皮革。

"啊,格斯拉先生,"我说,"你好吗?"

他走近我的跟前,盯着我看。

"我过得很好,"他慢慢地说;"但是我哥哥死掉了。"

我这才看出来,我所遇到的原来是他本人——但是多么苍老,多么消瘦啊!我以前从没听他提过他的哥哥。我吃了一惊,所以喃喃地说:"啊!我为你难过!"

"的确,"他回答说,"他是个好人,他会做好靴子;但是他死掉了。"他摸摸头顶,我猜想,他好像要表明他哥哥死的原因;他头上的头发突然变得像他的可怜哥哥的头发一样稀薄了。"他失掉了另外一间铺面,心里老是想不开。你要做靴子吗?"他把手里的皮革举起来说,"这是一张美丽的皮革。"

我订做了几双靴子。过了很久,靴子才送到——但是这几双靴子比以前的更结实,简直穿不坏。不久以后,我到国外去了一趟。

过了一年多,我才又回到伦敦。我所去的第一个店铺就是我的老朋友的店铺。我离去时,他是个六十岁的人,我回来时,他仿佛已经七十五岁了,显得衰老、瘦弱,不断地发抖,这一次,他起先真的不认识我了。

"啊!格斯拉先生,"我说,心里有些烦闷;"你做的靴子好极啦!看,我在国外时差不多一直穿着这双靴子的;连一半也没有穿坏呀,是不是?"

他细看我这双俄国皮靴,看了好久,脸上似乎恢复了镇静的气色。他把手放在我的靴面上说:

"这里还合脚吗?我记得,费了很大劲才把这双靴子做好。"

我向他确切地说明:那双靴子非常合脚。

"你要做靴子吗?"他说,"我很快就可以做好;现在我的生意很清淡。"

我回答说:"劳神,劳神!我急需靴子——每种靴子都要!"

"我可以做时新的式样。你的脚恐怕长大了吧。"他非常迟缓地照我的脚型画了样子,又摸摸我的脚趾,只有一次抬头看着我说:

"我哥哥死掉了,我告诉过你没有?"

他变得衰老极了,看了实在叫人难过;我真高兴离开他。

我对这几双靴子并不存什么指望,但有一天晚上靴子送到了。我打开包裹,把四双靴子排成一排;然后,一双一双地试穿这几双靴子。一点问题也没有。不论在式样或尺寸上，在加工或皮革质量上，这些靴子都是他给我做过的最好的靴子。在那双城里散步穿的靴子口里，我发现了他的账单。单上所开的价钱与过去的完全一样，但我吓了一跳。他从来没有在四季结账日以前把账单开来的。我飞快地跑下楼去，填好一张支票，而且马上亲自把支票寄了出去。

一个星期以后，我走过那条小街，我想该进去向他说明，他替我做的新靴子是如何的合脚。但是当我走近他的店铺所在地时，我发现他的姓氏不见了。橱窗里照样陈列着细长的轻跳舞靴、带布口的漆皮靴以及漆亮的长统马靴。

我走了进去，心里很不舒服。在那两间门面的店堂里——现在两间门面又合而为一了——只有一个长着英国人面貌的年轻人。

"格斯拉先生在店里吗？"我问道。

他诧异地同时讨好地看了我一眼。

"不在，先生，"他说，"不在。但是我们可以很乐意地为你服务。我们已经把这个店铺过户过来了。毫无疑问，你已经看到隔壁门上的名字了吧。我们替上等人做靴子。"

"是的，是的，"我说，"但是格斯拉先生呢？"

"啊！"他回答说，"死掉了！"

"死掉了！但是上星期三我才收到他给我做的靴子呀。"

"啊！"他说，"真是怪事。可怜的老头儿是饿死的。"

"慈悲的上帝啊！"

"慢性饥饿，医生这样说的！你要晓得，他是这样去做活的！他想把店铺撑下去；但是除了自己以外，他不让任何人碰他的靴子。他接了一份订货后，要费好长时间去做它。顾客可不愿等待呀。结果，他失去了所有的顾客。他老坐在那里，只管做呀做呀——我愿意代他说这句话——在伦敦，没有一个人可以比他做出更好的靴子！但是也得看看同业竞争呀！他从不登广告！他肯用最好的皮革，而且还要亲自做。好啦，这就是他的下场。照他的想法，你对他能有什么指望呢？"

"但是饿死——"

"这样说，也许有点儿夸张——但是我自己知道，他从早到晚坐在那里做靴子，一直做到最后的时刻。你知道，我往往在旁边看着他。从不让自己有吃饭的时间；店里从来不存一个便士。所有的钱都用在房租和皮革上了。他怎么能活得这么久，我也莫名其妙。他经常断炊。他是个怪人。但是他做了顶好的靴子。"

"是的，"我说，"他做了顶好的靴子。"

思考与练习

一、给加点的字注音。

褐色（　　）　簇新（　　）　羞怯（　　）　鬈曲（　　）　赊账（　　）

趿拉（　　）　蹙眉（　　）　潜在（　　）　褶皱（　　）　皮靴（　　）

二、阅读下面一段文字，完成1～3题。

  他本人有点儿像皮革制成的人：脸庞黄皱皱的，头发和胡子是微红的鬈曲的，双颊和嘴角斜挂着一些整齐的皱纹，话音很单调，喉音很重；因为皮革是一种死板板的物品，本来就有点儿僵硬和迟钝。这正是他的面孔的特征，只有他的蓝灰眼睛含蓄着朴实严肃的风度，好像在迷恋着理想。

1. 作者用"有点儿像皮革制成的人"、"整齐的皱纹"、"死板板"、"僵硬和迟钝"来写格斯拉有何用意？

2. 作者说"好像在迷恋着理想"，格斯拉的理想是什么？

3. 本段的肖像描写有何作用？

三、阅读下面一段文字，完成1～2题。

  我尽一切可能向他说明我买这双倒霉靴子时的情况。但是他的面孔和声调使我获得很深刻的印象，结果在以后几分钟里，我定了许多靴子。这下可糟了！这些靴子比以前的格外经穿，差不多穿了两年，我也没想到要到他那里去一趟。

1. "我"为什么要尽一切可能向格斯拉说明买这双倒霉靴子时的情况？

2. 靴子比以前的经穿，"我"为什么说"这下可糟了"？这反映了"我"怎样的思想感情？

三十九　宝黛吵架①

曹雪芹②

学习提示

　　《红楼梦》通常是以行为和对话来刻画人物性格和推动情节发展的,极少运用展示人物内心活动的心理描写手法写人,本文是一处例外。作者描述了恋爱中的两位男女主人公吵架的起因和愈演愈烈并最终后悔的过程,采用直接心理描写方法,深入展现了人物内心世界细腻而微妙的心理变化——爱到极处,反生争吵,爱之愈深,争吵愈烈,所谓"不是冤家不聚头"。本文的精到,在于揭示了热恋中少男少女内心与言行不符乃至悖反的普遍现象,通篇写得曲径通幽、妙趣横生。

　　且说宝玉因见黛玉病了,心里放不下,饭也懒怠吃,不时来问,只怕他有个好歹。黛玉因说道:"你只管听你的戏去罢;在家里做什么?"宝玉因昨日张道士提亲之事,心中大不受用,今听见黛玉如此说,心里因想道:"别人不知道我的心,还可恕;连他也奚落起我来。"因此心中更比往日的烦恼加了百倍。要是别人跟前,断不能动这肝火,只是黛玉说了这话,倒又比往日别人说这话不同,由不得立刻沉下脸来,说道:"我白认得你了!罢了,罢了!"黛玉听说,冷笑了两声道:"你白认得了我吗?我那里能够像人家有什么配的上你的呢!"宝玉听了,便走来,直问到脸上道:"你这么说,是安心咒我天诛地灭?"黛玉一时解不

---

①　节选自《红楼梦》第二十九回"享福人福深还祷福,痴情女情重愈斟情"后半部分。

②　曹雪芹(1724～1764),名霑,字梦阮,号雪芹,又号芹溪、芹圃。清代著名文学家,历经十年创作了《红楼梦》,死后遗留《红楼梦》前八十回稿子。另有《废艺斋集稿》。

过这话来。宝玉又道:"昨儿还为这个起了誓呢,今儿你到底儿又准我一句!我就'天诛地灭',你又有什么益处呢?"黛玉一闻此言,方想起昨日的话来。今日原是自己说错了,又是急,又是愧,便抽抽搭搭的哭起来,说道:"我要安心咒你,我也'天诛地灭'!……何苦来呢!我知道昨日张道士说亲,你怕拦了你的好姻缘,你心里生气,来拿我煞性子。"

原来宝玉自幼生成来的有一种下流痴病,况从幼时和黛玉耳鬓厮磨,心情相对,如今稍知些事,又看了些邪书僻传,凡远亲近友之家所见的那些闺英闱秀①,皆未有稍及黛玉者,所以早存一段心事,只不好说出来。故每每或喜或怒,变尽法子暗中试探。那黛玉偏生也是个有些痴病的,也每用假情试探。因你也将真心真意瞒起来,我也将真心真意瞒起来,都只用假意试探,如此"两假相逢,终有一真",其间琐琐碎碎,难保不有口角之事。即如此刻,宝玉的心内想的是:"别人不知我的心,还可恕;难道你就不想我的心里眼里只有你?你不能为我解烦恼,反来拿这话堵噎我,可见我心里时时刻刻白有你,你心里竟没我了。"宝玉是这个意思,只口里说不出来。那黛玉心里想着:"你心里自然有我,虽有'金玉相对'之说,你岂是重这邪说不重人的呢?我就时常提这'金玉',你只管了然无闻的,方见的是待我重,无毫发私心了。怎么我只一提'金玉'的事,你就着急呢?可知你心里时时有这个'金玉'的念头。我一提,你怕我多心,故意儿着急,安心哄我。"

那宝玉心中又想着:"我不管怎么样都好,只要你随意,我就立刻因你死了,也是情愿的;你知也罢,不知也罢,只由我的心,那才是你和我近,不和我远。"黛玉心里又想着:"你只管你就是了;你好,我自然好。你要把自己丢开,只管周旋我,是你不叫我近你,有意叫我远你了。"

看官,你道两个人原是一个心,如此看来,却都是多生了枝叶,将那求近之心,反弄成疏远之意了。此皆他二人素昔所存私心,难以备述。如今只说他们外面的形容。

那宝玉又听见他说"好姻缘"三个字,越发逆了己意,心里干噎,口里说不出来;便赌气向颈上摘下"通灵玉"来,咬咬牙,狠命往地下一摔,道:"什么劳什子!我砸了你,就完了事了!"偏生那玉坚硬非常,摔了一下,竟文风不动。宝玉见不破,便回身找东西来砸。黛玉见他如此,早已哭起来,说道:"何苦来你砸那哑吧东西?有砸他的,不如来砸我!"

二人闹着,紫鹃雪雁等忙来解劝。后来见宝玉下死劲的砸那玉,忙上来夺,又夺不下来。见比往日闹的大了,少不得去叫袭人。袭人忙赶了来,才夺

---

① 闺英闱秀:指闺阁绣楼中的女子。

下来。宝玉冷笑道:"我是砸我的东西,与你们什么相干!"袭人见他脸都气黄了,眉眼都变了,从来没气的这么样,便拉着他的手,笑道:"你和妹妹拌嘴,不犯着砸他;倘或砸坏了,叫他心里脸上怎么过的去呢?"黛玉一行哭着,一行听了这话,说到自己心坎儿上来,可见宝玉连袭人不如,越发伤心大哭起来,心里一急,方才吃的香薷饮①,便承受不住,"哇"的一声,都吐出来了。紫鹃忙上来用绢子接住,登时一口一口的,把块绢子吐湿。雪雁忙上来捶揉。紫鹃道:"虽然生气,姑娘到底也该保重些。才吃了药,好些儿,这会子因和宝二爷拌嘴,又吐出来了;倘或犯了病,宝二爷心里怎么过的去呢?"宝玉听了这话,说到自己心坎儿上来,可见黛玉竟还不如紫鹃呢。又见黛玉脸红头胀,一行啼哭,一行气凑,一行是泪,一行是汗,不胜怯弱。宝玉见了这般,又自己后悔:"方才不该和他较证,这会子他这样光景,我又替不了他。"心里想着,也由不得滴下泪来了。

袭人守着宝玉,见他两个哭的悲痛,也心酸起来;又摸着宝玉的手冰凉,要劝宝玉不哭罢,一则恐宝玉有什么委屈闷在心里,二则又恐薄了黛玉:两头儿为难。正是女儿家的心性,不觉也流下泪来。紫鹃一面收拾了吐的药,一面拿扇子替黛玉轻轻的搧着,见三个人都鸦雀无声,各自哭各自的,索性也伤起心来,也拿着绢子拭泪。

四个人都无言对泣。还是袭人勉强笑向宝玉道:"你不看别的,你看看这玉上穿的穗子,也不该和林姑娘拌嘴呀。"黛玉听了,也不顾病,赶来夺过去,顺手抓起一把剪子来就铰。袭人紫鹃刚要夺,已经剪了几段。黛玉哭道:"我也是白效力,他也不稀罕,自有别人替他再穿好的去呢!"袭人忙接了玉道:"何苦来!这是我才多嘴的不是了。"宝玉向黛玉道:"你只管铰!我横竖不带他,也没什么。"

只顾里头闹,谁知那些老婆子们见黛玉大哭大吐,宝玉又砸玉,不知道要闹到什么田地儿,便连忙的一齐往前头去回了贾母王夫人知道,好不至于连累了他们。那贾母王夫人见他们忙忙的做一件正经事来告诉,也都不知有了什么原故,便一齐进园来瞧。急的袭人抱怨紫鹃:"为什么惊动了老太太、太太?"紫鹃又只当是袭人着人去告诉的,也抱怨袭人。

那贾母王夫人进来,见宝玉也无言,黛玉也无话,问起来,又没为什么事,便将这祸移到袭人紫鹃两个人身上,说:"为什么你们不小心伏侍,这会子闹起来都不管呢?"因此将二人连骂带说,教训了一顿。二人都没的说,只得听着。还是贾母带出宝玉去了,方才平伏。

---

① 香薷(rú)饮:用香薷菜做的药膳。

过了一日,至初三日,乃是薛蟠生日,家里摆酒唱戏,贾府诸人都去了。宝玉因得罪了黛玉,二人总未见面,心中正自后悔,无精打采,那里还有心肠去看戏?因而推病不去。黛玉不过前日中了些暑溽①之气,本无甚大病,听见他不去,心里想:"他是好吃酒听戏的,今日反不去,自然是因为昨儿气着了;再不然他见我不去,他也没心肠去。只是昨儿千不该,万不该,铰了那玉上的穗子。管定他再不带了,还得我穿了他才带。"因而心中十分后悔。

那贾母见他两个都生气,只说趁今儿那边去看戏,他两个见了,也就完了,不想又都不去。老人家急的抱怨说:"我这老冤家,是那一世里造下的孽障?偏偏儿的遇见了这么两个不懂事的小冤家儿,没有一天不叫我操心!真真的是俗语儿说的,'不是冤家不聚头'了。几时我闭了眼,断了这口气,凭着这两个冤家闹上天去,我'眼不见,心不烦',也就罢了——偏又不咽这口气!"自己抱怨着,也哭起来了。

谁知这个话传到宝玉黛玉二人耳内,他二人竟从来没有听见过"不是冤家不聚头"这句俗话儿,如今忽然得了这句话,好似参禅的一般,都低着头细嚼这句话的滋味儿,不觉的潸然②泪下。虽然不曾会面,却一个在潇湘馆临风洒泪,一个在怡红院对月长吁。正是"人居两地,情发一心"了。

 思考与练习

一、宝黛吵架的心理原因是什么?是否有普遍意义?
二、作者运用直接心理描写手法达到了怎样的艺术效果?
三、找出文中作者的议论,谈谈你的理解和评价。

---

① 溽(rù):湿。
② 潸(shān)然:悲凄流泪的样子。

四十　青梅煮酒论英雄

罗贯中①

学习提示

　　《青梅煮酒论英雄》是《三国演义》最为精彩的篇章之一，其时曹操位居汉相，权势日增，挟天子以令诸侯；刘备新败，兵微将寡，只好暂时依附曹操，为免猜疑，每日灌园浇菜，韬光养晦。本文写曹操青梅煮酒，邀刘备小酌，两人之间的一场精彩对话。席间刘备行事低调、谦恭有加，曹操野心勃勃、多谋自负；表面上，双龙际会，两人谈古论今，似乎漫无边际，其实细细玩味，处处不离方寸，句句暗含杀机。适值风云变幻，天边电闪雷鸣，席间话外有音，唇枪舌剑，你进我退，两位当世英雄的形象活灵活现、跃然纸上。

　　却说董承等问马腾曰："公欲用何人？"马腾曰："见有豫州牧刘玄德在此，何不求之？"承曰："此人虽系皇叔，今正依附曹操，安肯行此事耶？"腾曰："吾观前日围场之中，曹操迎受众贺之时，云长在玄德背后，挺刀欲杀操，玄德以目视之而止。玄德非不欲图操，恨操牙爪多，恐力不及耳。公试求之，当必应允。"吴硕曰："此事不宜太速，当从容商议。"众皆散去。次日黑夜里，董承怀诏，径往玄德公馆中来。门吏入报，玄德迎出，请入小阁坐定。关、张侍立于侧。玄德曰："国舅夤夜②至此，必有事故。"承曰："白日乘马相访，恐操见疑，故黑夜相见。"玄德命取酒相待。承曰："前日围场之中，云长欲杀曹操，将军动目摆头而

---

①　罗贯中（约1330～约1400），名本，字贯中，号湖海散人。元末明初著名小说家、戏曲家，中国章回小说的鼻祖。
②　夤（yín）夜：深夜。

退之,何也?"玄德失惊曰:"公何以知之?"承曰:"人皆不见,某独见之。"玄德不能隐讳①,遂曰:"舍弟见操僭越②,故不觉发怒耳。"承掩面而哭曰:"朝廷臣子,若尽如云长,何忧不太平哉!"玄德恐是曹操使他来试探,乃佯言曰:"曹丞相治国,为何忧不太平?"承变色而起曰:"公乃汉朝皇叔,故剖肝沥胆③以相告,公何诈也?"玄德曰:"恐国舅有诈,故相试耳。"于是董承取衣带诏令观之,玄德不胜悲愤。又将义状出示,上止有六位:一,车骑将军董承;二,工部侍郎王子服;三,长水校尉种辑;四,议郎吴硕;五,昭信将军吴子兰;六,西凉太守马腾。玄德曰:"公既奉诏讨贼,备敢不效犬马之劳④。"承拜谢,便请书名。玄德亦书"左将军刘备",押了字,付承收讫。承曰:"尚容再请三人,共聚十义,以图国贼。"玄德曰:"切宜缓缓施行,不可轻泄。"共议到五更,相别去了。

　　玄德也防曹操谋害,就下处后园种菜,亲自浇灌,以为韬晦之计。关、张二人曰:"兄不留心天下大事,而学小人之事,何也?"玄德曰:"此非二弟所知也。"二人乃不复言。

　　一日,关、张不在,玄德正在后园浇菜,许褚、张辽引数十人入园中曰:"丞相有命,请使君便行。"玄德惊问曰:"有甚紧事?"许褚曰:"不知。只教我来相请。"玄德只得随二人入府见操。操笑曰:"在家做得好大事!"唬得玄德面如土色。操执玄德手,直至后园,曰:"玄德学圃不易!"玄德方才放心,答曰:"无事消遣耳。"操曰:"适见枝头梅子青青,忽感去年征张绣时,道上缺水,将士皆渴;吾心生一计,以鞭虚指曰:'前面有梅林。'军士闻之,口皆生唾,由是不渴。今见此梅,不可不尝。又值煮酒正熟,故邀使君小亭一会。"玄德心神方定。随至小亭,已设樽俎:盘置青梅,一樽煮酒。二人对坐,开怀畅饮。

　　酒至半酣,忽阴云漠漠,骤雨将至。从人遥指天外龙挂,操与玄德凭栏观之。操曰:"使君知龙之变化否?"玄德曰:"未知其详。"操曰:"龙能大能小,能升能隐;大则兴云吐雾,小则隐介藏形;升则飞腾于宇宙之间,隐则潜伏于波涛之内。方今春深,龙乘时变化,犹人得志而纵横四海。龙之为物,可比世之英雄。玄德久历四方,必知当世英雄。请试指言之。"玄德曰:"备肉眼安识英雄?"操曰:"休得过谦。"玄德曰:"备叨恩庇,得仕于朝。天下英雄,实有未知。"操曰:"既不识其面,亦闻其名。"玄德曰:"淮南袁术,兵粮足备,可为英雄?"操笑曰:"冢中枯骨,吾早晚必擒之!"玄德曰:"河北袁绍,四世三公,门多故吏;今

---

① 隐讳:因有难言之隐或忌讳而隐瞒不说。
② 僭(jiàn)越:超越本分,古代指地位在下的冒用在上的名义或礼仪、器物。
③ 剖肝沥胆:比喻坦诚相待。
④ 犬马之劳:愿像犬马那样为君主奔走效力。表示心甘情愿受人驱使,为人效劳。

虎踞冀州之地,部下能事者极多,可为英雄?"操笑曰:"袁绍色厉胆薄①,好谋无断;干大事而惜身,见小利而忘命:非英雄也。"玄德曰:"有一人名称八俊,威镇九州:刘景升可为英雄?"操曰:"刘表虚名无实,非英雄也。"玄德曰:"有一人血气方刚,江东领袖——孙伯符乃英雄也?"操曰:"孙策藉父之名,非英雄也。"玄德曰:"益州刘季玉,可为英雄乎?"操曰:"刘璋虽系宗室,乃守户之犬耳,何足为英雄!"玄德曰:"如张绣、张鲁、韩遂等辈皆何如?"操鼓掌大笑曰:"此等碌碌小人②,何足挂齿③!"玄德曰:"舍此之外,备实不知。"操曰:"夫英雄者,胸怀大志,腹有良谋,有包藏宇宙之机,吞吐天地之志者也。"玄德曰:"谁能当之?"操以手指玄德,后自指,曰:"今天下英雄,惟使君与操耳!"玄德闻言,吃了一惊,手中所执匙箸,不觉落于地下。时正值天雨将至,雷声大作。玄德乃从容俯首拾箸曰:"一震之威,乃至于此。"操笑曰:"丈夫亦畏雷乎?"玄德曰:"圣人迅雷风烈必变,安得不畏?"将闻言失箸缘故,轻轻掩饰过了。操遂不疑玄德。后人有诗赞曰:

勉从虎穴暂趋身,说破英雄惊杀人。
巧借闻雷来掩饰,随机应变信如神。

天雨方住,见两个人撞入后园,手提宝剑,突至亭前,左右拦挡不住。操视之,乃关、张二人也。原来二人从城外射箭方回,听得玄德被许褚、张辽请将去了,慌忙来相府打听;闻说在后园,只恐有失,故冲突而入。却见玄德与操对坐饮酒。二人按剑而立。操问二人何来。云长曰:"听知丞相和兄饮酒,特来舞剑,以助一笑。"操笑曰:"此非鸿门会,安用项庄、项伯乎?"玄德亦笑。操命:"取酒与二樊哙压惊。"关、张拜谢。须臾席散,玄德辞操而归。云长曰:"险些惊杀我两个!"玄德以落箸事说与关、张。关、张问是何意。玄德曰:"吾之学圃,正欲使操知我无大志;不意操竟指我为英雄,我故失惊落箸。又恐操生疑,故借惧雷以掩饰之耳。"关、张曰:"兄真高见!"

操次日又请玄德。正饮间,人报满宠去探听袁绍而回。操召入问之。宠曰:"公孙瓒已被袁绍破了。"玄德急问曰:"愿闻其详。"宠曰:"瓒与绍战不利,筑城围圈,圈上建楼,高十丈,名曰易京楼,积粟三十万以自守。战士出入不息,或有被绍围者,众请救之。瓒曰:'若救一人,后之战者只望人救,不肯死战矣。'遂不肯救。因此袁绍兵来,多有降者。瓒势孤,使人持书赴许都求救,不意中途为绍军所获。瓒又遗书张燕,暗约举火为号,里应外合。下书人又被袁

---
① 色厉胆薄:外表强硬而内心怯懦。色,神色。厉,严厉、凶猛。薄,脆弱。
② 碌碌小人:指庸碌无能的人。碌碌,平庸的样子。
③ 何足挂齿:哪里值得挂在嘴上,不值一提的意思。足,值得。挂齿,提及、谈及。

绍擒住,却来城外放火诱敌。瓒自出战,伏兵四起,军马折其大半。退守城中,被袁绍穿地直入瓒所居之楼下,放起火来。瓒无走路,先杀妻子,然后自缢,全家都被火焚了。今袁绍得了瓒军,声势甚盛。绍弟袁术在淮南骄奢过度,不恤军民,众皆背反。术使人归帝号于袁绍。绍欲取玉玺,术约亲自送至,见今弃淮南欲归河北。若二人协力,急难收复。乞丞相作急图之。"玄德闻公孙瓒已死,追念昔日荐己之恩,不胜伤感;又不知赵子龙如何下落,放心不下。因暗想曰:"我不就此时寻个脱身之计,更待何时?"遂起身对操曰:"术若投绍,必从徐州过,备请一军就半路截击,术可擒矣。"操笑曰:"来日奏帝,即便起兵。"

次日,玄德面奏君。操令玄德总督五万人马,又差朱灵、路昭二人同行。玄德辞帝,帝泣送之。玄德到寓,星夜收拾军器鞍马,挂了将军印,催促便行。董承赶出十里长亭来送。玄德曰:"国舅宁耐。某此行必有以报命。"承曰:"公宜留意,勿负帝心。"二人分别。关、张在马上问曰:"兄今番出征,何故如此慌速?"玄德曰:"吾乃笼中鸟、网中鱼,此一行如鱼入大海、鸟上青霄,不受笼网之羁绊也!"因命关、张催朱灵、路昭军马速行。

时郭嘉、程昱考较钱粮方回,知曹操已遣玄德进兵徐州,慌入谏曰:"丞相何故令刘备督军?"操曰:"欲截袁术耳。"程昱曰:"昔刘备为豫州牧时,某等请杀之,丞相不听;今日又与之兵:此放龙入海,纵虎归山也。后欲治之,其可得乎?"郭嘉曰:"丞相纵不杀备,亦不当使之去。古人云:一日纵敌,万世之患。望丞相察之。"操然其言,遂令许褚将兵五百前往,务要追玄德转来。许褚应诺而去。

却说玄德正行之间,只见后面尘头骤起,谓关、张曰:"此必曹兵追至也。"遂下了营寨,令关、张各执军器,立于两边。许褚至,见严兵整甲,乃下马入营见玄德。玄德曰:"公来此何干?"褚曰:"奉丞相命,特请将军回去,别有商议。"玄德曰:"将在外,君命有所不受。吾面过君,又蒙丞相钧语。今别无他议,公可速回,为我禀覆丞相。"许褚寻思:"丞相与他一向交好,今番又不曾教我来厮杀,只得将他言语回覆,另候裁夺便了。"遂辞了玄德,领兵而回。回见曹操,备述玄德之言。操犹豫未决。程昱、郭嘉曰:"备不肯回兵,可知其心变矣。"操曰:"我有朱灵、路昭二人在彼,料玄德未必敢心变。况我既遣之,何可复悔?"遂不复追玄德。后人有诗叹玄德曰:

束兵秣马①去匆匆,心念天言衣带中。
撞破铁笼逃虎豹,顿开金锁走蛟龙。

---

① 束兵秣马:整理好兵器,喂饱战马。指做好战斗准备。秣,喂。

思考与练习

一、刘备为何要行韬晦之计？韬晦之计的具体内容是什么？刘备为何不将此事告诉结拜兄弟？说明了什么？

二、曹操在本文中表现了什么样的性格特点？

三、本文中曹、刘二人对英雄的共同理解是什么？

应用写作五　规章制度

》范例　　　　　办公室管理制度

为完善公司的行政管理机制，建立规范化的行政管理，提高行政管理水平和工作效率，使公司各项行政工作有章可循、照章办事，特制定本制度。

一、文件收发规定

（一）董事会和公司的文件由办公室拟稿。文件形成后，属董事会的由董事长签发，属公司的由总经理签发，属党内的由党支部书记签发。

业务文件由有关部门拟稿，分管副总经理或总工程师审核、签发。

属于秘密的文件，核稿人应该注"秘密"字样，并确定报送范围。秘密文件按保密规定，由专人印制、报送。

（二）已签发的文件由核稿人登记，并按不同类别编号后，按文件规定处理。

文件由拟稿人校对，审核后方能复印盖章。

（三）董事会和公司的文件由办公室负责报送。送件人应把文件内容、报送日期、部门、接件人等事项登记清楚，并报告报送结果。

秘密文件由专人按核定的范围报送。

（四）经签发的文件原稿送办公室存档。

（五）外来的文件由办公室文书负责签收，并于接件当日填写阅办单，按领导批示的要求送达有关部门，办好文件阅办；属急件的，应在接件后及时报送。

（六）文件阅办部门或个人，对有阅办要求的文件，应在三日内办理完毕，并将办理情况反馈至办公室。三日内不能办理完毕的，应向办公室说明原因。

二、办公用品购置领用规定

（一）公司领导及未实行经济责任制考核部门所需的办公用品，由办公室填写《资金使用审批表》，报总经理审批后购置。实行经济责任制考核的部门所需购置办公用品，到办公室领用，办理出入库手续，明确金额。需购置的，由部门负责人填写《资金使用审批表》，报总经理审批后由办公室购置。大额资金的使用,由总经理审核并报董事长批准后办理。

(二)办公用品购置后,须持总经理审批的《资金使用审批表》和购货发票、清单,办理出入库手续。未办理出入库手续的,财务部不予报销。

(三)各部门所用的专用表格等印刷品,由部门自行制定格式,按规定报总经理审批后,由办公室统一印制。

(四)办公用品只能用于办公,不得移作他用或私用。

(五)所有员工要勤俭节约,杜绝浪费,努力降低消耗和办公费用。

三、电话使用规定

(一)公司各部门电话费均按月包干使用。具体标准如下:办公室120元/月,投资发展部100元/月,财务部60元/月,城建资产部100元/月,市场营销部200元/月,项目技术部130元/月,会议中心50元/月。

(二)若有超出当月包干标准的,从超额部门的工资中扣除。当月节余部分,累计到本部门下月话费中使用。

四、本制度由办公室负责解释。

×××公司办公室
二〇一一年三月

简评

本案例选择了一则办公室管理制度作为规章制度的例文,采用的是多层条文式写法。例文开头简要说明做出规定的目的、意义、适用范围等,中间较多的条款写程序、步骤、措施,内容非常具体、明确,最后写规定的解释权限。正文之后有落款,注明了发布机关和发布时间。

写作指导

规章制度是国家机关、社会团体、企事业单位,为了维护正常的工作、劳动、学习、生活的秩序,保证国家各项政策的顺利执行和各项工作的正常开展,依照法律、法令、政策而制定的具有法规性或指导性与约束力的应用文,是各种行政法规、章程、制度、公约的总称。

规章制度种类繁多,大致可分为以下四大类:

一、行政法规类

行政法规是由国家立法机关或政府部门制发的、具有法律性质和公文效用的规章制度,以行政命令的方式发布实施。如《劳动合同法实施条例》、《市级党政领导班子年度考核办法》等。

二、章程类

章程是党政机关、社会团体、企事业单位,用于规定其组织的性质、宗旨、任务、组织机构、成员条件、权利、义务、活动规则的纲领性文件。如《中国共产主义青年团章程》、《上海证券交易所章程》等。

三、制度类

制度一般是行政部门、企事业单位根据实际需要而制定的要求有关人员共同遵守的办事规程和行动准则,它对人们有指导和约束作用,是人们行动的准则和依据。如《阅览室规则》、《中学生守则》、《财务清查制度》等。

四、公约类

公约是机关团体、人民群众在自愿自觉的基础上,经协商决议而订出的共同遵守的行为规范。如《联合国反腐败公约》、《企业文明公约》等。

规章制度的使用范围极其广泛,大至国家机关、社会团体、各行业、各系统,小至单位、部门、班组。它是国家法律、法令、政策的具体化,是人们行动的准则和依据,因此,规章制度对社会经济、科学技术、文化教育事业的发展,对社会公共秩序的维护,有着十分重要的作用。

规章制度就发布方式而言比较多样,除作为文件存在之外,还可以张贴和悬挂在某一岗位和某项工作的现场,以便随时提醒人们遵守,同时便于大家互相监督。

一篇规章制度一般包括以下几部分:

(一)标题

规章制度的标题主要有两种构成形式:一种是由适用对象和文种构成,如《保密制度》、《档案管理制度》;另一种是由单位名称、适用对象、文种构成,如《××大学校产管理制度》、《××市工业局廉政制度》。

(二)正文

规章制度的正文有多种写法,主要可以概括为三种情况:

1.引言、条文、结语式

先写一段引言,主要用来阐述制定制度的根据、目的、意义、适用范围等,然后将有关规定一一分条列出,最后再写一段结语,强调执行中的注意事项。

2.通篇条文式

将全部内容都列入条文,包括开头部分的根据、目的、意义,主体部分的种种规定,结尾部分的执行要求等,逐条表达,形式整齐。

3.多层条文式

这种写法适用于内容复杂、篇幅较长的制度,特点是将全文分为多层序码,篇下分项、项下分条、条下分款。如某省制定的《档案管理制度》,用"一、二、三……"来表示大项,用"(一)、(二)、(三)……"来表示大项下的条,用"1,2,3,……"来表示条下的款。

(三)制发单位和日期

如有必要,可在标题下方正中加括号注明制发单位名称和日期,其位置也可以在正文之下,相当于公文落款的地方。

规章制度的写作要求是：

1.注意体式的规范性

规章制度在一定范围具有法定效力，因此在体式上较其他事务文书，更具有规范性。其用语简洁、平易、严密，在格式上，不论是章条式还是条款式，本质上都是采用逐章逐条的写法，条款层次由大到小依次可分为七级：编、章、节、条、款、目、项。一般以章、条、款三层组成最为常见。

2.注重内容的严密性

规章制度需要人们遵守其特定范围的事项，因此其内容必须有预见性、科学性，就其整体，必须通盘考虑，使其内容具有严密性，否则无法遵守或执行。

写作练习

同学们准备写课堂规则，议定了一些内容，还没有形成规范的格式，有些语句要略作修改。请根据这些材料，写一则课堂守则。

材料：

上课要准备好书、笔和笔记本。用热情和饱满的态度准备上课。课堂上要关闭手机，更不能在上课时间发短信。课堂上不看课外读物。回答问题要先举手，征得老师同意再起立回答。同学之间禁止在课堂上交头接耳。有听不懂的地方或看不清的板书，要有礼貌地向任课老师提出建议。有问题与老师共同探讨，把老师看做自己的朋友和伙伴。

口语交际八　交　谈

表达指导

交谈，是表达思想及情感的重要工具，是人际交往的主要手段。可以说，在各种各样的礼仪形式中，交谈礼仪占据主要地位。所以，强化语言方面的修养，学习、掌握并运用好交谈的礼仪，是至关重要的。

交谈是一门艺术，而且是一门古老的艺术。"一人之辩，重于九鼎之宝；三寸之舌，强于百万雄兵"。在人类发展史上，交谈作为一种社会现象，是和人类劳动、生活、交际活动一起发展起来的。交谈的艺术性体现在：尽管人人都会，效果却大不一样，所谓"酒逢知己千杯少，话不投机半句多"正说明了交谈的优劣直接决定着交谈的效果。与人进行一次成功的谈话，不仅能获得知识、信息的收益，而且感情上也会得到很多补偿，会感到是一种莫大的享受；而参与一场枯燥无味、死气沉沉的谈话，除了是时间上的浪费，精神上也备受折磨。所以，学会交谈非常重要。

交谈时，要尽量注意以下问题：

一、把握交谈的原则

1. 真诚质朴

真诚的语言最易在交谈之初敲开紧闭的心灵大门,瓦解不信任的防线,架起友谊的桥梁。交谈首先要发自内心、不加矫饰、自然朴实,真诚质朴的话语自有动人之处,最能打动对方。

2. 谦逊有礼

礼貌是文明交谈的前提。无论是有声的口语,还是无声的体态语,都要表现出敬意、友善、大方、得体的气度和风范。一要养成经常使用礼貌用语的习惯,多用"请"、"谢谢"、"对不起"、"不用客气"、"请您指教";二要学会认真倾听。富兰克林说过:"与人交谈取得成功的重要秘诀就是多听,永远也不要不懂装懂。"交谈时要神情专注,让对方感到被尊重和信任。

3. 平等待人

交谈的双方可能身份地位不同,但不论在何人面前,交谈的态度应该是坦然平等的。面对达官贵人、名流权威不能唯唯诺诺、手足无措、畏首畏尾,面对地位比自己低的人,也不应该趾高气扬、盛气凌人。

4. 含蓄谨慎

古人说要"敏于事而慎于言",这是经验之谈,意思是说做事要敏捷,说话要谨慎。讲话之前,应对自己要讲的话稍加思索,想好了可以说,还没有想清楚的就不要说,切不可冒冒失失胡乱议论,甚至不知所云。讲话之前不假思索,讲话必然言不及义,文不对题,会给人以一种浅薄之感。还要注意不同国家、不同地区的风俗习惯,尽可能回避可能会使对方产生不快的话题。

礼貌、真诚、平等、含蓄是交谈文明的基本原则,遵循这些原则,才能使交谈充满和谐、融洽的气氛,易于交谈顺利进行。

二、掌握交谈的技巧

1. 善于提出并控制话题

善于提出话题,是使交谈顺利进行并取得良好效果的保证。提出话题要根据动机、对象、内容、环境的不同而采用不同的形式。

一种方式是开门见山。交谈一开始,就直截了当地从正面提出要询问的问题、探讨的重点,很快进入实质性的对话。采用这种方式,必须与对方有良好的相互信任的关系,或者会话内容是对方愿意谈的。

另一种是迂回入题。开始暂时避开正题,先谈一些对方感兴趣的事情,边谈边分析对方的反应和心理,适时巧妙地引出正题。如某药品公司生产研发了一种兽药,但由于价格比同类其他产品每箱高出30元,所以销售起来很困难,对方不肯接受他们这样的价位。于是,药品公司的销售人员决定采用迂回的策略,从一头牛患病,兽医师采用其他公司的药需要多少用量开始谈起,慢慢了解到,经过折算,采用新产品其实只比同类品贵3角钱,而效果却要好得多。于是,销售代表说出了如下的一番话:"如果您用我们的产品,医治好每头牛仅多花3角钱;而且如果生病的是一只羊的话,那只需多花5分钱就可以了。您看,价格差不多,但是我们产品的效果却是其他同类产品无法相比的。如果您用我们的产品,那么您就能快速地医治好牛羊的病,这样,人们不但会认为您的医术高明,而且慢慢地来找您给牛羊看病的人也会越来越多。"兽医觉得言之有理,于是决定先买3箱。在这个案例中,销售代表迂回入题,攻心有术,将兽药关注的焦点从昂贵的价格转移到其他方面,从而赢得了胜出的机会。如果销售代表直接报出比其他产品每箱高30元的价格,那么兽医一听就会望而却步,连协商交谈的余地都不会给销售代表留下。

交谈过程中,双方往往按照自己感兴趣的话题来谈,或者不经意中由一个话题转到另一个话题,这就要求交谈者善于控制话题。控制话题可以直接提醒,阻止对方继续说下去,把谈话拉回到中心话题上,但是方法要因人而异,因情而异。可以重申话题,寻找适当的时机,重申交谈的主旨;可以适时引导,适时发表自己的看法,把交谈的重心引导到中心话题上来。

2.善于观察,及时调整交谈的内容和方式

交谈过程中,要通过观察对方的眼神、表情、姿态以及身体各部位的细微动作,了解对方的心情,及时调整交谈的内容和方式。《人到中年》的作者谌容访美,到某大学演讲,对于热心的学生提出的许多问题,她都给予了直率的答复。突然,有人问:"听说你至今还不是中共党员,请问你对中国共产党的私人感情如何?"面对对方的刁难,谌容没有正面回答,而是巧妙地把话题转移到自己与老共产党丈夫的"私人"感情上。她说:"您的情报很准确,我确实还不是中国共产党党员。但是我的丈夫是个老共产党员,而我同他共同生活了几十年而毫无离婚的迹象,那么您说我同中国共产党的'私人'感情有多深?"

3.善于根据对象、场合使用恰当得体的用语

交谈既要吸引对方,又要适应对方,这就要求交谈时不仅要注重内容,还要根据对象、场合,使用恰当得体的用语。用语得体包括准确、规范、简洁、文雅、生动、幽默等,同时还表现在恰当使用称呼语、敬语、谦语和委婉语上。社会上的人有民族、地区、性别、年龄、经历、职业、文化程度等差异,有性格、兴趣、修养等方面的不同,交谈双方有长幼尊卑、亲疏远近等各种关系,还有不同的说话场合和气氛,因此,交谈要想取得良好的效果,就要根据具体情况,使用恰当用语,说得体的话。

交谈作为一种双方传输语言信息的交际活动,总是受到各种因素的制约,具有发生的随机性、时间的不确定性、主客体的互变性等特点,因此,交谈的方式、方法是灵活多样的,只有在平时的交谈中加强训练,才能提高自己交谈会话的水平。

一、车站寒暄

甲:你像是苏州人?

乙:是啊。你是怎么知道的?

甲:听你的口音呗,苏州一带的人发音很有特点,喏,只有z、c、s,没有zh、ch、sh。

乙:看来你对苏州话很熟,特点抓得挺准。

甲:我曾在苏州呆过十多年,咱们还算是半个老乡。

乙:可不是!幸会!幸会!

简评

这是车站候车时,两位萍水相逢的乘客寒暄的一个片段。甲很懂得交谈的艺术,他从观察(听)中发现了与对方的"地域相似"因素,便以此入手,拉上了"半个老乡"的关系,两人一下子亲近起来。如果想继续交谈下去,一切就变得顺理成章了。

二、陈毅夜访齐仰之

一九四九年冬的一天深夜。

化学家齐仰之的家。

〔在急促的电话铃声中启幕。

〔电话铃声继续响着,但齐仰之充耳不闻,一边翻书,一边在做试验。电话铃声停止,齐仰之望着电话得胜似地笑了笑。可是过了一会儿电话铃又响了起来。齐仰之大皱眉头,拿起话筒。

齐仰之 (极不耐烦地)谁?……你不知道我在工作吗?……知道!知道干吗还来打扰我?朋友!工作的时候只有化合、分解、元素、分子量是我的朋友!……好,你说吧!……不,我早就声明过,政治是与我绝缘的,我也绝不会溶解在政治里。……我是个化学家,我干吗要去参加政府召开的会议?……不去!不去!……什么?陈市长亲自下的请帖?哪个陈市长?……他是何许人?不认识!……对,不认识!……不论谁,就是孙中山的请帖我也不去!……对你算客气的了!要不是老朋友,我早就把电话挂了!……不不不,你别来,你来了也没有用!最近半年我要写书,谁来我也不接待!……好了,闲谈不得超过三分钟,时间到了!(不由分说地将电话挂上,然后又坐下继续工作)

少顷,陈毅上,按门上的电铃。

齐仰之 (烦躁地)谁?

陈毅 我!

齐仰之 (走过去开门)你找谁?

陈毅 请问,这是齐仰之先生的府上吗?

齐仰之 你是谁?

陈毅 姓陈名毅。

齐仰之 (打量陈毅)陈毅?不认识,恕不接待!(乓的一声将大门关上,匆匆回到桌边,又开始埋头工作)

陈毅 (一惊)吃了个闭门羹!(想再敲门,又止住,思索)这可咋个办?真是

个怪人！（转身欲走，又停了下来）我就不相信，偌大一个上海我都进得来，这小小一扇门我就进不去。（再次按门上的电铃）

〔齐仰之只是将头偏了偏。

〔陈毅索性将手指一直按在电铃的揿钮上，铃声持久不息。

〔齐仰之欲发作，气冲冲去开门。

齐仰之　又是你！

陈　毅　对头！

齐仰之　你究竟是干什么的？

陈　毅　要问我是干什么的，我倒是干大事的。鄙人是上海市的父母官，本市的市长。

齐仰之　（一惊）什么？你就是电话里说的那个陈市长？

陈　毅　正是在下。

齐仰之　那……半夜三更来找我有何贵干？

陈　毅　无事不登三宝殿嘛。

齐仰之　可是我……我在工作。

陈　毅　我专程来拜访齐先生，也是为了工作。

齐仰之　（为难地）好吧。不过，我只有三分钟的空闲。

陈　毅　三分钟？

齐仰之　对。

陈　毅　可以，绝不多加打扰。

齐仰之　请。

〔齐仰之请陈毅进屋。

陈　毅　（打量房间）齐先生就住这里？

齐仰之　对，好多年了。

陈　毅　我倒想起了刘禹锡的《陋室铭》："山不在高，有仙则名；水不在深，有龙则灵。斯是陋室，惟吾德馨。"

齐仰之　（高兴地）不不，过奖了，过奖了！

陈　毅　不过刘禹锡的陋室是"苔痕上阶绿，草色入帘青"，齐先生的这间陋室嘛，则是"苔痕上墙绿，草色室中青"。

齐仰之　（笑）陈市长真是善于笑谈。

陈　毅　（看到墙上贴的条幅，念）"闲谈不得超过三分钟"。

齐仰之　（看表）有何见教，请说吧。

陈　毅　（也看表）真的只许三分钟？

齐仰之　从不例外。

陈　毅　可我做报告，一讲就是几个钟头。

齐仰之　（看表）还有两分半钟了。

〔齐仰之请陈毅坐下。

陈毅　好好好。这次我趋访贵宅,一是向齐先生问候,二是为了谈谈本市长对齐先生的一点不成熟的看法。

齐仰之　哦?敬听高论。

陈毅　我以为,齐先生虽是海内闻名的化学专家,可是对有一门化学齐先生也许一窍不通。

齐仰之　什么?我齐仰之研究化学四十余年,虽然生性驽钝,建树不多,但举凡化学,不才总还略有所知。

陈毅　不,齐先生对有门化学确实无知。

齐仰之　(不悦)那我倒要请教,敢问是哪门化学?是否无机化学?

陈毅　不是。

齐仰之　有机化学?

陈毅　非也。

齐仰之　医药化学?

陈毅　亦不是。

齐仰之　生物化学?

陈毅　更不是。

齐仰之　这就怪了,那我的无知究竟何在?

陈毅　齐先生想知道?

齐仰之　极盼赐教!

陈毅　(看表)哎呀呀,三分钟已到,改日再来奉告。

齐仰之　话没说完,怎好就走?

陈毅　闲谈不得超过三分钟嘛。

齐仰之　这……可以延长片刻。

陈毅　说来话长,片刻之间,难以尽意,还是改日再来,改日再来。

〔陈毅站起,假意要走,齐仰之连忙拦住。

齐仰之　不不不,那就请陈市长尽情尽意言之,不受三分钟之限。

陈毅　要不得,要不得,齐先生是从不破例的。

齐仰之　今日可以破此一例。

陈毅　可以破此一例?

齐仰之　学者以无知为最大耻辱,我一定要问个明白。请!

〔齐仰之又请陈毅坐下。

……

简评

这是话剧《陈毅市长》中的一个片段,可谓是成功交谈的一个范本。这一段交谈可以分为三个阶段。第一阶段是"强行"入门,态度诚恳、执著,并适时亮出"市长"身份,但也只得到"三分钟"的许诺。第二阶段是"寒暄"入情,陈毅此时没有直奔主题,而是通过吟诵《陋室铭》,抓住知识分子清高脱俗、孤芳自赏的心理,使齐仰之"笑"了,从而缓和了气氛,为进入正式话题创造了条件。第三步是"设疑"激将,在被请"坐下"之后,陈毅仍不进入正题,再次抓住齐仰之孤傲严谨、有疑必究的心理,说齐仰之"对有一门化学"一窍不通,从而由被动变主动,打破了"三分钟"戒律,水到渠成进入正题。从这一交谈的过程中,我们充分领略到陈毅精彩的交际艺术。他善于抓住时机,针对对手的心理、个性采取适当的步骤,使交谈得以按照自己的意愿顺利进行。

口语练习

一、根据下面的情境进行交谈训练。

　　雨薇的妈妈原本是个典型的贤妻良母,可最近两个月,不知为什么却迷上了打麻将,常常玩到深夜才回家,而且一输钱就发脾气,闹得家里鸡犬不宁。雨薇还有四个月就要参加中考,为此,雨薇的爸爸偷偷找妻子谈了好几次,结果不但没奏效,两人的关系还越来越僵。雨薇为此决定以女儿的身份和妈妈交谈一次,她要为自己找回那个温柔、慈爱的妈妈。

请两位同学分别模拟妈妈和雨薇,并进行交谈,目的是让妈妈改掉没日没夜打麻将的坏习惯。

二、"五四"前夕,某中专学校工民建专业的同学准备举办一场名为"五月的鲜花"的歌咏比赛,打算借用学校的小礼堂。试以歌咏比赛组织者的身份与礼堂管理员进行协商交谈。交谈的内容要涉及使用时间、参加人数、灯光音响、室内卫生等。

语文实践活动八　同学交心活动

一、活动主题

当前,学生源于学习、生活的心理压力普遍较大。面对家长、教师喋喋不休的灌输和说教,学生常常是不置一词、消极应付,甚至是抵触敌对,教育的实效自然无从谈起。那么,能否将教育由被动转化为主动,采用生动活泼的方式接近学生,淡化说教呢?同学交心活动在这方面可能正好起到补偿作用,让学生就遇到的困难、困扰自主交心,互动发展,在愉悦中学习生活。

二、活动目的和要求

同学交心活动主要在于沟通思想,交流看法,增进团结,形成共识,共同提高,为营造和谐氛围奠定良好的基础。

活动的要求是：

1. 交心要坦诚相见，既认真负责地说出自己的想法，指出别人的不足，又要诚恳地听取别人对自己的批评意见，并勇于改正。

2. 交心一定要把重点放在对方身上。

当你尝试和其他人交心时，记住重点永远不在自己——重点永远在你互动对象的兴趣和喜好上。专注对方重视的事物，你就会是他们所见过最有趣的人之一。

3. 交心不能只用言辞。

和人交心并不需要你是天才，或是有如演说大师般的台风。你真正需要的是积极、自信、把重点放在交心对象身上，透过情感、口语、智识和视觉来和人交心。

4. 交心要做到"四要谈"、"五不谈"。

交心还有一定的技巧，即"四要谈"、"五不谈"："四要谈"，即优点、缺点都要谈，思想、学习都要谈，个人、集体都要谈，现实、未来都要谈。"五不谈"，一是溢美之词不谈；二是不着边际的话不谈；三是把握不准的问题不谈；四是过激言辞不谈；五是模棱两可的话不谈。

三、活动内容及步骤

（一）策划筹备

学生在进行交心活动以前，需要进行下列准备活动：

1. 选择合适的交心对象。

2. 交心前从侧面多角度了解交心对象，做到有的放矢、心中有数。弄清交心对象目前的所思所想、所忧所虑：疙瘩如何产生？问题症结何在？

3. 明确交心主题，选择交心时机。

首先主题的确定很重要：主题选准了，交心才有针对性；主题选偏了，则可能隔靴搔痒，甚至把交心引入死胡同。其次，合适的交心时机的选择更关键：打铁要看"火候"，交心要看时机。谈早了，条件不成熟；谈晚了，时过境迁，失去意义。

4. 学习相关的心理学知识，掌握适当的交心技巧。

（二）活动应用

1. 与同桌相互交流心得，谈谈最近这段时间最困扰自己的事。

2. 将学生分成两人为一组的若干个谈心小组，就同学们在学习成长中遇到或关心的热点话题，各自谈谈自己的看法。

第九单元

剧 苑 奇 葩

单元导读

本单元的学习重点是剧本的阅读和欣赏。

剧本是戏剧的一个基本因素,是戏剧艺术创作的基础。它既可供导演和演员表演所用,又可作读者(观众)观剧前后的读本,所以具有独立的文学价值。它是同小说、诗歌、散文并列的一种文学体裁。我们从赏读剧本佳作入手,就能触摸到优秀剧作家的思想脉搏和情感津动。他们把思想情感与戏剧冲突、人物形象及其个性化语言等戏剧要素融为一体,熔铸成有声有色、有血有肉的艺术整体。

"戏剧"与"剧本"是密切关联而又有区别的两个概念。戏剧是一种以演员表演为主体,运用文学、音乐、舞蹈、美术等多种艺术手段塑造人物形象,反映社会生活的综合性的舞台艺术。没有舞台就没有戏剧。因此,戏剧的一个最基本的属性就是它的舞台性。舞台性给戏剧造成了在表现上的种种限制,同时也决定了戏剧的一系列最本质的特征。戏剧表现的创新和舞台新技术的采用,都不能无视戏剧的舞台性及由此而产生的戏剧美学原则。

本单元汇集的五部戏剧作品,无论是我国古代戏剧家的杰作(关汉卿的《窦娥冤》)、现代话剧艺术先驱的代表作(曹禺的《雷雨》),还是世界大师的名作(莎士比亚的《罗密欧与朱丽叶》),都具有这些特征,都能让我们欣赏到戏剧的独特魅力。

本单元还包括应用写作——"海报"和表达指导——"分角色朗读"。

海报是有关部门、单位或个人向公众报道举行文化、娱乐、体育、学术交流等活动的应用文,具有很强的告知性。

分角色朗读是朗读的一种形式,它不仅能集中学生的注意力,还能活跃课堂气氛,激发朗读兴趣。同时,让学生扮演各种不同角色,使他们有一种身临其境之感,从而更好地体会文本中人物的内心感受,在对文本中不同人物的喜怒哀乐的揣摩上,更深刻地理解人物的思想感情,在潜移默化中让学生更深刻地理解课文内容。

在本单元的语文实践活动中,为了加深学生对戏剧的了解,设计了课本剧表演,让同学们在自导自演中掌握戏剧的特点。

四十一　感天动地窦娥冤(节选)

关汉卿[①]

学习提示

著名悲剧《感天动地窦娥冤》是关汉卿的代表作。主要情节是：元代穷苦书生窦天章要进京赶考，因欠下蔡婆的高利贷，被迫将7岁的小女儿窦娥抵给蔡家做童养媳。窦娥成婚两年后，年仅17岁就成了寡妇，与婆婆相依为命。流氓张驴儿父子要霸占婆媳俩为妻，窦娥坚决不从。张驴儿想用毒药害死蔡婆，不料被他的父亲误食而死，于是张驴儿嫁祸于窦娥，并告到官府，窦娥被判死罪。临刑时，窦娥指天发誓，痛斥官府。她发出的三桩誓愿都逐一应验。最后，窦天章做了大官，复审此案，替女儿报了冤仇。

课文节选的第三折，是全剧的高潮，着重描写窦娥被解赴刑场问斩的经过，突出刻画了女主人公窦娥敢于揭露黑暗势力的反叛性格。课文通过窦娥的不幸遭遇，特别是她蒙受的千古奇冤，揭露了当时社会上恶人横行、官吏昏聩和法制黑暗的真实情况；同时，也歌颂了窦娥的反叛精神。

语言通俗精练、情节生动感人。

[①] 关汉卿(1223~1321)，金末元初大都(现北京)人，著名戏曲作家。他一生写了60多本杂剧，流传下来的有10余本。他的剧作收在《元曲选》和《关汉卿戏曲集》等书中。

第三折

（外①扮监斩官上，云）下官②监斩官是也。今日处决犯人，着③做公的④把住巷口，休放往来人闲走。（净⑤扮公人鼓三通、锣三下科⑥。刽子磨旗⑦、提刀，押正旦⑧带枷上）（刽子云）行动些⑨，行动些，监斩官去法场上多时了！（正旦唱）

【正宫⑩】【端正好⑪】 没来由犯王法，不提防遭刑宪⑫，叫声屈动地惊天！顷刻间游魂先赴森罗殿⑬，怎不将天地也生埋怨⑭？

【滚绣球】 有日月朝暮悬，有鬼神掌著生死权，天地也，只合⑮把清浊分辨，可怎生糊突了盗跖、颜渊⑯？为善的受贫穷更命短，造恶的享富贵又寿延⑰。天地也，做得个怕硬欺软，却元来也这般顺水推船。地也，你不分好歹何为地？天也，你错勘⑱贤愚枉做天！哎，只落得两泪涟涟。

（刽子云）快行动些，误了时辰也。（正旦唱）

【倘秀才】 则⑲被这枷纽⑳的我左侧右偏，人拥的我前合后偃㉑，我窦娥向哥哥行㉒有句言。（刽子云）你有甚么话说？（正旦唱）前街里去心怀恨，后街里去死无冤，休推辞路远。（刽子云）你如今到法场上面，有甚么亲眷要见的，可教他过来，见你一面也好。（正旦唱）

---

① 外：角色名，这里是外末的简称，扮演老年男子。
② 下官：做官之人的谦称。
③ 着：叫，吩咐。
④ 做公的：公人，官府里的公差。
⑤ 净：角色名，俗称"花脸"。
⑥ 鼓三通、锣三下科：打鼓三遍，敲锣三下。科，戏曲里称角色的动作为"科"，又称为"介"。
⑦ 磨旗：摇旗。
⑧ 正旦：角色名，扮演女主角。
⑨ 行动些：走快些。
⑩ 正宫：宫调之一。曲子分为许多宫调。宫调用来表示声音的高低。
⑪ 端正好：和下文的"滚绣球"、"倘秀才"、"叨叨令"、"快活三"、"鲍老儿"、"耍孩儿"、"二煞"、"煞尾"都是曲牌名。
⑫ 不提防遭刑宪：没想到遭受刑罚。宪，法令。
⑬ 森罗殿：迷信传说中的"阎罗殿"。
⑭ 怎不将天地也生埋怨：怎么不把天地呀深深埋怨。也，呀。生，甚，深。
⑮ 只合：只应该。
⑯ 可怎生糊突了盗跖(zhí)、颜渊：可是怎么混淆了坏人和好人？跖，传说是春秋末年奴隶起义的首领，过去被诬为"盗贼"。颜渊，孔子弟子，被推崇为"贤人"。盗跖、颜渊，这里泛指坏人和好人。
⑰ 寿延：寿命长。
⑱ 错勘：错误地判断。
⑲ 则：只。
⑳ 纽：拘束。
㉑ 前合后偃：前仆后倒。
㉒ 哥哥行：哥哥那边。哥哥，对一般男子的客气称呼。行，宋元口语里自称或称呼别人的词的后边有时加"行"，如"我行"、"他行"等。这样用"行"，意思相当于"这边"、"那边"或者"这里"、"那里"。

【叨叨令】　可怜我孤身只影无亲眷,则落的①吞声忍气空嗟怨。(刽子云)难道你爷娘家也没的?(正旦云)只有个爹爹,十三年前上朝取应②去了,至今杳无音信。(唱)早已是十年多不睹爹爹面。(刽子云)你适才要我往后街里去,是甚么主意?(正旦唱)怕则怕前街里被我婆婆见。(刽子云)你的性命也顾不得,怕他见怎的?

(正旦云)俺婆婆若见我披枷带锁赴法场餐刀③去呵,(唱)枉将他气杀也么哥④,枉将他气杀也么哥!告哥哥,临危好与人行方便。

(卜儿⑤哭上科,云)天那,兀的⑥不是我媳妇儿!(刽子云)婆子靠后!(正旦云)既是俺婆婆来了,叫他来,待我嘱咐他几句话咱⑦。(刽子云)那婆子,近前来,你媳妇要嘱咐你话哩。(卜儿云)孩儿,痛杀我也!(正旦云)婆婆,那张驴儿把毒药放在羊肚儿汤里,实指望药死了你,要霸占我为妻。不想婆婆让与他老子吃,倒把他老子药死了。我怕连累婆婆,屈招了药死公公,今日赴法场典刑⑧。婆婆,此后遇着冬时年节,月一十五⑨,有瀽⑩不了的浆水饭,瀽半碗儿与我吃;烧不了的纸钱,与窦娥烧一陌儿⑪。则是⑫看你死的孩儿面上!(唱)

【快活三】　念窦娥葫芦提当罪愆⑬,念窦娥身首不完全,念窦娥从前已往干家缘⑭。婆婆也,你只看窦娥少爷无娘面。

【鲍老儿】　念窦娥服侍婆婆这几年,遇时节将碗凉浆奠;你去那受刑法尸骸上烈⑮些纸钱,只当把你亡化的孩儿荐⑯。(卜儿哭科,云)孩儿放心,这个老身都记得。天那,兀的不痛杀我也!(正旦唱)婆婆也,再也不要啼啼哭哭,烦烦恼恼,怨气冲天。这都是我做窦娥的没时没运,不明不暗⑰,负屈衔冤。(刽子做喝科,云)兀那⑱婆子靠后,时辰到了也。(正旦跪科)(刽子开枷科)(正旦

---

① 落的:即落得,落到。
② 上朝取应:到京城去应考。
③ 餐刀:吃刀,挨刀。
④ 也么哥:元曲中句尾助词,无实在意义。
⑤ 卜儿:角色名,扮演老妇人。
⑥ 兀的:"这"的意思,带有惊讶的语气。
⑦ 咱:元曲中常用于句尾,类似"也"字。
⑧ 典刑:这里是受死刑的意思。
⑨ 冬时年节,月一十五:冬至和过年,初一和十五。
⑩ 瀽:泼,倒。
⑪ 一陌儿:钱一百文。陌,这里通"百"。
⑫ 则是:只当是。
⑬ 念窦娥葫芦提当罪愆:可怜我窦娥糊里糊涂承担罪名。葫芦提,当时的口语,糊涂的意思。愆,罪过。
⑭ 干家缘:操劳家务。
⑮ 烈:烧。
⑯ 荐:祭。
⑰ 不明不暗:糊里糊涂。
⑱ 兀那:那。兀,发声词,无意义。

云)窦娥告监斩大人,有一事肯依窦娥,便死而无怨。(监斩官云)你有甚么事?你说。(正旦云)要一领净席,等我窦娥站立;又要丈二白练,挂在旗枪①上:若是我窦娥委实冤枉,刀过处头落,一腔热血休半点儿沾在地下,都飞在白练上者②。

(监斩官云)这个就依你,打甚么不紧③。(刽子做取席站科④,又取白练挂旗上科)(正旦唱)

【耍孩儿】 不是我窦娥罚⑤下这等无头愿,委实的冤情不浅;若没些儿灵圣与世人传,也不见得湛湛青天⑥。我不要半星热血红尘洒⑦,都只在八尺旗枪素练悬。等他四下里皆瞧见,这就是咱苌弘⑧化碧,望帝⑨啼鹃。

(刽子云)你还有甚的说话?此时不对监斩大人说,几时说那?(正旦再跪科,云)大人,如今是三伏天道⑩,若窦娥委实冤枉,身死之后,天降三尺瑞雪,遮掩了窦娥尸首。(监斩官云)这等三伏天道,你便有冲天的怨气,也召⑪不得一片雪来,可不胡说!(正旦唱)

【二煞】 你道是暑气暄⑫,不是那下雪天;岂不闻飞霜六月因邹衍⑬?若果有一腔怨气喷如火,定要感的六出冰花⑭滚似绵,免着我尸骸现;要什么素车白马⑮,断送出⑯古陌荒阡!

(正旦再跪科,云)大人,我窦娥死的委实冤枉,从今以后,着这楚州⑰亢旱⑱三年!(监斩官云)打嘴!那有这等说话!(正旦唱)

【一煞】 你道是天公不可期,人心不可怜,不知皇天也肯从人愿。做甚么

---

① 旗枪:旗杆头。
② 者:语气助词。古白话常用"者"字,后来多用"的"字。
③ 打甚么不紧:有什么要紧。
④ 站科:这里指让窦娥站着。
⑤ 罚:这里是发的意思。
⑥ 也不见得湛湛青天:也显不出天理昭彰。湛湛,清明。
⑦ 红尘洒:洒在尘土上。红尘,尘土。
⑧ 苌弘:周朝的贤臣。传说他无罪被杀,三年后,他的血变成碧(青绿色的美玉)。
⑨ 望帝:古代神话中蜀王杜宇的称号。传说他因水灾让位给他的臣子,自己隐居山中,死后灵魂化为杜鹃,啼声非常悲凄。
⑩ 三伏天道:三伏天气。
⑪ 召:呼唤。
⑫ 暄:暖。
⑬ 飞霜六月因邹衍:邹衍,战国时人。相传他对燕惠王很忠心,燕惠王却听信谗言把他囚禁。他入狱时仰天大哭,正当夏天,竟然下起霜来。后来常用"六月飞霜"来比拟冤狱。
⑭ 六出冰花:指雪花。雪的结晶一般为六角形,所以说"六出"。
⑮ 素车白马:指送葬的车马。
⑯ 断送出:送往。
⑰ 楚州:窦娥的家乡。下文的山阳县(现江苏淮安)是当时楚州的首县。
⑱ 亢旱:大旱。亢,极。

三年不见甘霖降?也只为东海曾经孝妇冤①,如今轮到你山阳县。这都是官吏每②无心正法,使百姓有口难言!

(刽子做磨旗科,云)怎么这一会儿天色阴了也?(内做风科,刽子云)好冷风也!(正旦唱)

【煞尾】 浮云为我阴,悲风为我旋,三桩儿誓愿明题遍。(做哭科,云)婆婆也,直等待雪飞六月,亢旱三年呵,(唱)那其间才把你个屈死的冤魂这窦娥显!

(刽子做开刀,正旦倒科)(监斩官惊云)呀,真个下雪了,有这等异事!(刽子云)我也道平日杀人,满地都是鲜血,这个窦娥的血都飞在那丈二白练上,并无半点落地,委实奇怪。(监斩官云)这死罪必有冤枉。早两桩儿应验了,不知亢旱三年的说话,准也不准?且看后来如何。左右,也不必等待雪晴,便与我抬他尸首,还了那蔡婆婆去罢。(众应科,抬尸下)

思考与练习

一、窦娥的反抗精神在哪些情节中表现得最充分?

二、在赴刑场的路上,窦娥为什么要求刽子手绕道而行?这表现出窦娥什么样的性格?这一性格特点对表现窦娥的反抗精神起了什么作用?

三、元曲中有不少当时的白话。古白话与现代汉语有些不同。下面各句中都有古白话词语,请加以解释。

1.怎不将天地也生埋怨?

2.可怎生糊突了盗跖、颜渊?

3.我窦娥向哥哥行有句言。

4.则落的吞声忍气空嗟怨。

四、背诵"滚绣球"一段。

---

① 东海曾经孝妇冤:传说汉朝东海有个年轻寡妇,对婆婆很孝顺。后来婆婆自缢身亡,寡妇被诬告为杀害婆婆的人。官吏就杀了她。她死后,东海一带大旱三年。

② 每:这里通"们"。

四十二　三块钱国币(独幕话剧)

丁西林[①]

学习提示

　　此剧情节并不复杂：女佣李嫂无意中打碎了主人吴太太的一个花瓶，被勒令按原价赔三元钱后走人；同院住的大学生杨长雄为之鸣不平，和吴太太发生了争执。但作家偏能把此剧写得谐趣横生，引人入胜，原因是他有高超的喜剧艺术。此剧是从"最重要的部分写起"：隐去女佣打碎花瓶的情节，直接展示吴、杨二人间的争吵——女佣该不该赔花瓶。这就使得矛盾从演出开始就趋于激化，利于剧情的迅速展开。

　　作者写出了冲突之下典型化人物的性格、形象等，活生生地再现出旧社会中小人物的可悲与可怜以及在这种可悲可怜之下隐含的黑色幽默。人物塑造，凸出个性；语言运用，幽默俏皮。

【人物表】

吴太太：抗战时期西南的某一省城的热闹街上所看到、听到、碰到的无数外省人之一。年30以上，擅长口角，说得出，做得出。如果外省人受本省人的欺侮是一条公例，她是一个例外。

杨长雄：抗战期间，跟着学校转移，上千的流离颠沛的大学生之一。年20左右，能言善辩，见义勇为，有年轻人爱管闲事之美德。如果外省人袒护外省人是一条公例，他是一个例外。

成众：休假日杨长雄卧室中进进出出的许多少年朋友之一。年岁与杨相若，言语举动

[①] 丁西林(1893~1974)，剧作家、物理学家、社会活动家。原名丁燮林，字巽甫。其剧作绝大部分都曾被搬上舞台，尤其他的独幕喜剧，堪称喜剧领域中的上乘之作，代表了中国"五四"以来话剧在喜剧创作方面的成果。

常带有自然而不自觉的幽默。如果一个人厌恶女人的啰嗦,喜欢替朋友排难解纷是一条公例,他好像是一个例外。

李嫂:物价飞涨、工资高贵的非常时期中,许多从乡间来省城谋生赚钱的年轻女佣之一。年20以下,毫无职业经验。初出茅庐,虽得其时,而未得其主。如果一个女佣只有赚钱,不会贴钱,只有正当地或不正当地增加财产,不会损失财产是一条公例,她确实是一个例外。

警察:当然是西南某一省城内许多维持治安的警察之一。但在数目的比率上,微有不同,因为在这一个城内,不但警察数目较多,卫队宪兵纠察侦探亦较多,然这与本剧无关,没有说明之必要。如果警察应该尊重权威专门招呼汽车是一条公例,他不是一个例外。

　　时间:1939年抗战期间
　　地点:西南的某一省城
　　布景:一个旧式住宅的四合院子。上面是有廊子的三间正房,是吴太太的住所。右面是两间矮小的厢房,是杨长雄的公寓。左面两间厢房,一为厨房,一为出门的过道。院子里有树有花,也有晒着的被单、女人的内衣和小孩的尿布等。廊子上堆着别无放处的桌子、椅子、茶几、板凳和小孩的车马等。

　　〔开幕时,吴太太在收拾晒干的东西,有的只是折好,有的先需熨平。杨长雄坐在窗外的一个蒲团上看书,晒太阳。

吴太太　（继续开幕以前的口角）穷人,穷人,这个年头,哪一个不穷呃,哪一个不是穷人呃?白米卖到六十块钱一担,猪肉一块五毛钱一斤,三毛钱一棵白菜,一毛钱一盒洋火,从来没有听说过。穷人,穷人,是的,做娘姨的是穷人,做主人的个个是发财的吗？这个年头,只有军阀,只有奸商,没有良心的人,才会发财呀,我们可不是这样的人——这样的三间破房子,一个月要四十块钱的房租。打仗以前,连四块钱都没有人要。简直是硬敲竹杠！这样的事,才是欺负人的事,这样的人,才需要旁人去管教管教……（一面说话,一面已折好几件衣服,说时,目常向杨长雄藐视,他显然是她管教的对象）

　　〔杨长雄想用两手掩耳,则无手拿书。不得已,用一手把对着声浪的一耳掩上。

吴太太　是的,我用的娘姨是一个穷人,我承认,可是我并没有欺负她。这样贵的伙食,她一个人吃三个人的饭,我并没有扣她的工钱呃。（转调）打破了我的东西,不赔！还有旁人帮忙,说不应该赔。我倒要听听这个大道理。

成　众　（正当他的朋友预备讲道理的时候,从右厢房走出,一手提着一张方凳,一首拿着一盒象棋,走到杨长雄的面前,放下凳子)下棋,下棋。

杨长雄　(放下书本,预备下棋。忽然看了吴太太一眼,想逃出对于下棋不利的恶劣环境)拿到里面去下好不好?

成　众　(没有懂得杨的提议的理由)里面很冷,外面有太阳,外面比里面好得多。(刚说完,就看见杨长雄用大拇指向后指指那恶劣环境的产生者,了解了杨长雄的意思)喔!里面和外面一样!(两人摆好棋子,开始下棋)

吴太太　(将已经整理过的几件衣服收进屋去,一会儿走出,手里拿着一只花瓶)奴,看罢,就是同这个一模一样的花瓶。还是五年前我从牯岭避暑回上海的时候在九江买的。她要二十块钱一对,是我还到六块钱买下的。用到现在,没有见打破一点。我因为喜欢它的样子,才特地当宝贝似的带在身边。她把那一只打个粉碎!你说可恨不可恨?现在你就是出十块钱一只,也没地方可以买得到。我要她照原价赔我三块钱,可算是十二分的客气了。(说着,将宝贝玩赏了一回,顺手放在廊上的一张茶几上。继续做她未完的工作)

成　众　老兄,你也应该客气客气啊!怎么连将军你说都不说一声!

吴太太　……现在的三块钱,值什么?抵不到以前的三毛钱,照道理应该照市价赔我才是。不过我既说了只要她赔我三块钱,已经说出的话,我不反悔。可是如果连三块钱都不赔我,那可不行!

成　众　(并非认真的)唉,老杨,我和你赌一个输赢好不好?这盘棋,如果你赢了,我出三块钱,如果我赢了,你出三块钱。赢的钱送给李嫂让她还债,怎么样?

杨长雄　李嫂没有债,我也没有钱。你是阔人,三块钱不在乎,我是一个穷光蛋,我的三块钱用处多得很。(用刚听到的口吻)这个年头,自来水笔,卖到六十块钱一枝,钢笔头两块钱一打,九毛钱一瓶墨水,一毛钱一只信封。从来没有听说过!

吴太太　(得到一个进攻的机会,回头向杨长雄)啊,你知道说穷,你也会说你是一个穷人,那么刚才你说的全是废话!你既知道大家都是穷人,还说什么替穷人想想?你说你是一个穷光蛋,请问现在哪一个不是穷光蛋?

杨长雄　(被迫抗战)吴太太,你还要多讲吗?

吴太太　我为什么不能多讲?难道我连在我自己家里说话的权利都没有了吗?

杨长雄　(放弃了纸上谈兵)好罢,你既要讲,我就再和你讲好了,你刚才要我讲道理,我为省事起见,没有理会。现在我把这个道理就来讲给你听听。我们都是穷人,不错,不过穷人也有穷人的等级。一个用得起娘姨服侍的太太,如果穷的话,是一个高级的穷人;一个服侍太太的娘姨,是一个低级的穷人;像我这样一个扫地抹桌子要自己动手的穷学生,是一个中级的穷人。如果今天是我这样一个中级穷人,打破了像你这样高级穷人的一只花瓶,也许还可以勉强赔得起。现在不幸得很,打破花瓶的是李嫂,她是你雇用的一个娘姨,她是一个低级穷人,她赔不起。三块钱在你不在乎,可以不在乎,在她……

吴太太　你这话不通,什么叫做不在乎?……

杨长雄　不要忙,不要忙。请你让我把话讲完。不在乎,就是说,一桌酒席,一场麻将,一双丝袜,一瓶雪花膏……

吴太太　废话。那是我的钱,我爱怎样花就可以怎样花,旁人管不着。

杨长雄　好,好,好,就算是我说错了,你说对了。就承认这个问题不是在乎不在乎,也不是赔得起赔不起的问题;这正是我要说的话。穷不穷,赔得起,赔不起,讲的是一个情,人情之情。现在我要说的是一个理,事理之理。我们争的是:一个娘姨打破了主人的一件东西,应该不应该赔偿的问题,我的意见是:一个娘姨打破了主人的东西不应当赔,主人不应该要她赔。完了。

吴太太　喔!不应该赔?

杨长雄　不应该。

吴太太　花瓶是不是我的东西?

杨长雄　是的。

吴太太　是不是李嫂打破的?

杨长雄　是的。

吴太太　一个人毁坏了别人的东西,应该不应该赔偿?

杨长雄　应该赔偿。

吴太太　好了,还要说什么?

杨长雄　啊,别忙,别忙,你说的是毁坏了别人的东西,可是你不是别人啊!我问你,李嫂是不是你的佣人?

吴太太　是的。

杨长雄　佣人应该不应该替主人做事?

吴太太　当然。

杨长雄　你的花瓶脏了,你要不要她替你擦擦?

吴太太　要她擦擦,是的,可是我没有叫她打破啊。

杨长雄　当然你没有叫她打破。如果是你叫她打破,那就变成执行主人的命令,替主人打破花瓶,那就只有做得快不快,打得好不好的问题,而没有赔偿的问题了。我现在再请问你:从古到今,瓷窑里烧出来的花瓶,少说,也有几十万几百万。这些花瓶,现在到哪里去了?一个花瓶是不是有打破的可能?

吴太太　有的,谁可以把它打破?

杨长雄　是呀,谁可以把它打破?我请问你。

吴太太　花瓶的主人可以把它打破,该有花瓶的人可以把它打破。

杨长雄　你这就错了,该有花瓶的人,不会把花瓶打破,因为他没有打破的机会。动花瓶的人,擦花瓶的人,才会把它打破。擦花瓶是娘姨的职务,娘姨是代替主人做事。所以娘姨又有打破花瓶的机会,有打破花瓶的权利,而没有赔偿花瓶的义务。好了,还要说什么?

吴太太　胡说八道!

杨长雄　胡说八道?我还有话要说,你要听不要听?

吴太太　我不要听!

杨长雄　你不要听?没有关系!我还是一样的要说。因为你刚才说了半天,你并没有征求我的同意,你说你在你的家里,有你说话的权利,现在我在我的家里,也有我说话的权利。刚才我说的是理,现在我还要说势,"理所当然,势所必至"的势。刚才我听说,你已毫不客气地把李嫂身上都搜过了。一个主人有没有搜查她雇用的娘姨身上的权利,这是一个极严重的法律问题,现在且不去说它,你搜查的结果,你发现了她身上只有三毛钱,对不对?现在你要她赔的不是三毛钱,而是三块钱。这三块钱的巨大赔款你叫她从何而来?所以我劝你……

吴太太　那不用你担心,你等着看好了。

成　众　下棋,下棋。

　　〔杨长雄就此下台,回到象棋的战场,继续未完的棋局,吴太太也继续回到她未完的家事。少停,外面先传进一阵敲门的声音,接着走进一男一女,男的一望而知是一个警察,女的一手提了一个小包袱,从她的可怜神情,也不难猜出,她就是闯了祸的李嫂。

吴太太　啊,警察!你来了,好得很,谢谢你!

警　察　太太!

吴太太　(放下工作,走到来人的近边,指着李嫂,对警察)她是我雇用的一个娘姨,现在我把她回了,她就要走。她今天早上把我的一只花瓶打破了,我的花瓶原来是一对,(说着,从茶几上将另一只花瓶拿来作证)

请你看一看,她打破了的那一只,同这一只一模一样。这一对花瓶,是我亲自在江西买的,江西是全国出最好瓷器的地方,你知道,原价六块钱国币一对,现在要到市上去买,十块钱一只也买不到。现在我要她照原价赔我三块钱国币,她自己也已经答应了赔我。她要我扣除她的工钱,可是她以前的工钱,我已经都给她了。现在我不愿意再用她,因为——因为一对花瓶已经打碎了一只,这剩下的一只,我一时还不想把它打碎。(为谨慎起见,将一时不想打破的花瓶放还到原处)现在我先请问你,她打破了我的东西,应该不应该赔偿?

警　察　　是啦吗。

吴太太　　好,请你问问她,花瓶是不是她打破的?是不是她答应了愿意赔我?

警　察　　(认为用不着问)是啦吗。

吴太太　　请你问一问,她是不是答应了赔我三块钱?

警　察　　(向李嫂)你懂吗?你打碎了主人家的花瓶,太太要你赔她,赔三块钱国币,你听懂了没有?

　　　　　(李嫂低头无言)

吴太太　　好了。我已经看过她的包袱和她身上,她只有三毛钱。现在请你等一等,(向杨长雄看了一眼,走进正房。一会,提了一个小包袱走出向警察)这是她的铺盖。这条巷子的对面,就是一家当铺,我请你带着她把这个铺盖拿到那家当铺去押三块钱交给我。

杨长雄　　(从蒲团上跳起来)什么?你要押她的铺盖!

吴太太　　是的。

杨长雄　　(走到吴太太的面前大有抢夺铺盖之势)岂有此理!你把她的铺盖押了,你叫她睡什么?

吴太太　　这是她的铺盖,不是你的铺盖,与你无关!(转向警察)警察,请你过来,我指给你看那一家当铺在哪里。(向门走去)

杨长雄　　(走去拦住去路)不行!

吴太太　　什么叫不行?这是不是你的东西?打破的是不是你的花瓶?我的事要你来管!——先生,请走开,让我走路!

成　众　　(走去把杨长雄拉开)下棋,下棋,下棋,下棋,下棋。

　　　　　〔吴太太、警察、李嫂同走出,杨长雄回到蒲团上,气得说不出话来。

成　众　　(燃着一支香烟,也回到原来的位置,静默了一会)这盘棋大概是没有希望下完了罢?(无意的一人代表两方,进行未完的棋局)

杨长雄　　(转过身来)唉,气人不气人?这样的蛮家伙,见过没有?捶她一顿,出出气,赞成不赞成?

成　众　（似乎经过了一番考虑）和一个女人打架？不大妙，可是我赞成给她一个教训。

杨长雄　这样的女人，除了拳头的教训，没有别的办法，我想给她几拳，打一个痛快再说。（站了起来，好像真想预备动手的样子）

成　众　（知道这不过只是说说，所以也就随便应应）不甚赞成。（又走了几着棋）
　　　　〔杨长雄在院子里走来走去，成众一人著棋。一会，吴太太从大门走进，面有余怒，进来后，即走进正屋。不久，警察走进，一手提了李嫂的铺盖，一手拿了三张纸币。

警　察　太太！

吴太太　（从屋内走出，看见纸币，同时也看见了铺盖）怎么了？

警　察　这里是三块钱国币，交给你。（呈上手中的纸币）

吴太太　（收下应得的赔款）铺盖怎么了？

警　察　是啦吗，当铺的少奶奶，给了三块钱，听说太太是外省人，她不要李嫂的铺盖。

吴太太　（不甚中听，赶紧将警察向大门引去）对不住的很，对不住的很，谢谢你，谢谢你。（引着警察一同走出）

杨长雄　（向成众）你说丢人罢？……这样的一个无耻的泼妇！

吴太太　（走进，不幸的听到了对她的批评，向杨长雄）什么？你讲什么？你骂人是不是？（向成众）成先生，你听见的，他破口骂人……

成　众　对不起，我在下棋，没有留心到我四周围的环境。

吴太太　（再转向杨长雄一逼）你以为我没有听见是不是？无耻，我请问你什么叫无耻？（得不到答复）无耻，是的，旁人的事，不用他管，他来多事，才是无耻。一个在背后骂人的人，才是无耻。……
　　　　〔杨长雄仍旧无言，一忍。

吴太太　（再逼）一个大学生，以为了不得，自己说话不通，还想来教训旁人，自己以为是受过高等教育，开口骂人！泼妇，请问什么叫做泼妇！哪一个是泼妇？讲啊！
　　　　〔杨长雄欲言而止者再，再忍。

吴太太　（三逼，转到杨长雄的面前）你没的说了是不是？刚才你很会说话，怎么现在连屁也不放了？你骂了人你不承认。你骂了人你不敢承认，这才是无耻。是的，无耻！下流！混蛋！
　　　　〔杨长雄面白手颤，忍无可忍，忽然看到了茶几上放着的花瓶，急忙地走去，抱在手中，走到吴太太的面前，双手将花瓶拼命地往地上一掷，花瓶粉碎。

吴太太　（血管暴涨,双手撑腰）你这怎么说!

杨长雄　（理缺词穷,闭紧了嘴唇,握紧了拳头,没得说。忽然灵犀一点,恢复了面色,伸手从衣袋中摸出了三张纸币,送上）三块钱——国币!

吴太太　（事出意外,一时想不出适合环境的言辞。抢了纸币,握在手里,捏成纸团,鼓着眼,看着对方）

成　众　（危险暴风波渡过,得到了这一场恶斗的结论）和棋。

〔收拾棋子。

幕下

思考与练习

一、剧中写的是一件生活小事。说说作者是怎样通过生活的侧面描绘,反映当时的社会面貌的。

二、剧本以李嫂打碎花瓶事件为中心,主仆矛盾是主要矛盾,而剧中主要当事人——李嫂竟连一句台词也没有。试分析剧本的情节结构,指出剧本对矛盾冲突是怎样处理的,这样处理有什么好处。

三、以吴太太、杨长雄、成众三个人物为例,说说剧本是怎样体现人物语言个性化特点的。

四十三　雷　雨(节选)①

曹　禺②

学习提示

　　《雷雨》是一出杰出的现实主义悲剧,是20世纪30年代的优秀话剧之一,在中国戏剧史上有着深远的影响。

　　课文节选的是全剧的第二幕,这部分一共有两场戏。主要出场人物有周朴园、鲁侍萍、鲁大海和周萍。前一场写的是周朴园与侍萍的矛盾冲突:先写他们的不期而遇,通过叙谈交代了故事的原委;后写他们各自的处境,并进行了激烈的思想交锋;后一场戏主要写周朴园与鲁大海的矛盾冲突,揭露了周朴园作为资本家对罢工工人的血腥镇压,并透露出他从前发财起家的罪恶勾当。

　　剧本巧于安排戏剧冲突,结构缜密,语言个性化。阅读时要反复咀嚼、仔细体会。

---

① 四幕话剧《雷雨》写于1933年,次年,在《文学季刊》第三期上正式发表。剧本通过一个封建大家庭的罪恶和工人与资本家之间的矛盾,反映了正在酝酿着一场大变动的20年代中国社会现实。与课文有关的情节是:某煤矿公司董事长周朴园,三十年前为了和一个门当户对的小姐结婚,把遭受其凌辱并生了两个孩子的侍萍,在大年三十晚上,从家里赶了出去。大儿子被留下来,这就是周府大少爷周萍;二儿子(就是后来的鲁大海)才生下三天,病得奄奄一息,周朴园狠心让侍萍抱走了。侍萍走投无路,痛不欲生,跳河自杀,幸而遇救,从此流落他乡。后来,侍萍带着儿子嫁给了鲁贵,又生了女儿四凤。侍萍后来在济南某校当女佣,四凤做了周公馆的侍女,鲁大海也在周朴园的矿上当了工人。一天,侍萍从济南回来探望女儿,被太太繁漪带到了周公馆,才发现女儿的主人就是周朴园。这时候,鲁大海代表罢工工人也到周家找周朴园谈判。课文就是从这里开始的。

② 曹禺(1910~1996),湖北潜江人,原名万家宝,字小石,杰出的戏剧家,著有《雷雨》、《日出》、《原野》、《北京人》等著名作品。

［仆人下。朴园点着一枝吕宋烟①,看见桌上的雨衣。

朴　(向鲁妈)这是太太找出来的雨衣吗?

鲁　(看着他)大概是的。

朴　(拿起看看)不对,不对,这都是新的。我要我的旧雨衣,你回头跟太太说。

鲁　嗯。

朴　(看她不走)你不知道这间房子底下人不准随便进来么?

鲁　(看着他)不知道,老爷。

朴　你是新来的下人?

鲁　不是的,我找我的女儿来的。

朴　你的女儿?

鲁　四凤是我的女儿。

朴　那你走错屋子了。

鲁　哦。——老爷没有事了?

朴　(指窗)窗户谁叫打开的?

鲁　哦。(很自然地走到窗户前关上窗户,慢慢地走向中门。)

朴　(看她关好窗门,忽然觉得她很奇怪)你站一站,(鲁妈停)你——你贵姓?

鲁　我姓鲁。

朴　姓鲁。你的口音不像北方人。

鲁　对了,我不是,我是江苏的。

朴　你好像有点无锡口音。

鲁　我自小就在无锡长大的。

朴　(沉思)无锡?嗯,无锡(忽而)你在无锡是什么时候?

鲁　光绪二十年,离现在有三十多年了。

朴　哦,三十年前你在无锡?

鲁　是的,三十多年前呢,那时候我记得我们还没有用洋火呢。

朴　(沉思)三十多年前,是的,很远啦,我想想,我大概是二十多岁的时候。那时候我还在无锡呢。

鲁　老爷是那个地方的人?

朴　嗯,(沉吟)无锡是个好地方。

鲁　哦,好地方。

朴　你三十年前在无锡么?

鲁　是,老爷。

---

①　吕宋烟:雪茄烟,因产自菲律宾吕宋岛而得名,质量好。

朴　三十年前，在无锡有一件很出名的事情——

鲁　哦。

朴　你知道么？

鲁　也许记得，不知道老爷说的是哪一件？

朴　哦，很远的，提起来大家都忘了。

鲁　说不定，也许记得的。

朴　我问过许多那个时候到过无锡的人，我想打听打听。可是那个时候在无锡的人，到现在不是老了就是死了，活着的多半是不知道的，或者忘了。

鲁　如若老爷想打听的话，无论什么事，无锡那边我还有认识的人，虽然许久不通音信，托他们打听点事情总还可以的。

朴　我派人到无锡打听过。——不过也许凑巧你会知道。三十年前在无锡有一家姓梅的。

鲁　姓梅的？

朴　梅家的一个年轻小姐，很贤慧，也很规矩，有一天夜里，忽然地投水死了，后来，后来，——你知道么？

鲁　不敢说。

朴　哦。

鲁　我倒认识一个年轻的姑娘姓梅的。

朴　哦？你说说看。

鲁　可是她不是小姐，她也不贤慧，并且听说是不大规矩的。

朴　也许，也许你弄错了，不过你不妨说说看。

鲁　这个梅姑娘倒是有一天晚上跳的河，可是不是一个，她手里抱着一个刚生下三天的男孩。听人说她生前是不规矩的。

朴　（苦痛）哦！

鲁　这是个下等人，不很守本分的。听说她跟那时周公馆的少爷有点不清白，生了两个儿子。生了第二个，才过三天，忽然周少爷不要了她，大孩子就放在周公馆，刚生的孩子抱在怀里，在年三十夜里投河死的。

朴　（汗涔涔①地）哦。

鲁　她不是小姐，她是无锡周公馆梅妈的女儿，她叫侍萍。

朴　（抬起头来）你姓什么？

鲁　我姓鲁，老爷。

朴　（喘出一口气，沉思地）侍萍，侍萍，对了。这个女孩子的尸首，说是有一个

---

① 涔涔：形容汗水不断地往下流。

穷人见着埋了。你可以打听得到她的坟在哪儿么？

鲁　老爷问这些闲事干什么？

朴　这个人跟我们有点亲戚。

鲁　亲戚？

朴　嗯，——我们想把她的坟墓修一修。

鲁　哦——那用不着了。

朴　怎么？

鲁　这个人现在还活着。

朴　（惊愕）什么？

鲁　她没有死。

朴　她还在？不会吧？我看见她河边上的衣服，里面有她的绝命书。

鲁　不过她被一个慈善的人救活了。

朴　哦，救活啦？

鲁　以后无锡的人是没见着她，以为她那夜晚死了。

朴　那么，她呢？

鲁　一个人在外乡活着。

朴　那个小孩呢？

鲁　也活着。

朴　（忽然立起）你是谁？

鲁　我是这儿四凤的妈，老爷。

朴　哦。

鲁　她现在老了，嫁给一个下等人，又生了个女孩，境况很不好。

朴　你知道她现在在哪儿？

鲁　我前几天还见着她！

朴　什么？她就在这儿？此地？

鲁　嗯，就在此地。

朴　哦！

鲁　老爷，你想见一见她么？

朴　不，不，谢谢你。

鲁　她的命很苦。离开了周家，周家少爷就娶了一位有钱有门第的小姐。她一个单身人，无亲无故，带着一个孩子在外乡什么事都做，讨饭，缝衣服，当老妈，在学校里伺候人。

朴　她为什么不再找到周家？

鲁　大概她是不愿意吧。为着她自己的孩子，她嫁过两次。

朴　以后她又嫁过两次？

鲁　嗯，都是很下等的人。她遇人都很不如意，老爷想帮一帮她么？

朴　好，你先下去。让我想一想。

鲁　老爷，没有事了？（望着朴园，眼泪要涌出）老爷，您那雨衣，我怎么说？

朴　你去告诉四凤，叫她把我樟木箱子里那件旧雨衣拿出来，顺便把那箱子里的几件旧衬衣也捡出来。

鲁　旧衬衣？

朴　你告诉她在我那顶老的箱子里，纺绸的衬衣，没有领子的。

鲁　老爷那种纺绸衬衣不是一共有五件？您要哪一件？

朴　要哪一件？

鲁　不是有一件，在右袖襟上有个烧破的窟窿，后来用丝线绣成一朵梅花补上的？还有一件，——

朴　（惊愕）梅花？

鲁　还有一件绸衬衣，左袖襟也绣着一朵梅花，旁边还绣着一个萍字。还有一件，——

朴　（徐徐立起）哦，你，你，你是——

鲁　我是从前伺候过老爷的下人。

朴　哦，侍萍！（低声）怎么，是你？

鲁　你自然想不到，侍萍的相貌有一天也会老得连你都不认识了。

朴　你——侍萍？（不觉地望望柜上的相片，又望鲁妈。）

鲁　朴园，你找侍萍么？侍萍在这儿。

朴　（忽然严厉地）你来干什么？

鲁　不是我要来的。

朴　谁指使你来的？

鲁　（悲愤）命！不公平的命指使我来的。

朴　（冷冷地）三十年的工夫你还是找到这儿来了。

鲁　（愤怨）我没有找你，我没有找你，我以为你早死了。我今天没想到这儿来，这是天要我在这儿又碰见你。

朴　你可以冷静点。现在你我都是有子女的人，如果你觉得心里有委屈，这么大年纪，我们先可以不必哭哭啼啼的。

鲁　哭？哼，我的眼泪早哭干了，我没有委屈，我有的是恨，是悔，是三十年一天一天我自己受的苦。你大概已经忘了你做的事了！三十年前，年三十的晚上我生下你的第二个儿子才三天，你为了要赶紧娶那位有钱有门第的小姐，你们逼着我冒着大雪出去，要我离开你们周家的门。

朴　从前的恩怨,过了几十年,又何必再提呢?

鲁　那是因为周大少爷一帆风顺,现在也是社会上的好人物。可是自从我被你们家赶出来以后,我没有死成,我把我的母亲可给气死了,我亲生的两个孩子你们家里逼着我留在你们家里。

朴　你的第二个孩子你不是已经抱走了么?

鲁　那是你们老太太看着孩子快死了,才叫我抱走的。(自语)哦,天哪,我觉得我像在做梦。

朴　我看过去的事不必再提起来吧。

鲁　我要提,我要提,我闷了三十年了!你结了婚,就搬了家,我以为这一辈子也见不着你了;谁知道我自己的孩子偏偏命定要跑到周家来,又做我从前在你们家做过的事。

朴　怪不得四凤这样像你。

鲁　我伺候你,我的孩子再伺候你生的少爷们。这是我的报应,我的报应。

朴　你静一静。把脑子放清醒点。你不要以为我的心是死了,你以为一个人做了一件于心不忍的事就会忘了么?你看这些家具都是你从前顶喜欢的东西,多少年我总是留着,为着纪念你。

鲁　(低头)哦。

朴　你的生日——四月十八——每年我总记得。一切都照着你是正式嫁过周家的人看,甚至于你因为生萍儿,受了病,总要关窗户,这些习惯我都保留着,为的是不忘你,弥补我的罪过。

鲁　(叹一口气)现在我们都是上了年纪的人,这些傻话请你不必说了。

朴　那更好了。那么我就可以明明白白地谈一谈。

鲁　不过我觉得没有什么可谈的。

朴　话很多。我看你的性情好像没有大改,——鲁贵像是个很不老实的人。

鲁　你不明白。他永远不会知道的。

朴　那双方面都好。再有,我要问你的,你自己带走的儿子在哪儿?

鲁　他在你的矿上做工。

朴　我问,他现在在哪儿?

鲁　就在门房等着见你呢。

朴　什么?鲁大海?他!我的儿子?

鲁　他的脚趾头因为你的不小心,现在还是少一个的。

朴　(冷笑)这么说,我自己的骨肉在矿上鼓励罢工,反对我!

鲁　他跟你现在完完全全是两样的人。

朴　(沉静)他还是我的儿子。

鲁　你不要以为他还会认你做父亲。

朴　（忽然）好！痛痛快快地！你现在要多少钱吧？

鲁　什么？

朴　留着你养老。

鲁　（苦笑）哼，你还以为我是故意来敲诈你，才来的么？

朴　也好，我们暂且不提这一层。那么，我先说我的意思。你听着，鲁贵我现在要辞退的，四凤也要回家。不过——

鲁　你不要怕，你以为我会用这种关系来敲诈你么？你放心，我不会的。大后天我就会带四凤回到我原来的地方。这是一场梦，这地方我绝对不会再住下去。

朴　好得很，那么一切路费，用费，都归我担负。

鲁　什么？

朴　这于我的心也安一点。

鲁　你？（笑）三十年我一个人都过了，现在我反而要你的钱？

朴　好，好，好，那么你现在要什么？

鲁　（停一停）我，我要点东西。

朴　什么？说吧。

鲁　（泪满眼）我——我只要见见我的萍儿。

朴　你想见他？

鲁　嗯，他在哪儿？

朴　他现在在楼上陪着他的母亲看病。我叫他，他就可以下来见你。不过是——

鲁　不过是什么？

朴　他很大了。

鲁　（追忆）他大概是二十八了吧？我记得他比大海只大一岁。

朴　并且他以为他母亲早就死了的。

鲁　哦，你以为我会哭哭啼啼地叫他认母亲么？我不会那么傻的。我难道不知道这样的母亲只给自己的儿子丢人么？我明白他的地位，他的教育，不容他承认这样的母亲。这些年我也学乖了，我只想看看他，他究竟是我生的孩子。你不要怕，我就是告诉他，白白地增加他的烦恼，他自己也不愿意认我的。

朴　那么，我们就这样解决了。我叫他下来，你看一看他，以后鲁家的人永远不许再到周家来。

鲁　好，希望这一生不至于再见你。

朴　（由衣内取出皮夹的支票签好）很好,这是一张五千块钱的支票,你可以先拿去用。算是弥补我一点罪过。

鲁　（接过支票）谢谢你。（慢慢撕碎支票）

朴　侍萍。

鲁　我这些年的苦不是你那钱就算得清的。

朴　可是你——

　　〔外面争吵声。鲁大海的声音:"放开我,我要进去。"三四个男仆声:"不成,不成,老爷睡觉呢。"门外有男仆等与大海的挣扎声。

朴　（走至中门）来人!（仆人由中门进）谁在吵?

仆人　就是那个工人鲁大海!他不讲理,非见老爷不可。

朴　哦。（沉吟）那你叫他进来吧。等一等,叫人到楼上请大少爷下楼,我有话问他。

仆人　是,老爷。

　　〔仆人由中门下。

朴　（向鲁妈）侍萍,你不要太固执。这一点钱你不收下,将来你会后悔的。

鲁　（望着他,一句话也不说。）

　　〔仆人领着大海进,大海站在左边,三四仆人立一旁。

大　（见鲁妈）妈,您还在这儿?

朴　（打量鲁大海）你叫什么名字?

大　（大笑）董事长,您不要向我摆架子,您难道不知道我是谁么?

朴　你?我只知道你是罢工闹得最凶的工人代表。

大　对了,一点儿也不错,所以才来拜望拜望您。

朴　你有什么事吧?

大　董事长当然知道我是为什么来的。

朴　（摇头）我不知道。

大　我们老远从矿上来,今天我又在您府上大门房里从早上六点钟一直等到现在,我就是要问问董事长,对于我们工人的条件,究竟是允许不允许?

朴　哦,那么——那么,那三个代表呢?

大　我跟你说吧,他们现在正在联络旁的工会呢。

朴　哦,——他们没告诉你旁的事情么?

大　告诉不告诉与你没有关系。——我问你,你的意思,忽而软,忽而硬,究竟是怎么回事?

　　〔周萍由饭厅上,见有人,即想退回。

朴　（看萍）不要走,萍儿!（视鲁妈,鲁妈知萍为其子,眼泪汪汪地望着他。）

萍　是，爸爸。

朴　(指身侧)萍儿，你站在这儿。(向大海)你这么只凭意气是不能交涉事情的。

大　哼，你们的手段，我都明白。你们这样拖延时候不过是想去花钱收买少数不要脸的败类，暂时把我们骗在这儿。

朴　你的见地①也不是没有道理。

大　可是你完全错了。我们这次罢工是有团结的，有组织的。我们代表这次来并不是来求你们。你听清楚，不求你们。你们允许就允许，不允许，我们一直罢工到底，我们知道你们不到两个月整个地就要关门的。

朴　你以为你们那些代表们，那些领袖们都可靠吗？

大　至少比你们只认识洋钱的结合要可靠得多。

朴　那么我给你一件东西看。

　　[朴园在桌上找电报，仆人递给他；此时周冲②偷偷由左书房进，在旁偷听。

朴　(给大海电报)这是昨天从矿上来的电报。

大　(拿过去看)什么？他们又上工了。(放下电报)不会，不会。

朴　矿上的工人已经在昨天早上复工，你当代表的反而不知道么？

大　(惊，怒)怎么矿上警察开枪打死三十个工人就白打了么？(又看电报，忽然笑起来)哼，这是假的。你们自己假作的电报来离间我们的。(笑)哼，你们这种卑鄙无赖的行为！

萍　(忍不住)你是谁？敢在这儿胡说？

朴　萍儿！没有你的话。(低声向大海)你就这样相信你那同来的代表么？

大　你不用多说，我明白你这些话的用意。

朴　好，那我把那复工的合同给你瞧瞧。

大　(笑)你不要骗小孩子，复工的合同没有我们代表的签字是不生效力的。

朴　哦，(向仆)合同！(仆由桌上拿合同递他)你看，这是他们三个人签字的合同。

大　(看合同)什么？(慢慢地，低声)他们三个人签了字。他们怎么会不告诉我就签了字呢？他们就这样把我不理啦？

朴　对了，傻小子，没有经验只会胡喊是不成的。

大　那三个代表呢？

朴　昨天晚上就回去了。

---

① 见地：见解。
② 周冲：周朴园和繁漪的儿子，是一个受过"五四"新思潮影响的、充满着天真幻想的年轻人。

大　（如梦初醒）他们三个就骗了我了,这三个没有骨头的东西,他们就把矿上的工人们卖了。哼,你们这些不要脸的董事长,你们的钱这次又灵了。

萍　（怒）你混账!

朴　不许多说话。（回头向大海）鲁大海,你现在没有资格跟我说话——矿上已经把你开除了。

大　开除了?

冲　爸爸,这是不公平的。

朴　（向冲）你少多嘴,出去!（冲由中门走下）

大　哦,好,好,（切齿）你的手段我早就领教过,只要你能弄钱,你什么都做得出来。你叫警察杀了矿上许多工人,你还——

朴　你胡说!

鲁　（至大海前）别说了,走吧。

大　哼,你的来历我都知道,你从前在哈尔滨包修江桥,故意叫江堤出险——

朴　（低声）下去!

　　［仆人等拉他,说"走!走!"

大　（对仆人）你们这些混账东西,放开我。我要说,你故意淹死了二千二百个小工,每一个小工的性命你扣三百块钱! 姓周的,你发的是绝子绝孙的昧心财! 你现在还——

萍　（忍不住气,走到大海面前,重重地打他两个嘴巴。）你这种混账东西!（大海立刻要还手,但是被周宅的仆人们拉住。）打他。

大　（向萍高声）你,你（正要骂,仆人一起打大海。大海头流血。鲁妈哭喊着护大海。）

朴　（厉声）不要打人!（仆人们停止打大海,仍拉着大海的手。）

大　放开我,你们这一群强盗!

萍　（向仆人）把他拉下去。

鲁　（大哭起来）哦,这真是一群强盗!（走至萍前,抽咽）你是萍……凭,——凭什么打我的儿子?

萍　你是谁?

鲁　我是你的——你打的这个人的妈。

大　妈,别理这东西,您小心吃了他们的亏。

鲁　（呆呆地看着萍的脸,忽而又大哭起来）大海,走吧,我们走吧。（抱着大海受伤的头哭。）

思考与练习

一、课文里的人物语言,不仅符合各自的身份,而且随着剧情的发展和人物思想感情的变化而变化。作者在用词和语气的处理上都各有变化,试以周朴园和侍萍的语言为例,加以说明。

二、剧本主要是通过周朴园、鲁侍萍和鲁大海三个人的对话来展开情节,突出矛盾,刻画人物和表现中心思想的。试分析三个人的对话,总结出三人的性格特点。

三、冲突是戏剧的主要特点。课文中矛盾交叉激烈,构成了强烈的戏剧冲突。归纳起来有下面几对矛盾:

1.周朴园与鲁大海——父与子的矛盾冲突

2.周朴园与鲁侍萍——"夫妻"矛盾冲突

3.鲁大海与周萍——兄弟之间的矛盾冲突

4.鲁侍萍与周萍——母子矛盾冲突

5.资本家与工人之间的阶级冲突

6.资本家的冷酷、虚伪、自私和下层劳动妇女的善良、正直、坚韧两种思想性格的对立冲突

请仔细体会课文中戏剧冲突的设置,欣赏戏剧的魅力。

四、为了话剧演出的需要,剧本中经常有舞台说明文字,如布景的设计、人物的服装、动作、表情和上下场等。请从课文中举出几例来。

五、任选一片段分角色朗读课文。

四十四　昨天今天明天

何庆魁[①]

学习提示

小品最初是一种用来进行表演和导演基础训练的形式,后来逐渐发展成为一种舞台演出或利用电视进行转播的演出形式,成为广大观众喜闻乐见的艺术品种。

小品的特点是小,但它仍应具有戏剧作品主要的因素。它有一个中心的事件,有矛盾冲突,而且一般来说矛盾冲突应该有开始,有发展,有高潮,有结束;同时还要有对于人物性格的刻画。由于小品的篇幅小,演出的时间一般在15分钟左右,所以要求事件比较单纯,主题明确,人物性格鲜明,语言简练、生动、幽默。贴近生活,角度新颖,感染力强,这是小品创作的基本要求。小品反映的小题材、小事件源于基层和老百姓中间,雅俗共赏,题材广泛。

本剧通过一对东北老夫妻接受采访的情节,给我们展示了在虚荣心和现实的碰撞中,在质朴的本质和可爱的狡猾交锋中,人物真实滑稽的一面。让人在笑声中受到启发,得到教益。

（人物：主持人（崔永元饰）、黑土（赵本山饰）、白云（宋丹丹饰））

主持人　各位朋友,春节好。各位现在看到的是我们《实话实说》的春节特别
　　　　节目。这个节目的特别之处呢,就在于请到两位特别的嘉宾。他们

[①] 何庆魁(1948～),1990年正式开始小品和影视剧创作,自1994年至今,已为中央电视台创作10余部作品,其中获得6个一等奖、5个二等奖。代表作品：《卖拐》、《卖车》、《马大帅》等。

是来自东北农村的一对饱经沧桑的农民夫妇,现在就让我们用掌声有请二位嘉宾。

(黑土、白云相互搀扶着上场,[音乐]主持人伸出手,迎上前)

主持人　你好,坐。

(分别和黑土、白云握手)

主持人　春节好。

(主持人握着黑土的手,来到沙发前。)

主持人　请坐啊,大叔。

(黑土、白云站着,不好意思坐)

黑土、白云:哎。

主持人　啊,请坐。大叔大妈啊,(停顿,很奇怪地看着黑土、白云。此时黑土、白云二人很拘束,不知所措,两手都不知道往哪放。)

主持人　啊,稍微有一点紧张。啊,哦大叔大妈,是第一次到电视台的演播室吧?

黑　土　第一次。

白　云　是。

主持人　刚来这个演播室都会有一点紧张。啊,你看有这么多摄像机,这么多观众,一会儿咱们谈着谈着就能放松了。好吗?那咱们先来个自我介绍。

黑　土　咋介绍?

(黑土、白云二人很惊奇地看着主持人)

主持人　按您家里的习惯。

白　云　那我先说了,呵。我叫白云。

黑　土　我叫黑土。

白　云　我71。

黑　土　我75。

白　云　我属鸡。

黑　土　我属虎。

白　云　这是我老公。

黑　土　这是我老母。

(在说话时两人先后站起,最后一句时主持人站了起来。看着黑土、白云二人。黑土说完后,白云很惊奇地看黑土。)

黑　土　呵,我老伴。(傻笑)

白　云　差辈了。

（主持人招呼二人坐下，黑土、白云二人互换着坐下）

主持人　大叔大妈啊，太紧张了，别紧张啊。我跟您说啊，这个谈话节目啊，它有话题，咱一谈这个话题呢，他就不紧张了。

黑　土　哎。

主持人　今天的话题呢，是昨天今天明天。我看咱改改规矩，来，大叔您先说。

黑　土　（表情十分严肃，双手扶住膝盖）昨天在家准备一宿，今天上这儿来了，明天回去，谢谢。

黑　土　很简单。

主持人　不是。

白　云　啊。

主持人　大叔，我不是让您说昨天，我是让您往前说。

白　云　前天，前天俺们俩得到的乡里通知，谢谢。

主持人　大叔大妈啊，我说的这个昨天今天明天啊，它不是昨天今天明天。

黑　土　是后天？

（主持人的表情略显无奈，黑土、白云二人盯着主持人一直看）

主持人　不是后天。

白　云　那是哪一天啊？

主持人　不是哪一天，我说的这个意思就是说咱这个回忆一下过去，再评说一下现在，再展望一下未来。（边说话，边做手势）哎，您听明白了吗？

（黑土恍然大悟，笑，白云看着黑土）

黑　土　那是过去现在和将来。

白　云　那也不是昨天今天和明天。

黑　土　是，你问这有点毛病。

白　云　哎，没有这么问的。

（黑土傻笑，白云也笑，两人对视一笑）

主持人　（无奈）我还弄错了我还。啊，谁先说啊？

黑　土　我说吧。啊，我有准备。

（说话间用右手在上衣兜里取出一本红皮笔记本）

主持人　（很惊讶）啊，准备好了啊。

（黑土翻开笔记本，主持人侧过身去看，在黑土读的时候不断地点头）

黑　土　改革春风吹满地，中国人民真争气，齐心合力跨世纪，一场大水没咋地①。谢谢。

---

① 没咋地：没什么影响。

主持人 （很感兴趣）这是首诗。（说话时面向观众）

（黑土、白云二人大笑）

白　云　该我了。

主持人　啊，大妈也准备了啊？

白　云　是，我站着说。

（白云起身，掏出笔记本，主持人接着起身从沙发后绕到白云左边，白云翻开笔记本，黑土用手拉住白云的绿皮笔记本）

黑　土　挡脸了。（主持人好奇地看着白云）

白　云　改革春风吹进门，中国人民抖精神，海湾那疙瘩①挺闹心，美英合伙欺负人。啊，谢谢。（鞠躬）

黑　土　哎呀，欺负人你谢它干啥玩儿你？

白　云　礼貌呢。

主持人　这什么谈话啊，整个赛诗会这个。哎，大叔大妈啊，今天过春节，过春节的时候就不说那些让人心烦的事，咱说点高兴的事。

黑　土　呵，在家我就告诉她，你这段不行，海湾那事联合国安南都管不了，你操那心干啥玩儿你？

白　云　那你说……

主持人　那大叔说，大好形势。

（黑土拿起笔记本，向前迈出两步）

黑　土　各位领导，同志们……

主持人　要做报告啊？

黑　土　（看着主持人）这么说不行么？

主持人　哎，行，您说吧。

黑　土　（略停顿）大家好，98 98 不得了，粮食大丰收，洪水被赶跑。百姓安居乐业，齐夸党的领导，（说话间，主持人背过手，专心地听）尤其人民军队，更是天下难找。国外比较乱套，成天钩心斗角，今天内阁下台，明天首相退朝。闹完金融危机，又要弹劾②领导。纵观世界风云，风景这边独好！（说完一个大的挥手动作）多谢。（没有注意到刚才往前走了两步，一坐就坐空了，倒在地上，白云拉着黑土，主持人一转身看到了，赶忙上前去扶）

---

① 疙瘩：地方。
② 弹劾：是指由法律或宪法设定的，当享有特别权利（或豁免权）的政府高级官员或者法官等有特定的违法行为时，对其进行刑事追诉的一种程序。

主持人　大叔啊,摔着了吧?哎哟,快起来。摔着了吧?

黑　土　哎,我往前迈了两步,忘了。(白云给黑土掸身上的土,黑土转身看沙发)

白　云　没事,挺成功。(黑土、白云二人相互做 V 字型手势)

黑　土　丢人了。

白　云　没有。

主持人　大叔大妈啊,这个谈话节目呢,它实际上就是说话。就是聊天,就是唠嗑①。就是你们东北坐在炕上唠嗑。所以您在家什么样啊,在这就什么样。别紧张,啊。

黑　土　啊,你这放松这事,你看……

（三人都笑,主持人转头看观众,黑土脱鞋,拿在手上。白云盘起双腿坐在沙发上）

黑　土　不早说,早说早明白。

白　云　把那鞋穿上。

黑　土　他让我放松呢。

白　云　那放松精神,你放松脚干啥?快把鞋穿上。臭的……汗脚你……

黑　土　放松脚不行,是吧?

白　云　不礼貌啊你。

主持人　大叔大妈,我问一句啊(黑土穿好鞋)您就没看过我们这节目吧?

黑　土　看过,你不就是姓崔吗?《实话实说》那个。

主持人　是啊。

白　云　叫崔永元吗?

主持人　对。

白　云　俺们村人可喜欢你了。

主持人　真的?

白　云　那是,俺们村人都夸你呢,说你的节目主持得可好了……

主持人　真这么说的?

白　云　就是人长得坷碜②了点。

（主持人生气又无奈）

黑　土　你咋这样呢?

白　云　说实话吗。

---

① 唠嗑:聊天。
② 坷碜:不好看。

黑　土　瞎说啥实话？对不起,啊,呵呵。她不是那意思,我老伴那意思,啊呀都喜欢你主持的那节目,全村最爱看了。那家伙,说你主持有特点,说你笑像哭似的,(主持人生气又无奈)哎呀,说你哭像笑似的。

主持人　他们村这么夸人呐。

白　云　他们还说你……

主持人　(生气)别说了。啊,停。

白　云　啊,不说了?

主持人　咱还是说您二老吧。我现在呢,我把问题提得细一点,你们是哪年结的婚?

黑　土　我们相约58。

白　云　大约在冬季。

主持人　好不容易不念诗,他又改唱歌了又。那当时谈恋爱的时候是谁追的谁啊?

黑　土　呵呵。

白　云　这事,你说。别说了。(黑土、白云二人不好意思)

主持人　这属于个人隐私。

黑　土　(笑)其实小崔,你应该有这种眼力。呵呵,当时呢我用现在话说,小伙长得比较帅呆了。追的我。

白　云　你咋不实话实说呢?你让大伙看看你那老脸,长得跟鞋拔子似的,我能上赶着追你?

黑　土　真不会审美,你说,这叫鞋拔子脸啊?这是正宗的猪腰子脸。

主持人　还不如鞋拔子呢。

白　云　我年轻的时候,那绝对不是吹,柳叶弯眉,樱桃口,谁见到我都乐意瞅,俺们隔壁的吴老二,看我一眼就浑身发抖。

黑　土　拉倒吧,吴老二脑血栓,见谁都哆嗦。

主持人　大叔,大叔啊,这么说不对。其实大妈现在看上去都很精神的。

白　云　现在不行了,现在是头发也变白了,皱纹也增长了,两颗洁白的门牙,去年也光荣下岗了。

主持人　知道这下岗还用在这儿了。(三人都笑)哎,大叔大妈啊,哎,我一个一个问得了。先问大妈吧。啊。(走到白云的旁边)

白　云　嗯。

主持人　大妈啊,大叔当时他是怎么追的你?

白　云　啊,就是主动和我接近,没事和我唠嗑,不是给我割草,就是给我朗诵诗歌,还总找机会向我暗送秋波①呢。

主持人　暗送秋波呢。

黑　土　哎,瞎说,我记得我给你送过笔,送过桌,还给你家送过一口大黑锅,我啥时给你送秋波了?秋波是啥玩意儿?(看着主持人)

主持人　秋波是指青年男女……

白　云　秋波是啥玩意儿你都不懂?咋这没文化呢?

黑　土　啥啊?(说话间主持人一直看着黑土、白云)

白　云　秋波就是秋天的菠菜。(黑土恍然大悟)

主持人　我今天第一回听说秋波是这么回事。(回去,坐到沙发上)哎,大叔啊,光送菠菜不行,人家谈恋爱的时候都送像样的定情物,你想想有没有?

黑　土　嘿嘿嘿,它这事还有点历史。你说吧这事。

主持人　大妈说。

白　云　俺俩搞对象那前吧,就想送他件毛衣。那前穷,没钱买。赶上我正好给生产队放羊,我发现那羊往下脱羊毛,我就往下薅②羊毛,晚上回家呢,纺成毛线,白天一边织毛衣一边放羊,一边再往下薅羊毛。眼看着剩俩袖了,结果让生产队发现了……

主持人　糟了。

白　云　不但没收了毛衣,还开批斗会批斗我,那以前不是有个罪名叫……

主持人　挖社会主义墙脚。

白　云　他们给我定的罪名就叫"薅社会主义羊毛"。

主持人　这罪过不轻啊。

黑　土　她啊,心眼太实。你说当时放了50只羊,你薅羊毛光给一个薅,整的那羊跟葛优似的,谁看不出来啊?

主持人　我听出来了,这个定情物实际上是没送成。那结婚的时候就得有像样的彩礼,有没有?

白　云　说出来也不怕大伙笑话,他家穷的,啥玩意儿没有。

黑　土　别瞎说,当时还有一样家用电器。

主持人　还有家用电器啊?

黑　土　手电筒嘛。

主持人　哎呀,没有什么像样的定情物,也没有什么像样的彩礼,但是你看大

---

① 秋波:指美女之眼神。
② 薅:撕拽。

叔大妈风风雨雨这么多年啊,过得挺好。我觉得就这个一如既往的劲啊,就值得我们年轻人学习,是我们学习的榜样。(翘起大拇指)

黑　　土　呵呵,别向我们学习。俺俩感情出现过危机。

主持人　啊,以前?

黑　　土　现在。

主持人　怎么回事?

黑　　土　改革开放富起来之后,我们俩盖起了二层小楼。这楼盖完了,屋多了,突然跟我提出要分居。说在一个屋睡,耽误她学外语。完事呢,说感情这个东西呢,是距离产生美,结果我这一上楼,这距离拉开了,美没了。天天吃饭啥的也不正经叫我了,打电话还说外语。哈喽啊,饭已OK了,下来咪系吧。

白　　云　你咋不实话实说呢?我为啥跟你分的居啊?

黑　　土　你心眼小。

白　　云　你一天到晚,瞅都不瞅我一眼,天天搁电视那跟前,等着盼着见倪萍。我不说你拉倒吧。

黑　　土　说的啥啊你?赵忠祥一出来你眼睛不也直吗?

白　　云　赵忠祥咋的?赵忠祥是我的心中偶像。

黑　　土　那倪萍就是我梦中情人。爱咋咋地。

(白云起身就走,主持人去追)

主持人　大叔,您这样不对。

白　　云　不拍了。

主持人　别。

白　　云　当着这么多人呢,你说这玩儿干啥?

主持人　都少说两句,啊。

黑　　土　错了,行不?

白　　云　小崔,这轱辘①掐了,别播啊。

主持人　这轱辘掐了,别播。(招呼二人回到座位)

白　　云　没文化呢。

主持人　行了,二老都这么多年了,就为了看个电视,我觉得不值。

黑　　土　可不是咋的。后来更过了,这家伙把我们家的男女老少所有的议员找来开会,要弹劾我。

主持人　这事闹大了。

---

① 这轱辘:这一段。

黑　土　后来经过全家人的举手表决,一致通过,大家一致认为我,

主持人　您是对的。

黑　土　给人赔礼道歉。

主持人　赔礼道歉这事一定要让大妈讲。

白　云　有一天晚上,咣咣敲我房门,木桩一样杵在门前,非要给我朗诵诗歌:啊,白云,黑土向你道歉,来到你的门前,请你睁开眼,看我多可怜,今天的你我能否重复昨天的故事,我这张旧船票还能否登上你这条破船。

主持人　大叔啊,后来呢?

黑　土　涛声依旧了。

主持人　我们的节目就快结束了,按照惯例,每位嘉宾都用一句话做个总结。

白　云　就剩一句了?

主持人　对,一句。

白　云　发自肺腑的?

主持人　对。

白　云　我十分想见赵忠祥。

黑　土　拉倒吧,不说点正事。丢不丢人?

主持人　那大叔您说。

黑　土　咋不说点正事?啊,来前的火车票,谁给报了?

主持人　啊,感谢现场和电视机前的观众,咱们下期《实话实说》再见。

思考与练习

任意选取一段,分角色朗读,认真体会小品生活化的幽默语言特色。

四十五　罗密欧与朱丽叶(节选)①

莎士比亚②

学习提示

　　《罗密欧与朱丽叶》是根据意大利民间故事改编而成，是一部诗意浓郁的爱情悲剧。自 19 世纪末首场演出以来，一直在世界各国舞台上盛演不衰。剧中男女主人公的名字，几乎成了忠贞爱情的象征。全剧反映了人文主义者对封建压迫的反抗和对爱情的向往与追求，充满了积极向上的乐观主义精神，鼓舞人们追求幸福，向往美好的未来。

　　悲剧发生在中世纪人类历史上最黑暗的年代。爱情犹如伊甸园的禁果，绝不允许青年人采撷。而罗密欧与朱丽叶这两个觉醒青年的代表，豁出生命要把这禁果摘到手，要争取自由、爱情和做人的基本权利。这就是剧本《罗密欧与朱丽叶》现实意义所在。

　　课文节选的是第五幕第三场，也是全剧的最后一场。这一部分凝聚了爱情的深沉和坚贞，男女主人公勇敢面对封建礼教的无畏精神；以及他们的死，对两大家族所产生的巨大的冲击力；还有在男女主人公对白中，所蕴含的浓郁的带有诗意的情话，都深刻展现了全剧作为"乐观主义悲剧"的全部特征。其中劳伦斯长老那段长长的叙述，交代了主人公双双殉情的原因和经过。主人公虽然死了，却换取了两个仇家的和解，从而昭示了腐朽的封建家族的没落和青年一代追求幸福生活理想的胜利。阅读本剧，要在理解剧本主题的基础上，品味作品的语言。

---

　　① 五幕悲剧《罗密欧与朱丽叶》讲述二人于舞会一见钟情后方知对方身份，最后二人为了在一起，朱丽叶先服假毒，醒来发现罗密欧自尽，也相继自尽。因其知名度而常被误称为莎翁四大悲剧之一。本剧曾被多次改编成歌剧、舞剧、电影、动画等。

　　② 莎士比亚(1564～1616)，英国文艺复兴时期伟大的戏剧家、诗人。代表作有四大悲剧：《哈姆雷特》、《奥赛罗》、《李尔王》、《麦克白》。著名喜剧：《仲夏夜之梦》、《威尼斯商人》、《第十二夜》、《皆大欢喜》。历史剧：《亨利四世》、《亨利五世》、《查理二世》等。马克思称他和古希腊的埃斯库罗斯为"人类最伟大的戏剧天才"。

第三场　同前。凯普莱特家坟茔所在的墓地

〔帕里斯及侍童携鲜花火炬上。

帕里斯　孩子,把你的火把给我;走开,站在远远的地方;还是灭了吧,我不愿给人看见。你到那边的紫杉树底下直躺下来,把你的耳朵贴着中空的地面,地下挖了许多墓穴,土是松的,要是有踉跄的脚步走到坟地上来,你准听得见;要是听见有什么声息,便吹一个呼哨通知我。把那些花给我。照我的话去做,走吧。

侍　　童　(旁白)我简直不敢独自一个人站在这墓地上,可是我要硬着头皮试一下。(退后)

帕里斯　这些鲜花替你铺盖新床;
　　　　惨啊,一朵娇红①永萎沙尘!
　　　　我要用沉痛的热泪淋浪,
　　　　和着香水浇溉你的芳坟;
　　　　夜夜到你墓前散花哀泣,
　　　　这一段相思啊永无消歇!(侍童吹口哨)
　　　　这孩子在警告我有人来了。哪一个该死的家伙在这晚上到这儿来打扰我在爱人墓前的凭吊?什么!还拿着火把来吗?——让我躲在一旁看看他的动静。(退后)

〔罗密欧及鲍尔萨泽持火炬锹锄等上。

罗密欧　把那锄头跟铁钳给我。且慢,拿着这封信;等天一亮,你就把它送给我的父亲。把火把给我。听好我的吩咐,无论你听见什么瞧见什么,都只好远远地站着不许动,免得妨碍我的事情;要是动一动,我就要你的命。我所以要跑到这个坟墓里去,一部分的原因是要探望探望我的爱人,可是主要的理由却是要从她的手指上取下一个宝贵的指环,因为我有一个很重要的用途。所以你赶快给我走开吧;要是你不相信我的话,胆敢回来窥伺我的行动,那么,我可以对天发誓,我要把你的骨骸一节一节扯下来,让这饥饿的墓地上散满了你的肢体。我现在的心境非常狂野,比饿虎或是咆哮的怒海都要凶猛无情,你可不要惹我性起。

鲍尔萨泽　少爷,我走就是了,绝不来打扰您。

罗密欧　这才像个朋友。这些钱你拿去,愿你一生幸福。再会,好朋友。

---

① 娇红:借指朱丽叶。

鲍尔萨泽　（旁白）虽然这么说,我还是要躲在附近的地方看着他;他的脸色使我害怕,我不知道他究竟打算做出什么事来。(退后)

罗密欧　你无情的泥土,吞噬了世上最可爱的人儿,我要擘开你的馋吻,(将墓门掘开)索性让你再吃一个饱!

帕里斯　这就是那个已经放逐出去的骄横的蒙太古①,他杀死了我爱人的表兄,据说她就是因为伤心他的惨死而夭亡的。现在这家伙又要来盗尸发墓了,待我去抓住他。(上前)万恶的蒙太古!停止你的罪恶的工作,难道你杀了他们还不够,还要在死人身上发泄你的仇恨吗?该死的凶徒,赶快束手就捕,跟我见官去!

罗密欧　我果然该死,所以才到这儿来。年轻人,不要激怒一个不顾死活的人,快快离开我走吧;想想这些死了的人,你也该胆寒了。年轻人,请你不要激起我的怒气,使我再犯一次罪;啊,走吧!我可以对天发誓,我爱你远过于爱我自己,因为我来此的目的,就是要跟自己作对。别留在这儿,走吧;好好留着你的活命,以后也可以对人家说,是一个疯子发了慈悲,叫你逃走的。

帕里斯　我不听你这种鬼话;你是一个罪犯,我要逮捕你。

罗密欧　你一定要激怒我吗?那么好,来,朋友!(二人格斗)

侍　童　哎哟,主啊!他们打起来了,我去叫巡逻的人来!(下)

帕里斯　(倒下)啊,我死了!——你倘有几分仁慈,打开墓门来,把我放在朱丽叶的身旁吧!(死)

罗密欧　好,我愿意成全你的志愿。让我瞧瞧他的脸;啊,茂丘西奥的亲戚,尊贵的帕里斯伯爵!当我们一路上骑马而来的时候,我的仆人曾经对我说过几句话,那时我因为心绪烦乱,没有听得进去;他说些什么?好像他告诉我说帕里斯本来预备娶朱丽叶为妻;他不是这样说吗?还是我做过这样的梦?或者还是我神经错乱,听见他说起朱丽叶的名字,所以发生了这一种幻想?啊!把你的手给我,你我都是登录在噩运的黑册上的人,我要把你葬在一个胜利的坟墓里;一个坟墓吗?啊,不!被杀害的少年,这是一个灯塔,因为朱丽叶睡在这里,她的美貌使这一个墓窟变成一座充满着光明的欢宴的华堂。死了的人,躺在那儿吧,一个死了的人把你安葬了。(将帕里斯放入墓中)人们临死的时候,往往反会觉得心中愉快,旁观的人便说这是死前的一种回光返照;啊!这也就是我的回光返照吗?啊,我的爱人!我的妻子!

---

①　蒙太古:这是用父姓称呼罗密欧。他因杀死朱丽叶的表兄提伯尔特,曾被遣送出维洛那城。

死虽然已经吸去了你呼吸中的芳蜜,却还没有力量摧残你的美貌;你还没有被他征服,你的嘴唇上、面庞上,依然显着红润的美艳,不曾让灰白的死亡进占。提伯尔特,你也裹着你的血淋淋的殓衾躺在那儿吗?啊!你的青春葬送在你仇人的手里,现在我来替你报仇来了,我要亲手杀死那杀害你的人。原谅我吧,兄弟!啊!亲爱的朱丽叶,你为什么仍然这样美丽?难道那虚无的死亡,那枯瘦可憎的妖魔,也是个多情种子,所以把你藏匿在这幽暗的洞府里做他的情妇吗?为了防止这样的事情,我要永远陪伴着你,再不离开这漫漫长夜的幽宫;我要留在这儿,跟你的侍婢,那些蛆虫们在一起;啊!我要在这儿永久安息下来,从我这厌倦人世的凡躯上挣脱噩运的束缚。眼睛,瞧你的最后一眼吧!手臂,作你最后一次的拥抱吧!嘴唇,啊!你呼吸的门户,用一个合法的吻,跟网罗一切的死亡订立一个永久的契约吧!来,苦味的向导,绝望的领港人,现在赶快把你的厌倦于风涛的船舶向那巉岩①上冲撞过去吧!为了我的爱人,我干了这一杯!(饮药)啊!卖药的人果然没有骗我,药性很快地发作了。我就这样在这一吻中死去。(死)

〔劳伦斯神父持灯笼、锄、锹自墓地另一端上。

劳伦斯　圣芳济保佑我!我这双老脚今天晚上怎么老是在坟堆里绊来跌去的!那边是谁?

鲍尔萨泽　是一个朋友,也是一个跟您熟识的人。

劳伦斯　祝福你!告诉我,我的好朋友,那边是什么火把,向蛆虫和没有眼睛的骷髅浪费着它的光明?照我辨认起来,那火把亮着的地方,似乎是凯普莱特家里的坟茔。

鲍尔萨泽　正是,神父;我的主人,您的好朋友,就在那儿。

劳伦斯　他是谁?

鲍尔萨泽　罗密欧。

劳伦斯　他来多久了?

鲍尔萨泽　足足半点钟。

劳伦斯　陪我到墓穴里去。

鲍尔萨泽　我不敢,神父。我的主人不知道我还没有走;他曾经对我严词恐吓,说要是我留在这儿窥伺他的动静,就要把我杀死。

劳伦斯　那么你留在这儿,让我一个人去吧。恐惧临到我的身上;啊!我怕会

---

① 巉岩:高而险的山岩。巉,形容山势高而险。

　　　　　有什么不幸的祸事发生。
鲍尔萨泽　当我在这株紫杉树底下睡了过去的时候,我梦见我的主人跟另外
　　　　　一个人打架,那个人被我的主人杀了。
劳伦斯　　(趋前)罗密欧!嗳哟!嗳哟,这坟墓的石门上染着些什么血迹?在
　　　　　这安静的地方,怎么横放着这两柄无主的血污的刀剑?(进墓)罗密
　　　　　欧!啊,他的脸色这么惨白!还有谁?什么!帕里斯也躺在这儿,浑
　　　　　身浸在血泊里?啊!多么残酷的时辰,造成了这场凄惨的意外!那
　　　　　小姐醒了。(朱丽叶醒)
朱丽叶　　啊,善心的神父!我的夫君呢?我记得很清楚我应当在什么地方,现
　　　　　在我正在这地方。我的罗密欧呢?(内喧声)
劳伦斯　　我听见有什么声音。小姐,赶快离开这个密布着毒氛腐臭的死亡的
　　　　　巢穴吧;一种我们所不能反抗的力量已经阻挠了我们的计划。来,出
　　　　　去吧。你的丈夫已经在你的怀中死去;帕里斯也死了。来,我可以替
　　　　　你找一处地方出家做尼姑。不要耽误时间盘问我,巡夜的人就要来
　　　　　了。来,好朱丽叶,去吧。(内喧声又起)我不敢再等下去了。
朱丽叶　　去,你去吧!我不愿意走。(劳伦斯下)这是什么?一只杯子,紧紧地
　　　　　握住在我的忠心的爱人的手里。我知道了,一定是毒药结果了他的
　　　　　生命。唉,冤家!你一下喝干了,不留下一滴给我吗?我要吻着你的
　　　　　嘴唇,也许这上面还留着一些毒液,可以让我当作兴奋剂服下而死
　　　　　去。(吻罗密欧)你的嘴唇还是温暖的!
巡丁甲　　(在内)孩子,带路;在哪一个方向?
朱丽叶　　啊,人声吗?那么我必须快一点了结。啊,好刀子!(攫住罗密欧的
　　　　　匕首)这就是你的鞘子;(以匕首自刺)你插了进去,让我死了吧。(扑
　　　　　在罗密欧身上死去)
　　　　　〔巡丁及帕里斯侍童上。
侍　童　　就是这儿,那火把亮着的地方。
巡丁甲　　地上都是血;你们几个人去把墓地四周搜查一下,看见什么人就抓起
　　　　　来。(若干巡丁下)好惨!伯爵被人杀了躺在这儿,朱丽叶胸口流着
　　　　　血,身上还是热热的,好像死得不久,虽然她已经葬在这里两天了。
　　　　　去,报告亲王,通知凯普莱特家里,再去把蒙太古家里的人也叫醒了,
　　　　　剩下的人到各处搜搜。(若干巡丁续下)我们看见这些惨事发生在这
　　　　　个地方,可是在没有得到人证以前,却无法明了这些惨事的真相。
　　　　　〔若干巡丁率鲍尔萨泽上。
巡丁乙　　这是罗密欧的仆人;我们看见他躲在墓地里。

巡丁甲　把他好生看押起来,等亲王来审问。
　　　　〔若干巡丁率劳伦斯神父上。
巡丁丙　我们看见这个教士从墓地旁边跑出来,神色慌张,一边叹气一边流泪,他手里还拿着锄头铁锹,都给我们拿下来了。
巡丁甲　他有很重大的嫌疑;把这教士也看押起来。
　　　　〔亲王及侍从上。
亲　王　什么祸事在这样早的时候发生,打断了我的清晨的安睡?
　　　　〔凯普莱特、凯普莱特夫人及余人等上。
凯普莱特　外边这样乱叫乱喊,是怎么一回事?
凯普莱特夫人　街上的人们有的喊着罗密欧,有的喊着朱丽叶,有的喊着帕里斯;大家沸沸扬扬地向我们家里的坟上奔去。
亲　王　这么许多人为什么发出这样惊人的叫喊?
巡丁甲　王爷,帕里斯伯爵被人杀死了躺在这儿;罗密欧也死了;已经死了两天的朱丽叶,身上还热着,又被人重新杀死了。
亲　王　用心搜寻,把这场万恶的杀人命案的真相调查出来。
巡丁甲　这儿有一个教士,还有一个被杀的罗密欧的仆人,他们都拿着掘墓的器具。
凯普莱特　天啊!——啊,妻子!瞧我们的女儿流着这么多的血!这把刀弄错了地方了!瞧,它的空鞘子还在蒙太古家小子的背上,它却插进了我的女儿的胸前!
凯普莱特夫人　嗳哟!这些死的惨象就像惊心动魄的钟声,警告我这风烛残年,快要不久于人世了。
　　　　〔蒙太古及余人等上。
亲　王　来,蒙太古,你起来虽然很早,可是你的儿子倒下得更早。
蒙太古　唉!殿下,我的妻子因为悲伤小儿的远逐,已经在昨天晚上去世了;还有什么祸事要来跟我这老头子作对呢?
亲　王　瞧吧,你就可以看见。
蒙太古　啊,你这不孝的东西!你怎么可以抢在你父亲的前面,自己先钻到坟墓里去呢?
亲　王　暂时停止你们的悲恸,让我把这些可疑的事实审问明白,知道了详细的原委以后,再来领导你们放声一哭吧;也许我的悲哀还要远远胜过你们呢!——把嫌疑犯带上来。
劳伦斯　时间和地点都可以作不利于我的证人;在这场悲惨的血案中,我虽然是一个能力最薄弱的人,但却是嫌疑最重的人。我现在站在殿下的面前,一方面要供认我自己的罪过,一方面也要为我自己辩解。

亲　　王　　那么快把你所知道的一切说出来。

劳伦斯　　我要把经过的情形尽量简单地叙述出来,因为我的短促的残生还不及一段冗繁的故事那么长。死了的罗密欧是死了的朱丽叶的丈夫,她是罗密欧的忠心的妻子,他们的婚礼是由我主持的。就在他们秘密结婚的那天,提伯尔特死于非命,这位才做新郎的人也从这城里被放逐出去;朱丽叶是为了他,不是为了提伯尔特,才那样伤心憔悴。你们因为要替她解除烦恼,把她许婚给帕里斯伯爵,还要强迫她嫁给他,她就跑来见我,神色慌张地要我替她想个办法避免这第二次的结婚,否则她要在我的寺院里自杀。所以我就根据我的医药方面的学识,给她一服安眠的药水;它果然发生了我所预期的效力,她一服下去就像死了一样昏沉过去。同时我写信给罗密欧,叫他就在这一个悲惨的晚上到这儿来,帮助把她搬出她寄寓的坟墓,因为药性一到时候便会过去。可是替我带信的约翰神父却因遭到意外,不能脱身,昨天晚上才把我的信依然带了回来。那时我只好按照着预先算定她醒来的时间,一个人前去把她从她家族的墓茔里带出来,预备把她藏匿在我的寺院里,等方便再去叫罗密欧来;不料我在她醒来以前几分钟到这儿来的时候,尊贵的帕里斯和忠诚的罗密欧已经双双惨死了。她一醒过来,我就请她出去,劝她安心忍受这一种出自天意的变故;可是那时我听见了纷纷的人声,吓得逃出了墓穴,她在万分绝望之中不肯跟我去,看样子她是自杀了。这是我所知道的一切,至于他们两人的结婚,那么她的乳母也是与闻的。要是这一场不幸的惨祸,是由我的疏忽所造成,那么我这条老命愿受最严厉的法律的制裁,请您让它提早几点钟牺牲了吧。

亲　　王　　我一向知道你是一个道行高尚的人。罗密欧的仆人呢?他有什么话说?

鲍尔萨泽　　我把朱丽叶的死讯通知了我的主人,因此他从曼多亚急急地赶到这里,到了这座坟堂的前面。这封信他叫我一早送去给我家老爷;当他走进墓穴里的时候,他还恐吓我,说要是我不离开他赶快走开,他就要杀死我。

亲　　王　　把那封信给我,我要看看。叫巡丁来的那个伯爵的侍童呢?喂,你的主人到这地方来做什么?

侍　　童　　他带了花来散在他夫人的坟上,他叫我站得远远的,我就听他的话;不一会儿工夫,来了一个拿着火把的人把坟墓打开了。后来我的主人就拔剑跟他打了起来,我就奔去叫巡丁。

亲　　王　　这封信证实了这个神父的话,讲起他们恋爱的经过和她的去世的消息;他还说他从一个穷苦的卖药人手里买到一种毒药,要把它带到墓穴里来准备和朱丽叶长眠在一起。这两家仇人在哪里？——凯普莱特！蒙太古！瞧你们的仇恨已经受到了多大的惩罚,上天借手于爱情,夺去了你们心爱的人;我为了忽视你们的争执,也已经丧失了一双亲戚,大家都受到惩罚了。

凯普莱特　　啊,蒙太古大哥！把你的手给我;这就是你给我女儿的一份聘礼,我不能再作更大的要求了。

蒙太古　　但是我可以给你更多的;我要用纯金替她铸一座像,只要维洛那一天不改变它的名称,任何塑像都不会比忠贞的朱丽叶那一座更为卓越。

凯普莱特　　罗密欧也要有一座同样富丽的金像卧在他情人的身旁,这两个在我们的仇恨下惨遭牺牲的可怜的人儿！

亲　　王　　清晨带来了凄凉的和解,
　　　　　　太阳也惨得在云中躲闪。
　　　　　　大家先回去发几声感慨,
　　　　　　该恕的、该罚的再听宣判。
　　　　　　古往今来多少离合悲欢,
　　　　　　谁曾见这样的哀怨辛酸！（同下）

思考与练习

一、课文中涉及三个主要人物:罗密欧、朱丽叶、帕里斯。就你喜欢的一个,结合台词,对其思想性格做简单分析。

二、按下面的提示写出莎士比亚的作品:

1. 中期创作的四大悲剧:
2. 著名喜剧:
3. 著名历史剧:

应用写作六　海　报

>> **范例**　　　　　　　海　报

为了进一步调动我校学生学习汉语的兴趣,提高学生运用祖国语言文字的能力,学校特邀请到×××杂志主编×××先生来我校作《你能离得开祖国的语言文字吗?》的学术演讲。

时间:2009年6月5日下午4点10分

地点:校大礼堂

此专题已在5个省(市)的10多所大中学校讲过20多场次。

精彩,生动! 场场爆满! 场场轰动!

××学校
2009年6月3日

简评

这份海报结构完整,有关内容表述清楚,符合要求。正文中的后两节文字虽然不多,却传达出了这个讲座受欢迎的程度,可以促使读者产生应该去听一听的想法,增强宣传的效果。

写作指导

海报是有关部门、单位或个人向公众报道举行文化、娱乐、体育、学术交流等活动的应用文,具有很强的告知性。它与广告有相似之处,但也有显著的区别。广告以影响舆论、扩大销售为目的,多用于经济领域,而海报则是以吸引参与为目的,多用于文化领域。

海报的形式和种类多样,如戏剧海报、电影海报、体育比赛海报、学术报告会海报等。这些海报的写法和样式可以各不相同,但必须将主办单位、活动的内容、时间、地点、是否凭票入场等事项交代清楚。有的海报还可以有适当内容简介,或配上色彩、画面以吸引公众。

一、海报的格式

1.标题

海报的标题写法多样,形式灵活,大体有三种写法。一种是单独由文种构成,在第一行居中写"海报"或"好消息"字样。另一种是直接由活动的内容形成题目,只写"影讯"、"舞讯"、"球讯"等。再一种是采用新闻式标题,把内容最精彩、最引人、最重要的部分用艺术的手法概括,用若干词组表述出来,放在正题之下,如"×××再现风采"、"×××寺旧事重提"、"一元钱存款"等。

2.正文

正文部分因海报的种类不同而写法不同。可以有这样两项内容:

第一,必备内容。明确活动名称种类,如电影、报告、比赛等,简要交代活动具体情况,如比赛的是什么球队,演出的是什么剧种,报告会的内容和报告人,展览的主题和内容等等。

第二,辅助内容。交代举行活动的时间、地点、票价等。时间、地点要写得明白具体,准确清楚,切忌只写大致范围。

3.落款

要求署上主办单位的名称及海报的发文日期。若标题或正文中已经出现过,也可不再重复。

二、写作海报的要求

(1)内容必须真实、具体。写清楚有关活动的内容、规模、时间、地点,有些甚至还要加上注意事项,以免引起误会。

(2)文字要简洁明了,篇幅要短小精悍。

(3)要及时张贴在易为人注意的公共场所。

(4)海报这种文体的特殊形式,决定了海报的整体创意必须在一瞬间给人们强烈的印象,海报的内容要一目了然,这就要求海报既重宣传又重美感。为了加强宣传效果,做到图文并茂,海报的版式可做些艺术性的处理,画些醒目、新颖的图案或图画。如下图。

写作练习

一、以学校的某一活动为载体,设计一份海报。

二、你们班为迎新年,决定举办迎新晚会。请发挥创意,设计一份海报。

口语交际九　分角色朗读

一、分角色朗读定义

朗读,是培养学生将无声的文字符号,由视觉到思维,经过理解加工,转换成有声语言来再现故事情节、描绘景物、塑造人物形象的最常用的教学方法,它与各个教学环节、教学内容相勾连,是语文教学中最基本的训练方式。古人说:"书读百遍,其义自见。"说明朗读能有效地促进学生对课文的理解,能深入体味文章的思想情感。朱自清先生在《论朗读》中强调指出:"读的用处最广大,语文教学中应该重视读。"语文教学大纲对朗读作出明确规定:用普通话正确、流利、有感情地朗读课文。阅读教学的分角色朗读是引导学生进入文本,进入文本描摹的情景,把自己置换成文本中的角色,把文本中人物的语言变成有声语言,通过有声语言再现对话情境,进而表现人物的情感、思想等。分角色朗读可以充分发挥其品味语言艺术、领悟作品内涵的作用。它有利于学生对作品中的人物性格和人物思想感情的把握。运用这一方式的要求更高,读物要适宜,一般剧本和人物对话较多的小说或其他情节性较强的文章较为适合。

分角色朗读是朗读的一种形式,它不仅能集中学生的注意力,还能活跃课堂气氛,激发学生的朗读兴趣。同时,让学生扮演各种不同角色,使他们有一种身临其境之感,从而更好地体会文本中人物的内心感受,在对文本中不同人物的喜怒哀乐的揣摩上,更深刻地理解人物的思想感情,在潜移默化中让学生更深刻地理解课文内容。值得注意的是,分角色朗读的表演要求更高,学生扮演特定角色决定了他们必须摆脱自身社会角色的束缚,走进作品,扮演作品中的人物,把握人物形象,演绎作品。这一训练方式是诸多朗读方式中难度最大的一种。如《雷雨》中主要人物有周朴园、鲁大海、鲁侍萍、周萍等,通过分角色朗读,让学生更深切地体会周朴园的老奸巨猾、冷酷傲慢,鲁大海愤怒痛斥周朴园血淋淋的发家史时的高亢激越、愤恨,鲁侍萍说"你是萍,……凭——凭什么打我的儿子?""我是你的你打的这个人的妈"时的痛苦、愤恨、失望而又无可奈何的心情。

二、分角色朗读的要求和技巧

分角色朗读的基本要求,是能够清楚地表达所朗读的内容,所以必须对所朗读的作品进行深入细致的分析和研究,理解及掌握作者的思想、感情,才能正确地表达作者的意思,把听众带到作者所描绘的境界中去。朗读者对作者的时代背景、生平事迹、思想以及写作动机、意图等,都应该进行深入的了解、领会,对文章的内容愈了解,便愈能运用声音、表情、语调和动作去感染听众。另外,朗读者要唤起听众的感情,使听众与自己同喜同悲同呼吸,必须仔细体味作品,进入角色,进入情境。

要使自己的朗读优美动听,必须使用标准的普通话进行朗读,因为朗读作品一般都是运用现代汉民族共同语(即普通话)写成的,所以,只有用普通话语音朗读,才能更好地更准确地表达作品的思想内容;同时,普通话是汉民族共同语,用普通话朗读,便于不同方言区的人理解、接受。因而,在朗读之前,首先要咬准字音,掌握语流音变等普通话知识。

分角色朗读训练的要求是:第一,读准字音。不漏读、增读、倒读、错读,声音清晰、响亮,读出重音和停顿;第二,把握语调。语调是声音高低抑扬的变化。朗读是一种再创造,只有深入理解课文内容,把握感情脉络,才能控制语调,创造性地表意传情。凡是设问、反问、惊异、欢呼、命令、号召、鼓励和意义未定的语句应读高升调。凡是感叹句、祈使句和表肯定、沉痛、哀悼等语意的句子,要读低降调。一般的陈述句、判断句读平直调。表示喜怒哀乐复杂感情的语句应读弯曲调。第三,研究速度。朗读速度快慢、语气长短应视课文内容、人物性格、词句性质等决定。

分角色朗读时,一方面要深刻透彻地把握作品的内容,另一方面要合理地运用各种艺术手段,准确地表达作品的内在含义。常用的基本表达手段有:停顿、重音、语速、句调。

(一)停顿

停顿指语句或词语之间声音上的间歇。停顿一方面是由于朗读者在朗读时生理上的需要,另一方面是句子结构上的需要,再一方面是为了充分表达思想感情的需要。同时,也可给听者一个领略和思考、理解和接受的余地,帮助听者理解文章含义,加深印象。停顿包括生理停顿、语法停顿、强调停顿。

(二)重音

重音是指朗读、说话时句子里某些词语念得比较重的现象。一般用增加声音的强度来体现。重音有语法重音和强调重音两种。

(三)语速

语速是指说话或朗诵时每个音节的长短及音节之间连接的紧松。说话的速度是由说话人的感情决定的,朗诵的速度则与文章的思想内容相联系。一般说来,热烈、欢快、兴奋、紧张的内容速度快一些,平静、庄重、悲伤、沉重、追忆的内容速度慢一些,而一般的叙述、说明、议论则用中速。

(四)句调

在汉语中,字有字调,句有句调。我们通常称字调为声调,是指音节的高低升降。而句调我们则称为语调,是指语句的高低升降。句调是贯穿整个句干的,只是在句末音节上表现得特别明显。句调根据表示的语气和感情态度的不同,可分为四种:升调、降调、平调、曲调。

(1)升调(↑),前低后高,语势上升。一般用来表示疑问、反问、惊异等语气。

(2)降调(↓),前高后低,语势渐降。一般用于陈述句、感叹句、祈使句,表示肯定、坚决、赞美、祝福等感情。

(3)平调。这种调子语势平稳舒缓,没有明显的升降变化,用于不带特殊感情的陈述和说明,还可表示庄严、悲痛、冷淡等感情。

(4)曲调。全句语调弯曲,或先升后降,或先降后升,往往把句中需要突出的词语拖长着念,这种句调常用来表示讽刺、厌恶、反语、意在言外等语气。

除了以上这些基本的表达手段外,要使朗读有声有色,还得借助一些特殊的表达手段,例如:笑语、颤音、泣诉、重音轻读等。

三、分角色朗读注意事项

对于分角色朗读的运作应做到:

(1)必须对文章进行充分的解读,要引导学生充分领悟人物的语言、体会到人物的情感,这是分角色朗读的基础。

(2)分角色朗读必须要有指导,有练习,有评价,有反复,体现一个前进、发展的过程。

(3)分角色朗读可配合相应的动作、表情,演示情节,学生的兴趣将会更浓。

(4)分角色朗读可以是几个人分别充当文章中的某个角色,也可以将全班分成几个组,每个组充当一个角色,老师也可以参与其中。

借鉴实例

《荷花淀》中水生嫂和丈夫的一段对话,语言描写十分细腻,写出了人物丰富的内心世界:

女人抬头笑着问:"今天怎么回来得这么晚?"站起来要去端饭。

水生坐在台阶上说:"吃过饭了,你不要去拿。"

女人就又坐在席子上。她望着丈夫的脸,她看出他的脸有些红涨,说话也有些气喘。她问:"他们几个呢?"

"……他们几个为什么还不回来?"

水生笑了一下。女人看出他笑得不像平常。"怎么了,你?"

水生小声说:"明天我就到大部队上去了。"

……

水生说:"……会上决定成立一个地区队。我第一个举手报了名的。"

女人低着头说:"你总是很积极的。"

水生说:"我是村里的游击组长,是干部,自然要站在头里,他们几个也报了名……"

简评

对这一段对话的朗读,是一个很值得研讨的案例。这一段的朗读要想达到声情并茂,恰到好处,确实不易。要想读好这一段,首先要揣摩说话人当时的内心活动:当时斗争形势很紧张,丈夫这么晚才回来,水生嫂担心出什么事,所以第一句话就问:"今天怎么回来得这么晚?"看到丈夫脸色神情异常,引起了警觉,"他们几个呢?"对丈夫的回答不满意,又紧追着问:"他们几个为什么还不回来?"看水生笑得不像平常,"怎么了,你?"从这些问话中,可以看出水生嫂细腻的感情活动。水生嫂是一个温柔、体贴而又善良的农村妇女,朗读的时候,要把她对丈夫的担心、关切之情传达出来,语速不能过快,语气不能太重,以免使人感觉在抱怨,但又不能太轻,该重读的地方,如"这么晚""他们几个""还""怎么了"等要适当加重语气,以突出水生嫂的关切之情和疑惑之意。当水生告诉她"会上决定成立一个地区队。我第一个举手报了名"时,女人低着头说:"你总是很积极的。"朗读这句话极容易读成不满、埋怨甚至讽刺的语调。"你总是……"这种口气,本来是表示不满的,参军这么大的事,事前也不跟自己商量一下,心中有些许不满或埋怨情绪是正常的,但水生嫂又是一个深明大义的人,是一个传统的、很贤惠的妇女,她对丈夫是很顺从的,所以"你总是很积极的"这句话,更多的是对丈夫的称赞,满意丈夫"第一个举手报了名"的行动。但反过来也不能对水生嫂作脱离实际的有意拔高,虽说有国才有家,但爱国也爱家,只有对亲人的深情才有对国家的忠诚,这才是水生嫂真实的情感。再者"你总是很积极的"句末用的是句号,而不是感叹号,因此,朗读的时候语调不宜太高,用恰当的语调、语速来传达出人物丰富的内心感受,要读出赞赏的语气。简单一句话,包含丰富、细腻的感情,既有对丈夫的些许埋怨,更是对丈夫的称赞,值得我们仔细揣摩、深入体会。至于水生"小声"说的话,因为没有和妻子商量就报名参军,怕妻子责怪,心里有些忐忑不安,自然语调应略低一点,但他又深知妻子是个深明大义的"开明"人,能够理解自己、支持自己,所以"我是村里的游击组长,是干部,自然要站在头里"等语言,则应读得"理直气壮"些,才能表现出"游击组长"的自信和阳刚之气。

口语练习

一、将下面加点的字读成重音,体会这样读时句子的意思。

1.他吃了一块蛋糕。
2.他吃了一块蛋糕。
3.他吃了一块蛋糕。
4.他吃了一块蛋糕。

二、按照如下情境,用不同的语调读"你来了"。

1.来的是常见面的朋友,当时,你正在做作业。
2.分别已久的老朋友突然来了。
3.来的是你十分讨厌的人。

三、从话剧《雷雨》中任选一节,分角色朗读。注意把握人物性格,带着感情朗读。

第九单元　剧苑奇葩

语文实践活动九　课本剧表演

一、活动主题

超越自我　展示风采

二、活动目的和要求

1.目的：为了激发学生学习语文的兴趣，培养学生的活动能力、组织能力、创造能力、口语表达能力和舞台表演能力，培养学生合作学习、探究学习的精神，加深对教材内容的理解，增加与教材、社会的互动，多方位地汲取文化营养，进而提高学生的综合素质。

2.演出要求：

(1)改编自课本，主题鲜明，故事情节完整。普通话标准，语言流畅、清晰，语气语调符合人物性格。

(2)舞台背景、道具以简练、明快为主，不能过于复杂和铺张，参赛的节目如需要配音或配乐的，要自备卡带或 CD 碟。

(3)服装、道具要求自备。

(4)节目表演时间不超过 30 分钟。

三、活动内容及步骤

以课本为主，既忠实于课本，又可以在原文的基础上有所创新，可以是小话剧、小歌剧、小歌舞剧、小品等，内容要健康向上，演员人数不限。参考篇目：《最后一片常春藤叶》、《三间大学的教授们》等。

第十单元

职业指导

单元导读

在市场经济条件下,竞争十分激烈,要觅得一个自己理想的职业不是一件容易的事。对于这个问题,既不能自卑,也不能好高骛远,要在了解自己、了解职业、了解社会的基础上,恰当定位。要根据自己的特点和社会需求,树立正确的职业理想,并在学习和实践中创造实现职业理想的条件,进行未来的职业生涯设计,创设实现职业理想的阶梯。

本单元五篇文章从不同角度对职业的定位、规划等进行了指导:《职业规划指点》通过实践经历告诉读者要确立务实的职业理想,要有明确的目标;《谈诸葛亮的职业规划》指出了把握机会,正确选择职业的重要性;《老外侃中国——东西方不同的就业观》强调了选择职业的心态要好;《孔子的就业之道》告诫人们要转变就业观念,调整就业心态;《职业指导案例二则》通过具体的事例告诉读者目标的实现要靠坚强的意志和不断地努力。

本单元还包括应用写作——"个人简历"和口语交际——"面试介绍"。

个人简历是毕业生为了找到一份合适的工作,向用人单位介绍自己的才能和专长,以使对方接纳自己的一系列材料。不同企业不同职位有不同的要求,求职者应事先进行必要的分析,有针对性地设计准备个人简历,突出自己的优势,表现自己的个性。语言要简明扼要、准确清楚。言简意赅、令人一目了然的个人简历是最受欢迎的,也是对求职者的工作能力、人文素养最直接的反映。

第十单元 职业指导

　　面试介绍是向别人展示你自己的一种重要手段，介绍好不好，甚至直接关系到你给别人的第一印象的好坏及以后交往的顺利与否。同时，也是认识自我的手段。

　　在本单元的语文实践活动中，设计了"立足职业教育，践行时代青年责任"的社会实践活动，目的是让学生带着自己的专业知识走向社会，认识社会。

四十六　职业规划指点

孙振耀[①]

学习提示

职业理想应该是务实而不是虚幻的,高不可攀、脱离自身条件的目标是没有激励价值的目标。在职业设计过程中,应该从职业需要的角度去衡量自身条件。在了解自身条件的基础上,再去挖掘自己的潜能,确定未来发展的目标。职业理想应该通过一个个具体的阶段目标分步实现,各阶段目标之间的关系是阶梯形的,前一个目标是后一个目标的基础,后一个目标是前一个目标的方向,所有的阶段目标都指向远期目标。阶段目标是实现职业理想的重要保证。

课文中作者通过平实的语言,结合自己丰富的工作实践,娓娓道来,指出要注意工作中阶段目标的确定,要明确自己的真正追求,注意积累,了解"现在的我",明晰"明天的我"。

我有个有趣的观察,外企公司多的是25～35岁的白领,40岁以上的员工很少,二三十岁的外企员工是意气风发的,但外企公司40岁附近的经理人是很尴尬的。我见过的40岁附近的外企经理人大多在一直跳槽,最后大多跳到民企,比方说,唐骏。外企员工的成功很大程度上是公司的成功,并非个人的成功,西门子的确比国美大,但并不代表西门子中国经理比国美的老板强,甚至可以说差得很远。而进外企的人往往并不能很早理解这一点,把自己的成功

[①] 孙振耀,台湾人。任HP公司全球副总裁、HP中国区总裁,全面负责HP公司在中国内地与香港特别行政区的业务和运作,同时担任HP中国区企业计算及专业服务集团的总经理。

90％归功于自己的能力,实际上,外企公司随便换个中国区总经理并不会给业绩带来什么了不起的影响。好了,问题来了,当这些经理人40多岁了,他们的薪资要求变得很高,而他们的才能其实又不是那么出众,作为外企公司的老板,你会怎么选择?有的是只要不高薪水的、要出位的精明强干精力充沛的年轻人,为什么还要用你?

从上面这个例子,其实可以看到我们的工作轨迹,二三十岁的时候,生活的压力还比较小,身体还比较好,上面的父母身体还好,下面又没有孩子,不用还房贷,也没有孩子要上大学,当个外企小白领还是很光鲜的,挣得不多也够花了。

但是人终归要结婚生子,终归会老,到了40岁,父母老了,要看病要吃药,要有人看护,自己要还房贷,要过基本体面的生活,要养小孩……那个时候需要挣多少钱才够花才重要。所以,看待工作,眼光要放远一点,一时的谁高谁低并不能说明什么。

从这个角度上来说,我不太赞成过于关注第一份工作的薪水,更没有必要攀比第一份工作的薪水,这在刚刚出校园的学生中间是很常见的。正常人大概要工作35年,这好比是一场马拉松比赛,和真正的马拉松比赛不同的是,这次比赛没有职业选手,每个人都只有一次机会。要知道,有很多人甚至坚持不到终点,大多数人最后是走到终点的,只有少数人是跑过终点的,因此在刚开始的时候,去抢领先的位置并没有太大的意义。刚进社会的时候如果进500强公司,大概能拿到3000~6000/月的工资,有些特别技术的人才可能可以到8000/月,可问题是,5年以后拿多少?估计5000~10000了不起了。起点虽然高,但增幅有限,而且,后面的年轻人追赶的压力越来越大。

我前两天问我的一个销售,你会的这些东西一个新人2年就都学会了,但新人所要求的薪水却只是你的一半,到时候,你怎么办?

职业生涯就像一场体育比赛,有初赛、复赛、决赛。初赛的时候大家都刚刚进社会,大多数都是实力一般的人,这时候努力一点认真一点很快就能让人脱颖而出,于是有人20多岁做了经理,有的人迟些也终于赢得了初赛,30多岁成了经理。然后是复赛,能参加复赛的都是赢得初赛的,每个人都有些能耐,在聪明才智上都不成问题,这个时候再想要胜出就不那么容易了,单靠一点点努力和认真还不够,要有很强的坚忍精神,要懂得靠团队的力量,要懂得收服人心,要有长远的眼光……

看上去赢得复赛并不容易,但,还不是那么难。因为这个世界的规律就是给人一点成功的同时让人骄傲自满,刚刚赢得初赛的人往往不知道自己赢得的仅仅是初赛,有了一点小小的成绩大多数人都会骄傲自满起来,认为自己已经懂得了全部,不需要再努力再学习了,他们会认为之所以不能再进一步已经不是自己的原因了。虽然他们仍然不好对付,但是他们没有耐性,没有容人的度量,更没有清晰长远的目光。就像一只愤怒的斗牛,虽然猛烈,最终是会败的,而赢得复赛的人则像斗牛士一样,不急不躁,跟随着自己的节拍,慢慢耗尽对手的耐心和体力。赢得了复赛以后,大约已经是一位很了不起的职业经理人了,当上了中小公司的总经理,大公司的副总经理,主管着每年几千万乃至几亿的生意。

最终的决赛来了,说实话我自己都还没有赢得决赛,因此对于决赛的决胜因素也只能凭自己的猜测而已。这个时候的输赢或许就像武侠小说里写的那样,大家都是高手,只能等待对方犯错了,要想轻易击败对手是不可能的,除了使上浑身解数,还需要一点运气和时间。世界的规律依然发挥着作用,赢得复赛的人已经不只是骄傲自满了,他们往往刚愎自用,听不进去别人的话,有些人的脾气变得暴躁,心情变得浮躁,身体变得糟糕,他们最大的敌人就是他们自己,在决赛中要做的只是不被自己击败,等着别人被自己击败。这和体育比赛是一样的,最后高手之间的比赛,就看谁失误少谁就赢得了决赛。

有没有觉得干了一段时间以后工作很不开心?有没有觉得自己入错了行?有没有觉得自己没有得到应有的待遇?有没有觉得工作像一团乱麻每天上班都是一种痛苦?有没有很想换个工作?有没有觉得其实现在的公司并没有当初想象得那么好?有没有觉得这份工作是当初因为生存压力而找的,实在不适合自己?你从工作中得到你想要得到的了么?你每天开心么?

"天涯"①上愤怒的人很多,你有没有想过,你为什么不快乐?你为什么愤怒?

其实,你不快乐的根源,是因为你不知道要什么!你不知道要什么,所以你不知道去追求什么。你不知道追求什么,所以你什么也得不到。

我总觉得,职业生涯首先要关注的是自己,自己想要什么?大多数人大概没想过这个问题,唯一的想法只是——我想要一份工作,我想要一份不错的薪水。我知道所有人对于薪水的渴望,可是,你想每隔几年重来一次找工作的过程么?你想每年都在这种对于工作和薪水的焦急不安中度过么?不想的话,就好好想清楚。饮鸩止渴,不能因为口渴就拼命喝毒药。越是焦急,越是觉得自己需要一份工作,越饥不择食,越想不清楚,越容易失败,你的经历越来越差,下一份工作的人看着你的简历就皱眉头。于是你越喝越渴,越渴越喝,陷

---

① 天涯:网络社区之一,是以论坛、博客为基础交流方式,以人文情感为核心的综合性虚拟社区和大型网络社交平台。

入恶性循环。最终只能哀叹世事不公或者生不逢时,只能到"天涯"上来发泄一把,在失败者的共鸣当中寻求一点心理平衡罢了。大多数人都有生存压力,我也是,有生存压力就会有很多焦虑,积极的人会从焦虑中得到动力,而消极的人则会因为焦虑而迷失方向。所有人都必须在压力下做出选择,这就是世道,你喜欢也罢不喜欢也罢。

一般我们处理的事情分为重要的事情和紧急的事情,如果不做重要的事情就会常常去做紧急的事情。比如锻炼身体保持健康是重要的事情,而看病则是紧急的事情。如果不锻炼身体保持健康,就会常常为了病痛烦恼。又比如防火是重要的事情,而救火是紧急的事情,如果不注意防火,就要常常救火。找工作也是如此,想好自己究竟要什么是重要的事情,找工作是紧急的事情,如果不想好,就会常常要找工作。往往紧急的事情给人的压力比较大,迫使人们去赶紧做,相对来说重要的事情反而没有那么大的压力,大多数人做事情都是以压力为导向的,压力之下,总觉得非要先做紧急的事情,结果就是永远到处救火,永远没有停歇的时候。(很多人的工作也像是救火队一样忙碌痛苦,也是因为工作中没有做好重要的事情。)那些说自己活在水深火热为了生存顾不上那么多的朋友,今天找工作困难是当初你们没有做重要的事情,是结果不是原因。如果今天你们还是因为急于要找一份工作而不去思考,那么或许将来要继续承受痛苦找工作的结果。

我始终觉得我要说的话题,沉重了点,需要很多思考,但是,天下没有轻松的成功,成功,要付代价。请先忘记一切的生存压力,想想这辈子你最想要的是什么。所以,最要紧的事情,先想好自己想要什么。

什么是好工作?当初微软有个唐骏,很多大学里的年轻人觉得这才是他们向往的职业生涯,我在清华bbs里发的帖子被这些学子们所不屑,那个时候学生们只想出国或者去外企,不过如今看来,我还是对的,唐骏去了盛大,陈天桥创立的盛大,一家民营公司。一个高学历的海归在500强的公司里拿高薪水,这大约是很多年轻人的梦想,问题是,每年毕业的大学生都在做这个梦,好的职位却只有500个。

人都是要面子的,也是喜欢攀比的,即使在工作上也喜欢攀比,不管那是不是自己想要的。大家认为外企公司很好,可是好在哪里呢?好吧,他们在比较好的写字楼,这是你想要的么?他们出差住比较好的酒店,这是你想要的么?别人会羡慕一份外企公司的工作,这是你想要的么?那一切都是给别人看的,你干吗要活得那么辛苦给别人看?另一方面,他们薪水福利一般,并没有特别了不起。他们的晋升机会比较少,很难做到很高级的主管。他们虽然厌恶常常加班,却不敢不加班,因为"你不干有的是人干"。大部分情况下会找个台湾人、香港人、新加坡人来管你,而这些人又往往有些莫名其妙的优越感。你想清楚了么?500强一定好么?找工作究竟是考虑你想要什么,还是考虑别人想看什么?

我的大学同学们大多数都到美国了,甚至毕业这么多年了,还有人最近到国外去了。出国真的有那么好么?我的大学同学们,大多数还是在博士、博士后、访问学者地挣扎着,至今只有一个正经在一个美国大学里拿到个正式的教职。国内的教授很难当么?我有几个表亲也去了国外了,他们的父母独自在国内,没有人照顾,有好几次人在家里昏倒都没人知道,出国,真的这么光彩么?

人总想找到那个最好的,可是,什么是最好的?你觉得是最好的那个,是因为你的确了解,还是因为别人说它是最好的?即使它对于别人是最好的,对于你也一定是最好的么?

对于自己想要什么,自己要最清楚,别人的意见并不是那么重要。很多人总是常常被别人的意见所影响,亲戚的意见,朋友的意见,同事的意见……问题是,你究竟是要过谁的一生?人的一生不是父母一生的续集,也不是儿女一生的前传,更不是朋友一生的外篇,只有你自己对自己的一生负责,别人无法也负不起这个责任。自己做的决定,至少到最后,自己没什么可后悔。对于大多数正常智力的人来说,所做的决定没有大的对错,无论怎么样的选择,都是可以尝试的。比如你没有考自己上的那个学校,没有人现在这个行业,这辈子就过不下去了?就会很失败?不见得。

我想,好工作,应该是适合你的工作,具体点说,应该是能给你带来你想要的东西的工作,你或许应该以此来衡量你的工作究竟好不好,而不是拿公司的大小、规模,外企还是国企,是不是有名,是不是上市公司来衡量。小公司,未必不是好公司,赚钱多的工作,也未必是好工作。你还是要先弄清楚你想要什么,如果你不清楚你想要什么,你就永远也不会找到好工作,因为你永远只看到你得不到的东西,你得到的,都是你不想要的。

可能,最好的,已经在你的身边,只是,你还没有学会珍惜。人们总是盯着得不到的东西,而忽视了那些已经得到的东西。

我发现中国人的励志和国外的励志存在非常大的不同,中国的励志比较鼓励人立下大志愿,卧薪尝胆,有朝一日成富成贵。而国外的励志比较鼓励人勇敢面对现实生活,面对普通人的困境,虽然结果也是成富成贵,但起点不一样,相对来说,我觉得后者在操作上更现实,而前者则需要用999个失败者来堆砌一个成功者的故事。

我们都是普通人,普通人的意思就是,概率这件事是很准的。因此,我们不会买彩票中500万,我们不会成为比尔·盖茨或者李嘉诚,我们不会坐飞机掉下来,我们当中很少的人会创业成功,我们之中有30%的人会离婚,我们之中大部分人会活过65岁……

所以请你在想自己想要什么的时候,得"现实"一点,你说我想要做李嘉诚,抱歉,我帮不上你。成为比尔·盖茨或者李嘉诚这种人,是靠命的,看我写的这篇文章绝对不会让你成为他们,即使你成为了他们,也绝对不是我这篇文章的功劳。"王侯将相宁有种乎?"但真正当皇帝的只有一个人,王侯将相,人也不多。目标定得高些对于喜欢挑战的人来说有好处,但对于大多数普通人来说,反而比较容易灰心沮丧,很容易就放弃了。

回过头来说,李嘉诚比你有钱大致50万倍,他比你更快乐么?或许。有没有比你快乐50万倍,一定没有。他比你最多也就快乐一两倍,甚至有可能还不如你快乐。寻找自己想要的东西不是和别人比赛,比谁要得更多更高,比谁的目标更远大。虽然成为李嘉诚这个目标很宏大,但你并不见得会从这个目标以及追求目标的过程当中获得快乐,而且基本上你也做不到。你必须听听你内心的声音,寻找真正能够使你获得快乐的东西,那才是你想要的东西。

你想要的东西,或者我们把它称为目标,目标其实并没有高低之分,你不需要因为自己的目标没有别人远大而不好意思,达到自己的目标其实就是成功,成功有大有小,快乐却是一样的。我们追逐成功,其实追逐的是成功带来的快乐,而非成功本身。职业生涯的道路上,我们常常会被攀比的心态蒙住眼睛,忘记了追求的究竟是什么,忘记了是什么能使我们更快乐。

思考与练习

一、苏东坡说过这样两句话:"天下未有有其志而无其事者,亦未有无其志而有其事者。事因志立,志立则事成。""古之立大事者,不惟有超世之才,亦必有坚忍不拔之志。"结合自己的经历和对未来的设想,谈谈对这两句话的想法。

二、组织一次以"我的职业理想"为主题的班会,具体方案的表现形式可以灵活多样,比如演讲、辩论等,方案的内容应具体、可操作。

四十七 谈诸葛亮的职业规划[①]

童小英

学习提示

职业选择的正确与否,直接关系到人生事业的成功与失败。良好的职业选择是以自己的最佳才能、最优性格、最大兴趣、最有利的环境等信息为依据进行的。找到合适的契合点,要不断根据职位要求积累相应的知识、技能、工作经验,完善个人的综合素质,从而提升个人的职业含金量。善于整合资源的人能够从各种条件中取其精华,找到最有利于自己职业发展的资源,并有效地利用它们,从而为职业的成功做好准备。大多数成功的职业人懂得如何把握职场中稍纵即逝的机会,也懂得如何在生活中不得不接受的变化与职业的选择之间找到一个最佳的契合点,化被动为主动。

课文从诸葛亮的个人职业发展定位、应聘对象选择、应聘准备和应聘实施等方面仔细分析了诸葛亮成功的职业选择,为今天的我们提供了一个很好的历史借鉴。

三国时期,群雄逐鹿,人杰辈出!与绝大多数怀才不遇者的思维定势相反,长期隐居南阳草庐的诸葛亮一出山就投靠了当时最为势单力薄的刘备集团并终生为其奔走效力。在为刘备集团作出杰出贡献的基础上,诸葛亮实现了个人事业的成功——这归根结底取决于诸葛亮近乎圆满的职业选择策划!

首先,诸葛亮的个人职业发展定位非常清晰。诸葛亮自幼胸怀大志,始终

---

① 选自互联网。

以春秋战国时期两位著名的最高参谋管仲、乐毅为个人楷模①,立誓要成为他所处时代杰出的"谋略大师",为光复汉室贡献力量。同时,诸葛亮也非常清楚,他自己长期积累的才干已具备了实现职业目标的可能!

其次,从应聘对象选择上看,诸葛亮也独具慧眼②:曹操已经统一了半个中国,实力雄厚,最有资格挑战全国统治权。孙权只求偏安自保。而势力最为弱小的刘备集团却具备快速成长、与曹操、孙权三足鼎立乃至在此基础上一统天下的可能性。

原因在于:第一,刘备始终坚持光复汉室的理想并在全国赢得了相当一批支持者——这与诸葛亮的个人价值观吻合;第二,刘备品性坚韧顽强,敢于与任何强大的敌人对抗;第三,刘备待人宽厚谦和,团队凝聚力超强;第四,刘备是汉朝皇族后裔,具备名正言顺继承"大统"的资格——以上条件恰恰是刘备增值潜力最大的资源且其他诸侯很难模仿、替代。此外,还有一个非常重要的原因:到赤壁之战前夕,曹操和孙权两大集团都已人才济济③、颇具规模,诸葛亮若去投奔,最多也只能成为一名"中层管理人员"。而刘备集团当时主要由一些武将构成,高级参谋人才奇缺,诸葛亮完全有可能被破格提拔进入最高领导层!

再次,在应聘准备和应聘实施方面,诸葛亮更是做得登峰造极!

在个人推销方面,诸葛亮通过躬耕陇亩④给外界留下踏实肯干的印象。同时,他还自作了一篇《梁父吟》,含蓄地表明心志。之外,诸葛亮在与外人言谈中每每自比管仲、乐毅,一方面宣传了个人的卓越才华,另一方面也表明了他对"和谐双赢"的君臣关系的向往——诸葛亮个人才能和求职意向等重要信息最终通过各种渠道传递到了刘备那里。

在应聘临场发挥方面,诸葛亮在完全私密性的"隆中对"时,通过逻辑严谨的精彩表述充分展现了个人对国内军事、政治形势以及刘备集团未来发展战略的全面深入思考,令刘备对这个27岁的年轻人大为叹服!此后,刘备始终待诸葛亮为上宾,全部重大决策都要与其共同协商探讨,甚至在临终之时还有托孤让位之举。诸葛亮也始终对刘备忠诚一心,鞠躬尽瘁!深厚的君臣情谊是刘备集团后来事业蓬勃发展、最终与曹操、孙权三足鼎立的重要因素并传为千古佳话!

诸葛亮是昔日乱世中的一个孤儿,若非正确的职业选择助力,很可能就淹

---

① 楷模:意为"榜样、模范、法式"。
② 独具慧眼:能看到别人看不到的东西,形容眼光敏锐,见解高超;能作出精细判断的(如在质量方面)。
③ 人才济济:形容有才能的人很多。济济,众多的样子。
④ 躬耕陇亩:亲自耕种。躬,亲自。陇亩,田地。

没在历史的尘埃之中,永不为人所知!但积极进取且颇有心计的诸葛亮通过在职业选择上的完美谋划,彻底改变了自己的命运。

思考与练习

制作一个职业信息档案库,收集和积累未来你可能选择的职业方向的信息。

我的职业信息库

	职业1	职业2	职业3	职业4	职业5
信息来源					
工作内容					
素质要求					
需求数量					
努力方向					

四十八　老外侃中国——东西方不同的就业观[①]

职业的存在是社会分工和社会发展的需要。每一种职业的存在都是必要的,缺少哪一种职业,或者哪一种职业出了问题,都会影响到整个社会的良性循环,都会产生不堪设想的严重后果。对于社会的进步和发展来说,各行各业都具有同等重要的价值,具有同等的地位。事实上,岗位无高低之分,职业无尊卑之别,人把职业分为高低贵贱,不是由职业自身的价值决定的,是由于人对职业的区别的认识不正确,是受古已有之的等级思想的影响。

课文通过东方人和西方人的就业观比较,纠正了一些人的认识误区,其实在西方无论从事什么职业都无高低贵贱之分,强调的是干事业的兴趣和自在愉快。对西方人来说,更看重体现个人特性和自我价值的平和人生。

在中国留学的外国人,几乎都与中国大学生结为一帮一的互助组,你教我汉语一小时,我帮你纠正英语一小时。在中国留学的老外圈子里的"官方语言",是一套自己独特的洋汉语。比如,老外汉语里把互相学习的伙伴称为我的"互相"。留学生间的对话常常是中英合璧,比如"How's it going?""Oh, it's just 'taimafan!'"("你今天怎样?我今天太麻烦了。")留学生与中国"互相"物物交换的同时,西方人也抱怨与"互相"大学生聊天没劲。比如我每次与我的

---

① 选自互联网。

"互相"互相完后,都会跑到校外与我的那帮布衣哥们、姐们扎堆解解闷,与陋巷里的摊贩、个体画家、餐厅服务员、出租车司机什么的侃大山,那才叫过瘾。这些普通草民都是实实在在地生活着,你有机会听到他们掏心窝里的话,与他们唠家常,倾诉过日子的甜酸苦辣,一起笑、一起骂、一起哭,有滋有味。而中国的大学生们常常太一本正经,个个都踌躇满志,期盼成为干番大事业的成功者,都觉得自己是个人物。对于我们西方青年来说,如今对这种人生观早已失去了兴趣,我们更在意"平凡着、生活着"。在中国大学生眼中我是典型的胸无大志者,不想挣大钱、不想出巨著、不想干什么大事业,甚至也不想读高学位。我最在意每天是否过得快活有趣,没想过设计自己的"锦绣前程"。因人生观、价值观、生活观的差异,使我们留学生往往没情绪与中国大学生聊那些如何功成名就的人生话题,对我们来说特 Boring(枯燥)。对比之下,西方青年更热衷去亚洲、非洲、南美等不发达的地区当一名志愿工作者,比如义务医生、教师。有机会帮助需要帮助的人,这种人生特别带劲和有意义,这才体现自己的价值,充满成就感。

一次有位中国朋友考我,他问:"长江里有几条船?"我茫然起来。朋友笑起来说:"只有两条船,一条为'名',一条为'利'。"中国人对会见权贵能抛头露脸荣耀感的重视,留给我颇深的印象。在电视上看到采访一位华人女士,她说老爸见到克林顿夫妇邀请女儿到白宫参加国庆午宴的请柬时,激动得老泪纵横。当然去白宫作客的确是难得的机会,不过与"人民公仆"同进一次午餐,怎至于激动得落泪,西方人多会以平常心对待。

安贫乐道①是否意味着失败

读过中国杂志上一则故事,介绍旅美音乐家谭盾,初赴美时曾为生计所迫在纽约的一间银行门外拉琴卖艺,与他作伴的还有一位黑人乐手。十年后的一天,谭盾路过那间银行时瞧见昔日同伴仍在老地方卖艺。黑人问谭盾如今在哪里卖艺,谭盾说在卡内基(纽约著名音乐厅)拉呢。那黑人便打趣道:"在那能挣着钱吗?"谭盾也幽默地回应:"还行。"这本来是个很有趣的段子,可惜段子随后的说教才煞风景呢,板着面孔告诫读者,谭盾靠自我奋斗在洋人的地界上功成名就,而那黑人因庸庸碌碌十年落得终日在街头卖艺。这种评论令我觉得好笑,且过于"中国特色"。在西方,街头艺术是当地的一道亮丽风景,街头艺术家同样是艺术家,不论你是在街头表演还是在音乐厅表演,无贵贱之

---

① 安贫乐道:虽然很贫困,但仍乐于坚守信仰。形容人为了自己信仰或理想的实现,宁愿处于贫困恶劣环境。安贫,安于贫困;道,原指儒家所信奉的道德,后引申为人生的理想、信念、准则。

分,都是受人尊敬的职业艺术家。有些街头乐队水准相当不错并演出了名气,每天他们到固定的广场上演奏时,会有乐迷拥在周围,并风风光光地出售自己乐队的CD。一些成功的街头乐手、画家的收入,与办公室职员的薪水相若,其中有些街头艺术家就靠着在街头、集市上为行人提供娱乐置了房产。我有位朋友原在大乐团拉小提琴,可他嫌不自由,便放弃了整天穿着礼服在音乐厅表演的职位,宁愿下到酒吧及街头狂欢节表演。

为白领、洋楼放弃天伦之乐①是残酷的人生

来中国前,我原以为中国是人民当家做主的社会主义国家,在那里劳动人民的地位至高无上。中国也有一句古语"三百六十行,行行出状元"。可是亲临中国后我很意外和震惊,中国人对普通工人、农民、服务员、清洁工等十分不尊重,甚至鄙视这些"底层"劳动阶级。中国人以职业、职位、收入、官阶等,来品评一个人的高低贵贱,比西方社会过分多了。

一位走街串巷去酒吧、幼儿园、小学校讲故事的说书人,一次晚餐时与一位熟识的中国女士聊天。中国女士好心地替他出谋划策说:"反正你在这里也没正经工作,那不如去中国教英语。还能有一份稳定的职业和一份稳定的收入。"那说书人很惊讶地认真纠正该女士:"太太,我是自由职业者。我的专业就是走街串巷为老百姓说书。您怎么能说这不是一项正经职业呢?我不去中国,我不愿背井离乡。"那位中国女士餐后言之凿凿②地发感慨:"看他一个穷说书的,吃了上顿不知下顿在哪,朝不保夕。帮他找条出路还不领情。看来我们中国人是好样的,我们来到你们西方,赤手空拳地打拼出自己的一份白领体面职业。薪水和小洋楼……"周围西方人个个睁大眼瞪着她瞧稀奇。本来西方朋友还挺可怜这位女士的。该女士的丈夫和10岁的女儿都留在中国,她独自漂泊异乡打拼,已4年没见过女儿了。西方人特不能想象夫妻长久分居,家庭不能团聚对他们来说是人生极大的痛苦,因此西方丈夫出差时常会携太太同行。丧失天伦之乐的痛苦,是洋楼、白领、高薪等所不能弥补的人生缺憾。在西方人眼中为出人头地付出如此代价太残酷。人生难道就只有这种浅薄的成功标准吗?难道不愿背井离乡就……

奥地利维也纳有间中餐馆的老板,托在匈牙利的华人朋友帮忙物色几位匈国侍者,东欧的薪水标准比维也纳低,这样可节省些成本,老板也允诺他付的工资肯定比匈牙利高出许多。华人朋友爽快地表示,西欧的工资比东欧高,

---

① 天伦之乐:家庭亲人之间团聚的欢乐。伦,人与人的关系,指父子、兄弟、夫妻、亲戚之间的关系。
② 言之凿凿:形容说得非常确实。凿凿,确实。

匈国人也挺拮据的,这事容易办妥。没料到他问了一些匈国人后竟然都不为所动。这位华人纳闷地对匈国朋友解释:"你平常在维也纳上班,周末就回来匈牙利,个把小时的车程又没多远,而工资可是比在本国高出一两倍。这么好的机会干吗不干呀?"匈国人答:"我每天下班后都和家人一起吃顿团圆晚餐,我不想走。我要那么多钱干什么?"

　　香港一间机构打算请一位英国大学者来港工作,该学究目前隐居法国乡间当农夫种葡萄卖。港方开出高薪聘他出山,遭其婉拒后,港方随即将薪水提高一个档次,又再次被回绝。此公每拒绝一次,港方就将俸禄再升一个高度,经两个回合的拉据,最后蹿升到200万港币的年薪。但那位英国学者就是舍不得"采菊东篱下,悠然见南山"般的田园生活。他经营葡萄园虽只能过极简朴的生活,若想上馆子、买衣服都得周密筹划,不能随便乱花一个铜板。这情景使港人转不过弯来。既然此兄生活上如此捉襟见肘①,那为何面对百万合同,居然不受诱惑仍蛰居农舍?英国隐士的回答是:"我不感兴趣挣大钱。"对此,华人朋友怔住后替其惋惜:"哪怕去挣一年的钱也就成百万富翁了。"此公对中国人动辄以金钱为诱饵的态度甚是反感。一位香港武侠畅销书作家寄来张空白支票与他,望这位汉学大师将自己的著作译成英文,允诺空白支票就是请大师随意开天价。英国学者当即恼怒地将支票撕烂,斥责这是对其学术的侮辱及对其人格的贬低。

　　一位在纽约华尔街附近一间餐馆打工的中国MBA留学生,一晚对着餐馆大厨再次老生常谈地发誓说:"看着吧,总有一朝我会打入华尔街去。"大厨侧过脸来好奇地询问他:"你毕业后有什么设想?"中国MBA利落地应声道:"当然最好是马上进跨国大公司,前途和钱途就都有保障了。"大厨又说:"我没问你的前途和钱途,我问的是你将来的工作志趣和人生志趣。"MBA一时语塞起来。大厨叹口气嘟囔道:"要是经济继续低迷餐馆歇业,我就只好去当银行家了。"中国MBA差点惊了个跟头,他觉得不是大厨精神失常,就是自己的耳朵幻听,眼前这位自己一向视为低一等的大老粗,跟银行家岂能扯得上?大厨盯着惊呆了的MBA解释说:"我以前就在华尔街的银行里上班,日出而做,日落却无法息,每天都午夜后才回家门,我终于厌烦了这种劳苦生涯。我年轻的时候就喜爱烹饪,看着亲友们津津有味地赞叹我的厨艺,我便乐得心花怒放。一次午夜两点多钟,我结束了一天的例行公务后,在办公室里嚼着令人厌恶的汉堡包时,我开始下决心辞职去当一名专业美食家,这样不仅可以满足自己挑剔的肠胃,还有机会为众人献艺。"这样的事例可能出乎中国人的意料之外,因为

---

① 捉襟见肘:拉一下衣襟就露出胳膊肘儿,形容衣服破烂。比喻顾此失彼,穷于应付。

中国人对成功、失败、快乐、悲哀有比较概念化的一统模式。说得言重一些,就是活着挣口气,是为了一种体面和在别人面前可以显耀的面子。

对西方人来说,则更看中体现个人特性和自我价值的平和人生。我有位女友干了两年律师后突然决定放弃如日中天的事业,重新回学校去学习瑞典按摩术,日后更成为一名职业按摩女郎。在西方无论从事什么职业都无高低贵贱之分,强调的是干事业的兴趣和自在愉快。而自己人生价值的实现,其成功与否,并不是靠与别人比较来证实,更不需要通过其他人的肯定来获得满足和回报。淡泊的人生是一种享受,守住一份简朴不愿显山露水,越来越被西方人认为是一种难得的人生境界。

思考与练习

一、以"面对职业挑战,你准备好了吗"、"学会学习,学会生存"等为题,写出一份演讲稿,在班级演讲。

二、结合自己对职业目标的选择,和同学们交流一下怎样从实际出发来选择具体的职业目标。

三、阅读几位创业者的传记或杂志、报纸上的有关报道,了解他们获得成功的根本原因。

四十九　孔子的就业之道①

> **学习提示**
>
> 　　树立正确的就业观要认清所面临的日趋严峻的就业形势，树立与经济和社会发展相适应的崭新的就业观，从思想观念上真正实现转变。调整就业心态，转变就业观念，一定要正确认识自我和分析就业形势，明确自身发展方向并清晰定位。要树立正确的就业观念，不挑三拣四。积极争取适合自己的就业之路。在不同性质、不同规模、不同层次、不同待遇的单位发挥才智和作用。并以合格的政治素质、良好的道德素养以及较强的工作能力素质，为社会作出更大的贡献。自主创业也是就业的一条重要途径，创业是最大的就业，只要具备一定条件，就应勇敢地走自主创业的道路；只要我们脚踏实地地工作，在平凡的工作岗位上也能做出不平凡的业绩，从而实现人生的价值。
>
> 　　课文中作者借古论今，从孔子谈起，指出现代人要认清形势，要有务实的就业观，同时作者也指出在有条件的前提下，自主创业也是一条很好的路子。

　　近日偶翻《论语》，孔子和他的弟子子贡之间的一段对话引起了笔者的兴趣。子贡向老师提出了一个颇有些借物喻人意味的问题："有一块上好的美玉，是把它放在木匣中收藏起来呢，还是寻找一个识货的买家卖了它？"（有美

---

①　选自互联网。

玉于斯,韫椟①而藏诸?求善贾而沽者?)孔子听罢几乎是不假思索地答:"当然是卖掉了,现在握在手里只不过是等待好的价钱罢了。"(沽之哉!沽之哉!我待价者也!)

孔子的这番回答颇能代表国人传统的就业或者说择业观,古往今来,中国的知识分子常常以美玉自比,追求的是通过一番"如切如磋,如琢如磨"②的自我修炼过程,最终"学成文武艺,货与帝王家"③——在国家的体制内谋得稳定而体面的工作。以上想法落实到今天的就业市场上,特别是刚刚步入社会的大学毕业生的就业问题上,就是许多求职者求稳定、图面子,一心只想进入政府机关,实在不行也要进和政府机关有千丝万缕瓜葛的事业单位;还有些求职者则希望能够找到大型企业的高薪职位,一步跻身中产阶级甚至"上流社会"的行列。除了这两类工作,似乎其他的工作都不是正式的至少不是理想的工作。

然而,这些想法与现代市场经济的现实却并不相符。资料显示,截至2006年底,我国城镇非公有制经济从业人员超过23780.4万,占全国城镇就业总人数的84.0%,其中个体工商户从业人员5159.7万,私营中小企业从业人员6586.3万,又占了非公有制经济从业人员中的近一半。事实既已如此,那么对于每年的学校毕业生和其他新增劳动力而言,如果对总体形势和自身条件缺乏一个客观清醒的认识,满腔憧憬最后只能化为无奈和失望。

那我们又应当如何择业呢?也许2500多年前,孔子的另一番表白可以为我们带来启发,"富而可求也,虽执鞭之事,吾亦为之",这句话通俗点解释就是说,只要能够发财致富,即使是拿鞭子给人家驾车这类不起眼的工作,也乐意去干。从中我们足以看到孔子对就业所持的灵活务实态度,如果说懂得一块美玉的真正价值并待价而沽是一种智慧,那么为追求更好的生活条件而"执鞭之事亦可"更是体现了一种难能可贵的务实。今日的我们也许并不需要真的为人执鞭驾车,只要我们也有着和孔子一样的务实精神,就业之路就会豁然开朗:除了求职就业,自主创业未尝不是一条可行的路子。

提起创业,很多人脑海中联想到的恐怕是技术精英、商业奇才白手起家,成为产业巨子之类的故事,这些对于普通人是那么的遥不可及。但在笔者看来,实际上创业没有那么复杂,也并不是就要取得多么大的成就。像我们身边

---

① 韫:蕴藏。椟:木匣子。
② 如切如磋,如琢如磨:语出《诗经·卫风》。将骨、角、玉、石加工成为器物,并加以雕刻打磨。比喻学习或研究问题时彼此商讨砥砺,互相吸取长处,改正缺点。
③ 学成文武艺,货与帝王家:语出元朝杂剧《马陵道》。学习好了文才也罢,武艺也罢,最终目的都是贡献给皇帝,都要替朝廷出力。

最普通的杂货店主和小饭馆老板就是创业者,他们日常的生产活动就是在创业。

国家对创业的定义同样可以说明这一点。根据我国去年颁布的《就业促进法》,创业的范畴是指"劳动者自主创办生产服务项目、企业或从事个体经营",而并不涉及经营规模和营业额等的大小。而根据人力资源和社会保障部的统计数据,2007年我国个体工商户和私营企业的平均就业规模分别为2.03人和13.31人。换言之,"夫妻店"、"姐妹档"占了个体工商户中的绝大多数,这些个体户首先是能够完全自食其力;在此基础上,一部分人又通过经营有方取得扩大发展,成为雇用十几个人的私营小业主;其中又有一些人继续前进,变成雇用成百上千人的民营企业家,从而实现以创业带动就业,数十倍、数百倍地创造出新的就业岗位来。

创业既可以自食其力,又可以带动更多的就业。因此,不管是大学毕业生还是农民工,抑或是其他需要择业的群体,拓宽传统就业思路无疑已是当务之急。仍以玉石为喻:美玉也好,顽石也罢,待价而沽未必非要"货与帝王家";在待价而沽之外,自产自销也未尝不可;而在自产自销渐成气候之后,还可多采"他山之石",利国利人利己。

思考与练习

分析和总结你在就业竞争能力方面的强项和弱点,并按这些项目的重要程度和"强"或"弱"的轻重程度,填写在下面表格中。

个人就业竞争能力盘点表

次序	强项	进一步提高的措施	弱点	今后弥补的对策
1				
2				
3				
4				
5				
6				
7				
8				

五十 职业指导案例二则[①]

案例(一)告诉我们：职业规划制定得越早、步骤越详细，越能早日实现自己的梦想。不管这个目标多么远大、自己的现实和理想之间相差多远，只要自己有恒心、有切实可行细致的计划，并一步一个脚印踏踏实实地去完成，就一定能实现自己远大的理想！

案例(二)告诉我们：学校给予的知识是有限的，要想适应社会就必须不断地学习、学习再学习。要从书本中学，从实践中学，只要在某个行业比别人知道得多，你就能成为这一行业的老师。不是岗位去适应你，而是你去适应不同的岗位，只有这样，你才能立足于这个多变的社会。浅尝辄止、安于现状、不思进取的人做不出什么大成绩。一个有崇高目标、期望成就事业的人，总是不停地超越自己、拓宽思路，希望比周围的人走得更远。

(一)一个名人的职业规划案例

40多年前，一个10多岁的穷小子，自小生长在贫民窟里，身体非常瘦弱，却在日记里立志长大后要做美国总统。如何能实现这样宏伟的抱负呢？年纪轻轻的他，经过几天几夜的思索，拟定了这样一系列的连锁目标：

做美国总统首先要做美国州长—要竞选州长必须得到雄厚的财力后盾的

[①] 选自互联网，有删改。

支持—要获得财团的支持就一定得融入财团—要融入财团最好要娶一位豪门千金—要娶一位豪门千金必须成为名人—成为名人的快速方法就是做电影明星—做电影明星前得练好身体练出阳刚之气。

按照这样的思路,他开始步步为营。某日,当他看到著名的体操运动主席库尔后,他相信练健美是强身健体的好点子,因而萌生了练健美的兴趣。他开始刻苦而持之以恒地练习健美,他渴望成为世界上最结实的壮汉。3年后,借着发达的肌肉,一身似雕塑的体魄,他开始成为健美先生。

在以后的几年中,他囊括了欧洲、世界、全球、奥林匹克的"健美先生"称号。22岁时,他踏入了美国好莱坞。在好莱坞,他花费了10年时间,利用在体育方面的成就,一心去表现坚强不屈、百折不挠的硬汉形象。终于,他在演艺界声名鹊起。当他的电影事业如日中天时,女友的家庭在他们相恋9年后,也终于接纳了这位"黑脸庄稼人"。他的女友就是赫赫有名的肯尼迪总统的侄女。

婚姻生活恩爱地过去了十几个春秋。他与太太生育了4个孩子,建立了一个典型的"五好"家庭。① 2003年,年逾57岁的他,告老退出了影坛,转为从政,成功地竞选成为美国加州州长。他的下一个目标就是美国总统。

他就是阿诺德·施瓦辛格。他的经历让人记住了这样一句话:思想有多远,我们就能走多远。

(二)做一个不断进取的人

陈黎平小时候生活在宁波郊区的农村。陈黎平的父亲是公社里的会计,平时喜欢写写字、看看报,被村里人称为"秀才"。也许是受父亲的影响,陈黎平对书有着一种特殊的感情,这种感情一直伴随他至今。书,已成了他生活中不可缺少的一部分。

小时候,陈黎平家境比较贫寒,但是清贫的生活也让陈黎平早早地"当了家",养成了稳重、懂事的性格。从8岁开始,他就去田里捉泥鳅卖钱。很快,他摸索出捉泥鳅的最佳时间:中午12点烈日当空的时候,当太阳直射水面,泥鳅也会忍受不住浮出水面透气,趁它们不备,很容易就能逮到。除了卖泥鳅,陈黎平还与姐姐一起去市场卖西红柿,一人一筐。每次回来,他姐姐总发现弟弟装西红柿的筐子空空的,后来才知道,他把剩下的卖不掉的西红柿全扔掉了。"因为西红柿的价格非常低,如果把剩下的再带回来,一是浪费人力,二是带回来也没人吃,三是第二天也卖不出去,所以经过我的计算,扔掉所获得的价值

---

① 2011年5月9日,施瓦辛格与妻子共同发表声明,表示两人经过深思熟虑之后作出分居的决定。

比不扔掉大,干脆扔掉。"这样的经济头脑、这样的思维方式,如果不是自己亲身经历的,能形成吗?

小时候的生活也让陈黎平感到自豪。由于家庭环境的影响,陈黎平虽然调皮,可是酷爱读书,正是因为这样,他的成绩在班上总是高居榜首。从小学一年级到六年级,他和他的伙伴们都是在一间破庙里上的学。他们的老师都是一些民办教师,这些老师几乎没有真正念过书。陈黎平从一年级到五年级的老师都只有小学三年级的水平,他们上午来上课,下午还要回家种田。小学的生涯就在这种半学半玩的状态下结束了。

初一的时候,陈黎平遇到了一位对他一生都有影响的人——邵老师。邵老师那个时候刚从师范学校毕业,23岁,是一位非常有上进心又十分爱看书的小伙子。这样的老师,对于同样喜欢书的陈黎平来说,就像自己的偶像一样;这样的陈黎平,对于爱看书的邵老师来说,可以算得上是得意门生。两个人,学生和老师,因为共同的爱好,成了朋友。陈黎平在邵老师的引导下,考上了重点中学。他也是他们学校唯一考上县重点中学的学生。因为这个,邵老师得意了很久。

陈黎平说,他这一生,最大的遗憾就是没有考上一所好大学。以前被别人称为"神童",那是一种怎样的自大和狂妄!他还说:"高中时成绩并不很突出,忽然之间觉得自己特别笨,一下子从自大走向了自卑。高考时也没有发挥好,这是我一生的遗憾!"谈到没考上大学,陈黎平的眼里流露出的是旁人无法体会的无奈。刚进纺校时,陈黎平当选班长,这对于从小就独立的陈黎平来说,并不是难事。他的身高不是班级最高的,年龄也不是班级最大的,但是他的管理才能是同学们公认的。

毕业一年后,陈黎平就担任了车间的工段长。当时整个车间里的工作分为成品、印花工段,分白、中、夜三班。在他的带领下,他所在的小组产量是整个车间里最高的,用陈黎平自己的话来说,就是做得"很成功"。他把自己的成功归结为三个原因:第一,因为他是一个好学的人,不管到哪里,他都会用心去学习、去钻研,所以他比别人学得多;第二,他本身是学这个专业出身的,所以在理论上和实践上都比别人要强一些;第三,学校期间当班干部的经历给他从事管理工作带来了很大的优势。以后,陈黎平又分别从事过新产品开发、生产调度工作。1992年以后又从事过染料销售、棉纱、坯布销售等工作。

20世纪90年代初,小平同志的"南方"讲话再次发出了发展中国经济的进军令,开辟国际、国内两个市场,使中国经济与世界经济融合的理念逐渐深入人心。1995年,陈黎平开始经商。那时宁波的出口贸易迅猛发展,各个以出口贸易为主的外贸公司和出口加工型企业如雨后春笋般涌现,而陈黎平独辟蹊径,选择了进口贸易,并且选择了很少有人问津的医疗器材进口。这对从来没接触过医疗设备的陈黎平来说,无疑是个巨大的挑战。对设备的熟悉,对产品性能的了解,对进口医疗设备的严格检验,医疗设备销售的特殊性等,都像一堵堵高墙横在他的面前。面对困难,陈黎平充分相信自己。每种型号的设备他都要自己先摆弄一番,每份说明书都是他无声的老师,谨慎选择供应商和品牌使得他的产品无可挑剔,良好的服务和合理的价格使销售渠道越来越畅通。几年之后,陈黎平不但销售业绩斐然,还俨然成了一个医疗设备专家,好几家医院都邀请他给设备操作人员和医生讲解这些设备的使用方法。

2000年,陈黎平开始自己创业,在保税区注册了一家公司,注册资金50万元,主要是给一家南斯拉夫①的客商做代理,经营范围包括乐器、音响、纺织品等,年出口额50万美金。同时,他也做内销,业务量很稳定。陈黎平一个人包揽了出口、进口工作。除了财务上由他的妻子来承担,其余都是由他一个人来操作运营,工作效率相当高。陈黎平最大的愿望是自己办工厂。相信不久的将来,他一定能实现自己的理想。

陈黎平给学弟学妹们的寄语:

坚守信念,无论是顺境还是逆境;

不断进取,无论是成功还是失败!

思考与练习

你今天有奋斗目标吗？明天的目标是什么？下周的、下个月的、下学期的——请简明扼要地写出来,越具体越好。

阶段目标	目标内容
今天的目标	
明天的目标	
下周的目标	
下个月的目标	
下学期的目标	
下学年的目标	

---

① 南斯拉夫:1929～2003年建立于南欧巴尔干半岛上的国家。1992～2003年间被塞尔维亚征服的各小民族纷纷独立建国,此国家逐渐解体。

应用写作七　个人简历

电子技术与通信专业毕业生简历范文

本人概况

姓名:王腾飞　性别:男　　　　民族:汉　政治面貌:团员

学历(学位):学士　专业:电子技术与通信

联系电话:×××　手机:××××

联系地址:深圳市福田区深南大道××号　邮编:518028

Email Address:×××××××@sohu.com;×××××××@163.com

主页:http://www.bb2s.com

教育背景

* 1992.9～1996.7 北京信息工程学院获通信系学士学位

* 1996.1～1996.7 在清华大学电子工程系完成毕业设计

另:其他培训情况

* SUN Solaris2.4 系统管理及高级用户培训

* Cisco Scaling Multi－layer lntranet(Layer 3 Switch)

* IBM 网络产品操作培训:ATM 交换机(8265/MSS,8285),局域网路由交换机(8273/8274),路由器

* IBM 网络培训高级班:ATM(8260,8265,MSS.PNNI,MPOA),局域网路由交换机(8273/8274)

* ECI TELECOM 网络设计(Frame Relay)

* ECI TELECOM 产品(NFX 7500,7300,7100Frame Relay 交换机),网络接入产品(NFX500,400)

* 通过国家大学英语四级和六级考试,具有流利的英语口语表达能力

实习工作经历

系统管理员/工程师

● CHINAGBN Internet 网络信息中心的系统管理

熟练掌握 UNIX(SUN Solaris)操作系统、网络管理并参与组建了 CHINAGBN Internet 网络中心(包括网络设计,安装系统,联调,维护,网络编程)

● CHINAGBN 金桥网六城市网络站点的建设

参与各站点 Internet 网络中心的总体规划和建设及其与卫星主干网的连接,对主干卫星网、X.25 分组交换、Frame Relay、ISDN 和 DDN 及其相关设备有所了解

● CHINAGBN Internet 网络中心 Web 系统管理员

个人自我介绍

具备丰富的工作经验,认真踏实负责,且具备优秀的表达能力,曾多次主持对用户和内部的技术讲解和培训,获得用户和公司的一致好评。曾在电子工业部"三金工程展风采展示会"上向来宾讲解 CHINAGBN 专线集团用户解决方案。

本人性格

温和、谦虚、自律、自信。

另:最重要的是能力,相信贵公司会觉得我是此职位的合适人选!

期盼与您的面谈

简评

这是一篇最为常见的个人简历,格式规范,内容简洁,重点突出了自己的教育培训经历和实习经历,展示了自己的能力和知识,紧紧抓住了企业对实际操作技能的需求。

一、个人简历定义

个人简历专指毕业生为了找到一份合适的工作,向用人单位介绍自己才能和专长,以使对方接纳自己的一系列材料。个人简历的写作角度,指的是求职者在写作中选择一个展示真实自我的最佳思路,寻找一个用人单位接受自己的最大接纳度,站在招聘者的角度来准备你的个人简历,是写作个人简历的正确思路。

二、个人简历的结构

个人简历最基本的结构可分为三部分:标题、正文和附件。

1.标题。居中写明"个人简历"、"求职简历"等。

2.正文。应当包括三项:一是个人自然信息;二是求职者接受教育情况;三是求职者的工作资历经验。上述三项内容是必须具备的,其他内容如求职意向、知识储备、具体技能、获得荣誉均可酌情写入简历。

三、个人简历的具体写法和注意事项

(一)求职简历的页数

求职简历的页数并非多多益善。通常用人单位更喜欢简练的个人简历。简历力求简练明了重点突出,材料中的每一个字都要能推销你自己。

(二)个人简历项目的设置

文字简练,重点突出,是一份个人简历最基本的要求,含糊、冗长、花哨则是简历的大忌。简单地说,个人基本情况、教育背景、获奖情况、科研成果等,是一份求职简历的基本构成。

以下为个人简历的基本项目设置:

● 个人资料(又叫基本信息)

姓名、性别、民族、出生日期、户口所在地、毕业学校、专业、学位、联系电话、联系地址、兴趣爱好、身体素质、婚姻状况等。

基本信息不一定全列出来。如果用人单位没有特别强调必须注明,建议你认为这个职位应该列出的信息你才列出。

● 求职意向

明确求职意向,写明应聘的具体部门和岗位,只有你明白这个职位是做什么的之后,才能在个人简历中突出自己的知识与专长。择业前,先做两个了解:一是了解目标企业及职位需求情况,了解市场行情;二是了解自己,找出自己的优势及弱点,再选择目标企业及职位。

● 教育背景

◎ 表彰奖励、证书、资质认证、理论修养、所学课程等,这些体现了一个人的职业素养。

◎ 本项设置也可分解设为外语水平、计算机水平、资质认证、专业课程等。

● 社会实践

◎ 强调出你适合这个职位的成功经验和经历。

◎ 如果能回答得比较专业,那就会给用人单位眼前一亮的感觉。

● 兴趣爱好与个性

◎ 个性要与所应聘的工作相适应。

(三)教育经历——学生的择业"资本";工作经历——招聘人员的首选

◎ 在个人简历中突出与你所求职业相关的技能证书和与之相关的社会实践。

◎ 强调你的专业知识为以后的工作做好了知识储备。

(四)求职简历的外在包装,包括用纸、字体、版式

招聘单位认为,简历是很质朴的东西,应清晰整洁。

简历的格式和外表的重要性远远超过人们的预料。一份好的简历不仅要主题突出,其有特点的包装和格式也是吸引用人单位人事经理的主要方面之一。

建议:

◎ 尽可能只用不超过3页的A4白纸。

◎ 字体一般用宋体,需要强调的部分采用粗体字、下划线、首字突出、首行缩进等,但只可选用其中一到两种,不可将以上提到的全部同时采用;也不要用太过花哨的字体,如斜体字、英文的花体等,否则会分散对方对重点信息的注意力。字的大小一般是标题采用二号字,正文用四号字。

◎ 版式设计上,应避免信息太满、框线顶天立地或参差不齐。清晰明了、留白适当、方便阅读就可以了。

(五)求职文字不要太煽情,"感情牌"应用要适度

用词不可带过多的感情色彩。个人简历有一套操作规范,只需反映自己的真实情况,完全不用别出心裁,进行"情感推销"。

(六)用词要准确、简练、质朴、得体

求职材料中最忌有错别字和不通顺的句子。调查中,招聘人员说当他们一看到句子不通顺或有错别字的个人简历,马上会将其淘汰;他们认为句子的通顺与否,是一个人文化素养的体现。语言表达不规范,是大忌。

个人简历全部完成以后,应做全面的检查,找出错别字、不准确的词语、不通顺的句子,做一次认真修改。

综上所述,一份令招聘单位满意的个人简历,应是:

1. 内容:重点突出。不同企业不同职位有不同的要求,求职者应事先进行必要的分析,有针对性地设计准备个人简历,突出自己的优势,表现自己的个性。

2. 语言:简明扼要、准确清楚。言简意赅、令人一目了然的个人简历是最受欢迎的,也是对求职者的工作能力、人文素养最直接的反映。

3. 形式:版面设计清晰整洁,便于阅读。

4. 传递有效的信息。设置个人简历要有明确的求职意向,重点介绍与工作相关的学历、证书、知识、技能和实践经验。

写作练习

用表格式和条文式各写一份你自己的个人简历。

口语交际十　面试介绍

表达指导

一、面试介绍概念

面试介绍是向别人展示你自己的一种重要手段,介绍好不好,甚至直接关系到你给别人的第一印象的好坏及以后交往的顺利与否。同时,也是认识自我的手段。

二、面试介绍的内容和注意事项

(一)面试介绍的内容应该包括:

你所申请的职称或职位

你的学历

曾经担任过的职务

适用于该工作的具体技能

相关的职业培训或实践

曾获得的荣誉或成就

你的目标

你的人生或经营理念

(二)面试介绍的注意事项:

1.以事例(物)证明你所说的言论。

2.中心突出,回答问题围绕并适合谋求该工作所需要的资格。

3.言简意赅,一般不超过两三分钟。

4.介绍完以后,随即询问考官,是否他还需要知道其他的事。

5.充满信心,声音洪亮。

三、面试介绍的具体做法

在找工作面试时,我们首先会被要求先做自我介绍,就是把自己介绍给别人,以使别人认识自己,恰到好处的自我介绍,可以大大提高面试的成功率。

要做好与众不同的面试介绍,要掌握以下三点内容:

1.详细了解面试介绍的分类。简单来讲,面试介绍根据介绍人的不同,可以分为主动型介绍和被动型介绍两种类型。

(1)在社交活动中,在欲结识某个人或某些人却无人引见的情况下,即可自己充当自己的介绍人,将自己介绍给对方。这种自我介绍叫做主动型的介绍。

(2)求职面试自我介绍是将自己的某些方面的具体情况进行一番自我介绍。这种自我介绍则叫做被动型的介绍。

2.在进行自我介绍之前,一份详细的个人简历必不可少。且要掌握面试介绍基本内容,包括本人姓名、供职的单位及部门、担负的职务或从事的具体工作等三项,又叫工作式自我介绍内容的三要素,通常缺一不可。

①姓名。应当一口报出,不可有姓无名,或有名无姓。

②单位。单位及部门,如可能最好全部报出,具体工作部门有时可以暂不报出。

③职务。担负的职务或从事的具体工作,有职务最好报出职务,职务较低或者无职务,则可报出目前所从事的具体工作。

举个例子,可以说:"我叫××,是××广告公司的公关部经理。"

面试介绍应大体包括本人的姓名、工作、籍贯、学历、兴趣以及与交往对象的某些熟人的关系等。如:"我的名字叫××,是××公司副总裁。10年前,我和您先生是大学同学。"

3.掌握面试介绍的分寸。想要自我介绍恰到好处、不失分寸,就必须高度重视下述几个方面的问题:

(1)控制时间。

①面试介绍要力求简洁,尽可能地节省时间。通常以半分钟左右为佳,如无特殊情况最好不要长于1分钟。为了提高效率,在作自我介绍的同时,可利用名片、介绍信等资料加以辅助。

②面试介绍应在适当的时间进行。进行自我介绍,最好选择在对方有兴趣、有空闲、情绪好、干扰少、有需求之时。如果对方兴趣不高、工作很忙、干扰较大、心情不好、没有需求、休息用餐或正忙于其他交际之时,则不太适合进行自我介绍。

(2)讲究态度。

①态度要保持自然、友善、亲切、随和,整体上讲求落落大方,笑容可掬。

②充满信心和勇气。切忌妄自菲薄、心怀怯貌。要敢于正视对方的双眼,显得胸有成竹,从容不迫。

③语气自然,语速正常,语音清晰。生硬冷漠的语气、过快或过慢的语速,或者含糊不清的语音,都会严重影响自我介绍者的形象。

(3)追求真实。进行面试介绍时所表述的各项内容,一定要实事求是,真实可信。过分谦虚,一味贬低自己去讨好别人,或者自吹自擂,夸大其词,都是不足取的。

总的说来,面试介绍技巧十分重要,良好的表达,不仅可以展现自己,而且可以大大增加用人单位对自己的好感。这样对你的职业生涯大有益处。

借鉴实例

面试地点:瑞士汽巴精化(全球精细化工行业的领先者)

目标职位:客户服务代表

面试类型:一对一面试

申请人概况:有工作经验的申请人

自我介绍原文

我叫卫洁华,洁净的洁,中华的华,我的同学一般叫我阿华,或者是我的英文名字Berry。

我是广州本地人,不过父母是汕头人,所以我既会讲粤语也会讲潮汕话。(点评:介绍家乡的时候顺便带出自己的语言优势。)

我毕业于广州大学市场营销专业,在校期间我曾经两次获得奖学金,两次被评为优秀学生干部,还得过一次全勤奖。(点评:已经毕业了两年的申请人一般不会提到自己在大学期间所获得的奖励,但是"全勤奖"当然是值得一提的。)

毕业后的第一年,我在中山市的一家电子公司担任前台兼秘书工作,主要负责接听电话、整理文件等常见的文秘工作。之所以离开那里,是因为工作实在太清闲了,每天的工作只用小半天就能干完。我是一个比较喜欢忙碌的人,只有忙碌一点,才觉得心里很踏实。(点评:既说明了离职原因,也暗示了自己的优点,一箭双雕。)

我的第二份工作,也就是我现在在广州乐士医药公司的工作,就相当忙碌。乐士是一间从事中药药材批发的民营公司,每年的销售额大概有5000多万,大大小小的客户有几百家。我所在的客户服务部现在有8名客服代表,每个人手上都有几十家客户。我的工作职责包括打单、配货、制作销售跟踪报表、催收货款、处理客户投诉等等。在去年年底人力资源部做的满意度调查中,我获得了4.5分的销售代表满意度和4.2分的客户满意度,满分是5分,这个分数在当时的9名客户服务代表中名列第二。(点评:用事实说话,用数字说话,易打动人。)

我现在来到汽巴求职,原因有两个。第一个原因是,我一直向往着能加入世界一流的大公司。第二个原因是,我觉得自己很符合汽巴的招聘要求。虽然我并没有做过精细化工产品的客服,但是药品行业对客服的要求是相当高的,因为药品在包装、运输、进出库和销售等各个环节都有着非常严格的要求。此外,我了解到汽巴所使用的是ORACLE公司的ERP系统,它和我长期使用的和佳ERP是很类似的,而且我每天都用英文版的ERP。

我就介绍这么多吧。

(来源于www.54yis.cn)

▶ 简评

这篇面试介绍简单明了,面试者紧紧扣住企业的用人需求、岗位要求,重点介绍自己以前出色的工作表现,用事实说话,用数字说话。在介绍的结尾,再次提到所应聘的单位,陈述自己对该单位的浓厚兴趣,强调了自己的优势。

口语练习

活动主题:面试介绍小练习,赢取自信
活动参与人员:全班同学(分组)
活动流程:1.组员各准备面试介绍一份
　　　　　2.介绍活动规则
　　　　　3.进行分组练习
　　　　　4.对练习进行评价
活动规则:
1.活动形式为自我介绍和面试官提问,自我介绍分1分钟和2分钟,每位时间控制在5分钟之内。
2.每轮自我介绍结束后由面试官点评。
3.交叉扮演面试官和面试者,按分组名单进行。
4.记录发现的问题,以便进行讨论。
5.活动按正式面试形式进行,不得笑场。

语文实践活动十 社会实践

一、活动主题

立足职业教育,践行时代青年责任

二、活动目的和要求

1. 目的:社会实践是理论联系实际的有效渠道,是接触社会、感受生活的重要平台,同时也是专业技能和综合素质检验的主要途径。通过社会实践,特别是职业体验,使同学感受企业文化、了解自己理想职业的社会需求、职业需求、职业环境等基本状况,对比自身专业、个性、兴趣、特长等实际情况,找出自身在知识、能力等各方面素质的差距,从而确定发展目标。

社会实践可以提高同学们适应社会,胜任实际工作的能力,从而提高自身综合素质,为将来走上工作岗位积累重要的实践经验。

2. 活动要求:

(1)安全第一。要牢固树立"安全第一"的思想,加强管理,加强与学校、班级的联系,注意饮水饮食安全,注意所乘车、船等交通工具的安全检查。

(2)高度重视。各班级、团支部要高度重视,将活动的目的要求、内容形式等通知至全体同学,充分调动他们参与活动的主动性和积极性,鼓励他们在服务群众、服务生活、服务社区的同时促进自身发展,确保实践活动安全有序开展。

(3)就近就便。坚持就近就便的原则,立足学校、企业,制定一个可行性强、富有特色的方案。

三、活动内容及步骤

1. 结合专业特色,开展见习就业创业活动。结合本人专业知识,充分发挥专业技能优势,开展就业调研活动,通过到家乡企事业单位相关部门进行调查、观摩、实习等就业实践活动,广泛收集信息,了解行业动态,学习职场礼仪和专业技术,提倡勤工俭学,发扬吃苦耐劳精神,让同学真正了解社会、企业对人才的需求,找出自我与需求之间的差距,明确自己的发展目标,引导学生树立正确的就业观、择业观,为今后的就业打下坚实的基础。

2. 组织学生走进社区、街道、农村,对目前职业教育发展状况、前景进行宣传,特别是对当前我国发展中职教育的政策进行宣传,引导社会正确认识职业教育。可以结合学校专业特色,开展"高职学生升学、就业选择问题"、"高职学生就业创业"、"高职学生未来发展规划"等问题调研。

第十一单元

敬 业 乐 业

单元导读

梁启超说:敬业即是责任心,乐业即是趣味。

本单元的五篇课文,就是从这个角度出发选取的。

《跨越百年的美丽》使我们看到了一个别样的居里夫人:她蜕去了身上的光环,一改严肃的面孔。这个沉静的波兰女子,优雅生动地站在了我们的面前——那么朴素,那么坚强,那么执著;隔着岁月厚厚的尘沙,我们触摸到了她的精神之美,感受到了她对科学事业的执著追求和不懈努力。

时传祥是20世纪50年代的全国劳模,一位与共和国主席握过手的淘粪工人。《寻找时传祥》,实际上寻找的是时传祥精神,寻找的是勤劳朴实、自强不息的民族精神和爱岗敬业、吃苦耐劳的奉献精神。淘粪工这个行业在现代都市早已消失,但只要存在社会分工,就仍会有苦、累、脏的工作;与时俱进地学习时传祥精神,对树立我们的社会责任心、正义感,对构建公平公正、关爱他人的和谐社会环境有着重要的意义。

《金岳霖先生》展现了一位哲学界巨擘真实自然的人性美。作为西南联大的教授,金先生在课堂上的表现令人忍俊不禁:提问时不知道学生的名字,就用她们衣服的颜色点名;用怪答案对付学生的怪问题;问到为什么要学枯燥的逻辑学,他的回答竟然是:"我觉得它很好玩。"你看,是不是很有趣? 知之者不如好之者,好之者不如乐之者。兴趣是最好的老师,所以他能快乐地教书,有趣地上课。

宗璞的《哭小弟》感人肺腑、催人泪下。她的小弟,是一位飞机强度的专家,为了祖国的航空事业,他长期在艰苦的条件下勤奋工作,因积劳成疾、积郁成疾,不幸英年早逝。事因难能,所以可贵,冯钟越、蒋筑英、罗健夫……那个年代一大批觉得"还没有累够"的知识分子身上,所具有的那种热爱祖国、献身事业、淡泊名利、无私奉献的宝贵精神,永远值得我们学习。

《珠穆朗玛墓地》是一篇充满激情和哲理的新闻特写,表达了作者对虽败犹荣的登山勇士们的崇敬之情。一代接一代的登山者把征服珠峰、挑战自我当成自己永恒的事业,这种不怕挫折、不懈追求的勇气和气概,给了我们巨大的精神力量。

学习这些课文,要了解不同文章的时代背景,把握文章的结构方法和语言特征,注意学习领会作品中先进人物先进事迹的精神内涵。

本单元的应用写作部分,介绍了调查报告的格式写法;口语交际部分,主要介绍了赛场辩论的基本要求和攻防技巧;实践活动部分则要求以"高职学生暑期打工利大于弊还是弊大于利?"为题,在班级举办辩论会,活动结束后,同学之间交流辩论体会,进行自评和互评。

五十一　跨越百年的美丽①

梁　衡②

学习提示

居里夫人是影响了整个世界的科学巨人：她刨根问底，历时三年九个月，从成吨的工业废渣中提炼出0.1克的镭；她毕生埋首于科研，死后四十年，她用过的笔记本里还有射线在不停地释放。这种对科学事业的执著追求、不懈努力，进而敢于为之献身的崇高精神和淡泊名利的高尚品格，使居里夫人的美丽，跨越了百年，至今依然熠熠生辉。

在写作上，作者没有沿用传统的叙述其事迹、展现其精神的写人方法，而是结合写作对象的性别特征，精心选择"美丽"为文章的支点，从哲理高度透视、展现人物内涵，构思新颖独特，另辟蹊径。学习时要注意把握"美丽"的多层内涵，找出文中哪些地方表现了居里夫人的优秀品质，并思考课文标题用"跨越百年"来修饰"美丽"有什么好处。

今年是居里夫人发现放射性元素镭一百周年。

一百年前的1898年12月26日，法国科学院人声鼎沸，一位年轻漂亮、神色庄重又略显疲倦的妇人走上讲台，全场立即肃然无声。她叫玛丽·居里，就是后来名扬于世的居里夫人。她今天要和她的丈夫皮埃尔·居里一起在这里宣布一项惊人发现，他们发现了天然放射性元素镭。本来这场报告，她想让丈

---

① 选自《把栏杆拍遍》（东方出版中心2002年版）。
② 梁衡（1946～　），山西霍州人，曾任人民日报社副总编辑。作品有科学史章回小说《数理化通俗演义》、《梁衡散文选》等。

夫来作,但皮埃尔·居里坚持让她来讲。因为在此之前还没有一个女子登上过法国科学院的讲台。玛丽·居里穿着一袭黑色长裙,白净端庄的脸庞显出坚定又略带淡泊的神情,而那双微微内陷的大眼睛,则让你觉得能看透一切,看透未来。她的报告使全场震惊,物理学进入了一个新时代,而她那美丽庄重的形象也就从此定格在历史上,定格在每个人的心里。

居里夫人一直是我崇拜的少数名人中的一个。如果说到女性的名人她就更是非第一莫属了,余后大概还有一个中国的李清照。我大约是在上中学时读到介绍居里夫人的小册子,从此她坚毅的形象便在脑海里永难拂去。以后我几乎搜读了所有关于她的传记。一个人的伟大不外乎两个方面,一是他对社会作出的贡献,二是他的性格,他的精神。对居里夫人来说,这两方面她都具备,而且超群绝伦,值得我们永远地怀念和学习。

关于放射性的发现。居里夫人并不是第一人,但她是关键的一人。在她之前,1896年1月,德国科学家伦琴发现了X光,这是人工放射性;1898年5月,法国科学家贝克勒尔发现铀盐可以使胶片感光,这是天然放射性。这都还是偶然的发现。居里夫人却立即提出了一个新问题,其他物质有没有放射性?物质世界里是不是还有另一块全新的领域?别人在海滩上捡到一块贝壳,她却要研究一下这贝壳是怎样生,怎样长,怎样冲到海滩上来的。别人摸瓜她寻藤,别人摘叶她问根。是她提出了放射性这个词。两年后,她发现了钋,接着发现了镭,冰山露出了一角。为了提炼纯净的镭,居里夫妇搞到一吨可能含镭的工业废渣。他们在院子里支起了一口锅,一锅一锅地进行冶炼。然后再送到化验室溶解、沉淀、分析。而所谓的化验室是一个废弃的、曾停放解剖用尸体的破棚子。玛丽终日在烟熏火燎中搅拌着锅里的矿渣,她衣裙上、双手上,留下了酸碱的点点烧痕。一天,疲劳之极,玛丽揉着酸痛的后腰,隔着满桌的试管、量杯问皮埃尔:"你说这镭会是什么样子?"皮埃尔说:"我只是希望它有美丽的颜色。"经过三年又九个月,他们终于在成吨的矿渣中提炼出了0.1克镭。它真的有极美丽的颜色,在幽暗的破木棚里发出略带蓝色的荧光。它还会自动放热,一小时放出的热能溶化等重的冰块。

旧木棚里这点美丽的淡蓝色荧光,是用一个美丽女子的生命和信念换来的。这项开辟科学新纪元的伟大发现好像不该落在一个女子头上。千百年来,漂亮就是一个女人的最高荣誉,最大资本。只要有幸得到这一点,其余便不必再求了。莫泊桑在他的名著《项链》中说:"女人并无社会等级,也无种族差异;她们的姿色、风度和妩媚就是她们身世和门庭的标志。"居里夫人是属于那一类很漂亮的女子,她的肖像如今挂遍世界各国的科研教学机构,我们仍可看到她昔日的风采。但是她偏偏没有利用这一点资本,她的战胜自我也恰恰就是从这一点开始的。当她还是个小学生时就显示出上帝给她的优宠,漂亮的外貌已足以使她讨得周围所有人的喜欢。但她的性格里天生还有一种更可贵的东西,这就是人们经常加于男子汉身上的骨气。她坚定、刚毅,有远大、执著的追求。为了不受漂亮的干扰,她故意把一头金发剪得很短,她对哥哥说:"毫无疑问,我们家里的人有天赋,必须使这种天赋由我们中的一个表现出来!"她不但懂得个人的自尊,更懂得民族的自尊。当时的波兰为沙皇所统治,她每天上学的路上有一座沙皇走狗的雕像,玛丽路过此时,总要狠狠唾上一口,如果哪一天和女伴说话忘记了,就是已走到校门口也要返回来补上。她中学毕业后在城里和乡下当了七年家庭教师,积攒了一点学费便到巴黎来读书。当时大学里女学生很少,这个高额头、蓝眼睛、身材修长的漂亮的异国女子,很快成了人们议论的中心。男学生们为了能更多地看她一眼,或有幸凑上去说几句话,常常挤在教室外的走廊里。她的女友甚至不得不用伞柄赶走这些追慕者。但她对这种热闹不屑一顾,她每天到得最早,坐在前排,给那些追寻的目光一个无情的后脑勺。她身上永远裹着一层冰霜的盔甲,凛然使那些"追星族"不敢靠近。她本来是住在姐姐家中,为了求得安静,便一人租了间小阁楼,一天只吃一顿饭,日夜苦读。晚上冷得睡不着,就拉把椅子压在身上,以取得一点感觉上的温暖。这种心无旁骛、悬梁刺股、卧薪尝胆的进取精神,就是一般男子也是很难做到的啊。宋玉说有美女在墙头看他三年而不动心;范仲淹考进士前在一间破庙里读书,晨起煮粥一碗,冷后划作四块,是为一天的口粮。而在地球那一边的法国,一个波兰女子也这样心静,这样执著,这样地耐得苦寒。她以二十五岁青春难在的妙龄,面对追者如潮而不心动。她只要稍微松一下手,回一下头,就会跌回温软的怀抱和赞美的泡沫中,但是她有大志,有大求,她知道只有发现、创造之花才有永开不败的美丽。所以她甘愿让酸碱啃蚀她柔美的双手,让呛人的烟气吹皱她秀美的额头。

  本来玛丽·居里完全可以换另外一种活法。她可以趁着年轻貌美如现代女孩吃青春饭那样,在钦羡和礼赞中活个轻松,活个痛快。但是她没有,她知道自己更深一层的价值和更远一些的目标。成语"浅尝辄止",是指人对外部世界的认识,殊不知有多少人对自己也常是浅尝辄止,见宠即喜。你看有多少女孩子王婆"赏"瓜,顾影自怜而不知前路。数年前一位母亲对我说她刚上初中的女儿成绩下降。为什么?答曰:"知道爱美了,上课总用铅笔杆做她的卷卷头。"美对人来说是一种附加,就像格律对诗词也是一种附加。律诗难做,美人难为,做得好惊天动地,做不好就黄花萎地。玛丽·居里让全世界的女子都知道,她们除了"身世"和"门庭"之外,还有更值钱、更重要的东西。

  1852年斯托夫人写了一本《汤姆叔叔的小屋》,导致了美国南北战争的爆发,林肯说是一个小妇人引发了一场解放黑奴的大革命。比斯托夫人约晚五十年,居里夫人发现了镭,也是一个小妇人引发了一场大革命,科学革命。它直接导致了后来卢瑟夫对原子结构的探秘,导致了原子弹的爆炸,导致了原子时代的到来。更重要的是这项发现的哲学意义。哲学家说事物无时无刻不在变。西方哲人说,人不能两次踏进同一条河流。公元1082年东方哲人苏东坡赤壁望月长叹道:"盖将自其变者而观之,则天地曾不能以一瞬;自其不变者而观之,则物与我皆无尽也。"现在,居里夫人证明镭便是这样"不能以一瞬"而存在的物质,它会自己不停地发光、放热、放出射线,能灼伤人的皮肤,能穿透黑纸使胶片感光,能使空气导电,它刹那间是自己又不是自己。哲理就渗透在每个原子的毛孔里。玛丽·居里几乎在完成这项伟大自然发现的同时也完成了对人生意义的发现。她也在不停地变化着,当工作卓有成效的同时,镭射线也在无声地侵蚀着她的肌体。她美丽健康的容貌在悄悄地隐退,她逐渐变得眼花耳鸣,苍白乏力。而皮埃尔不幸早逝,社会对女性的歧视更加重了她生活和思想上的沉重负担。但她什么也不管,只是默默地工作。她从一个漂亮的小姑娘,一个端庄坚毅的女学者,变成科学教科书里的新名词"放射线",变成物理学的一个新计量单位"居里",变成一条条科学定理,她变成了科学史上一块永远的里程碑。"自其不变者而观之",她得到了永恒。"长恨春归无觅处,不知转入此中来。"就像化学的置换反应一样,她的青春美丽换位到了科学教科书里,换位到了人类文化的史册里。

　　居里夫人的美名从她发现镭那一刻起就流传于世,迄今已经百年,这是她用全部的青春、信念和生命换来的荣誉。她一生共得了10项奖金、16种奖章、107个名誉头衔,特别是两次诺贝尔奖。她本来可以躺在任何一项大奖或任何一个荣誉上尽情地享受,但是她视名利如粪土,她将奖金赠给科研事业和战争中的法国,而将那些奖章送给6岁的小女儿去当玩具。上帝给的美形她都不为所累,尘世给的美誉她又怎肯背负在身呢?凭谁论短长,漫将浮名换了精修细研。她一如既往,埋头工作到六十七岁离开人世,离开了她心爱的实验室。直到她死后四十年,她用过的笔记本里,还有射线在不停地释放。爱因斯坦说:"在所有的世界著名人物当中,玛丽·居里是唯一没有被盛名宠坏的人。"她格物致知①,超形脱俗,知道自己的目标,更知道自己的价值。在一般人要做到这两个自知,排除干扰并终生如一,是很难很难的,但居里夫人做到了。她让我们明白,人有多重价值,是需要多层开发的。有的人止于形,以售其貌;有的人止于勇,而逞其力;有的人止于心,只用其技;有的人达于理,而用其智。诸葛

---

① 格物致知:穷究事物原理,从而获得知识。格,推究;致,求得。

亮戎马一生,气吞吴魏,却不披一甲,不佩一刃;毛泽东指挥军民万众,在战火中打出一个新中国,却从不受军衔,不背枪。大音希声,大道无形,大智之人,不耽于形,不逐于力,不恃于技。他们淡淡地生活,静静地思考,执著地进取,直进到智慧高地,自由地驾驭规律,而永葆一种理性的美丽。

居里夫人就是这样一位挺立在智慧高地的伟人。

1998年9月5日

一、标题是文章的眼睛,优秀的标题应做到传神、别致、简洁。请将下列标题与课文标题相比较,说说它们的优劣。

纪念居里夫人　　　　居里夫人永垂青史　　　　历史不会忘记
现代物理学的开创者　　镭的母亲　　　　　　　　真正的美丽
世间最美的女性　　　　巾帼有英豪　玛丽传千古

二、仔细阅读课文,说说下列语句在文章中的作用。

1. 如果说到女性的名人她就更是非第一莫属了,余后大概还有一个中国的李清照。

2. 莫泊桑在他的名著《项链》中说:"女人并无社会等级,也无种族差异;她们的姿色、风度和妩媚就是她们身世和门庭的标志。"

3. 当时的波兰为沙皇所统治,她每天上学的路上有一座沙皇走狗的雕像,玛丽路过此时,总要狠狠唾上一口,如果哪一天和女伴说话忘记了,就是已走到校门口也要返回来补上。

4. 1852年斯托夫人写了一本《汤姆叔叔的小屋》,导致了美国南北战争的爆发,林肯说是一个小妇人引发了一场解放黑奴的大革命。

5. 诸葛亮戎马一生,气吞吴魏,却不披一甲,不佩一刃;毛泽东指挥军民万众,在战火中打出一个新中国,却从不受军衔,不背枪。

三、搜集其他一些科学家、历史文化名人的事迹,仿照《跨越百年的美丽》,写一写你心目中最崇敬的一位科学家或历史文化名人。

五十二　寻找时传祥①

学习提示

本文是一篇人物通讯，通过讲述已故劳动模范、淘粪工人时传祥的平凡事迹，赞颂了时传祥勤劳朴实、真诚待人的思想品德和爱岗敬业、吃苦耐劳的奉献精神。作者告诉我们，时代在进步，社会在发展，但勤奋工作和真诚待人的本质不能变；现今社会，仍然需要像时传祥那样正直、敬业的人，实实在在干活，本本分分做人。

文章通篇追求一种平实、朴素的语言风格，没有华丽的辞藻，没有过多的修饰，作者将自己激动的情感和理性的思考都隐藏在一种引而不发、含而不露的客观叙述之中。

学习时要思考作者为什么要寻找时传祥，今天我们应该怎样学习时传祥精神。

一

三十六年前，一个人与另一个人握了一次手。

二十六年前，另一个人去了，连真名也不能说；这一个人后来知道了，精神便有些失常，不久便去了。

---

① 节选自1995年5月17日《工人日报》，是该报当时推出的"重访精神高原"系列报道中的一篇，曾获1995年第六届中国新闻奖一等奖。原文共五部分，选入时有删改。时传祥(1915～1975)，山东齐河县人，淘粪工人，全国劳动模范。

② 孙德宏，辽宁盖县人，1962年出生。1985年毕业于东北师大中文系，现任《工人日报》总编辑。

他们死于同一场名叫"文化"的"革命"。

这一个人是个北京淘粪工人,叫时传祥。

另一个人是共和国的主席,叫刘少奇。

二

今天,循着那渐被淡忘了的历史,记者重访时传祥的足迹,探寻他的生前身后。

偌大京城,人海茫茫,人事沧桑。

问起时传祥,一些中学生便摇头,几位大学生也双眼漠然。在崇文门路边,遇到几位老师傅。"时传祥?!"惊讶中便有些激动,接着,就像是述说自己的光荣一样,"知道吗?那时咱北京也有一样'热',那叫'义务淘粪热'!"

"万里、崔月犁副市长跟时传祥背过粪,万里还说自己是时传祥'第一大弟子';当官的、大中学校师生、作家、记者、演员都争着来时传祥清洁队参加义务劳动,连到北京出差的人也以同时传祥一起背一回粪为光荣……知道吗?那会儿来背粪得预约!"可是,很快地,老人们就又有些愤愤地,"嘿!现如今叫什么?谁还理会背粪的……"

在后来的采访中,大凡了解些时传祥的,谈话多是这么"转折"的……

20世纪50年代,淘粪是纯体力活。背在肩上那半人多高的粪桶有十多公斤重,装满了粪便就是五十多公斤。时传祥每天淘完了再背,一天的总重量得有五吨。解放后,时传祥他淘了十七八年粪,基本上没休过节假日,右肩磨出了巴掌大一块又黑又硬的老茧!

他觉得这没什么:"不干好,人家不方便。"花市下四条胡同耿大爷家厕所墙倒了,砖块掉进厕坑。时传祥卷起袖子,用手把砖一块块捞出来,用水冲干净,再把墙头垒好,把厕所清扫干净。

1958年,运粪改用汽车了。时传祥说:"咱要人不等车,车不等人,加快周转,分秒必争。"在他的带动下,原来每人每天平均背粪五十桶,一下子增加到九十三桶,刮风下雨也是一样。

1959年10月26日,时传祥出席了"全国群英会"。这一天,毛泽东、刘少奇、周恩来、朱德等领导人接见了代表们,刘少奇紧紧握着他的手:"你们干劲可真足啊!再加把劲,把全市的清洁工人都带动起来嘛。"刘少奇从自己口袋里摘下一支"英雄"铂金笔,送给时传祥,"你当清洁工人是人民的勤务员,我当主席也是人民的勤务员……"

很快,一张国家主席与淘粪工人诚挚交谈的照片传遍了大江南北。于是就有了"淘粪热"。

1964年12月,时传祥当选为第三届全国人大代表。1965年国庆,时传祥被推选为北京市观礼团副团长,登上天安门城楼。

解放前也背了十几年粪,却经常挨打挨骂吃不饱的时传祥动情了。至今,他的儿女们还清楚地记得,爸爸当年讲起周总理给他夹菜劝饭这一往事时的口气和眼神……

三

后来,便赶上了那个动荡的年月。

背了大半辈子粪的时传祥,因与被污蔑为"工贼"的共和国主席握过手,便也成了"工贼"。

挨打、挨骂、吃不饱又成了时传祥的生活。1971年,他带着一身病痛,被遣送回解放前他揣着几块糠饼子、步行十三天来京的山东老家。

淳朴的乡亲不认为他是什么"工贼"。几十年后,老家的农民大爷还记忆犹新:"那才叫真正的好人哪!五六十年代,哪天早晨起来,看到村里大道被扫得干干净净,乡亲们就知道,准是时传祥回家了。"

可是,这次回家时传祥却扫不动了。

1972年10月26日,一直半昏迷的时传祥竟变得很激动。他让老伴把院门、屋门都插上,又让做几样"好菜",翻箱倒柜找出半瓶薯干酒。他要敬十三年前这一天握过他手的刘主席一杯:"就冲他能看得起俺这个淘大粪的,俺就到死也不信他是个坏人!"

真挚、朴实的人格没能战胜那个是非颠倒的年代。

1973年春节,时传祥听到刘主席已逝世,便精神失常了。两年后的5月19日,他也走了,时年六十岁。

四

采访时传祥老伴崔秀庭是在一天傍晚。老人住着挺宽敞的三居室,她指着去年春节时七十三岁的王光美来看她的合影,便说起了李瑞环、倪志福等时常来看她的事,然后就一定要记者在她家吃饭。家里除一台电视机外,再也看不到还有什么值钱的东西。这位解放前因老板不让时传祥回家,便抱着大公鸡"拜堂"的老人头脑极清楚,但也说不出什么"闪光"的话,多是看着儿女们与记者谈。当听到要写时传祥,老人就挺激动,同时也有些黯然:"现在实实在在干活,本本分分做人还时兴吗?你写劳模还有人看吗?"

记者默然。

几天前,记者与几位挺有身份的人士聊天,有人问:"忙什么?""在写时传祥。"大家就笑。后来其中一人单独对记者说:"现在赚钱再多的人,内心深处也都有一种感慨——大家都能像时传祥那样正直、敬业、实在,该多好!"

思考与练习

一、作者为什么要寻找时传祥?这篇人物通讯,它是通过哪些典型事例来表现时传祥正直、敬业、实在、本分的?

二、课文语言朴实却在不经意间给人震撼,阅读下列包含"机锋"的语句,谈谈你的认识。

1. 在后来的采访中,大凡了解时传祥的,说话多是这么"转折"。

2. 他让老伴把院门、屋门都插上,又让做几样"好菜",翻箱倒柜找出半瓶薯干酒。

3. 当听到要写时传祥时,老人就挺激动,同时也有些黯然:"现在实实在在干活,本本分分做人还时兴吗?你写劳模还有人看吗?"

三、阅读课文第三部分,回答问题:

1. "现在实实在在干活,本本分分做人还时兴吗?你写劳模还有人看吗?"句中用了什么修辞手法,表达了时传祥老伴什么样的心情?

2. "有人问:'忙什么?''在写时传祥。'大家就笑。"请你猜测一下"笑"的内容。

3. 怎样理解时传祥妻子的"黯然"和记者的"默然"?

4. 文章最后一个自然段有什么作用?

5. 时传祥有什么人格魅力?你从周围人的身上能找到时传祥精神吗?试举例说明。

五十三　金岳霖先生①

汪曾祺②

> **学习提示**
>
> 　　这是一篇回忆性散文。散文形散而神不散，作者选取了一些看似琐细的生活细节，写出了一位满腹经纶的哲学大师天真、率直、热爱生活的动人形象，读来令人感到可亲可敬、趣味盎然。文章语言平实自然，简洁而畅达的文风凝聚在字里行间，使整篇文章读来清新自然，可以拂去世间的浮躁之气，能够荡涤人们的心灵。
>
> 　　学习时要思考作者是怎样捕捉最能表现人物性格的生活细节，展现这位哲学大师真实自然的人性美的，在西南联大，金岳霖为什么能够快乐地教书，有趣地上课。

　　西南联大③有许多很有趣的教授，金岳霖先生是其中的一位。金先生是我的老师沈从文④先生的好朋友。沈先生当面和背后都称他为"老金"。大概时常来往的熟朋友都这样称呼他。关于金先生的事，有一些是沈先生告诉我的。

---

① 选自《草木春秋·汪曾祺散文集》（作家出版社2005年版）。金岳霖（1895～1984），字龙荪，著名哲学家、逻辑学家。

② 汪曾祺（1920～1997），江苏高邮人，当代著名作家、散文家、戏剧家、京派小说的传人，被称为"中国最后一个士大夫"，代表作有《大淖事》《受戒》等。

③ 西南联大：即国立西南联合大学。1937年抗日战争爆发，北京大学、清华大学、南开大学先迁至湖南长沙，组成长沙临时大学，1938年4月又西迁昆明，改称国立西南联合大学，是当时规模最大的高等学府。抗战胜利后，西南联大于1946年5月4日解散，三校分别迁回北京、天津复校。原师范学院留昆明独立设校，改称昆明师范学院，1984年更名为云南师范大学。

④ 沈从文（1902～1988），原名沈岳焕，字崇文。湖南凤凰人。现代著名作家、历史文物研究家、京派小说代表人物。代表作有《边城》《中国丝绸图案》等。

我在《沈从文先生在西南联大》一文中提到过金先生。有些事情在那篇文章里没有写进,觉得还应该写一写。

金先生的样子有点怪。他常年戴着一顶呢帽,进教室也不脱下。每一学年开始,给新的一班学生上课,他的第一句话总是:"我的眼睛有毛病,不能摘帽子,并不是对你们不尊重,请原谅。"他的眼睛有什么病,我不知道,只知道怕阳光。因此他的呢帽的前檐压得比较低,脑袋总是微微地仰着。他后来配了一副眼镜,这副眼镜一只的镜片是白的,一只是黑的。这就更怪了。后来在美国讲学期间把眼睛治好了,—— 好一些,眼镜也换了,但那微微仰着脑袋的姿态一直还没有改变。他身材相当高大,经常穿一件烟草黄色的麂皮夹克,天冷了就在里面围一条很长的驼色的羊绒围巾。联大的教授穿衣服是各色各样的。闻一多先生有一阵穿一件式样过时的灰色旧夹袍,是一个亲戚送给他的,领子很高,袖口极窄。联大有一次在龙云的长子、蒋介石的干儿子龙绳武家里开校友会,——龙云的长媳是清华校友,闻先生在会上大骂"蒋介石,王八蛋!混蛋!"那天穿的就是这件高领窄袖的旧夹袍。朱自清先生有一阵披着一件云南赶马人穿的蓝色毡子的一口钟。除了体育教员,教授里穿夹克的,好像只有金先生一个人。他的眼神即使是到美国治了后也还是不大好,走起路来有点深一脚浅一脚。他就这样穿着黄夹克,微仰着脑袋,深一脚浅一脚地在联大新校舍的一条土路上走着。

金先生教逻辑。逻辑是西南联大规定文学院一年级学生的必修课,班上学生很多,上课在大教室,坐得满满的。在中学里没有听说有逻辑这门学问,大一的学生对这课很有兴趣。金先生上课有时要提问,那么多的学生,他不能都叫得上名字来,——联大是没有点名册的。他有时一上课就宣布:"今天,穿红毛衣的女同学回答问题。"于是所有穿红毛衣的女同学就都有点紧张,又有点兴奋。那时联大女生在蓝阴丹士林旗袍外面套一件红毛衣成了一种风气。——穿蓝毛衣、黄毛衣的极少。问题回答得流利清楚,也是件出风头的事。金先生很注意地听着,完了,说:"Yes! 请坐!"

学生也可以提出问题,请金先生解答。学生提的问题深浅不一,金先生有问必答,很耐心。有一个华侨同学叫林国达,操广东普通话,最爱提问题,问题大都奇奇怪怪。他大概觉得逻辑这门学问是挺"玄"的,应该提点怪问题。有一次他又站起来提了一个怪问题,金先生想了一想,说:"林国达同学,我问你一个问题:'Mr. 林国达 is perpenticular to the blackboard(林国达君垂直于黑板)',这什么意思?"林国达傻了。林国达当然无法垂直于黑板,但这句话在逻辑上没有错误。

林国达游泳淹死了。金先生上课,说:"林国达死了,很不幸。"这一堂课,金先生一直没有笑容。

有一个同学,大概是陈蕴珍,即萧珊,曾问过金先生:"您为什么要搞逻辑?"逻辑课的前一半讲三段论,大前提、小前提、结论、周延、不周延、归纳、演绎……还比较有意思。后半部全是符号,简直像高等数学。她的意思是:这种学问多么枯燥!金先生的回答是:"我觉得它很好玩。"

除了文学院大一学生必修逻辑,金先生还开了一门"符号逻辑",是选修课。这门学问对我来说简直是天书。选这门课的人很少,教室里只有几个人。学生里最突出的是王浩。金先生讲着讲着,有时会停下来,问:"王浩,你以为如何?"这堂课就成了他们师生二人的对话。王浩现在在美国。前些年写了一篇关于金先生的较长的文章,大概是论金先生之学的,我没有见到。

王浩和我是相当熟的。他有个要好的朋友王景鹤,和我同在昆明黄土坡一个中学教学,王浩常来玩。来了,常打篮球。大都是吃了午饭就打。王浩管吃了饭就打球叫"练盲肠"。王浩的相貌颇"土",脑袋很大,剪了一个光头,——联大同学剪光头的很少,说话带山东口音。他现在成了洋人——美籍华人,国际知名的学者,我实在想象不出他现在是什么样子。前年他回国讲学,托一个同学要我给他画一张画。我给他画了几个青头菌、牛肝菌,一根大葱,两头蒜,还有一块很大的宣威火腿。——火腿是很少入画的。我在画上题了几句话,有一句是"以慰王浩异国乡情"。王浩的学问,原来是师承金先生的。一个人一生哪怕只教出一个好学生,也值得了。当然,金先生的好学生不止一个人。

金先生是研究哲学的,但是他看了很多小说。从普鲁斯特①到福尔摩斯,都看。听说他很爱看平江不肖生②的《江湖奇侠传》。有几个联大同学住在金鸡巷,陈蕴珍、王藏、刘北汜、施载宣(萧荻)。楼上有一间小客厅,沈先生有时拉一个熟人去给少数爱好文学、写写东西的同学讲一点什么。金先生有一次也被拉了去。他讲的题目是《小说和哲学》。题目是沈先生给他出的。大家以为金先生一定会讲出一番道理。不料金先生讲了半天,结论却是:小说和哲学没有关系。有人问:那么《红楼梦》呢?金先生说:"《红楼梦》里的哲学不是哲学。"他讲着讲着,忽然停下来:"对不起,我这里有个小动物。"他把右手伸进后脖颈,捉出了一个跳蚤,捏在手指里看看,甚为得意。

金先生是个单身汉(联大教授里不少光棍,杨振声先生曾写过一篇游戏文章《释鳏》,在教授间传阅),无儿无女,但是过得自得其乐。他养了一只很大的

---

① 普鲁斯特(1871～1922):法国 20 世纪小说家,意识流小说大师,有代表作《追忆似水年华》。
② 平江不肖生:本名向恺然(1889～1957),湖南平江人,现代著名武侠小说家、武术活动家。

斗鸡(云南出斗鸡)。这只斗鸡能把脖子伸上来,和金先生一个桌子吃饭。他到处搜罗大梨、大石榴,拿去和别的教授的孩子比赛。比输了,就把梨或石榴送给他的小朋友,他再去买。

金先生朋友很多,除了哲学家的教授外,时常来往的,据我所知,有梁思成、林徽因夫妇,沈从文,张奚若……君子之交淡如水,坐定之后,清茶一杯,闲话片刻而已。金先生对林徽因的谈吐才华,十分欣赏。现在的年轻人多不知道林徽因。她是学建筑的,但是对文学的趣味极高,精于鉴赏,所写的诗和小说如《窗子以外》、《九十九度中》风格清新,一时无二。林徽因死后,有一年,金先生在北京饭店请了一次客,老朋友收到通知,都纳闷:老金为什么请客?到了之后,金先生才宣布:"今天是徽因的生日。"

金先生晚年深居简出。毛主席曾经对他说:"你要接触接触社会。"金先生已经八十岁了,怎么接触社会呢?他就和一个蹬平板三轮车的约好,每天蹬着他到王府井一带转一大圈。我想象金先生坐在平板三轮上东张西望,那情景一定非常有趣。王府井人挤人,熙熙攘攘,谁也不会知道这位东张西望的老人是一位一肚子学问,为人天真、热爱生活的大哲学家。

金先生治学精深,而著作不多。除了一本大学丛书里的《逻辑》,我所知道的,还有一本《论道》。其余还有什么,我不清楚,须问王浩。

我对金先生所知甚少。希望熟知金先生的人把金先生好好写一写。

联大的许多教授都应该有人好好地写一写。

1987年2月23日

思考与练习

一、作者写金岳霖先生选用了哪些材料?写出了他怎样的个性?有哪一处或几处描写给你的印象最深刻?把你的分析对同学说一说。

二、作者是怎样描写金先生的外貌的?在写具体事件之前进行这些外貌描写有何作用?

三、作者为了使文章生动活泼,写人时用了什么笔法?文章在剪裁布局方面有什么特点?作者主要写金先生,为什么还要提到沈从文先生以及王浩、林国达等同学的事情?

四、仿照本文,从外貌、教学和生活等方面入手写一位你身边的老师。

五十四 哭小弟[①]

宗 璞[②]

这是一篇蘸着泪水写成的悼念性文章,文中的小弟是积劳成疾、英年早逝的我国飞机结构强度专家冯钟越。作者哭小弟,也哭他们那一代"迟开而早谢"、壮志难酬的知识分子,赞美他们对事业无私奉献的可贵精神。

文章结构新颖独特。作者把小弟的一生事迹和病逝经过,切割成许多点和块,再以回忆和怀念为引线,将它们组合成各种材料交叉、抒情与叙述并用、现实与追忆交相往复的有机整体,充分表达出作者写作时心乱如麻、难以自已的痛楚之情。

学习本文将多方面的材料切成块状、交叉垒积的结构方法;掌握细节描写对刻画人物性格的作用;领会文章感情之真挚、语言之细腻。

我面前摆着一张名片,是小弟前年出国考察时用的。名片依旧,小弟却再也不能用它了。

小弟去了。小弟去的地方是千古哲人揣摩不透的地方,是各种宗教企图描绘的地方,也是每个人都会去,而且不能回来的地方。但是现在怎么能轮得到小弟!他刚五十岁,正是精力充沛,积累了丰富的学识经验,大有作为的时

---

① 选自《大学语文》(华东师范大学出版社1996年版)。
② 宗璞(1928～),原名冯钟璞,生于北京,擅长写散文、小说的女作家。主要作品有中篇小说《三生石》、《风庐童话》,散文集《丁香结》,长篇小说《野葫芦引》第一卷《南渡记》等,文笔优美,以抒情见长。

候,有多少事等他去做呵!医院发现他的肿瘤已相当大,需要立即做手术,他还想去参加一个技术讨论会,问能不能开完会再来。他在手术后休养期间,仍在看研究所里的科研论文,还做些小翻译。直到卧床不起,他手边还留着几份国际航空材料,总是"想再看看"。他也并不全想的是工作,已是滴水不进时,他忽然说想吃虾,要对虾。他想活,他想活下去呵!

可是他去了,过早地去了。这一年多,从他生病到逝世,真像是个梦,是个永远不能令人相信的梦。我总觉得他还会回来,从我们那冬夏一律显得十分荒凉的后院走到我窗下,叫一声"小姊——"。

可是他去了,过早地永远地去了。

我长小弟三岁。从我有比较完整的记忆起,生活里便有我的弟弟,一个胖胖的、可爱的小弟弟,跟在我身后。他虽然小,可是在玩耍时,他常常当老师,照顾着小朋友,让大家坐好,他站着上课,那神色真是庄严。他虽然小,在昆明的冬天里,孩子们都怕生冻疮,都怕用冷水洗脸,他却一点不怕。他站在山泉边,捧着一个大盆的样子,至今还十分清晰地在我眼前。

"小姊,你看,我先洗!"他高兴地叫道。

在泉水缓缓地流淌中,我们从小学、中学而大学,大部分时间都在一个学校。毕业后就各奔前程了。不知不觉间,听到人家称小弟为强度专家;不知不觉间,他担任了总工程师的职务。在那动荡不安的年月里,很难想象一个人的将来。这几年,父亲①和我倒是常谈到,只要环境许可,小弟是会为国家做出点实际的事的。却不料,本是最年幼的他,竟先我们而离去了。

去年夏天,得知他患病后,因为无法得到更好的治疗,我于八月二十日到西安。记得有一辆坐满了人的车来接我。我当时奇怪何以如此兴师动众,原来他们都是去看小弟的。到医院后,有人进病房握手,有人只在房门口默默地站一站。他们怕打扰病人,但他们一定得来看一眼。

手术时,有航空科学研究院、623所、631所的代表、弟妹、侄女和我在手术室外;还有一辆轿车在医院门口。车里有许多人等着,他们一定要等着,准备随时献血。小弟如果需要把全身的血都换过,他的同志们也会给他。但是一切都没有用。肿瘤取出来了,有一个半成人的拳头大,一面已经坏死。我忽然觉得一阵胸闷,几乎透不过气来——这是在穷乡僻壤为祖国贡献着才华、血汗和生命的人呵,怎么能让这致命的东西在他身体里长到这样大!

我知道在这黄土高原上生活的艰苦,也知道住在这黄土高原上的人工作之劳累,还可以想象每一点工作的进展都要经过十分恼人的迂回曲折。但我

---

① 父亲:冯友兰(1895~1990),字芝生,河南唐河人,现当代著名哲学家、哲学史家、教育家。

没有想到,小弟不但生活在这里,战斗在这里,而且把性命交付在这里了。他手术后回京在家休养,不到半年,就复发了。

那一段焦急的悲痛的日子,我不忍写,也不能写。每一念及,便泪下如绠①,纸上一片模糊。记得每次看病,候诊室里都像公共汽车上一样拥挤,等呵等呵,盼呵盼呵,我们知道病情不可逆转,只希望能延长时间,也许会有新的办法。航空界从莫文祥②同志起,还有空军领导同志都极关心他,各个方面包括医务界的朋友们也曾热情相助,我还往海外求医。然而错过了治疗时机,药物再难奏效。曾有个别的医生不耐烦地当面对小弟说,治不好了,要他"回陕西去"。小弟说起这话时仍然面带笑容,毫不介意。他始终没有失去信心,他始终没有丧失生的愿望,他还没有累够。

小弟生于北京,一九五二年从清华大学航空系毕业。他填志愿到西南,后来分配在东北,以后又调到成都,调到陕西。虽然他的血没有流在祖国的土地上,但他的汗水洒遍全国,他的精力的一点一滴都献给祖国的航空事业了。个人的功绩总是有限的,也许燃尽了自己,也不能给人一点光亮,可总是为以后的绚烂的光辉做了一点积累吧。我不大明白各种工业的复杂性,但我明白,任何事业也不是只坐在北京就能够建树的。

我曾经非常希望小弟调回北京,分我侍奉老父的重担。他是儿子,三十年在外奔波,他不该尽些家庭的责任吗?多年来,家里有什么事,大家都会这样说:"等小弟回来","问小弟"。有时只要想到有他可问,也就安心了。现在还怎能得到这样的心安?风烛残年的父亲想儿子,尤其这几年母亲去世后,他的思念是深的,苦的,我知道,虽然他不说,现在他永远失去他的最宝贝的小儿子了。我还曾希望在我自己走到人生的尽头,跨过那一道痛苦的门槛时,身旁的亲人中能有我的弟弟,他素来的可倚可靠会给我安慰。

哪里知道,却是他先迈过了那道门槛呵!

一九八二年十月二十八日上午七时,他去了。

这一天本在意料之中,可是我怎能相信这是事实呢!他躺在那里,但他已经不是他了,已经不是我那正当盛年的弟弟,他再不会回答我们的呼唤,再不会劝阻我们的哭泣。你到哪里去了,小弟!自一九七四年沅君③姑母逝世起,我家屡遭丧事,而这一次小弟的远去最是违反常规,令人难以接受!我还不得不把这消息告诉当时也在住院的老父,因为我无法回答他每天的第一句问话:

---

① 泪下如绠(gěng):泪水下流,多而不断。绠,汲水用的绳索。
② 莫文祥:曾任航空工业部部长。
③ 沅君:冯沅君(1900~1974),原名冯恭兰,现代女作家,古典文学研究专家。

"今天小弟怎么样?"我必须告诉他,这是我的责任。再没有弟弟可以依靠了,再不能指望他来分担我的责任了。

父亲为他写挽联:"是好党员,是好干部,壮志未酬,洒泪岂只为家痛;能娴科技,能娴艺文,全才罕遇,招魂也难再归来!"我那惟一的弟弟,永远地离去了。

他是积劳成疾,也是积郁成疾,他一天三段紧张地工作,参加各式各样的会议。每有大型试验,他事先检查到每一个螺丝钉、每一块胶布。他是三机部科技委员会委员,他曾有远见地提出多种型号研究。有一项他任主任工程师的课题研制获国防工办和三机部科技一等奖。同时他也是623所党委委员,需要在会议桌上坦率而又让人能接受地说出自己对各种事情的意见。我常想,能够"双肩挑",是我们五十年代到六十年代初期出来的知识分子的特点。我们是在"又红又专"的要求下长大的。当然,有的人永远也没有能达到要求,像我。大多数人则挑起过重的担子,在崎岖的、荆棘丛生的、有时是此路不通的山路上行走。那几年的批判斗争是有远期效果的。他们不只是生活艰苦,过于劳累,还要担惊受怕,心里塞满想不通的事,谁又能经受得起呢!

小弟入医院前,正负责组织航空工业部系统的一个课题组,他任主任工程师。他的一个同志写信给我说,一九八一年夏天,西安一带出奇的热,几乎所有的人晚上都到室外乘凉,只有"我们的老冯"坚持伏案看资料,"有一天晚上,我去他家汇报工作,得知他经常胃痛,有时从睡眠中痛醒,工作中有时会痛得大汗淋漓,挺一会儿,又接着做了。天呵!谁又知道这是癌症!我只淡淡地说该上医院看看。回想起来,我心里很内疚,我对不起老冯,也对不起您!"

这位不相识的好同志的话使我痛哭失声!我也恨自己,恨自己没有早想到癌症对我们家族的威胁,即使没有任何症状,也该定期检查。云山阻隔,我一直以为小弟是健康的。其实他早感不适,已去过他该去的医疗单位。区一级的说是胃下垂,县一级的说是肾游走。以小弟之为人,当然不会大惊小怪,惊动大家。后来在弟妹的催促下,乘工作之便到西安检查,才做手术。如果早一年有正确的诊断和治疗,小弟还可以再为祖国工作二十年!

往者已矣。小弟一生,从没有"埋怨"过谁,也没有"埋怨"过自己,这是他的美德之一。他在病中写的诗中有两句:"回首悠悠无恨事,丹心一片向将来。"他没有恨事。他虽无可以彪炳史册的丰功伟绩,却有一个普通人的认真的、勤奋的一生。历史正是由这些人写成的。

小弟白面长身,美丰仪;喜文艺,娴诗词;且工书法篆刻。父亲在挽联中说他是"全才罕遇",实非夸张。如果他有三次生命,他的多方面的才能和精力也是用不完的;可就这一辈子,也没有得以充分地发挥和施展。他病危弥留的时间很长,他那颗丹心,那颗让祖国飞起来的丹心,顽强地跳动,不肯停息。他不甘心!

这样壮志未酬的人,不只他一个呵!

我哭小弟,哭他在剧痛中还拿着那本航空资料"想再看看",哭他的"胃下垂"、"肾游走";我也哭蒋筑英抱病奔波,客殇成都①;我也哭罗健夫②不肯一个人坐一辆汽车!我还要哭那些没有见诸报章的过早离去的我的同辈人。他们几经雪欺霜冻,好不容易奋斗着张开几片花瓣,尚未盛开,就骤然凋谢。我哭我们这迟开而早谢的一代人!

已经是迟开了,让这些迟开的花朵尽可能延长他们的光彩吧。

这些天,读到许多关于这方面的文章,也读到了《痛惜之余的愿望》,稍得安慰。我盼"愿望"能成为事实。我想需要"痛惜"的事应该是越来越少了。

小弟,我不哭!

1982年11月

思考与练习

一、作者引用了父亲写给小弟的挽联:"是好党员,是好干部,壮志未酬,洒泪岂只为家痛;能娴科技,能娴艺文,全才罕遇,招魂也难再归来!"这是对小弟一生的概括。认真品读课文,从中找出小弟符合这副挽联内容的事迹。

二、说说小弟得病早逝的原因是什么,从中可以看到像小弟这样的知识分子怎样的品质。想一想,作者由此给我们提出了一个怎样的社会问题?

三、阅读下面一段文字,并回答问题:

我哭小弟,哭他在剧痛中还拿着那本航空资料"想再看看",哭他的"胃下垂"、"肾游走";我也哭蒋筑英抱病奔波,客殇成都;我也哭罗健夫不肯一个人坐一辆汽车!我还要哭那些没有见诸报章的过早离去的我的同辈人。他们几经雪欺霜冻,好不容易奋斗着张开几片花瓣,尚未盛开,就骤然凋谢。我哭我们这迟开而早谢的一代人!

1.本文是哭小弟的,这里为什么又要哭蒋筑英和罗健夫?

2.在这段文字中,作者用了什么修辞手法?使用了什么样的表达方式?

3.文章题为《哭小弟》,但正文中的"哭"字不过十个,这段话却一连串地集中出现了七个,这样写的作用是什么?

四、这篇文章的主题是什么?在文章结尾处作者说的"小弟,我不哭"有什么深刻含义?

---

① 客殇(shāng)成都:客死在成都。1982年6月15日,光学专家蒋筑英在去成都出差时因急病去世,年仅43岁。殇,未成年而死。这里是英年早逝的意思。

② 罗健夫:电子专家,全国劳模,被誉为"中国式的保尔",病逝时年仅47岁。

五十五　珠穆朗玛墓地①

夏　林

学习提示

  本文是一篇新闻特写，充满了激情和哲理，文笔优美，发人深思，表达了作者对虽败犹荣的登山勇士们的崇敬之情。一代接一代的登山者把征服珠峰、挑战自我当成了自己永恒的事业，他们的不怕挫折、不懈追求的勇气和精神，给了我们巨大的精神力量。
  阅读本文，要注意学习作者将叙述、描写、议论、抒情等表达方式熔于一炉的写法，注意寓情于景的环境描写在主题表达上的作用，认真朗读并揣摩那些写景抒情、富于哲理的语句，体会字里行间传达出的真挚情感。

  一切都沉进远古洪荒的宁静里，连来路上的淙淙水声，也在这儿悄然凝冻。绒布冰川伸出幽蓝的冰舌，透出喜马拉雅雪山的阵阵寒意。冰川风逞威的前方，伟岸的珠峰肃然矗立，遮没了半壁南天。
  这里是海拔5100米的珠穆朗玛登山营地。春天的登山季节过去了，昙花一现般布满石滩的尼龙帐篷，已经杳无踪影，只留下堆堆锈蚀的罐头盒。空旷的营地，巨大的漂砾，皑皑白雪，一片死气沉沉的荒凉。
  我站在人间真正的边缘，一股凉透骨髓的孤独感漫过周身。就在这时，我看到了这片冷寂的墓地。
  从没听谁说过这块墓地，在这世界最高的地方。它极不显眼，距登山营地

---
① 选自新华社1988年6月23日电。

仅咫尺之遥,不到近前也难看出来,粗粝的冰碛石垒堆成一排排坟茔,风雪剥落的黑色片岩权当墓碑,上面落满白色的野鸽粪。帐篷钉凿刻的简短碑文,都是各国登山遇难者的名字,时间跨度已近半个世纪。

"1975年　邬宗岳之碑"

"1982年　日本登山队宗部明之碑"

"TO TONY

DIED 3 APRIL 1984

ON MY. QOMOLANG－MA

FRIEND AND MOUN－TAINEER"

……

这只是一座座象征性的空墓,在可怕的滑坠和骇人的雪崩中,遇难者已永远留在了那大山的雪谷冰渊里,连遗体也找不回来了。一座座石冢里,埋藏着一个个失败者的故事。

还有比这更悲凉的故事吗?登上顶峰的同伴队友成了举世瞩目的英雄,他们却默默僵卧在冰雪里,被人遗忘了。他们进山就再没回来,没能见到亲人捧上的鲜花,冒着泡沫的香槟。靠着电视荧屏和报刊版面才对登山运动略知一二的人们,有谁知道珠峰脚下,还有这么一片孤零零的坟茔?

我站起身来,瞥见那座高踞天际的金字塔形雪峰,我看到了一场夕阳西下时的大自然的盛典:

斜辉瀑布似的光扇正缓缓抬升,在银光闪烁的珠穆朗玛主峰上分割着夜与昼。苍莽大地沉没进暮霭的阴影中,唯有珠峰之巅,在晚涛般仰着的群山之上,幻成一个亮晶晶的梦,仿佛宇宙把它的全部光华,在这一瞬间都倾泻在地球最高的锥体上。那条令多少登山者梦魂牵绕的旗云,袅袅地从峰顶向东伸展开。云雾缭绕之中,耸峙的雪山愈发显得神秘。

回头看去,墓地却在夜色中黯淡了,连碑文都模糊不清,与峰顶的辉煌恰成映照,有如一幅高调照片那样反差强烈,令人震惊。

我懂了,这就是喜马拉雅登山运动。我为自己最初的怜悯之情深感羞惭。

攀登这座人间最高峰的人也大都失败了。自从1921年英国探险队试图征服珠峰以来,各国登山者就饱尝了失败的折磨,有近百人在这条登山路上走到了生命的尽头。但是,他们毕竟向珠峰、也向自己的生理和心理的极限发动挑战,背负行囊、脚踏钉齿,走进了风雪弥漫的喜马拉雅山,没有因惧怕失败而踟蹰不前,宁愿历险也不甘庸闲。他们个人虽身遭不测,可人类不是终究征服了珠峰吗!

攀越就要冒险,冒险就难免失败。但一代接一代不懈追求的勇气和精神,却远比一次短暂的胜利更接近永恒。

人与自然相搏的千年史,就凝聚在这片空墓的碑文之间。

噢,珠穆朗玛,你这人类居住的星球上的第一峰。你高峻、严酷。你使怯懦的灵魂惊悸,你对勇士却有永恒的诱惑。只有真正的强者,才配与你为伍!

怪不得登山者出发的营地,就紧傍着遇险者长眠的墓地。

勇敢,是勇敢者的墓志铭。

思考与练习

一、作者最初看到珠峰墓地时感觉怎样?后来又为何"为自己最初的怜悯之情感到羞惭"?这篇课文的主题是什么?

二、通读课文,回答问题:

1. 珠穆朗玛登山营地的环境怎样?
2. 登山遇难者的墓地有什么特点?
3. 作者对沉睡在珠峰的登山者有着看似矛盾的称呼:既称他们为"失败者",又称他们为"强者"、"勇敢者",说说你的理解。

三、这篇文章语言准确、精练,富于哲理,请从文中找出几处这样的语句加以欣赏。

应用写作八　调查报告

范例

同舟共济　银企共赢①
——锦州银行"百千万工程"活动调查报告

自2007年9月份以来,锦州银行启动了以"予我一粒种子,还您一片绿荫"为主题的"百千万工程"活动,即用两到三年时间,通过信贷扶持、市场信息和理财服务等手段,重点支持一百家小企业、一千个小门点、一万名下岗人员。这是一项惠民工程,在当地乃至全省和全国产生了积极的反响。在2007年和2008年,锦州银行两度被评为全国支持中小企业发展十佳商业银行。

如今,这项活动已经开展近一年半了,他们在具体工作中有哪些创新?取得了哪些成果?通过调查了解,笔者看到他们的工作正在向纵深推进,"百千万工程"的成果已经显现。特别是在全球金融危机日益加重面前,他们的这种做

---

① 来源:中国金融网,作者:肖德臣、李相军,有删改。

法,为我们应对危机、扩大内需、确保增长、促进稳定提供了有益尝试。

一、服务社会、造福家乡的理念,为"百千万工程"奠定了思想基础

锦州是辽西沿海城市群的中心城市。据2007年统计,全市地区生产总值为586亿元,城市居民人均可支配收入11686元,年销售收入500万元以下的小企业2500多家,个体工商户41000多户,下岗失业者达到74000多人。几年来,尽管各家银行给予地方经济发展很大支持,但是中小企业融资难,下岗失业职工就业难的问题十分普遍,成为制约该市经济发展的"瓶颈",并影响着社会的稳定。锦州银行是一家在金融体制改革大潮中诞生的城市商业银行,十多年来,他们坚持开放创新、拼搏进取,迅速崛起。到2007年存款余额达到238.4亿元,经营规模、贷款质量、盈利水平都排在省市同行业的前列,为锦州经济发展作出了突出贡献。

为更好地诠释"家乡银行服务家乡人民"的经营理念,回报广大客户多年来的支持与厚爱,让更多的百姓共同分享发展的成果,锦州银行针对中小企业融资难和下岗职工就业难这两个社会问题,经过精心准备,周密部署,"百千万工程"方案出炉,并于2007年9月12日召开了启动动员大会。力求为构建和谐社会,造福家乡人民,建设滨海新锦州尽到更多、更好的社会责任。

为推介"百千万工程",锦州银行利用电视台、电台、报纸、大型户外广告牌、宣传手册等各类媒体连续进行宣传,使百姓"听得到、看得见、摸得着",做到了家喻户晓。

二、操作务实、管理到位的作风,为"百千万工程"增添了工作动力

为确保"百千万工程"有序进行,锦州银行先后制定了《"百千万工程"实施方案》、《"百千万工程"支持小企业、小门点客户暂行办法》、《"百千万工程"支持下岗职工客户暂行办法》等内控规章。在具体操作过程中做到了"四个明确":

一是明确了"百千万工程"客户贷款条件。比如,要拥有营业执照或下岗证,依法经营、诚实守信、无不良信用记录等。

二是明确了贷款额度、期限、利率及担保。符合条件的小企业可获最高50万元、期限1年以内的流动资金担保贷款,小门点可获最高20万元、期限1年以内的流动资金担保贷款,下岗职工可获最高2万元、期限2年以内的担保贷款,上述贷款均可享受优惠贷款利率,担保可采用不动产抵押、存单或存货质押、保证等方式,对特别优秀客户也可发放个人保证贷款。

三是明确了贷款申请与审查程序。对借款申请资料要件和内容予以详细规定,明确受理行审查要点和流程,总行开辟"百千万工程"绿色审批通道,成立专门机构、设立专人进行办理,审批时间最长不超过7天。

四是明确了日常管理内容。总行对"百千万工程"单独统计、统一监测,各支行进行贷后跟踪检查,及时获取客户信息,对风险做到及时发现、及时处置。对信誉好的客户给予更加优惠的信贷扶持政策。

此外,该行在贷款支持的同时,还采取信息支持,通过与市劳动就业中心联

手,为"百千万工程"的下岗职工客户免费提供就业信息,利用现有企业客户资源,免费推荐就业岗位。

三、加强领导、明确责任的举措,为"百千万工程"提供了组织保证

首先,健全了领导小组。为确保"百千万工程"的顺利实施,锦州银行成立了由董事长、行长张伟任组长的领导小组,二位分管行长任副组长,市场部、研发部、信贷管理部负责人为成员,负责全面领导工程的实施工作。领导小组办公室设在市场部,负责制定各项方案、实施细则及检查考核工作。同时,各支行也分别设立领导小组和办公室,并实行日报表、周例会、月总结制度,各营业厅设有专门接待处,指定专人负责业务咨询、登记、客户信息整理。

其次,加强了具体指导。总行领导和机关拿出1/3的时间下基层调查研究,及时解决遇到的问题,传授走访市场、组织宣传活动的经验和感受。2007年9月21日,行长张伟组织召开部分支行行长和相关部室主任参加的座谈会,在听取大家的意见和建议后提出了包括确定工作对象、建立目标客户资料档案等在内的多项具体要求。

第三,注重了跟踪问效。为全面掌握"百千万工程"活动开展情况,张伟在"十一"假期和工作之余,多次走访街边店铺,在五个小门点建立了定期联系点,并经常宣传"百千万工程",了解经营者的经营情况、发展规划等,帮助其出谋划策,指导其制订资金使用计划。总行领导班子其他成员、机关部室主任、支行行长也都把走访小企业、小门点,寻找可帮扶的商户和下岗家庭作为分内的工作来做。员工更是带着真诚的感情走访、接待、登记、办理,并为每个获得"百千万工程"支持的客户制作了"百千万工程重点支持单位"的牌子挂在店内。一个牌子就是对一个客户的支持和承诺,就是一个客户对锦州银行的认可和感激。

第四,注重了推广典型。为把"百千万工程"活动引向深入,他们组织总行机关干部深入基层,认真调研,及时总结好的经验和做法。2007年11月30日,锦州银行召开"百千万工程"经验交流会,上海路等六家支行介绍了经验。2008年3月,锦州银行召开"百千万工程"活动形势分析会,肯定了成绩,指出了不足,明确了方向。并对6个先进集体、28个先进个人进行了表彰。2008年4月,他们还兵分两路,对"百千万工程"活动进行了全面调研,进一步掌握了情况,研究了存在的问题和应采取的措施,特别强调抓这项工程就是抓市场、抓客户,要深入持久地开展下去。

四、相互信赖、银企共赢的真诚,为"百千万工程"赢得了丰硕成果

锦州银行开展的"百千万工程"活动是一项"民心工程",他们以服务家乡、惠及社会、回报客户为出发点和归宿,把根深深扎在企业和人民群众这片热土上,开出了鲜艳的花朵,结出了喜人的果实。

(一)提升了银行的信誉度和社会形象。

锦州银行这一活动不仅改变了传统的营销方式,也改变了银行"嫌贫爱富"的传统形象,进一步密切了银行与客户的关系。2007年10月17日,"百千万工

程"活动发放出第一笔贷款6万元,并让客户享受了优惠利率。这个客户是一家多味冷饮店,曾一度因缺少资金难以维持而发愁。当夫妻俩接过6万元贷款后激动地说:"锦州银行主动为我们贷款,这是我们全家人从来都不敢想的事情,我们一定把小店经营好,用实际行动回报家乡银行的大力支持。"年近60的老周,是我国第一代上山下乡的知识青年,并在当地娶了妻子,相继生了两个孩子。回到城里后,他一无工作,二无积蓄。为了生存,他向亲友借了5万元钱,开了个小粮油店。正当他为扩大储存规模缺钱犯愁时,锦州银行得知他的情况后,为他发放了一笔一年期的20万元贷款。后来随着生意的做大,收入的增加,那辆跟了他十几年的脚蹬三轮车也换成了一辆大型奥铃运输车。他逢人就说:"没有锦州银行的支持,就没有我们的今天,全托锦州银行的福了!"

在调查中,类似的感谢话比比皆是,他们的活动已经得到社会各界的高度赞誉和锦城百姓的极大欢迎。在"百千万工程"中受益的小企业、小门点和下岗职工纷纷打电话、送锦旗、写感谢信,感谢家乡银行对家乡人民的支持,他们都成为锦州银行的忠实客户。另外,原来没在这里开户的2800多户小企业、小门点和个体工商户,这段时间也都来开立了账户,建立了业务联系。对"百千万工程"的做法,市、省和国家级10多家媒体都进行了宣传报道。

(二)为确保地方经济增长作出了贡献。

这项活动,使460多家小企业、小门点普遍受益,迅速增加了收入,提高了盈利水平。据初步统计,到2008年末,这些小企业、小门点平均增加收益28%,提高上缴各种税费21%,都成为所在街道和社区经济发展的新亮点。例如,锦州春光包装机械有限公司是个30多人的小企业。2007年10月,该公司需要扩建厂房和购进部分原材料,资金周转遇到很大困难。在"百千万工程"活动中,锦州银行永丰支行了解了这一情况,上门为他们提供贷款50万元,解决了企业的燃眉之急。这个企业利用这笔资金扩大生产,年销售收入由590万元提高到860万元,增长31.4%。创利税由50万元提高到90万元,增长44%。再如,锦州创博文化用品商店是个下岗人员开的夫妻店,几年来经营效益比较好。2007年下半年,他们打算到沈阳开个分店,扩大规模,但是一直苦于资金不足,难以实现自己的心愿。2008年初,锦州银行凌云支行在"百千万工程"活动中了解到他们的情况,为其办理贷款20万元,使他们的梦想变成了现实。到年底,他们的销售收入由过去的420万元上升到650万元,增长35%,创利税由过去的22万元上升到34万元,增长了35.3%。

(三)有力地促进了社会稳定。

从开展这项活动前的情况可以看到,小企业、小门点和下岗失业人员涉及面广,人员比较复杂,存在着一些不良习气,往往成为影响社会和谐稳定的因素。在活动中,锦州银行根据条件不仅给予贷款支持,还通过走访、培训等方式,给予了思想、道德、法制教育等全面的支持与帮助,使他们增强了法制观念,促进了社会和谐和稳定。在锦州人民街有个3口之家,40多岁的夫妻俩是下岗工人,20出头的儿子是待业青年,一家人利用自己的住房开了个小餐馆。没客人的时候,常找人打麻将赌博,因此还发生过打架斗殴的现象,几年开餐馆赚的几万元也没攒下。2007年他们想扩大经营面积,一直没法实现。锦州银行在"百千万工程"走访中,通过对这家餐馆全面考察,决定发放贷款20万元,支持其扩大经营面积,并要求他们坚决杜绝赌博,不参与打架斗殴,一心一意把餐馆生意做好。后来,这家餐馆租下了邻近的房子,添置了设备和餐具,还让儿子到市里下岗培训班学会了几手拿手炒菜,使生意越做越红火。从类似的事例中,我们看到了锦州银行开展"百千万工程"活动对社会稳定的作用,也体会到了这项活动的深层意义。

2008年,锦州银行实现了四大奋斗目标,即实现了更名、银行实力升级、在天津设分行、争取上市的准备工作基本完成。面对2009年全球金融危机对我国影响不断加重的形势,董事长、行长张伟谈了他们的许多对策,其中之一就是继续完善和搞好"百千万工程"活动。他说:"这是一项民心工程,只要我们把根深深扎在企业和人民群众之中,就会所向披靡,立于不败之地。"

简评

这是一篇推广典型经验的调查报告,它在占有大量第一手调查资料的基础上,从思想基础、工作动力、具体措施和实施效果几方面,介绍了锦州银行在实施"百千万工程"活动中的成功经验,为全省乃至全国的金融机构积极应对当时金融风暴的冲击、实现银企双赢提供了很好的借鉴。文章条理清楚,数据准确,材料翔实,点面结合,做到了观点和材料的统一。

写作指导

一、概述

调查报告是根据一定的目的,对某一情况、问题、经验进行系统周密的调查研究后写出的书面报告。系统周密的调查,客观深入的分析,准确完善的表达,是写好调查报告的三个环节。

调查报告内容广,容量大,往往以点上的经验、教训来推动面上的工作,既可以使人们提高认识,掌握规律,又可以为领导机关制定政策和措施提供依据。根据内容的不同,调查报告可以分为反映情况的、推广典型经验的和揭露问题的三种。它本身不是公务文书,不直接具有行政效力,但由于占有大量的第一手材料,反映情况比较及时,有较高的情报价值和一定的新闻性,是实际工作中能为决策服务的重要的机关事务文书。

二、调查报告的格式与写法

（一）标题

调查报告的标题要求贴切、醒目、新颖，常见的有单标题和双标题两种形式。单标题一般采取公文式写法，点明调查的对象或内容，例如《关于废旧物品回收利用问题的调查报告》；双标题分为正标题和副标题，正标题在上，副标题居下，副标题前用破折号引出。正标题揭示出调查的主旨，副标题说明调查的对象、范围。为了使标题醒目、新颖，可以适当运用反问、引用、比喻等修饰性的语句。如《岂能让"好人"不得"好报"——上海现代企业制度试点追踪调查》、《为有源头活水来——广州蔬菜产销放开启示录》、《不要让子孙后代埋怨我们——关于北京河流污染情况的调查》等。

（二）前言

前言要简明扼要、提纲挈领，不必面面俱到，主要起交代背景、引导全文的作用。写法上灵活多样，可以交代调查的时间、地点、对象、范围、目的，点明基本观点，具体写作哪些内容应根据写作目的和主题来确定。前言的篇幅过长时，可作为正文的第一部分。常见的有以下几种形式：

（1）说明式

直接说明调查的目的、地点、时间、对象、方式等，表明内容的由来，增加可信度。这是最常见的处理方法。如：

　　去年三月，根据国家教委统一部署，中共北京市委教育工委组织北京大学、清华大学、中国人民大学、北京航空航天大学、北京科技大学、北京理工大学、中国农业大学、北京医科大学、北京工业大学、首都师范大学等10所高校，对在校学生的思想政治状况进行了调查。这次调查采用问卷和座谈、访谈相结合的方式进行，共发出问卷3400份，回收3189份，回收率为93.8％。其中本科生2689人，研究生470人，党员490人。400多名大学生参加了座谈和访谈。

　　　　　　　　　　　　　　　——《首都大学生思想政治状况调查报告》

（2）叙述式

叙述调查对象的基本情况，让人有大概了解。如：

　　青岛纺织品联合进出口公司自1982年4月成立以来，实行工贸结合，产销见面，从而增加了企业的应变能力，减少了经营环节，产品适销对路，获得了明显的经济效益。去年，这个公司创汇4265万元，平均月创汇额比前年增长57％。今年头两个月创汇941万元，平均月创汇额比前年增长36％。这个公司所走的路子，是改革现行经济体制的一个重要突破。

　　　　　　——《改革现行经济体制的重要突破——关于青岛纺织品进出口公司的调查报告》

（3）设问式

用设问方式把要写的问题直接提出来，吸引读者。如：

企业如何科学地引进、吸收、消化外国的先进技术？山东青岛电冰箱总厂与德国利勃海尔公司成功的合作,将会给我们有益的启示。

——《立足于高起点——青岛电冰箱总厂技术引进的调查》

(4)点题式

开宗明义点出调查的主要观点。如：

今年来,金融系统立案查处的大(要)案件触目惊心。这些案件绝大多数发生在直接管钱管账管物的基层行处的储蓄、会计、出纳等部分,其70％的作案者又是30岁以下的青年干部职工。这说明基层行处的职工队伍建设还比较薄弱。

——《当前金融职工队伍建设的误区和出路》

(三)主体

主体是调查报告的主要部分,主要写调查的事实和基本经验。一般先叙述情况,介绍所调查事物的发生、发展、变化的过程及存在的问题,再进行分析研究,从中找出主要矛盾,引出规律,最后得出结论。由于调查的目的、内容、范围的大小、事情的繁简各不相同,主体的结构形式比较灵活,一般有以下几种：

(1)纵向式

按照事物发展的来龙去脉来反映情况,多用于对某件事发展始末的调查。这样写便于揭示事物的因果关系,给人留下完整的印象。它比较适合情况反映型调查报告。

(2)横向式

按事物的特点、性质或类型,把正文分成几个部分安排材料,多用于推广经验或揭露问题的调查报告。它围绕主题,概括出几个方面,必要时冠以小标题,优点是眉目清楚、脉络分明。这也是用得最广的一种结构方式。

(3)综合式

将纵式结构和横式结构综合运用,多用于篇幅较长、内容较为复杂的调查报告。

无论采用哪一种结构方式都要做到层次分明、条理清楚。

(四)结尾

结尾是全文的"画龙点睛"式的总结,形式多种多样:可以概括说明全篇调查报告的主要观点,进一步深化主题;也可以由点到面,作出展望,指明方向,提出建议和希望;还可以对调查的问题提出解决的办法、措施、意见和建议。

结语要简短有力,如果正文已把问题讲得很清楚,也可以不单设结尾。

三、写好调查报告的基本要求

(一)明确目的,端正态度和作风

调查报告是根据调查研究所得的情况和结论写出来的书面报告。要写好调查报告,首先要认真搞好调查研究,没有调查就没有发言权。在调查前,先要明确调查的目的和具体任务,确定调查对象,拟出调查纲目,做到心中有数,不能盲目地走马观花;调查时必须要有端正的态度和工作作风,要有实事求是、坚持真理的坚定立场和不怕碰硬、不辞劳苦、深入群众的工作态度,这样才会了解到事物的全貌、问题的实质和事件的真相。

(二)深入调查,广泛占有第一手可靠材料

调查研究是我们正确认识事物的一种科学方法,是我们占有材料写好调查报告的先决条件。深入调查是指:不仅要了解事物的现状,还要了解它的历史情况,掌握事物发展的全过程;不仅要了解一个事物的全局和整体,还要注意重点和难点,抓住关键环节;不仅要了解一个事物本身的各个方面,还要注意研究制约和影响这个事物发展的其他事物。要注意广泛听取各种意见——正面的、肯定的和反面的、不同的意见,领导的、当事人的、群众的意见,都应当认真听取,然后加以分析鉴别。要根据实际需要和客观条件,灵活地运用多种调查方法,如查询网络、开调查会、个别访问、实地考察、填写调查问卷等形式,广泛地收集真实典型的第一手材料。

(三)认真分析研究,得出科学结论

调查研究是一个整体,把调查得到的东西,加以分析概括,上升到理论的高度,这就是研究。对材料的研究,要在正确思想的指导下,用科学的方法,经过"去粗取精、去伪存真、由此及彼、由表及里"过程,分清现象与本质,主流与支流,成绩与缺点,主要矛盾与次要矛盾,从而揭示出事物的本质。研究还可以与调查同步进行,边调查边研究,步步深入,不断补充调查那些尚未弄清楚的问题,进一步印证和核实需要肯定与否定的东西,使基本观点逐步明晰。在全部调查工作接近尾声时,再做一次全面深入的分析与研究,最后得出科学的结论。

(四)用事实说话,把观点与材料统一起来

事实胜于雄辩,写调查报告必须要用事实来说明问题,用具体材料证实观点和结论的正确性。不论是反映情况、总结经验,还是揭露问题真相,都必须以充分、确凿的事实为依据,做到观点从材料中来,观点与材料高度统一。在写法上,要有叙有议,防止单纯地罗列现象,或空发议论;要有点有面、点面结合,既要有对"点"的典型事例的具体说明,又要有对"面"的一般情况的综述,不能笼统浮泛,以偏概全。

写作练习

一、2003年4月,某公司采用在上海车展现场外拦截访问的形式,成功访问了365名消费者,得到了一组调查数据。请你结合这些材料,写一段调查分析。

2002和2003年消费者购车最关注的七大因素

关注因素	2002年排名(关注程度)	2003年排名(关注程度)
价格	1(79%)	1(75.0%)
售后服务	2(64.1%)	6(38.5%)
安全性	3(62.3%)	5(43.2%)
油耗	4(55.8%)	7(21.9%)
外观	5(54.4%)	4(49.0%)
总体性能	6(53.9%)	2(66.7%)
品牌	7(49.3%)	3(53.1%)

资料来源:《广州日报》2003年8月22日

二、试针对社会上的佩戴饰品风及其影响,选用问卷方式,在学校或班级范围内进行调查,写一篇反映情况的调查报告。要对调查得到的第一手材料进行深入分析,提出自己的观点或结论,并指出某些应当防范的问题,题目自拟。

问卷内容如下:

1. 你对中专学生佩戴饰品的看法:

A. 爱美之心人皆有之,赞成(　　)

B. 无所谓,随便　　(　　)

C. 可以戴,顺应社会潮流是明智的选择(　　)

D. 不太合适,因为不符合中专生的行为规范(　　)

E. 反对,这是腐化堕落的表现(　　)

2. 你佩戴饰品吗？是什么饰品？

A. 手镯(　　)

B. 项链(　　)

C. 戒指(　　)

D. 耳环(　　)

E. 手链(　　)

F. 其他(　　)

3. 佩戴饰品的来源:

A. 家长给的(　　)

B. 好朋友送的(　　)

C. 亲戚送的(　　)

D. 自己挣钱买的(　　)

4. 佩戴饰品的原因是:

A. 觉得漂亮时尚(　　)

B. 好奇,反正不影响什么(　　)

C. 是身份、财富的象征(　　)

D. 可以逢凶化吉,平平安安(　　)

E. 是×××给的,有纪念意义(　　)

F. ××都戴了,所以我也戴(　　)

口语交际十一　论　辩

辩论,也称论辩,是说话的双方对同一问题持有相互排斥、互不相容的观点,为了证明

己方观点的正确、反驳对方的观点而进行的双向语言活动。

辩论是一种常见的语言交流形式。大到联合国关于国际事务的争辩、法庭上是非曲直的诉讼,小到工作中出现分歧时的争执,甚至生活中买卖东西时的讨价还价,都涉及辩论。辩论具有驳诘性,辩论双方对同一问题的观点是截然对立、互不相容的;辩论具有应对性,双方不仅要阐明自己的观点,驳倒对方的观点,还要不断地应对对方的质询和反驳,进攻和防守的角色经常易位。辩论有多种形式,有些用于特定场合,如法庭辩论、会议辩论、赛场辩论等,这些辩论通常要经过事先的准备,确定辩题和辩论双方参与的人数,辩论过程中有较为明细的规则加以约束;有些则用于日常场合,具有随机性、偶然性,在参与人数、辩题和整个过程上,都没有具体要求。为了便于学习和训练,以下介绍主要以赛场辩论为主。

一、辩论的基本要求

(一)坚持己见、观点鲜明

辩论是一种论证己方观点正确、对方观点错误的语言活动,辩论的论题要具有正反两面的特点,从而形成辩论正方和反方。正反双方一经确定,就必须鲜明地坚持自己的立场和观点,即使对所持的观点可能有不同的看法也不能有丝毫动摇,这样才会展开精彩激烈的辩论。下面是2003国际大专辩论会决赛中的一个片段:

黄靖文(反方,世新大学,逆境更有利于人的成长):对方辩友,天将降大任于斯人也,正因为这样子,苦其心志,我们才能够更加地成功,正因为我们失败过,正因为我们遭遇过逆境,我们才知道,我们更应该上去,更应该努力,更应该迈向人的成长啊。

黄磊(正方,中山大学,顺境更有利于人的成长):如何是降大任于斯人呢?可要先饿你,再空乏你哟,要劳你哟,才能把责任给你。但是我们每个人的成长,是不是这样的经历呢?再问对方辩友,刚才上场的时候,有人为我们每个人送了一瓶水,让我们上场前润喉,这可谓是对我们的帮助吧,这是不是更有利的呢?

黄靖文:我当然要非常感谢刚刚送水给我们的这位先生,他的确让我们润润喉。再者对方辩友,刚刚所谓顺境可以饱食,然而对方辩友,当我们饿的时候,我们才会知道,原来非洲的难民他们是这样的饥饿,当我们有能力的时候,我们才会因为我们在饥饿的时候,遭遇过这样的逆境,我们才可以帮助这些人,才可以使我们人生更加地成长,不是吗?

黄磊:可是按照对方的立论,非洲的人身处逆境,有利于他们的成长。我们要救助他们,不就是遏制他们的成长了吗?

黄靖文:正因为他们在非洲,他们饥饿,他们想要努力,他们就更加发展。对方辩友,你可以看看现在……

从以上片段可以看到,正反双方观点针锋相对,或稳守,或出击,无论哪一方,都是紧紧围绕自己的观点展开辩论的。

（二）抓住分歧，存同求异

辩论时应注意存同求异，对论题范围内观点一致或近似的部分不必纠缠，避免无谓的争论，而要集中精力抓住双方分歧所在，抓住主要矛盾的主要方面，行之有效地展开辩论。这样就可以紧紧围绕着争论的焦点，牢牢把握住辩论的方向，找准突破口，捕捉切入点，选择好攻防的最佳角度，提高辩论的有效率。

（三）善于倾听，注重反驳

辩论时要注重倾听对方的发言，掌握对方的论点、论据和论证三者之间的关系，迅速捕捉其中可能存在的问题或漏洞，如观点错误、片面，论据不够真实、不够充分或与论点相悖，论证方法不合逻辑等等，然后主动出击，出奇制胜。赛场辩论中的反驳十分重要，最终胜负的判定不是取决于某一方的观点如何的合理、正确，而是取决于辩论的过程，胜者往往就是由于出色地驳倒了对方而取胜的。

（四）逻辑严谨，语言周密

一场辩论要经历数个乃至数十个回合激烈交锋，这就要求辩论双方对自己的命题作出全面的考虑，构建一个比较严密的理论体系，论点、论据和论证要严丝合缝、浑然一体，不给对方可乘之机。语言表达中的任何疏忽同样会给自己带来被动，语言简洁周密，掌握一定的"咬文嚼字"的技巧，不仅是防守的盾牌，也是进攻的武器。

（五）文明谦和，以理服人

赛场辩论终究是一场才智表达的口语比赛，在辩论中应该直陈己见，据理力争，鲜明地亮出自己的观点，并以充分的论据、严密的分析推理加以论证，但不能因急于求胜或为了挽回败局，强词夺理，以势压人，甚至恼羞成怒，进行人身攻击。

二、辩论的一般技巧

（一）辩论前的准备

敏捷的才思、广博的知识和流畅的表达是辩论取胜的前提，而准备是否充分则是辩论胜败的关键。这主要有以下几项内容：

1. 研究辩题，确立观点

要准确、透彻地理解题意，明确命题的概念、范围、重点、来由等等，然后确立自己的立场和观点，选择组织论据，考虑采取哪种论证方法。同时，对对方的观点也要进行仔细的研究，推测对方会选择怎样的论据，做怎样的论证，以及可能发起的进攻点，并设计出反驳的方法和步骤。

2. 准备材料，搜集论据

磨刀不误砍柴工，观点确定后，要通过各种渠道广泛搜集与辩题有关的材料，准备好充足的论据。论据要准确、新颖，有典型性和代表性，并在集体讨论的基础上，形成较为完整、清晰的辩论提纲。

3. 明确分工，制定策略

以赛场辩论为例，为了取得预期的效果，辩手之间要进行一定的分工，各司其职，各负其责。通常辩论双方各有4位辩手参加，分为一辩、二辩、三辩和四辩，分别在辩词陈述、理论与事实分析、逻辑分析等方面承担不同的任务。但他们同时又是一个整体,强调协调配合,分工不分家。

(二)辩论中的技巧

1.抓住破绽,攻其不备

辩论是要仔细听取对方的陈词,理清对方观点与论据以及论据之间的相互关系,力求快速找出其中可能存在的问题。在诘问中抓住了对方的破绽,就等于打乱了他们的原有计划,为自己赢得主动权。如复旦大学队与剑桥大学队在辩论"温饱是谈论道德的必要条件"时,剑桥大学二辩孙学军说:"最近的资料表明,二战中英国人民的温饱程度是有史以来没有过的,营养价值在当时食物平均分配制度下是最好的。"复旦大学队的严嘉立即反驳:"《丘吉尔传》告诉我们,那时候好多穷人是怎么去填饱肚子的呢?是排队买鸟食,还买不到啊!"在这里,严嘉就出其不意地抓住了对方论据不实的破绽。

由于紧张、准备不足等原因,双方都难免出现表达上的疏忽和失误,在陈述、辩驳或与队友的配合上,出现自相矛盾、前后不一的现象,如果一方能够及时利用这样的机会进行攻击,就可以使对方处于尴尬不利的境地,甚至造成心理压力,影响其正常发挥。因此辩论中不仅要注意自己的表达,也要关注对方是如何表达陈词的。

2.以退为进,变守为攻

受到对方的攻击时不急于反驳,暂时采取退让容忍的姿态,静待时机,伺机反攻。如果对方提出的问题有一定难度,暂不作答是避其锐气,给自己赢得时间,或挑起其他话题,转移视听,以守为攻;如果对方一再追问,应当从坚守己方立场的角度予以答复,避免被对方牵着鼻子陷入被动。如前苏联童话作家奥雷洛夫长得很黑,一次在公园散步时,几个无赖见了嘲笑道:"看,来了一朵乌云!"奥雷洛夫机警地应声答道:"所以癞蛤蟆们叫起来了!"

3.分清主次,穷追不舍

辩论的一方,有时会因为问题的难度较大或缺乏相应的准备而避而不答,甚至虚晃一枪,用反客为主的方式提出其他问题,转移视听。发问的一方,此时切不可轻易随之转变话题,应抓住对方的弱点继续攻击,保持已经获得的主动,不断扩大战果。

需要指出的是,2、3两种辩论技巧是从防守和进攻的不同角度分别介绍的,在实际的辩论中,往往要经过多个回合的激烈较量,攻方和守方也会多次角色易位,交锋的双方经常是攻防合一、缺一不可的。

4.随机应变,巧辩智对

无论事先经过怎样的周密准备,论辩过程中,对方辩手总会有一些出人意料的提问或反驳,令人猝不及防。这时候,应变性的口才显得尤为重要——它能见招拆招,巧辩智对,出口成趣,妙语服人,博得阵阵掌声,这也是赛场辩论的观赏性所在。要具备这种能言善辩的表达能力,需要训练,需要丰富的知识积累,更需要具备良好的心理素质和思维素质。

据说威尔逊任美国新泽西州州长时,一位议员突然去世了,他很哀伤,参加完葬礼后取消了一切约会,一个人呆在家里。这时,电话铃响了,里面传来了一

个人吞吞吐吐的声音:

"州长,我想……我现在可以代替那位议员的位置了。"

威尔逊平静地回答道:

"我想,如果殡仪馆同意,我是没有意见的。"

一个巧妙的岔题谬答,是对那人卑鄙心态的回敬。

除此之外,学习掌握判断、推理等一些形式逻辑知识,可以帮助我们正确地思维,准确而有条理地表达,可以帮助我们敏锐地捕捉对方的逻辑错误,在论辩中有着非常重要的作用。

借鉴实例

网络使人更亲近/更疏远(节选)①

正方:马来亚大学　网络使人更亲近

反方:澳门大学　网络使人更疏远

主席:张泽群

主席:网络到底使人更亲近呢,还是更疏远呢?这也是我们今天的辩题。根据赛前抽签的结果,正方马来亚大学,他们所持的观点是"网络使人更亲近";反方澳门大学,所持的观点是"网络使人更疏远"。下面首先要进入的是陈述立论阶段,双方的一辩各有3分钟的时间来陈述观点。首先有请正方一辩发言。(掌声)

正方一辩:主席、评委,大家好!从前人们是天涯海角各一方,而今人们却可以有网千里能相会,从前即使是小国寡民,人们也是老死不相往来,而今人们却可以千里姻缘一网牵。网络是由电子邮件组成的通讯脉络,它的出现使人与人除了正面交谈以外,还多了一种通讯管道。它的出现让人们的关心产生了量与质的改变,更亲近。从宏观而言,指的是全球人类减少隔阂,增加了解;从微观而言,它指的是人与人之间从无到有从浅至深的一种情感转变。因此,今天对方必须论证网络的出现让人与人之间增加了隔阂,建立起了种种藩篱,并使得好朋友反目成仇,如此对方的立场方能成立呀。而我方将从两个层面来论证立场。第一,网络的出现,使人们便于沟通。无论是文教还是科技,所有资讯,都可以在网上快速流通。这个时候,我们不禁要问,当所有的医学专家通过网络共享生机,为患病者朱丽做出友善努力工作的时候,对方辩友如何还能说是网络让人与人之间更疏远了呢?从华东水灾到印尼华人惨案,再到科索沃危机,全球人类都通过网络发扬互助友爱的精神,互表关怀。在个人联系方面,网络让人类减少了时

---

① 根据第四届国际大专辩论会比赛现场双方辩手发言整理,有删节。

空的限制,让人类可以自由加强个人联系。今天我们留学在外,但是却可以在弹指之间和家人取得联系。第二,网络提供了广大的交流空间,让人们呼朋唤友,无论是文教还是科技,人们都可以在网上寻找到知音。站在历史的这个角落之上,站在历史的交接点之上,我们回首过去,看到网络就是让人们更加亲近,更加熟识,而我们展望未来还可以看到人类将与网络更加亲近。谢谢!(掌声)

  主席:感谢何晓薇同学,谢谢!下面有请反方一辩张颖同学来陈述观点,时间也是3分钟。

  反方一辩:主席、评委,大家好!刚才正方一辩告诉大家,我方的观点是"网络使人们更疏远",那么她要我们论证朋友如何反目成仇,这和疏远又有什么关系呢?请对方辩友不要夸大辩题。刚才对方辩友洋洋洒洒,无非是向在座各位展示了网络在信息方面交流的快捷性和方便性。但是人际关系学告诉我们,人们的交流主要有情感交流与信息交流两大类,而目前网络上的交流多数是信息交流,可是我们都知道,所谓亲近与疏远的问题,主要是指人际关系与思想感情的亲疏问题,而网络又怎么能千斤重担一肩挑呢?马克思说得好,武器的批判不能代替批判的武器。网络只是人类发明的一种工具,它确实为人类的远距离沟通提供了方便。但是,我们不能就此成为网络的崇拜者,以为有了它,就可以获得使人们亲近的灵丹妙药。从近年来网络对人们的影响来看,它不仅没有使人们更亲近,反而使人更疏远。我方从未否认网络为人们的交流提供了便捷的方式,但是很多人沉迷于人机交流,而忽略了现实生活中直接的面对面的交流,而你的电子邮件怎能比得上你亲自为父母刷刷筷子洗洗碗,擦擦后背揉揉肩。网上友人们的分别怎能比得上"桃花潭水深千尺,不及汪伦送我情"的深情厚谊呢?网上恋人们的问候又怎能比得上"月上柳梢头,人约黄昏后"的诗情画意呢?(掌声)最后,从网络存在的问题来看,当今网络至今未形成一整套成熟的网络道德和网络法规对其进行约束和规范,很多人带着假面具上网,而所得到的也极可能是一个或很多假面人发出的信息。网络上流传着这样一条名言——"不知道你是一条狗"。这不就是对网络生活生动的写照吗?不必负责任的互联网上什么都可以乱说,互联网简直成了"胡粘网",怎么能使人更亲近呢?因此我们必须更加清楚地认识到,缺乏人类理智约束的网络只能带给人们情感上的疏远。谢谢大家!(掌声)

  主席:感谢张颖同学!下面这个环节,我想在座的各位和我们电视机前的观众朋友,会耳目一新。下面是我们这次辩论会特别开设的一个新的环节,为了使我们的辩论会更具攻击性,我们特别在4位辩手当中设立了一位自由人。所谓自由人,他不参与传统辩论会当中的陈述、攻辩、自由辩和总结陈词等阶段,而仅在发言和对话时间段中与对方的自由人进行交锋与交流。根据规则规定,下面这个环节是自由人的发言环节,在发言环节当中,自由人各有时间1分30秒,可以两次使用。现在我们征询双方的自由人是否愿意利用这次的发言时间?(双方自由人表示愿意)好,那么根据原则规定,首先有请反方的自由人。(掌声)

反自由人：各位来宾,下午好！正方辩友反复说明的无非就是网络为远距离交流提供了方便,难道说时空距离的缩短就意味着心灵距离的必然拉近吗？谢谢大家！（掌声）

正自由人：对方刚刚提到的一点,就是说有人沉迷于网络,因此网络使人更疏远。但是有许许多多嗜好都有人沉迷。有沉迷于读书,有沉迷于钓鱼,难道这样就因此而告诉我们读书和钓鱼也使人更疏远吗？这可是不符合现今的经验法则啊！谢谢！（掌声）

主席：好,感谢双方自由人！根据刚才的用时,双方自由人在下面的发言时间还分别有1分15秒和1分11秒,请注意用时。接下来要进入的是盘问环节,在盘问中,我们首先有请反方的二辩向正方的一、二、三辩逐一提问,正方三位辩手的回答时间共计是1分30秒。好,首先有请反方二辩商小虎同学提问。（掌声）

反方二辩：请问正方一辩,以虚拟空间交往为特征的网络沟通,这与水中月镜中花到底有何区别？

正方一辩：对方认为网上交往是虚拟空间,然而美国圣地亚哥的教授却告诉我们,《新闻周刊》也同时告诉我们,网上联系提供了人们一个虚拟的社交生活,正是因为这样的情况,人们才能够通过网络来联系,才可以更加亲近哪。

反方二辩：请问对方三辩,在魔鬼可以冒充天使的网络聊天空间里,到哪里去寻找亲近的根本前提——诚实和信任？

正方三辩：对方辩友在这个问题上犯了一个最根本的错误,那就是不看全面,只看片面。我方完全承认网络上有一点点这一些的弊病,但对方辩友有没有忽略了在事实上还有许多网络促进人间更亲近的关系呢？我们看到美国有5万多个爸爸妈妈互缀,让本来不相识的父母们可以在网上互相交换交流育儿心得,请问这种是更亲近还是更疏远的表现呢,我们更看到亚洲人团结促进人们洲际之间的交往,这种关系到底是更亲近还是更疏远呢,千万不要挂一漏万哪！谢谢！（掌声）

反方二辩：请正方二辩证明,凭什么说人与机器的对话会比人和人面对面的交流更使人亲近呢？

正方二辩：人与机器的对话,人在网络上的交流,真的就像对方所说的是人与机器在对话吗？我们是跟另外一端的朋友在进行对话,而在对话的过程中是以将心比心的交流方式,这样的交流难道不是更亲近？那么怎样的交流才能算是更亲近呢？对方难道说面对面交流就没有虚假的成分存在吗？这点我方可是不能苟同的啊！谢谢！（掌声）

主席：好,下面我们有请正方二辩郑玉佩同学向反方一、二、三辩逐一提问。

正方二辩：请问一辩,要在交流上更先进,一定是要面对面的交流才能做到的吗？

反方一辩：当然了,要使人们更亲近,当然要通过以诚实和信任为基础的面对面的交流啊,如果没有了诚实和信任,何来这个交流的基础呢?南洋理工大学传播学专家蔡孝基(音)博士就说,人与人之间的交往要注重一个"信"字。而如何建立这个信任呢,这就是要通过时间和各种的身体语言来建立"信"字。我请问对方辩友,如果你与你的恋人相识很久,情谊很深,你如何来通过网络使你和恋人之间相互拥抱啊!那可是要触电的哟!(掌声)

正方二辩:请问二辩,网络上的残障儿父母俱乐部要伤心哀痛的父母互相交换心得,彼此鼓励,请问这样的扶持是如何更疏远的呢?

反方二辩:我们并没有说这样的扶持是使人疏远的,但是我们要看看其他更多的情况。在网络上很多人沉迷于各种成人网站、色情网站。据美国调查,20%的成年人经常访问各种色情网站,这样的感情又怎能使人更亲近呢?它只会使夫妻更加不和啊!(掌声)

正方二辩:请问三辩,人们通过网络谴责印尼排华事件,支援科索沃难民,这样的跨国界关怀的表现,是不是更亲近呢?

反方三辩:是啊,这种跨国界的关怀行动,当然使人们更加亲近。但是对方辩友说我们一叶障目,不见泰山。现在我告诉你,在美国有3/4的人不认识自己的邻居,对方辩友,连自己的邻居都不认识,你还要到虚拟空间去寻找所谓的网络情人和网络老婆吗?(掌声)

主席:下面要进入盘问小结,首先有请反方二辩商小虎同学发言,时间是1分30秒。

(略)

主席:感谢郑玉佩同学!下面要进入的环节是自由人的对话环节,根据规则规定,自由人的对话环节各有时间是1分30秒,但是每一次的发言时间不能超过30秒。首先有请正方的自由人陈瑞华同学发言。

正自由人:对方告诉我们要亲近必须面对面,这我倒奇怪了,书信来往也没有面对面,那么对方辩友这是不是告诉我们书信来往也使人更疏远呢。(掌声)

反自由人:书信来往只是使人们更亲近的一种手段。但是我要请对方辩友不要忘记了,网络的一个主要副作用就是使人忽视了现实生活中面对面的情感交流。为什么有一首很流行的歌唱道:"常回家看看,回家看看……"(掌声)这是因为网络的便利使我们认为与家人的通信已经足够了,孰不知,帮妈妈洗洗碗,帮爸爸揉揉肩,才是真情的真谛啊。

正自由人:所以对方刚刚就告诉我们,今天要亲近,不一定是要面对面,这就跟对方一辩刚才的立论是有绝对的矛盾一样。另一方面,有了网上的联系,不一定会减少面对面沟通的情况,法国帕斯瑞镇的全镇都通过光纤联络起来,但是人们还是要上街购物,还是要上市场。为什么?他们就是要给你一个进行社交的机会啊,对方辩友。

反自由人:请对方辩友不要陷于不需要面对面交流这个迷网中间。让我们来看一看。如果像对方辩友所说的不需要重视面对面交流的话,我们这里有一个很好的事例,哥伦比亚大学的一位教授由于长期沉迷于网络连微笑也不会了,甚至与人说话时,老是这样(指敲键盘动作)。你知道他是为什么吗?他失去了交流的能力了,这又怎能说他与别人更亲近了呢,对方辩友。(掌声)

正自由人:我方不是说今天不要面对面的沟通,而是要澄清网络并没有影响人与人面对面沟通的情况,对方刚刚说到,哥伦比亚大学的教授沉迷于网络,但是今天有许许多多的人沉迷于读书,请对方告诉我们读书以及阅读也使人们的关系更疏远吗?

反自由人:请对方辩友不要老缠在网络不网络,或者现实交流与不现实交流这个问题上吧。我们刚才几位辩友已经说了,网络上缺乏诚信的基础,人与人交往缺乏相互的信任,它使人们深怀戒心,多少网络中人有N个网上老婆外加M个网上情人,而且这个N跟M都大于等于三,那么这种"别问我是谁,请与我相爱",这虚假真情难道让人更亲近吗?(掌声)

正自由人:对方辩友,今天要使人与人增加信任感,第一步是不是要有一个交往的空间,交往的机会呢?而网络就是提供这一个交往的空间,交往的机会,让我们许许多多从不认识的人到认识的人,从没有交往到有交往,这就是整个亲近的过程。对方为什么就一定要看信任呢?要知道,信任的基础就是要有交往啊。

反自由人:对方辩友连信任都不要了,我真不知道对方辩友要什么啊。(掌声)最后我十分欣赏电视剧《水浒传》的主题歌:该出手时就出手,风风火火闯九州。这里我只想说,该下网时就下网,清清静静好时光,企盼对方辩友能早日逃出网络的围城啊!谢谢大家!(掌声)

正自由人:对呀,该下网时就下网,今天我们没有说要每一个人都沉迷于网络。而且,沉迷并不是网络所带来的,对方自由人告诉我们,今天要使人与人更亲近,我们要有距离,我们要有交往过后才会有信任,这就是交往的基础。但对方辩友不要这基础,他只告诉我们,我们要马上信任,马上互相交心,但这和平常人交往的经验是有冲突的。因为我们要信任,要深交,首先就必须要有一个交往的机会,但对方今天完全忽略这个机会,完全忽略要交往、要亲近的这个机会。因此。今天是更亲近的……(时间到)

主席:感谢双方自由人载歌载语的对话,谢谢。(掌声)好了,下面进入辩论会更为精彩的自由辩论阶段,在自由辩论阶段,双方的一、二、三辩各有时间4分钟,首先有请正方提问,请。

正方三辩:各位,如果书信也能促进人们的关系的话,那么为什么电子邮件就不能使人们的关系更亲近呢?

反方二辩:请问对方,你愿意要你女朋友的一封电子邮件虚幻玫瑰呢,还是要你所爱的女朋友送来沾着汗渍的情书,一枝新鲜的玫瑰呢?

正方二辩:可是我可不能24小时都跟我的男朋友在一起呀,我要来北京辩论的话,就必须要跟他分开一段时间,在这段时间,我要和他交往的话,通过电子

邮件更快速,更甜在心里哪。(掌声)

反方一辩:所以呀,电子邮件只是为你与你的男朋友交流提供了一种手段,但你最后还是要回到马来西亚与你的男朋友拥抱才感到亲近哪。(掌声)

正方一辩:今天我们没说过面对面的交谈不会让人更亲近,我们是说网络让人更亲近。因此对方也承认了通过网络邮件这样的一种联系方式,我们的确可以和远在天边的人取得联系而更为亲近哪。

反方二辩:所以今天我们的问题就是如何适当地利用网络,现在事实摆在面前,在美国居然连自己的邻居都不认识,当你走出这幢公寓的大门时,看到的都是冰冷的眼光对着你,你感到什么样的亲近呢?

正方三辩:对方辩友要论证这个论点,首先就必须清清楚楚与大家交代,到底网络如何使我不想认识我的邻居,如果提不出实际理论,是不是说这个论点就没有了立论的基础架构呢?(掌声)

反方二辩:据调查机关调查,之所以他不认识邻居,就是因为他们在家中过多地与网络媒体为伴。

正方二辩:对方辩友这样子说来,是不是有欠根据呀。美国圣地亚哥大学教授就告诉我们,人要有交往的心态,因为人要交朋友,对方却说因为网络使人不要交朋友,这些我方可不能相信哪。

反方三辩:互联网上尽可胡说,所以互联网成为胡粘网。请问对方辩友,我们哪位辩手说了要大家不交往朋友呢?还有,对方辩友刚才只说的是信息交流,等于感情交流吗?

正方一辩:信息交流和感情交流之间能够画上一个绝对分割号吗?我们知道有交流的信息,人们才能够交流感情啊!(掌声)

反方二辩:我们并没有说画上绝对的分割号,但是,请问你们的老母亲是希望你回家替她捶捶背,揉揉腰呢,还是更希望你偶尔给她一个电子邮件呢?

正方三辩:对方辩友要论证这个网络使人更疏远这个论点的话,那就首先请你论证给我看,今天我上网的时候,我从此这些天就留在北京,我不再回我的老家,不再给我的妈妈揉揉背,捶捶肩了,如果这样能够讲的话,那对方辩友更甚的论点才能成立呀!(掌声)

反方一辩:刚才我方已经一再讲明了,你最终还是要替你母亲揉揉肩,才能亲近哪。(掌声)

正方二辩:对方辩友,现在我跟我母亲相隔两地,通过网络我们将心比心地进行交流,向她报平安,这样也是网络让我拉近我跟我母亲之间的关系呀,按照对方辩友这样的说法,我可是要一辈子都要在家里,才能跟我母亲亲近哟。(掌声)

反方二辩:但是中国互联网网络中心调查显示,60%的家长都担心子女过分沉迷于网络,一方面是因为他们缺少了与父母的交流,另一方面往往是因为他们自己感情控制不住,做出一些很遗憾的事情。

正方一辩:对方说用网络来联系,不能够让人将心比心,那么想请问对方同

学,中国设立的爱心交流网络究竟如何能够让人与人之间更加疏远呢?(掌声)

反方二辩:爱心交流网络,我们并不认识这个网络,但是我们要看实际情况,有多少人在这个网上投入自己的爱心呢?

正方二辩:对方竟然说没有这个网络,请对方到网络上去查一查吧。我再想请问对方辩友,是不是一定要经过面对面的交流才能算是更亲近呢?

反方三辩:感情究竟发源于现实空间还是网络上?请问对方辩友,今天我们在北京,北京是以四合院其乐融融的文化著称,但是北京零点公司的调查显示,现在北京有六成的人和自己的邻居只有点头之交。请问对方辩友,人类技术进步必然导致人类精神文明的进步吗?

正方二辩:这个点头之交是网络带来的吗?请论证。

反方三辩:每一个时代都有一个时代的背景。刚才主席还讲了信息时代已经来临,信息时代的工具是什么?是电脑哇,是网络啊!

正方二辩:以前也有人担心说,电话的出现会使人的关系更疏远,但是这个忧虑有产生吗?请问这么个情况之下,网络又怎么会步上电话的后尘哪。

反方一辩:电话只是人们交流的一种手段,现在港澳很多人到了春节已经不去面对面的交流了,而是通过电话问候一声,这如何使人们更亲近呢?

正方一辩:对方说了,电话是让人们交流的一种手段,因此今天我们说网络也是让人们交流的一种手段,我们可没鼓励对方的同学用了网络让你和你的家人亲近之后就不要回家了呀。(掌声)

反方三辩:网络上连一种现实空间里面的形体语言——拥抱,都无法在虚拟空间中使用,我不晓得对方辩友如何论证出了更加亲近。

正方二辩:我很希望能够跟我母亲拥抱,但是事实上无法做到这一点,因为有时间空间上的限制,但是网络替我解决了这个问题,我不感激网络的话,我感激谁呀?(掌声)

反方二辩:请不要老是陶醉在你个人的一些事情上,我们今天指的是广大人民群众在学网络之中碰到的一些问题。请问对方,到底这些使人更加亲近的身体语言在网络上能不能够实现?

正方一辩:对方刚才说要谈广大群众,那么我想请问对方同学,当华东水灾发生的时候,当印尼华人惨案发生的时候,你们能否认网络的使用让这些人与人之间更疏远了吗?(掌声)

反方一辩:确实,我们非常感谢网络为我们和印尼华侨之间加了一条纽带。但是如果我们常想与印尼华侨接触,拍拍他的肩膀,拥抱他一下,表示我的慰问,我如何做到呢?

正方三辩:只有拍拍肩膀才是更亲近吗?今天从毫不相识到相知相交,从漠不关心到相互关怀,这不是更亲近,难道是更疏远吗?(掌声)

反方三辩:同是天涯沦落人,相逢何必太相识。连天涯沦落人都要到现实空间里面来相逢相知,请问对方辩友,你难道能够依赖网络建立一种感情吗?

正方二辩：那个时代没有网络啊，对方辩友。现在这个时代有网络，我们能通过网络去帮助印尼华侨，虽然我没有办法用手拍拍他们，但是我的诚意他们是能够感受到的，这样的关系对方说要更疏远的话，肯定我感到非常伤心哪！（掌声）

反方二辩：按照对方理论，这么说来汽车取代了马车，交通工具变质了，那么父子关系也改善了。

正方三辩：对方辩友，对方立论交通工具和网络到底有什么直接关系，我想我们都看不出来。但是我更看出来的就是今天残障儿父母俱乐部让父母在网上交换育儿心得，这种可是更亲近的表现。

反方一辩：我方已经多次强调，那只是一种手段。对方辩友刚才说相知相交，你如何与他人成为知己呀，毕竟还是要面对面确定他呀，不然你怎么知道你的对面是一个人而不是一个披着羊皮的狼呢。（掌声）

正方二辩：现在对方是不是就向我们承认了这个手段是能拉近人与人之间的距离呢？而人们也乐意用这个手段来帮助他们解决事实上时间、空间所不能做到的呢？

反方三辩：拉近距离就等于使人们的心灵更加亲近了吗？对方辩友，怎么熟视无睹我方提出的论证观点呢。（时间到）

正方一辩：那对方是否要告诉我们，只有你和你的家人远隔一方的时候，你和你的家人之间的亲情才是更亲近啊！（时间到）谢谢！

主席：谢谢双方辩论员！（掌声）实际在我们的现实生活当中，要想亲近或是要想疏远都会有多种方式，并不一定真正操纵键盘就能使天涯若比邻的人真正亲近起来，也不一定非要去给爸爸妈妈捶捶背、揉揉肩才能亲近起来。下面我们希望各路辩手在最后的时间当中能给我们的辩论展现更广阔的空间。

……

▶ 简评

国际大专辩论赛作为赛场辩论，从 1993 年首届举行至今，每两年举行一届，以其高度的观赏性和竞争性备受瞩目。本场比赛是 1999 年 8 月在北京举行的第四届国际大专辩论会初赛 A 组的一场比赛，正方马来亚大学队获胜。比赛中，正反双方紧紧抓住己方观点，或攻或守，唇枪舌剑，针锋相对，展示了智慧与才思的交锋，激情与勇气的碰撞。也希望那些整天沉溺于网络游戏、痴迷于网络交流的同学，能够从中受到启发，早日走出网络，回到现实。

口语练习

一、两人一组或四人一组，从下列辩题中选出若干进行辩论。要求设立正反方，限定发言次数和发言时间，观点明确，论据充分，表述清楚，辩论得体。

1.知识与能力哪个更重要？

2.竞争与合作哪个更重要？
3.崇拜青春偶像利大于弊还是弊大于利？
4.成功在不在于机遇？
5.在校生是否应该统一穿校服？
6.治贫与治愚哪个更重要？

二、对方这么说，你该怎么辩？

1.小王在课堂上听MP4，你对他说："好好听讲。"他回答道："我正在听呀。"
2.你刚把教学楼的走廊扫干净，就有一位同学扔下一团废纸。"请不要乱扔垃圾。"可你刚说完，他就顶过来："都不扔垃圾，要你值日干什么？"
3.胖胖上学老迟到。你问原因，他说："睡过头了。"你反问道："为了睡觉就可以迟到吗？"胖胖振振有词地说："列宁不是说嘛，不会好好休息，就不能好好工作。我多睡一会儿就是为了更好地学习呀。"

语文实践活动十一　　辩论会

一、活动主题

班级辩论。辩题：高职学生暑期打工利大于弊还是弊大于利？

二、活动目的和要求

通过活动，明确辩论的基本要求，学习辩论的技巧，训练辩论的能力。能够围绕某一问题进行立论或反驳，注重临场应变和团队配合，做到观点鲜明，思路清晰，论据充分，有一定的说服力和感染力。

三、活动内容及步骤

(一)确定辩题、辩手
用抽签方式确定正反方，每方各确定4名同学作为辩手。
(二)选出主持人、计时员和评委，拟定比赛规则
主持人1人，掌握调节赛场气氛和节奏；计时员1人，负责记录、提醒双方发言时间；评委3~5名，评定双方得分。比赛规则包括辩论时间、辩手发言先后顺序等内容(如要调动全班同学参与意识，避免冷场，经主持人许可，双方支持者也可参加自由辩论，发言时间可不计入双方辩论时间)。
(三)成绩评定与赛后讨论交流
1.个人分数(100分)
内容表现(30分)：对辩题分析准确，言之成理；论据充分，有说服力，结论合乎逻辑。

辩驳能力(30分)：能敏锐抓住对方破绽予以反驳。

表达能力(30分)：语言明白晓畅,生动幽默,普通话发音标准,能恰当地运用形体语言。

赛风展示(10)：用语得体,不向对方进行人身攻击或人格侮辱,服从主持人的调度安排。

2.团体分数(50分)

全队注重整体配合、分工协作,自由论辩中没有出现抢辩或冷场。

辩论结束后,同学之间交流辩论体会,做出自评和相互评价,教师可适当点评。

第十二单元

人生规划

单元导读

高职学生已经开始思考人生的一些根本问题,如人为什么而活着?人应该怎样活着?人生的价值和意义是什么?成功与失败、幸福与痛苦、时间与金钱、生与死、理想与现实等人生道路上的一系列问题困扰着他们,逼着他们做出理智的抉择。本单元选取的五篇课文,时代不同,文体各异,它们试图从不同的角度帮助大家探究这些亟待解决的人生问题。

游子隔重洋,家书抵万金。傅雷先生不仅是一位译著颇丰的文学翻译家,更是一位伟大的父亲。在那段父子离别的日子里,《傅雷家书》以一段段感人肺腑的文字,延续了一段远隔重洋的父子深情。谆谆教诲,悠悠亲情,这封封家书,犹如杯杯清茶,淡淡清香萦绕心中。感谢傅雷先生,因为他的家书已经成为我们人生道路上宝贵的精神财富。

幸福是什么,幸福在哪里?《提醒幸福》的作者毕淑敏告诉我们,幸福无处不在,生活中每一件平凡的小事都可以饱含幸福。关键是要你自己学会倾听,学会感受。

《短文二篇》介绍了蒙田的《热爱生命》和富尔格姆的《信条》这两篇哲理性文章,它们表达的都是作者对生命、生活等重大问题的感悟,篇幅短小,主题鲜明,见解新颖独特,足以使我们开阔眼界、活跃思维。

《个人投资首先是时间的投入》讲的是:人生很短暂,时间就那么多,追求超过自己人生需求之外的钱财,就会牺牲一些更有价值的东西。金钱应该是人生中有意义的工作的副产品,而不是人生价值的本身。

　　开卷有益,人生离不开读书。读书能让我们感悟往哲先贤的情感和智慧;读书可以获得书里书外心境的契合交融;只要能读书,即使寂寞也美丽,即使受挫也坚强,即使贫穷也有骨气!读书吧,有一天,你会忽然发现,你正一点点地丰富、一点点地成熟——有那么多智者的牵引,你终于站到了巨人的肩膀上!所以,《读书人是幸福人》。

　　学习这些文章,要在读懂文章的基础上,理清作者思路,了解这些文章丰富的文化内涵,提高自己的文化修养,领悟文章中的人生哲理,确立求实创新、乐观向上的人生态度,更理性地思考自己的未来,更好地认识自我、把握自我、规划人生。

　　本单元的内容,还包括求职信、应聘信的写作知识,包括应聘面试的口语交际知识,以及以模拟应聘为主题的语文实践活动安排,并附有供参考的面试试题。

五十六 《傅雷家书》两则①

傅 雷②

学习提示

　　这是两封既普通又不同寻常的家书：普通，在于它们是一位父亲写给身在异国的儿子的内心告白；不同寻常，在于这两封家书，不仅给予儿子艺术的教诲，更昭示出崇高的人生境界。傅雷以自己的博学、睿智和真挚的父爱，倾听着万里之外儿子的每一次心跳，预想着儿子前进道路上可能出现的种种困难，传递着自己的惦念和祖国的声音。傅雷和傅聪，已经超出父子、朋友的界限，成为艺术上、思想上的知音。

　　这两封家书，分别写于傅聪消沉苦闷和欣喜成功之时。前者偏重理性，如和风细雨，款款相慰；后者则充满感情，满怀欣喜，激情洋溢。两封家书表达出一个相同主题：都是要儿子始终保持对艺术的不懈追求，对生活的赤子之心，做一个坚强的人。

　　学习时应结合自己的生活经历和情感体验，理解父母对自己的深爱，并能从作者对儿子的教育中得到启示，树立积极的人生态度。

1954 年 10 月 2 日

　　聪，亲爱的孩子。收到 9 月 22 日晚发的第六封信，很高兴。我们并没为你

---

① 选自《傅雷家书》(生活·读书·新知三联书店 1981 年版)。这部书是傅雷及夫人朱梅馥写给傅聪、傅敏的家信摘编，写信时间为 1954～1966 年。自 1981 年出版以来，该书 19 次重印，发行已达一百多万册，成为现代中国影响最大的家训。

② 傅雷(1908～1966)，字怒安，号怒庵，上海南汇人，著名翻译家、文艺评论家。毕生致力于法国文学的翻译介绍工作，译著多达 34 部。

前信感到什么烦恼或是不安。我在第八封信中还对你预告,这种精神消沉的情形,以后还是会有的。我是过来人,绝不至于大惊小怪。你也不必为此担心,更不必硬压在肚里不告诉我们。心中的苦闷不在家信中发泄,又哪里去发泄呢?孩子不向父母诉苦向谁诉呢?我们不来安慰你,又该谁来安慰你呢?人一辈子都在高潮——低潮中浮沉,惟有庸碌的人,生活才如死水一般;或者要有极高的修养,方能廓然无累①,真正的解脱。只要高潮不过分使你紧张,低潮不过分使你颓废,就好了。太阳太强烈,会把五谷晒焦;雨水太猛,也会淹死庄稼。我们只求心理相当平衡,不至于受伤而已。你也不是栽了筋斗爬不起来的人。我预料国外这几年,对你整个的人也有很大的帮助。这次来信所说的痛苦,我都理会得;我很同情,我愿意尽量安慰你、鼓励你。克利斯朵夫②不是经过多少回这种情形吗?他不是一切艺术家的缩影与结晶吗?慢慢的你会养成另外一种心情对付过去的事:就是能够想到而不再惊心动魄,能够从客观的立场分析前因后果,做将来的借鉴,以免重蹈覆辙。一个人惟有敢于正视现实,正视错误,用理智分析,彻底感悟,才不至于被回忆侵蚀。我相信你逐渐会学会这一套,越来越坚强的。我以前在信中和你提过感情的ruin③,就是要你把这些事当做心灵的灰烬看,看的时候当然不免感触万端,但不要刻骨铭心地伤害自己,而要像对着古战场一般的存着凭吊的心怀。倘若你认为这些话是对的,对你有些启发作用,那么将来在遇到因回忆而痛苦的时候(那一定免不了会再来的),拿出这封信来重读几遍。

1955 年 1 月 26 日

早预算新年中必可接到你的信,我们都当作等待什么礼物一般的等着。果然昨天早上收到你来信,而且是多少可喜的消息。孩子!要是我们在会场上,一定会禁不住涕泗横流的。世界上最高的最纯洁的欢乐,莫过于欣赏艺术,更莫过于欣赏自己的孩子的手和心传达出来的艺术!其次,我们也因为你替祖国增光而快乐!更因为你能借音乐而使多少人欢笑而快乐!想到你将来一定有更大的成就,没有止境的进步,为更多的人更广大的群众服务,鼓舞他们的心情,抚慰他们的创痛,我们真是心都要跳出来了!能够把不朽的大师的不朽的作品发扬光大,传布到地球上每一个角落去,真是多神圣、多光荣的使命!孩子,你太幸福了,老天待你太厚了。我更高兴的更安慰的是:多少过分的谀词与夸奖,都没有使你丧失自知之明,众人的

---

① 廓(kuò)然无累:指心胸开阔,没有牵挂。
② 克利斯朵夫:即罗曼·罗兰长篇小说《约翰·克利斯朵夫》中的主人公,他一生以音乐为伴,在现实生活中四处碰壁,始终是一名孤独的反抗者。
③ ruin:创伤,覆灭。

掌声、拥抱,名流的赞美,都没有减少你对艺术的谦卑!总算我的教育没有白费,你二十年的折磨没有白受!你能坚强(不为胜利冲昏了头脑是坚强的最好的证据),只要你能坚强,我就一辈子放了心!成就的大小、高低,是不在我们掌握之内的,一半靠人力,一半靠天赋,但只要坚强,就不怕失败,不怕挫折,不怕打击——不管是人事上的,生活上的,技术上的,学习上的——打击;从此以后你可以孤军奋斗了。何况事实上有多少良师益友在周围帮助你,扶掖①你。还加上古今的名著,时时刻刻给你精神上的养料!孩子,从今以后,你永远不会孤独的了,即使孤独也不怕的了!

赤子之心这句话,我也一直记住的。赤子便是不知道孤独的。赤子孤独了,会创造一个世界,创造许多心灵的朋友!永远保持赤子之心,到老也不会落伍,永远能够与普天下的赤子之心相接相契相抱!你那位朋友说得不错,艺术表现的动人,一定是从心灵的纯洁来的!不是纯洁到像明镜一般,怎能体会到前人的心灵?怎能打动听众的心灵?

音乐院长说你的演奏像流水、像河,更令我想到克利斯朵夫的象征。天舅舅说你小时候常以克利斯朵夫自命,而你的个性居然和罗曼·罗兰的理想有些相像了。河,莱茵,江声浩荡……钟声复起,天已黎明……中国正到了"复旦"的黎明时期,但愿你做中国的——新中国的——钟声,响遍世界,响遍每个人的心!滔滔不竭的流水,流到每个人的心坎里去,把大家都带着,跟你一块到无边无岸的音响的海洋中去吧!名闻世界的扬子江与黄河,比莱茵的气势还要大呢!……黄河之水天上来,奔流到海不复回!……无边落木萧萧下,不尽长江滚滚来!……有这种诗人灵魂的传统的民族,应该有气吞牛斗的表现才对。

你说常在矛盾与快乐之中,但我相信艺术家没有矛盾不会进步,不会演变,不会深入。有矛盾正是生机蓬勃的明证。眼前你感到的还不过是技巧与理想的矛盾,将来你还有反复不已更大的矛盾呢:形式与内容的枘凿②,自己内心的许许多多不可预料的矛盾,都在前途等着你。别担心,解决一个矛盾,便是前进一步!矛盾是解决不完的,所以艺术没有止境,没有 perfect 的一天,人生也没有 perfect 的一天!惟其如此,才需要我们日以继夜,终生的追求、苦练;要不然大家做了羲皇上人③,垂手而天下治④,做人也太腻了!

---

① 扶掖(yè):扶持,提携。
② 枘(ruì)凿(záo):"方枘圆凿"的略语。方榫头,圆卯眼,两下合不起来,形容两不相容,格格不入。语出《楚辞·九辩》:"圆凿而方枘兮,吾固知其鉏铻而难入。"
③ 羲皇上人:比喻无忧无虑、生活闲适的人。羲皇,指伏羲氏,羲皇上人,伏羲氏时代的人。语出晋·陶潜《与子俨等疏》:"常言五六月中,北窗下卧,遇凉风暂至,自谓是羲皇上人。"
④ 垂手而天下治:即垂拱而天下治。古时比喻统治者不做什么而使天下太平。多用作称颂帝王无为而治。语出《尚书·武成》:"惇信明义,崇德报功,垂拱而天下治。"垂拱,垂衣拱手,形容毫不费力;治,平安。

思考与练习

一、解释下列词语,并给括号前的字注音:

庸( )碌　　扶掖( )　　廓( )然无累　　枘( )凿( )

重蹈覆( )辙( )　　涕泗( )横流　　自知之明( )

颓( )废　　凭吊( )　　刻骨铭( )心　　羲( )皇上人

二、认真阅读课文,回答下列问题:

1. 从选文中可以看出,傅雷希望儿子成为怎样的一个人?

2. 在"太阳太强烈,会把五谷晒焦;雨水太猛,也会淹死庄稼"一句中作者想借太阳和雨水向儿子讲明一个怎样的道理?用了什么样的修辞方法?

3. 文中"这次来信所说的痛苦,我都理会得;我很同情,我愿意尽量安慰你、鼓励你"一句中的"安慰"和"鼓励"两个词颠倒顺序好不好?为什么?

4. 作者提到克利斯朵夫的目的是什么?

三、结合上下文,品味下面两句话的意思,回答括号中的问题,并从课文中再摘抄几句含义深刻的语句。

1. 我以前在信中和你提到过感情的 ruin,就是要你把这些事当做心灵的灰烬看,看的时候当然不免感触万端,但不要刻骨铭心地伤害自己,而要像对着古战场一般的存着凭吊的心怀。

("像对着古战场一般的存着凭吊的心怀"是怎样一种情绪?)

2. 赤子孤独了,会创造一个世界,创造许多心灵的朋友!

(孤独的赤子创造的是什么样的世界?)

四、傅雷在给儿子的另一封信中曾经说过:"我高兴的是我又多了一个朋友,儿子变成了朋友,世界上有什么事可以和这种幸福相比呢?"从这两封信来看,这种"父子如朋友"的境界体现在哪里?同样是父亲写给儿子的书信,我们曾经还学习过杨子的《十八岁和其他》,想一想,比较一下这两篇课文在语言特点、教育的内容和方式上的异同。

五、傅雷是伟大的,傅聪是幸运的。但是更多父亲并不像傅聪的父亲那么有才华,可以写出如此谆谆教导的家书来。其实,天下绝大多数的父亲都一样,都有一颗慈爱的心,一份无私的爱,都期盼着自己的儿女能够健康成长,只是表现的方式不同罢了。现在静下心来,好好回想,你感受到父亲对你的爱了吗?"孩子不向父母诉苦向谁诉呢?我们不来安慰你,又该谁来安慰你呢?"你有苦闷时向父母倾诉吗?他们是怎样对待你的?你现在最想和他们说什么?请给父母写一封信倾诉自己的心里话。

五十七　提醒幸福①

毕淑敏②

> 人生不如意事十之八九，人们渴望幸福，却往往"身在福中不知福"，即在生活中感受不到幸福，发现不了幸福，更不会珍惜幸福。作者从一个独特的角度，借助日常生活中的许多现象，提醒人们什么是幸福，告诉人们如何积极乐观地热爱生活、享受幸福。
>
> 作为一篇哲理性的散文，本文思路明确，脉络清晰，阅读时要细细揣摩；全篇熔比喻、排比、拟人等描绘性的修辞方法于一炉，语言清丽典雅，耐人寻味，学习时要注意品味。

　　我们从小就习惯了在提醒中过日子。天气刚有一丝风吹草动，妈妈就说，别忘了多穿衣服。才相识了一个朋友，爸爸就说，小心他是个骗子。你取得了一点成功，还没容得乐出声来，所有关切着你的人一起说，别骄傲！你沉浸在欢快中的时候，自己不停地对自己说：千万不可太高兴，苦难也许马上就要降临……

　　我们已经习惯了提醒，提醒的后缀词总是灾祸。灾祸似乎成了提醒的专利，把提醒也染得充满了淡淡的贬义。

　　我们已经习惯了在提醒中过日子。看得见的恐惧和看不见的恐惧始终像

---

① 选自《毕淑敏作品精选》（三峡出版社1995年版）。有改动。
② 毕淑敏（1952～），国家一级作家。曾获庄重文学奖、当代文学奖、昆仑文学奖等各种文学奖30余次。代表作有《红处方》、《血玲珑》等。

乌鸦盘旋在头顶。

在皓月当空的良宵,提醒会走出来对你说:注意风暴。于是我们忽略了皎洁的月光,急急忙忙做好风暴来临前的一切准备。当我们大睁着眼睛枕戈待旦之时,风暴却像迟归的羊群,不知在哪里徘徊。当我们实在忍受不了等待灾难的煎熬时,我们甚至会恶意地祈盼风暴早些到来。

在许多夜晚,风暴始终没有降临。我们辜负了冰冷如银的月光。

风暴终于姗姗地来了。我们怅然发现,所做的准备多半是没有用的。事先能够抵御的风险毕竟有限,世上无法预计的灾难却是无限的。战胜灾难靠的更多的是临门一脚,先前的惴惴不安帮不上忙。

当风暴的尾巴终于远去,我们守住零乱的家园。气还没有喘匀,新的提醒又智慧地响起来,我们又开始对未来充满恐惧的期待。

人生总是有灾难。其实大多数人早已练就了对灾难的从容,我们只是还没有学会灾难间隙的快活。我们太多注重了自己警觉苦难,我们太忽视提醒幸福。

请从此注意幸福!

幸福也需要提醒吗?

提醒注意跌倒……提醒注意路滑……提醒不要受骗……提醒荣辱不惊……先哲们提醒了我们一万零一次,却不提醒我们幸福。

也许他们认为幸福不提醒也跑不了的。也许他们以为好的东西你自会珍惜,犯不上谆谆告诫。也许他们太崇尚血与火,觉得幸福无足挂齿。他们总是站在危崖上,指点我们逃离未来的苦难。

但避去苦难之后的时间是什么?

那就是幸福啊!

享受幸福是需要学习的,当幸福即将来临的时刻需要提醒。人可以自然而然地学会感官的享乐,人却无法天生地掌握幸福的韵律。灵魂的快意同器官的舒适像一对孪生兄弟,时而相傍相依,时而南辕北辙。

幸福是一种心灵的震颤。它像会倾听音乐的耳朵一样,需要不断地训练。

简而言之,幸福就是没有痛苦的时刻。它出现的频率并不像我们想象的那样少。人们常常只是在幸福的金马车已经驶过去很远时,捡起地上的金鬃毛说,原来我见过它。

人们喜爱回味幸福的标本,却忽略幸福披着露水散发清香的时刻。那时候我们往往步履匆匆,瞻前顾后不知在忙着什么。

世上有预报台风的,有预报蝗虫的,有预报瘟疫的,有预报地震的。没有人预报幸福。

其实幸福和世界万物一样,有它的征兆。

幸福常常是朦胧的,很有节制地向我们喷洒甘霖。你不要总希冀轰轰烈烈的幸福,它多半只是悄悄地扑面而来。你也不要企图把水龙头拧得更大,使幸福很快地流失。你需静静地以平和之心,体验幸福的真谛。

幸福绝大多数是朴素的。它不会像信号弹似的,在很高的天际闪烁红色的光芒。它披着本色外衣,亲切温暖地包裹起我们。

幸福不喜欢喧嚣浮华,常常在暗淡中降临。贫困中相濡以沫的一块糕饼,患难中心心相印的一个眼神,父亲一次粗糙的抚摸,女友一个温馨的字条……这都是千金难买的幸福啊。像一粒粒缀在旧绸子上的红宝石,在凄凉中愈发熠熠夺目。

幸福有时会同我们开一个玩笑,乔装打扮而来。机遇、友情、成功、团圆……它们都酷似幸福,但它们并不等同于幸福。幸福有时会很短暂,不像苦难似的笼罩天空。如果把人生的苦难和幸福分置天平两端,苦难体积庞大,幸福可能只是一块小小的矿石。但指针一定要向幸福这一侧倾斜,因为它有生命的黄金。

幸福有梯形的切面,它可以扩大也可以缩小,就看你是否珍惜。

我们要提高对于幸福的警惕,当它到来的时刻,激情地享受每一分钟。据科学家研究,有意注意的结果比无意要好得多。

当春天来临的时候,我们要对自己说,这是春天啦!心里就会泛起茸茸的绿意。

幸福的时候,我们要对自己说,请记住这一刻!幸福就会长久地伴随我们。

那我们岂不是拥有了更多的幸福!

所以,丰收的季节,先不要去想可能的灾年,我们还有漫长的冬季来得及考虑这件事。我们要和朋友们跳舞唱歌,渲染喜悦。既然种子已经回报了汗水,我们就有权沉浸幸福。不要管以后的风霜雨雪,让我们先把麦子磨成面粉,烘一个香喷喷的面包。

所以,当我们从天涯海角相聚在一起的时候,请不要踌躇片刻后的别离。在今后漫长的岁月里,有无数孤寂的夜晚可以独自品尝愁绪。现在的每一分钟,都让它像纯净的酒精,燃烧成幸福的淡蓝色火焰,不留一丝渣滓。让我们一起举杯,说:我们幸福。

所以,当我们守候在年迈的父母膝下时,哪怕他们鬓发苍苍,哪怕他们垂垂老矣,你都要有勇气对自己说:我很幸福。因为天地无常,总有一天你会失去他们,会无限追悔此刻的时光。

幸福并不与财富、地位、声望、婚姻同步,它只是你心灵的感觉。

所以,当我们一无所有的时候,我们也能够说:我很幸福。因为我们还有健康的身体。当我们不再享有健康的时候,那些最勇敢的人可以依然微笑着说:我很幸福。因为我还有一颗健康的心。甚至当我们连心也不再存在的时候,那些人类最优秀的分子仍旧可以对宇宙大声说:我很幸福。因为我曾经生活过。

常常提醒自己注意幸福,就像在寒冷的日子里经常看看太阳,心就不知不觉暖洋洋、亮光光。

思考与练习

一、解释下列词语并给加点的字注音。

无足挂齿　　南辕北辙　　枕戈待旦　　相濡以沫
惴惴不安　　希冀　　　　怅然　　　　熠熠夺目

二、下面对课文内容的理解是否正确?请在理解正确的语句后划"√",理解错误的语句后面划"×"。

1."提醒幸福"中"提醒"是发现、珍惜的意思。(　　)

2."风暴终于姗姗地来了。我们怅然发现,所做的准备多半是没有用的。"这是因为我们对风暴的破坏力估计得还不够。(　　)

3.人们之所以忽视幸福的存在而习惯于惴惴不安地过日子,原因之一就是人们多半认为灾祸需要躲避而幸福不会自己逃走。(　　)

4."常常提醒自己注意幸福,就像在寒冷的日子里经常看看太阳,心就不知不觉暖洋洋、亮光光。"常常提醒自己处在幸福之中,生活就会充满阳光。

三、朗读课文,找出文中的比喻句(段)、排比句及你感受最深的语句,用心感受作者所描绘的幸福,并说说下列句子的含义:

1.灵魂的快意同器官的舒适像一对孪生兄弟,时而相傍相依,时而南辕北辙。

2.人们喜爱回味幸福的标本,却忽略幸福披着露水散发清香的时刻。

3.如果把人生的苦难和幸福分置天平两端,苦难体积庞大,幸福可能只是一块小小的矿石。

4.既然种子已经回报了汗水,我们就有权沉浸幸福。

5.幸福有梯形的切面,它可以扩大也可以缩小,就看你是否珍惜。

四、阅读下面的故事,思考问题。

从前有个老婆婆,她有两个女儿,小女儿开伞铺,大女儿开染坊。天晴了,老婆婆很着急,因为小女儿的伞卖不出去;下雨了,老婆婆又很着急,因为那个开染坊的女儿会晒不干布。后来有人对老婆婆说:"你真是幸福啊!天晴了,你的大女儿能赚钱,天阴了,你的小女儿能赚钱,你真是幸福的老婆婆呀!"老婆婆一想还真是这么回事,于是开始天天快乐了。

1.本来觉得很伤心的事,换一种角度就不同了,你生活中有没有这种事?结合自己的生活阅历,以"平凡的幸福"为题,准备3~5句话来描述你对平凡幸福的珍惜。

2.续写"幸福是……",看谁写得多。

五、文中有这么几句话:"幸福的时候,我们要对自己说,请记住这一刻!幸福就会长久地伴随我们。""不要管以后的风霜雨雪,让我们先把麦子磨成面粉,烘一个香喷喷的面包。""现在的每一分钟,都让它像纯净的酒精,燃烧成幸福的淡蓝色火焰,不留一丝渣滓。"从这些地方看,作者是否只看重眼前的欢乐,而不去考虑将来?李白说:"人生得意须尽欢,莫使金樽空对月",可又有古人说:"人无远虑,必有近忧",当前的幸福感和长远的人生规划之间有什么关系呢?是不是说人生最重要的就是及时行乐,不必谋划将来呢?

建议围绕这些话题在班级中展开讨论,或以正方、反方辩论的形式,或以讨论会的形式,或以演讲的形式,充分发表自己的见解。

五十八　短文二篇

学习提示

随笔这种文学形式,内容广泛,篇幅短小,语言隽永,具有深刻的思想性和艺术说服力。蒙田的《热爱生命》就是这样的一篇随笔,他告诉我们,要凭时间的有效利用去弥补匆匆流逝的光阴,这样我们的生命就是充实的,充满乐趣的;如果我们碌碌无为、消磨时光,就会觉得活着无聊透顶。而对于应该怎样生活、怎样为人处世,《信条》的作者讲得机智、幽默、充满温情,便于操作,这些童年时就知晓的人生信条,只要我们愿意实践于生活当中,社会就会更加稳定、和谐,我们的生活就会更加丰富多彩。

学习时要理清文章的思路,领会文章的哲理美和语言美,联系自己对生命、生活的认识,确立积极健康的人生态度。

热爱生命①

蒙　田②

我对某些词语赋予特殊的含义。拿"度日"来说吧,天色不佳,令人不快的

---

① 选自《蒙田随笔》(湖南人民出版社1987年版),黄健华译,有删改。
② 蒙田(1533～1592),欧洲文艺复兴时期法国思想家、散文家。著有《随笔集》。《蒙田随笔》与《培根论人生》、《帕斯卡尔思想录》一起,被人们誉为欧洲近代哲理散文三大经典。

时候,我将"度日"看作是"消磨光阴",而风和日丽的时候,我却不愿意去"度",这时我是在慢慢赏玩、领略美好的时光。坏日子,要飞快地去"度",好日子,要停下来细细品尝。"度日""消磨光阴"的常用语令人想起那些"哲人"习气,他们以为生命的利用不外乎在于将它打发、消磨,并且尽量回避它,无视它的存在,仿佛这是一件苦事、一件贱物似的。至于我,我却认为生命不是这个样的,我觉得它值得称颂,富于乐趣,即便我自己到了垂暮之年也还是如此。我们的生命受到自然的厚赐,它是优越无比的。如果我们觉得不堪生之重压或是白白虚度此生,那也只能怪我们自己。

"糊涂人的一生枯燥无味,躁动不安,却将全部希望寄托于来世。"(古罗马哲学家塞涅卡①语)

不过,我却随时准备告别人生,毫不惋惜。这倒不是因为生之艰辛与苦恼所致,而是由于生之本质在于死。因此只有乐于生的人才能真正不感到死之苦恼。享受生活要讲究方法。我比别人多享受到一倍的生活,因为生活乐趣的大小是随着我们对生活的关心程度而定的。尤其在此刻,我眼看生命的时光不多,我就愈想增加生命的分量。我想靠迅速抓紧时间,去留住稍纵即逝的日子;我想凭时间的有效利用去弥补匆匆流逝的光阴。剩下的生命愈是短暂,我愈要使之过得丰盈充实。

信　条②

富尔格姆③

下边是我的信条:

我真正需要知道的一切,即怎样生活,怎样做事和怎样为人,我在幼儿园就学过。智慧并不在高等学府的大山顶上,倒是出自主日学校④里孩子们玩的沙堆中。下边就是我学到的东西。

有东西大家分享。

公平游戏。

不打人。

交还你捡到的东西。

---

① 塞涅卡(前4～65):罗马帝国晚期哲学家、政治家、作家。
② 选自《我需要知道的一切》(浙江文艺出版社1991年版),李杭育、陈平译,有删节。
③ 富尔格姆,美国当代作家、哲学家。主要著作为《我一躺倒,身下就起火》。
④ 主日学校:教会办的只在星期日授课的儿童学校,以教授宗教内容为主。

收拾好你自己的一摊子。

不要拿不属于你的东西。

惹了别人你就说声对不起。

吃东西之前要洗手。

便后冲洗。

热甜饼和冷牛奶对你有好处。

过一种平衡的生活——学一些东西,想一些东西,逗逗乐,画画画儿,唱唱歌儿,跳跳舞,玩玩游戏,外加每天干点儿活。

每天睡个午觉。

当你们出门,到世界上去走走,要注意来往车辆,手拉手,紧挨一起。

要承认奇迹。别忘了聚苯乙烯培养皿里的那粒小不点儿的种子:它的根往下生,茎叶往上长,没有人真正知道这是怎么回事或者为什么,而我们大家也都差不多是这么回事。

在那杯皿里的金鱼、老鼠、小白鼠甚或那粒种子,它们都会死去。我们也会。

再就是记住迪克们和琼们①的识字课本,以及你从那上面学到的头一个字——也是最重要的一个字——一个大大的"看"字。

你需要知道的任何东西都在上边那些条条里。金规矩②、爱和起码的卫生。生态学、政治学、平等观念以及健康的人生状态。

拿上边的任何一条,推衍到老练、通达的成年期中,实践于你的家庭生活,或者你的工作,或者你的社区,或者你的生活圈子,都行。它贴近真实,清晰明了并且坚实可靠。想想这样一个世界,它将许愿给我们大家——整个的世界——每天下午三点钟都有小甜饼和牛奶,然后盖上我们的毯子睡一觉;或者,要是所有的政府都奉行这么个基本政策,交还它们捡到的东西和收拾好它们自己的一摊子。

这仍然是个忠告,不论你们年纪多大——当你们出门,到世界上去走走,最好还是手拉手,紧挨一起。

思考与练习

一、选择恰当的词语填入括号中。

1. 糊涂人的一生枯（　　）无味,（　　）动不安,却将全部希望寄托于来世。（躁、燥）

---

① 迪克们和琼们:即孩子们。迪克和琼为英美国家男孩和女孩常用的名字。
② 金规矩:语出《圣经》。其内容是要求人们像希望别人对待自己那样去对待他人。

2.我想靠迅速抓紧时间,去(　　)稍纵即逝的日子;我想凭时间的有效利用去(　　)匆匆流逝的光阴。(留住、弥补)

3.拿上边的任何一条,(　　)到老练、通达的成年期中,(　　)于你的家庭生活,或者你的工作,或者你的社区,或者你的生活圈子,都行。(推衍、实践)

二、对《热爱生命》一文,下列说法正确的两项是(　　)

A.文章篇幅短小,言简意赅地道出了作者对于生命和生活的独特理解、深刻感悟和"自得其乐"的处理方式,表现了作者"语不惊人死不休"的行文风格。

B.现实的生命历程不可能是一帆风顺的,有阳光明媚的日子,也有淫雨霏霏的时候。坏日子既然不可避免,那就让我们选择热爱生命中的好日子。作者表现出了一种积极进取的情怀,而不是随遇而安的态度。

C.文章不仅告诉我们热爱生命的主旨,而且还告诉我们如何去热爱生命,前者让我们"知",后者使我们"行",这是先哲们用自己对生命的理解来告知后辈去实践"热爱生命"这一人生主题。

D."热爱生命"须着眼于现实,热爱眼前现实的生命,不做不切实际的空想,只有抓住现实才是热爱生命的最好态度,这体现了作者的现实主义态度和及时行乐的思想。

E.对于"不理想"的生命形态,我们不能做糊涂人,作者引用古罗马哲学家塞涅卡语对蒙田所处的时代来说,不啻为刺向中世纪封建神权的利剑,是对那些把希望寄托在虚妄的上帝身上的信徒们的当头棒喝。

三、《热爱生命》一文中,作者认为生命"值得称颂,富于乐趣",又说"我却随时准备告别人生,毫不惋惜",这是否自相矛盾?"只有乐于生的人才能真正不感到死之苦恼。"这句话是什么意思?

四、《信条》一文的主体部分,是一堆看似无序的材料,作者列出这些最基本的信条有什么意义?在文章的最后,作者描绘了他的理想世界——"每天下午三点钟都有小甜饼和牛奶,然后盖上我们的毯子睡一觉……交还它们捡到的东西和收拾好它们自己的一摊子。"谈谈你对这段话的理解。

五十九　个人投资首先是时间的投入[①]

钟朋荣[②]

> **学习提示**
>
> 　　本文是一篇兼有议论特点的事理说明文,作者把个人资源分为原始资源和派生资源两种,原始资源就是时间。为了说明"个人投资首先是时间的投入"这个道理,文章运用了分类别、作比较、举例子、打比方等多种说明方法,并用与投资相关的一系列概念——投资目标、投资决策、投资技巧及其相互关系,从内因方面说明把握时间的重要性;再用做期货打比方,从外因方面强调时间把握的不确定性。明白了"个人投资首先是时间的投入"这一事理,也就明白了要珍惜时间、珍爱生命的主题。

　　一提到投资,人们就想到用钱生钱。似乎投资的出发点就是手里的本钱,投资的归宿就是本利之和,整个投资活动就是钱生钱的活动。

　　其实,人生投资的最初出发点不是金钱,而是时间。每个人最基本的、最原始的资源是时间,金钱只是时间的派生物。

　　因此,个人资源可以分为两种:一种是原始资源,另一种是派生资源。一个人来到世界,无论他创造什么奇迹,原始资源都是一样的,就是他的时间。人们虽然有金钱、朋友、知识、技术等等,这些都是由时间派生的,属于派生资源。

[①] 选自《语文课外读物》。
[②] 钟朋荣,湖北黄冈人,在《人民日报》、《经济日报》、《经济研究》、《光明日报》等报刊发表经济论文数百篇。

个人投资,首先是原始资源如何使用,即原始资源如何转化为派生资源,转化为哪些派生资源;其次是派生资源如何使用,包括赚回的资金如何更好地使用,以赚取更多的利润。

用于投资的时间有很多用法,是用来交朋友,是用来赚钱,还是用来学知识技能等等,这些都是原始资源的投资方法。

这里就有一个比较,你的每个单位时间是用来做生意合算,或是用来交朋友合算,还是用来学知识技能合算,这就涉及你对人生的追求,即你的投资目标是什么,也涉及你的投资技巧,即你是通过做生意直接赚钱,还是通过学技能或交朋友间接赚钱。

个人追求不同,对时间的用法就不一样,对金钱、技术、朋友等派生资源的用法也不一样。

时间可以产生金钱、知识、技能等派生资源,派生资源也可以互相转化,还可以转化为时间。有了金钱,可以学更多的知识、技能,可以交更多的朋友;有了知识、技能,可以赚更多的钱,也可以交更多的朋友;有了朋友可以帮助你赚钱,也可以帮你学知识、学技能等等。

人生的时间是有限的,多少用于赚钱,多少用于学知识、技能,这是一种最基本的投资决策,是个人投资的基础。在这一重大投资决策确定之后,剩下的就是既定的时间如何赚钱,如何学知识,如何交朋友,这是个人投资的专业知识。成功地进行个人投资,首先要对原始资源的分配做好基本投资决策。

人生很短暂,时间就那么多,究竟用来干什么,大家都在盘算。但盘算得是否准,除了正确的自我认识和高超的专业投资技巧外,各种外界因素的变化也很重要,而这些外界因素的变化有时是自己很难把握的。因此,人生的投资就像做期货一样,一个单下得准不准,成功不成功,有时取决于自己的判断,有时取决于种种不可预测的原因。事实上,我们每个人都在对自己的一生做期货:你用几年、几个月或几天的时间花在这件事情上,可能取得很大成绩,也可能一事无成;交了一个你认为是很铁的朋友,但恰恰是这个朋友毁了你一生;你花了七八年时间专学唱戏,起早贪黑,历尽艰辛,毕业后你发觉,看戏的越来越少,你不得不去为人看大门等等。

追求超过自己人生需求之外的钱财,就会牺牲一些更有价值的东西。当许多富有者发现自己"穷得只剩下钱"的时候,才更加体会到,金钱应该是人生中有意义的工作的副产品,而不是人生价值的本身。

一、文章倡导我们不要过分看重金钱,而要珍惜时间,重视人生价值,却通篇多次提到了与金钱密不可分的"赚钱"、"投资"、"期货"等词语,这样写好不好?有什么作用?

二、仔细体会"穷得只剩下钱"这句话的深层含义,及其对突出文章主旨所起到的作用。

三、熟读课文,思考文章的说明顺序,并指出下列各句运用了哪种说明方法。

1.因此,个人资源可以分为两种:一种是原始资源,另一种是派生资源。(　　)

2.因此,人生的投资就像做期货一样,一个单下得准不准,成功不成功,有时取决于自己的判断,有时取决于种种不可预测的原因。(　　)

3.事实上,我们每个人都在对自己的一生做期货:你用几年、几个月或几天的时间花在这件事情上,可能取得很大成绩,也可能一事无成;交了一个你认为是很铁的朋友,但恰恰是这个朋友毁了你一生;你花了七八年时间专学唱戏,起早贪黑,历尽艰辛,毕业后你发觉,看戏的越来越少,你不得不去为人看大门等等。(　　)

六十　读书人是幸福人[①]

谢　冕[②]

> **学习提示**
>
> 本文是一篇文笔优美、篇幅短小的议论文,作者先总说"读书人是幸福人"的根本原因,再分述读书能增广知识、陶冶精神,与好书结缘能"向善"、"避恶",最后再重申主旨,用"所以,我说,读书人是幸福人"这个结论完成因果论证,与开头呼应。学习时应注意作者是怎样逐层深入地展开论述的,使用了哪些论证方法,并结合自己的实际,想一想在今后的人生道路上,怎样通过多读书、读好书,做一个幸福的人。

我常想读书人是世间幸福人,因为他除了拥有现实的世界之外,还拥有另一个更为浩瀚也更为丰富的世界。现实的世界是人人都有的,而后一个世界却为读书人所独有。由此我又想,那些失去或不能阅读的人是多么的不幸,他们的丧失是不可补偿的。世间有诸多的不平等,财富的不平等,权力的不平等,而阅读能力的拥有或丧失却体现为精神的不平等。

一个人的一生,只能经历自己拥有的那一份喜悦,那一份苦难,也许再加上他亲自感知的那一些关于自身以外的经历和经验。然而,人们通过阅读,却能进入不同时空的诸多他人的世界。这样,具有阅读能力的人,无形间获得了超越有限生命的无限可能性。阅读不仅使他多识了草木虫鱼之名,而且可以上溯远古下及未来,饱览存在的与非存在的奇风异俗。

[①]　选自《永远的校园》(北京大学出版社 1997 年版)。
[②]　谢冕(1932～),文学评论家,北京大学中文系教授。

更为重要的是,读书加惠于人们的不仅是知识的增广,而且还在于精神的感化与陶冶。人们从读书学做人,从那些往哲先贤①以及当代俊才的著作中学得他们的人格,人们从《论语》中学得智慧的思考,从《史记》中学得严肃的历史精神,从《正气歌》学得人格的刚烈,从马克思学得入世的激情,从鲁迅学得批判的精神,从列夫·托尔斯泰学得道德的执著。歌德的诗句刻写出睿智②的人生,拜伦的诗句呼唤着奋斗的热情。一个读书人,是一个有机会拥有超乎个人生命体验的幸运人。

一个人一旦与读书结缘,极大的可能是注定了做一个与崇高追求和高尚情趣相联系的人。说"极大的可能",指的是不排除读书人中也有卑鄙和奸诈,况且,并非凡书皆好,在流传的书籍中,并非全是劝善之作,也有无价值的甚至起负面效果的。但我们所指读书,总是以其优良品质得以流传一类,这类书对人的影响总是良性的。我之所以常感读书幸福,是以喜爱文学书的亲身感受而发。一旦与此种嗜好结缘,人多半因而向往于崇高一类,对暴力的厌恶和对弱者的同情,使人心灵纯净而富于正义感,人往往变得情趣高雅而趋避凡俗。或博爱、或温情、或抗争,大抵总引导人从幼年到成人,一步一步向着人间的美好境界前行。笛卡儿③说:"读一本好书,就是和许多高尚的人谈话",这就是读书使人向善;雨果说:"各种蠢事,在每天阅读好书影响下,仿佛被烤在火上一样渐渐熔化",这就是读书使人避恶。

所以,我说,读书人是幸福人。

思考与练习

一、文中说:"人们从《论语》中学得智慧的思考",请结合你所知道的一则论语,联系自己的实际,谈谈你的思考和体会。

二、文章第3段作者为了阐明"人们从读书学做人,从那些往哲先贤以及当代俊才的著作中学得他们的人格"观点,举了大量例子,请你结合自己的读书经历再举出两个这样的例子。

三、为什么说"读书人是幸福人"?熟读全文,找出各段的中心句,感知作者是怎样逐层深入地展开论证的。

四、好的读书方法,将会使我们收到事半功倍的学习效果。看看下面几位名家的读书

---

① 往哲先贤:历代贤明、智慧之士。哲,指有智慧的人;贤,指有德行和才能的人。
② 睿智:英明有远见。睿,看得深远。
③ 笛卡儿(1596~1650):法国哲学家,主要著作有《哲学原理》、《形而上学的沉思》等。

方法,想一想,你将怎样把书读得更好呢?

"尝试想书"法 我国著名数学家华罗庚有一种奇特的读书法。他在灯下拿起一本书,不是从头到尾一字一句地读,而是对着书名闭目静思。他设想,这样一个题目如果到了自己手里,应该分做几章几节,哪些部分要重点阐述,哪些部分要简略交待。想后再打开书,如果作者写的和他的思路一样,他就不再读了。如果文章与猜想的不同,他便找出不同的地方,反复阅读,并与自己的思路作比较,想一想哪种写法更好些。

"见缝插针"法 毛泽东主席自学外语十分刻苦,由于他的湖南口音重,发音不准,有时要练几十遍甚至几百遍。他日理万机,公务繁忙,但每天一起床总要花上一个小时学外语,晚上躺在床上还要学一阵子。他还把英文版的《矛盾论》放在身边,抽空就读。旅途中也专心学习外语。由于每天见缝插针地学习,到20世纪50年代,他就能阅读一般英文书刊了。

"摘记卡片"法 我国现代著名历史学家吴晗,擅长以渊博的历史知识和优美的文笔撰写文章,这笔力来自他独特的"摘记卡片"法。几十年里,吴晗凡是遇到自己认为有价值的资料就摘记在卡片上,并按内容、性质分类保存。他做卡片的经验是:一张卡片只写一个内容,加上题目,注上类别,并写清楚资料来源,即作者、书名、页码等。

"随便翻翻"法 鲁迅先生在他的一篇题为《随便翻翻》的文章中写道:"书在手头,不管他是什么,总要拿来翻一下,或者看一遍序目,或者读几页内容。"鲁迅知识广博,应该说得益于他的"随便翻翻"。即读书须先浏览,选择重点,然后细读。因此,他在年轻时,除了规定的功课外,天文地理,花鸟虫鱼,无所不读。有一位日本科学家和鲁迅接触后,称赞鲁迅"什么都知道"。

应用写作九 求职信 应聘信

求职信

>> 范例 一

××建筑工程公司:

我是××省建筑工程学校工业与民用建筑专业的学生,将于今年七月毕业,三年在校期间,能兢兢业业,努力学习,连续两年被评为"三好学生",并担任学生会副主席。我愿在毕业后到贵公司服务,不知贵公司是否还有职缺?至于待遇问题,当按国家及贵公司的有关规定,我没有特别的要求。如蒙录用,请赐回信或与学校联系。

　　　　此致

　　敬礼!

　　　　　　　　　　　　　　　　　　　　　王×× 敬上

　　　　　　　　　　　　　　　　　　　　　××年××月××日

　　联系地址:××××××
　　邮政编码:×××××
　　联系电话:××××—××××××××
　　E-mail:××××××

二

广东商学院:

　　我出生于1960年,1983年毕业于浙江财经学院经济系,毕业后在江西省财经学院任教至今,现任经济系讲师。本人祖籍广州,爱人在广州工作,且有高龄双亲在穗居住。为解决两地分居之苦,愿到贵校从教,未知贵院尚有教职空缺否?今特不揣冒昧,愿效毛遂之荐。我在广州已有住房,无需学校安排宿舍。现随函将本人简历、学历证书、职称资格证及近期发表的学术论文两篇等复印件呈上。

　　如蒙俯允,不胜感谢,伫候德音。

　　　　此致

　　敬礼!

　　　　　　　　　　　　　　　　　　　　　何×× 谨呈

　　　　　　　　　　　　　　　　　　　　　××年×月××日

　　联系地址:××××××
　　邮政编码:×××××
　　联系电话:××××—××××××××

简评

　　先介绍自己的年龄、身份、学历等基本情况,接着陈述求职原因、本人专长,是求职信正文部分常用的写法。案例一作为学生毕业求职,提到了自己在校期间的表现,以事实证明他的学习刻苦,并有一定的组织能力;案例二是教师为解决两地分居问题而写的求职信,用语谦恭,文辞典雅,对于自己家庭的实际困难,点到为止,没有表现出过分的乞求,达到了不卑不亢的效果。这两封信结尾,分别强调了自己对工资待遇没有过高要求,和不需要单位安排住宿,增加了被录用的可能性,并非多余之笔。

应聘信

>> **范例**

一

××食品有限公司：

　　昨日读《××晚报》分类广告得知贵公司急聘会计一名，十分欣喜。我现年26岁，2004年毕业于省商校财务会计专业，已有5年会计工作经验，自信能胜任贵公司征聘的职务，故自荐应聘。兹将本人简历及毕业证书复印件寄上。企盼福音。

　　此致

　敬礼！

×××

2009年8月15日

联系地址：××××××
邮政编码：××××××
联系电话：××××—××××××××
E-mail：××××××

二

××机械有限公司：

　　近日阅《××日报》，敬悉贵公司征聘机械工程师。我1998年毕业于××工学院机械系，现在××塑料制品厂任机械工程师。为了更好地发挥所学之长，我愿到贵公司服务。今随函寄上本人简历及机械工程师资格证复印件各一份。恭候函复。

　　此致

　敬礼

陶××

2008年11月6日

联系地址：××××××
邮政编码：××××××
联系电话：××××—××××××××

>> **简评**

　　应聘信通常首先要介绍自己从何处得知用人单位招聘，招聘什么职位，然后介绍自己的年龄、学历、工作经历等情况。案例一中的"有5年会计工作经验，自信能胜任贵公司征聘的职务"的表达，恰到好处，既表明自己充满自信，又不会让对方感到狂妄自大；案例二提到的应聘缘由只有一句话，即"为了更好地发挥所学之长"，简练而模糊，既表明了自己的追求、抱负，又含有相信对方单位能够给自己提供更好的发挥专长的机会之意，投其所好，一举两得。

写作指导

求职信和应聘信都是向用人单位自荐谋求职位的书信,有着明确的目的和内容。它们的格式也大致相同,一般包括称呼、正文、结束语、署名、日期几个部分。不同的是:求职信是在不知道该单位是否要人、要什么样的人的情况下的自我推荐;应聘信则是在该单位公布招聘条件后,根据自身条件和该单位的需要,有针对性地自我推荐。写好求职信和应聘信,值得注意的是:

1. 要说明求职的原因。求职信和应聘信一般都要向用人单位说明求职的原因,如求职信一是毕业后谋职,应聘信二是为了学以致用,更好地发挥所长。

2. 适当推销自己,不卑不亢。过于谦卑,自贬身价,会给人碌碌无为的不良感觉;过于高傲,狂妄自大,就会给人轻佻浮夸的恶劣印象,两者都达不到求职的目的。适当推销自己,还要考虑到自己有没有比一般求职者或应聘者更有利的条件。

3. 既要实事求是,又要投其所需。实事求是是指自己的学历、资历、专长都必须如实地告诉对方,绝不能弄虚作假;所谓投其所需,是指尽可能根据用人单位的需要介绍自己。如对方单位招聘的是机械工程师,自己虽有歌舞表演方面的专长,也不必去介绍。因为这与对方的需求无关,说了反而可能适得其反。

4. 言简意明,书写端正。求职信和应聘信要写得言简意赅,直截了当,避免冗长累赘,这会给人以精明练达的良好印象;而字迹如果潦草,就会给对方留下办事草率马虎的不良印象。求职和应聘都是有求于人,给对方留下了良好的第一印象,往往会收到事半功倍的效果。

5. 要详细说明联系地址、通讯方式,便于对方答复。

6. 要随函附上学历证书、资格证书、获奖证书、学术成果证书等资料的复印件。

写作练习

一、请你结合自己的专业以及对毕业后工作的设想,按照求职信的写作格式和写作要求,拟写一封求职信。

二、某公司在报纸上向社会公开招聘电工若干名,要求有中专及以上学历、电工等级证书、计算机等级证书,请你为自己写一封应聘信。

三、下面是一封应聘信,请阅读后回答问题:

1.这封信缺少哪些内容?应怎样补上?
2.信中哪些内容应该删去?
3.哪些句子用语不够得体?应怎样修改?

××服装厂:

  前天接到我的老同学×××的来信,说贵厂公开招聘生产管理员。我是××学校企业管理专业的毕业生,在校读书时,学习成绩优秀,爱好体育运动,是学校篮球队的成员。贵厂就设在我的家乡,我想,调回家乡工作正合我的心意,而且生产管理员的职务,也和我所学的专业对口。不知贵厂是否同意,请立即给我回信。

　　　　此致
　　敬礼!

×××
××年×月××日

口语交际十二　应聘面试

面试是一种在特定场景下,考官经过精心设计,通过对应试者面对面地观察、交谈等沟通方式,了解应试者素质特征、能力状况及求职动机等的人员甄选方式。根据每次参加应聘人数的多寡,面试可分为单独面试和集体面试两种,而单独面试是目前最普遍最基本的一种面试方式。

在应聘过程中,面试无疑是最具有决定性意义的一环。面试时考官以谈话和对应试者非语言行为(面部表情、身体语言)的观察为主要手段,可以有效地避免笔试中可能存在的冒名顶替、抄袭作弊和高分低能等弊端;在测评的内容上,面试具有很大的弹性和很强的灵活性,可以灵活自如地考察应试者的仪表风度、口才、知识、能力、工作经验、性格特征等多方面的素质,在面试中引入无领导小组讨论、角色扮演、管理游戏等情景模拟手段,还可考察应试者的团队合作能力、实际工作能力及组织能力。

对于那些初次就业的应届毕业生来说,因为缺乏经验,面试常常成为他们一道难过的坎儿,有很多毕业生顺利通过了简历关、笔试关,最后却在面试中出现失误。因此,掌握一定的求职应聘知识和面试技巧,锻炼好出色的口头表达能力,训练出敏捷的思维反应,显得十分重要。

一、面试前应做的几项准备工作

1.材料上的准备

面试需要的文字材料一般包括:个人简历、自荐表、学历证书(含各类获奖证书、能力等级证书等)、公开发表的文章等;应聘单位、应聘岗位的有关资料或情况介绍等。应聘者在面试前应尽可能熟悉这些材料,可以想象当一个应聘者面对考官询问时,一边支支吾吾一边翻找资料会带来什么样的结果。

一份出色的简历能帮助应聘人更多地赢得机会,在材料的准备阶段显得尤为重要。简历写作应该充分挖掘自己的特长和亮点,把自己最有优势的地方放到最前面,应该把自己的名字和联系方式放到最显眼的地方,而对于不同类型的单位,也应该有针对性地采用不同的简历模式:比如对于外企,要强调英文水平、学习能力、团队合作精神、沟通能力;对于国企和事业单位,可以强调教育背景、政治面貌、获奖情况、学习成绩和踏实稳重的性格等内容;对于销售、管理类职位,要强调任职情况、组织活动、沟通协调能力、团队合作能力、解决问题能力等方面的情况;而对于技术操作类的职位,强调的重点是专业技能(与该企业相关的技能放到最前面)和实践操作经验。

2. 心理上的准备

心理上的准备主要包括两方面:一是准备自己,一是准备对方。准备自己就是要调整好心态,尽量用平常心去迎接即将到来的面试,功利心太强,患得患失,无疑会给自己增加心理负担和精神压力。面试场上各种情况都会发生,因此还要对可能出现的各种意外做好心理防御,这样的准备越充分,面试中的失误就越小。准备对方就是要考虑对方可能会提出什么样的问题,对自己一时不能正确回答的问题怎样回避,自己想从对方口中了解哪些情况等。

3. 仪表上的准备

注重仪表是应聘面试的重要环节。着装要合身、整洁、端庄、得体,要符合学生身份,符合季节变换。不必刻意"求美"、"求酷",给人华而不实的感觉。应聘广告、公关、营销或服务性行业的职位,形象设计可适当活泼。研究表明,仪表端庄、衣着整洁、举止文明的人,一般做事有规律、注意自我约束、责任心强,从而能更加获得用人单位的青睐。

二、单独面试中应注意的几个问题

1. 不要一味谦虚

有些人认为,谦虚会给人留下好的印象,所以在面试中一旦受到考官的夸奖,常常会摆出谦虚的姿态进行"自我否定",认为这样做容易博得对方的好感。也有的面试者因为不知道怎样接受对方的夸奖,在腼腆和局促的过程中,失去了和对方沟通交流的最佳时机。一味谦虚易使他人认为你缺乏自信,从而淡化了你已有的良好形象;也可能被他人理解为你否定了他的眼光和评价,从而产生不快。

某企业到学校来招员工,学生甲参加面试。甲用一口标准好听的普通话回答了考官的几个问题。考官说:"你的普通话说得不错。"甲说:"不行,我说得不好。"考官笑笑:"你说得是挺好的,蛮标准的嘛。"甲更加不好意思了:"真的,我说得并不好。还没有人说我的普通话说得好呢。"考官有点尴尬,随便问了几句,让甲走了。学生乙进来面试,考官问了几句后,同样说:"你的普通话说得不错。"乙将身子略略前倾,说:"谢谢您的夸奖,看来我的努力是有成效的。"考官问:"能告诉我为什么要注意自己的说话吗?"乙说:"说话是和别人交流沟通最便捷的一种方式,我不想因为自己这方面的缺陷,而影响了和别人的交流,失去了原本可以把握的种种机会。"考官点点头,对乙同学的回答感到满意。

2. 不要过分自信

有的人在面试时喜欢表现出一种自信,言语中透露着"舍我其谁"的意味。其实在推销自己时,必要的包装和展示是应该的,但不能过分。过分的自信反而让考官不大放心,甚至会认为你低估、忽视了他的判断和经验。你的过分自信和"豪言壮语"恰恰暴露你的简单和幼稚,使对方认为你夸夸其谈、盲目自大。

  丙同学参加一个人才招聘会,面试时考官问他:"从你的自荐材料看,你认为自己很优秀。你是这样评价自己的吗?"丙点了点头:"是的,我从不掩饰自己的优点,尤其是在你们面前。""但是从表上看,你的成绩不是很优秀。"丙说:"不瞒你们说,我对自己的专业学习并不是很重视,我的志向和理想不是它们能够托付起来的。我花了大量时间攻读课本以外的知识,我的能力远远超过成绩单上的分数。"考官说:"既然你认定自己非常优秀,为什么不找更好的单位应聘?"丙说:"我觉得你们公司就是我有用武之地的地方。"几位考官交换了一下眼神:"你还有什么要对我们说的?"丙站起身来,说:"如果您是伯乐,我就是您要寻找的千里马;如果您具有一双慧眼,我就是您要发现的英才。"

3. 不要刻意讨好

参加面试时,应聘者语言态度上的一味奉承、唯唯诺诺,也会给考官做作虚伪的感觉。请阅读下面一段文字:

  某企业到学校招聘学生,丁同学获得了面试机会。俗话说,礼多人不怪。丁同学一定要在礼节上给对方留下深刻印象。他首先向几位考官一一鞠躬致意,然后毕恭毕敬地站着。考官请他坐下,丁同学说:"在你们这些优秀的企业家面前,站着说话更能表达我的敬意。"考官说:"你不要太拘谨了,我们不是企业家,更谈不上优秀。"丁同学说:"在我眼里就是的。我衷心希望能得到你们的提携和关照,并再一次地表达我的谢意。"丁同学说着又鞠了一个躬。几位考官面面相觑,这样的开场白显然有点出乎他们的意料。

4. 不要总是被动

不少初试者在面试时习惯把自己放在被动的位置上,形成"你问我答"、"你不问我不说"的状态,其原因或是因为缺乏临场经验、胆怯害羞,或是因为怕引起对方不悦从而影响了面试结果。其实在面试过程中,双方在互相了解、双向沟通和选择的层面上是平等的。有时候主动一点,根据现场气氛、应聘职位等具体情况,提出一些自己想了解的问题,反倒体现出你对这次面试的关注和诚意,由此引起对方的注意。下面的这个例子,就给我们提供了一个借鉴:

  乙同学参加企业招聘,面试中考官问了几个问题,乙一一作了回答。在回答完毕后,乙又不失时机地提出了自己的问题:"请问贵单位有没有职工图书阅览室?"考官回答:"当然有,而且图书和杂志都不少。但是我要提醒你,如果我们企业聘用你,是让你去工作而不是去学习的。"乙说:"这点我非常清楚。正因为你们聘我是去工作的,所以我要把工作干好。而干好工作仅凭我在学校学习的知识和技能也许还不够,因此,我要边干边学。如果有一个可以学习的场所,就可以利用业余时间不断给自己充电,通过自己的努力尽快胜任这份工作。"

5. 要简洁明了,朴实无华

对考官的提问,应聘者在理解后应选择简洁的语言清楚明白地给予答复,不必随意展开。如果考官想在这个问题上有更多的了解,他会继续下一个提问。说话时用语以能够表达自己的真实想法和情感为宜,尽量不说"空话"、"套话",诸如"你给我一个机会,我给你一个惊喜"之类。

考官问陈同学:"请说说你为什么要应聘我们公司。"陈同学说:"我的家在农村,父母都是农民,家里经济条件差,父母辛辛苦苦供我读书,就是想让我中专毕业后能找到一份好工作。听说有这次应聘的机会,我的父母都很高兴,他们非常支持我应聘你们公司。这也是我的想法,所以我就来了。希望你们能录用我,我一定会好好干的。"

6. 要从容坦然,表达流畅

应聘者在答问时一定要仔细倾听、认真理解,紧扣话题中心,不蔓不枝,不打岔子,不绕弯子。如果对所问的话题不能正确回答,也应坦然地明确承认,以示自己的诚意和务实的态度,不可想当然地随意发挥,既曲解了考官的意图,又暴露了自己的弱点。表达时要避免使用"大概"、"也许"等模棱两可的词语,以及"无所谓"、"随便"等缺乏个性的词语;要吐字清晰,发音响亮,语速快慢适中,切忌自言自语、吞吞吐吐。请看下面的一则对话:

某中外合资企业来校招聘毕业生,赵明同学获得了面试机会。考官问他:中国加入世贸组织后,你认为对我们中外合资企业会有怎样的影响?小赵平时也知道一些关于WTO方面的常识,但不够系统、不够专业。他想了想,说:"很抱歉,面试前我准备了自己的专业,对这方面的知识准备不足。我想今后在这方面要多努力、多学习,以适应工作的需要。请你们谅解。"考官说:"这个问题对你来说确实难了,但你的态度我很满意,敢于正视自己的不足,今后才会进步。"

三、集体面试时应注意的几个问题

与单独面试不同,集体面试考察的重点是人际沟通、团队合作的能力、洞察与把握环境的能力、领导能力等等。无领导小组讨论是最常见的一种集体面试法,考官给出考题(这一题目一般源于招聘工作岗位的专业需要,或是现实生活中的热点问题,具有很强的岗位特殊性、情景逼真性和典型性),一般要求应聘者5~10人为一组,不指定负责人,经过短暂时间的思考,应聘者发表各自意见,然后进行小组自由讨论,最终相互协作解决某一问题,达成共识,并选出一个代表进行总结陈词,每位应聘者还可以对自己刚才的表现进行总结。众考官与应试者保持一定距离,不参加提问或讨论,通过观察、倾听,对应试者进行评分。

主考官评分的依据是:发言次数的多少;是否善于提出新的见解和方案;是否敢于发表不同的意见,坚持自己的正确意见;是否善于消除紧张气氛,说服别人,调解争议,创造一个使不大开口的人也想发言的气氛,把众人的意见引向一致;能否虚心倾听他人意见,是否尊重别人,是否侵犯他人发言权等等。参加这类面试,应该注意以下方面:

(1)不必过分突出自己。集体面试时当然要充分展示自己的风采,给考官留下深刻的印象,但是应该适度,表现最多的那个人往往并不被考官看好。这类面试考察的是团队合作能力,集体利益显然是最重要的。考虑问题和说话时,一切都要服从整体目标。要多说"我们小组……",少说"我……"。如果某位应聘者总是处处抢着表现自己,那只能说明,他把自身利益放到了集体利益之前,集体观念淡薄。

(2)言语适度。既不能滔滔不绝,垄断发言,也不能总是沉默、处处被动。过于沉默低调就不会给考官留下深刻印象。要注意掌握小组的发展动向,力求在最关键的时刻,说出最有分量的话。例如:当小组意见分歧严重,时间所剩不多时,你可以试着提出一个缓解矛盾的折衷方案;当大家讨论的问题偏离主题的时候,你可以及时提醒大家;或者当你发现其他人的意见忽略了某些重要方面时,可以及时提醒。

(3)沟通交流。团队合作离不开交流,要多与同组其他的人交换意见,积极讨论,沟通交流,求同存异。这会对应聘者个人有很大启发,也会对小组达成共识起到重要作用。沟通交流不是一味苟同、唯唯诺诺,做好好先生,要敢于及时表达自己的不同意见,反驳别人言论时,不要恶语相加;要做到一方面能够清楚表达自己的立场,另一方面又不令别人难堪。

(4)总结时,要首先肯定、强调其他成员在团队的这次任务中的作用,向他们表示感谢,再说自己为团队作出的贡献,并看到自己的不足。

四、面试中的非语言技巧

非语言因素也是考官面试时考察的一个重要方面,熟练运用各种非语言技巧,有利于博得考官的好感。

1. 进出面试现场的礼仪

中国素有礼多人不怪的传统,彬彬有礼的举止,可以体现一个人的基本素质,也会给考官留下深刻的第一印象。进入面试现场时,应注意:先在室外轻轻敲门,得到许可后方可进入,进门后应轻轻转身关门;进入现场时要主动与考官打招呼,可点头微笑,也可口头问候,但一般不宜主动与考官握手;进门后的步伐应轻快有力,给人积极向上的感觉;尽可能地记住几位考官的姓名、职位(至少是姓氏),在没有确切把握的情况下,可采用笼统的称呼,切忌张冠李戴,这会令面试双方都非常尴尬。

当考官明示或暗示面试结束时,应试人要礼貌地与考官告辞,告辞时要面带微笑,并感谢对方给自己这次面试机会;要有条不紊地整理好随身携带的物品,不要丢三落四;如果进门时受到现场工作人员的接待,在离去时也要对他们的服务表示感谢,这种尊重他人劳动的良好习惯,不仅能赢得工作人员的好感,也会给考官留下深刻印象;接近大门时要转身面向考官,点头示意后再退出门外,同时轻轻掩上房门。

2. 对坐姿的要求

面试过程中,大部分时间双方是坐着进行的。正确的坐姿是双腿自然并拢,手放在膝上,腰板挺直,身体微微前倾。这样的坐姿使人觉得应试人精神振奋、富有朝气。坐时不能太浅也不能太深:坐得太浅,容易使自己紧张、疲劳,注意力不集中;坐得太深,又容易靠在椅背上,给人懒散之感。有些应试人此时会有一些下意识的小动作,如不停地摆弄手机或其他的小物件,两腿叉开摇晃、摆动,无意识地看手表等等,这些动作都会让考官分神并有可能引起反感。

3. 对情感控制的要求

面试要求应试人心平气和地参与全过程,一切超出常规的情感流露都是不合时宜的。如果考官提出的问题让人很不舒服甚至感到难堪,这时的应试人一定要保持冷静,不必匆忙回答。一般说来,考官不会故意刁难应试人,出现这种情况,通常是考官事先设计好的战术,意在测试应试人的应变能力和心理承受能力。如果应试人听完后火冒三丈、反唇相讥,就中了考官的"圈套"了。

4. 对目光的要求

面试时应试人与考官保持视线的接触,是交流的需要,也是起码的礼貌,更是应试人自信的表现。面试时应试人如果回避对方的目光,会被认为是胆怯、心虚,或是傲慢、目中无人。正常状态下,应试人应将大部分时间看着向自己发问的那位考官,但不要直盯着他的眼睛,这会让人觉得咄咄逼人,近于向考官挑战。正确的做法是将目光放在对方的额头或鼻梁上,并保持目光的轻松、柔和和自然。

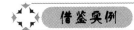

一、某职业学校学生面试对话实录

李主任(某公司人力资源部主任):你好,欢迎你来本公司应聘,请谈谈你的情况好吗?

张搏(应聘学生):好的。我叫张搏,弓长张,拼搏的搏。本省江滨市人,1980年出生,今年7月毕业于江滨市××职业学校。我学的专业是企业管理。

在学校的3年时间里,我们不仅学习了有关专业知识,进行了较长时间和较为系统的专业训练,还学习了大致相当于普通高中程度的语文、政治、历史、地理、数学、物理、化学、计算机和外语等基础课程。现在可以说基本上,当然也只是基本上,具备了企业管理这一职业所需要的专业知识、文化素质和实践能力。

我的优点之一是乐于同领导、老师、同学、朋友等周围的人形成良好的人际关系,并通过这种良好的人际关系更充分地发挥自我。从初中到职业学校,我一直是学生干部,当过班长和学生会副主席,积累了一定的组织管理经验,这不但对我深刻理解管理学的内涵有很大的帮助,也养成了我积极团结社团同事,充分发挥集体力量解决问题的习惯和作风。这是我校提供的我在校3年的各门功课成绩和各方面表现的评价,这是另外一些有关材料,请李主任过目。如果还需要什么别的材料,我将尽快补上。

李主任:从你刚才的介绍和有关材料看,你是一个不错的职业学校毕业生。

张搏：谢谢。

李主任：但是依本公司的惯例，我们只录取大学本科以上的男性作为管理人员。

张搏：嗯……我想呢，李主任的意思是，咱们公司十分看中高素质和高水平的人。不言而喻，本科学历以上的人，知识结构、思维能力和整体素质相对较好。但学历和水平在有的时候是不等同的，起码有这样的特例。我认为，一个有开拓进取精神的公司，就像咱们公司，在人才选择上也一定是不拘一格的，不会在乎男女之别和只重学历的，否则，看了我自荐书上的学历栏后，李主任就不会让我来面试了。

李主任：你很聪明。请进一步介绍一下你的个人素质好吗？介绍最突出的，当然也别落下你认为重要的。

张搏：好的。我想，有些基本的也是很重要的素质，是和学历无关的，比如热情、顽强、冷静、自律等，我一直为我对学习、工作和生活充满热情而自豪。我在看似平常、枯燥的学习、工作和生活中获得乐趣，这种乐趣又推动我更深入地学习、更勤奋地工作，更加珍惜生活。有了这种热情，劳累变为轻松，复杂变为简单，顽强、冷静和自律也就很容易做到。所以我非常喜欢孔子的那句话："知之者不如好之者，好之者不如乐之者。"

当然，知识的确是重要的。但不断获取知识的能力更重要。一项调查表明，实际工作中所用到的知识只有百分之二十是在学校学的，其余都是在工作中自我探索、学习来的。关键是要在纷繁的事物中抓住本质，在复杂的关系中抓住矛盾的中心，在了解情况的基础上果断作出决策。

李主任：你很善于思考。能够有所成就的人必定是踏实努力而善于独立思考的人。

张搏：我愿为公司奉献我的才智。

李主任：我们公司是一家民营企业，你考虑过吗？

张搏：考虑过。我认为，民营企业没什么不好。江泽民总书记在十五大报告中指出，个体、私营等非公有制经济是社会主义市场经济的重要组成部分，省委、省政府去年还出台了《关于加快发展我省私营经济的决定》，应该说已经从思想上、政策上和体制上为民营经济的发展扫清了障碍。一个企业有无前途，不在于是国营还是民营。国营公司如果不能适应市场，同样会破产；民营企业通过艰苦经营也可以发展为跨国集团公司，这已经被改革的实践所证明。我不在乎别人的评论，在民营企业供职是光荣的，能为中国的民族工商业贡献自己的力量是光荣的。

李主任：很好。不过，即使在本市的民营企业中，我们也不是最大的。你为何看中我们公司？

张搏：我看中的是公司的精神、经营理念和经营管理水平，而不是企业的大小。不瞒李主任，在来应聘前我通过多种途径，包括实地考察，了解过咱们公司。

公司的那句"为振兴民族工商业而奋斗"的口号,令我感到鼓舞和振奋。还有一点,就是咱们公司积极致力于改善同社区的关系,努力塑造良好的社会形象,这是现代企业的显著特点之一。但许多公司还没有认识到这一点。井然有序、令行禁止的管理也让我十分钦佩。前几天,我在公司看了一上午,有一阵实在累了,就打了个哈欠,在楼梯上坐了下来。一个年轻职员见了对我说:"你不是本公司的人吧?"我说对。他说:"在这席地而坐有碍公司形象,请离开好吗?"当时我很尴尬,但这充分反映了咱们公司的管理水平和职员的敬业精神。

李主任:你来上班后见到这个人,你告诉他,我很想跟他交个朋友。

张搏:一定。同时谢谢李主任录用我。

李主任:我说录用你了吗?

张搏:是的。你说,你来上班后……

李主任:对对,我为什么不要一个对本公司充满信心的职员呢?这张登记卡你拿回去填好,明天就来报到吧。

简评

　　这是江滨市某职业学校张搏同学应聘某民营企业的对话实录。从对话内容我们可以看到,张搏在面试前做了大量的材料准备工作。这既包括她的自荐书、学校提供的3年的各门功课成绩和各方面表现的评价等个人相关资料,也包括她通过多种渠道甚至实地考察这家私营企业,通过调查了解获得的公司经营理念、奋斗目标、管理水平等方面的第一手资料。而这种实地考察行为的本身,也反映出应聘人的诚意和对这份工作的看重。在面试过程中,张搏能抓住对方问题的实质侃侃而谈,介绍全面,条理清晰,语言质朴,表达流畅。在坦然承认自己学历偏低的同时,指出学历与水平有时并不等同,获取知识的能力比知识本身更重要,化解了不利因素,博得了考官的好感。

借鉴实例

二、省卫校的一场求职面试

时间:三月十八日下午二时至五时

地点:省卫校多功能大厅

主考官:某医院李院长、人事科陈科长、护理部谈主任

应试人:韩雪(省卫校护理专业应届毕业生)

韩雪:李院长,您好!陈科长好!谈主任好!

陈科长:请坐。

韩雪:谢谢!(轻轻坐下)

陈科长:谈谈你自己的情况好吗?

韩雪:谢谢领导们给我这个机会。我叫韩雪,今年19岁,是本校护理专业毕业生。入学以来,我的学习成绩在班上一直名列前茅,但我觉得学习成绩的优秀并不能说明整体素质的优秀。作为团支部书记,我努力做好自己的工作,依靠大家的努力,我们支部连续三年都被评为优秀团支部,我本人在去年也被评为市级优秀学生干部。我的性格开朗、活泼,爱好音乐和体育活动,曾在学校卡拉OK歌唱比赛中获得第一名;在市中职田径运动会上获得女子跳高第二名。我认为自己的性格和爱好对做好护理工作会有很大的帮助。

谈主任:你对护士这个职业有什么看法?

韩雪:这是个神圣的职业。人们之所以把我们称为"白衣天使",是因为护士能在病人最需要的时候给他们送去关爱和希望。护士工作很辛苦,三班倒,工作又忙,但正因为如此,才赢得了病人的信任和社会的认同。我喜欢这个职业,它具有挑战性。

李院长:你认为自己能胜任这个工作吗?如果因病人对护士工作的不理解使你受到了委屈,你怎么办?

韩雪:我能干好这个工作!因为自己专业知识学得扎实,又在病房实习了一年,曾多次受到护士长的表扬,我相信自己的能力。如果我有幸被录用,一定会做到让病人满意,让领导放心。护士的天职是救死扶伤,需要有献身精神,应该敢于面对困难、挫折和委屈。在实习中我也遇到过这种情况,我发现病人的不理解主要是因为他们觉得自己受到了委屈,只要我们多与他们沟通,做好心理护理和解释工作,就能避免这类事情的发生。

谈主任:你有男朋友吗?

韩雪:我是一名学生干部,我认为在校求学期间过早谈恋爱不仅违反校规,也影响自己的学习和发展。就我个人而言,最近几年都不打算考虑这个问题。护理学科发展很快,我已经感到了压力。到目前为止,护理大专自学考试我已经通过了6科,工作后我准备抓紧业余时间继续学习,大专毕业后还想读本科哩!

陈科长:我们医院条件比较差,如果你被录用了,只能住拥挤的单身宿舍,睡上下铺,你介意吗?

韩雪:能到咱们医院工作是我的最佳选择,我看重的是那里的工作氛围。我们在学校不也是睡的上下铺吗?当然,我也坚信,在李院长的领导下,咱们医院一定会得到飞速发展的,职工的生活条件也会随之改善。

李院长:你还有什么问题?

韩雪:有一个小问题,咱们医院也开展文体活动吗?

李院长:当然,在全市卫生系统文艺会演和运动会上,咱们医院从来都是第一名啊!今天谈得很好,就到这里吧。谢谢。

韩雪:(起身)谢谢李院长!谢谢陈科长、谈主任!再见!

(韩雪最终成为少数几名入选者之一)

> **简评**

　　本例是某医院招聘护士的一场面试。省卫校毕业生韩雪按考官的要求,谈了个人情况,谈了对护士职业的看法,也谈了生活上的一些事情。回答重点突出,语言简洁,不卑不亢。对于是否介意医院的艰苦条件,她的回答尤为精彩。在面试结束时,关于文体活动的主动提问,避免了一味被动,又与前面的个人介绍相呼应,也体现出了韩雪对这次面试的关注和诚意。再加上其彬彬有礼的举止,礼貌周到的称呼,给用人单位留下了深刻的印象,从而成为该医院录取的少数几位人选者之一。

口语练习

　　1.作为一名求职者,试设想在某招聘现场,主考官会提出哪些问题,你该如何回答。

　　2.在一次面试中,考官向甲同学提了一个问题:"你赞成'人往高处走'这句话吗?"甲同学说:"'水往低处流,人往高处走',这句话有道理,我当然赞成。"考官笑笑,"如果有一天你掌握了技术,也找到了更好的公司,那么你肯定会跳槽,另谋高就啦?"甲同学想了想,说了一番话。考官听了,脸上露出了赞许的神色。如果你站在甲同学的角度,你会怎么说?

　　3.某同学在面试时为了避免给对方留下总是被动的不良印象,积极主动地向考官提了一些问题,希望给考官带来好感。下面就是这次面试的一个片段,请问,他有没有达到变被动为主动的目的? 如果你现在就是这名面试学生,你准备怎样回答考官的提问,并将如何提出你认为合适的问题?

　　　　考官:你为什么要应聘我们公司? 你了解我们公司吗?
　　　　面试学生:听别人介绍过,多少了解一点。
　　　　考官:你的家长同意你参加这次面试吗?
　　　　面试学生:我没有告诉家长,我的事从来都是自己做主。
　　　　考官:你是学生,这样的事听听家长意见有好处。
　　　　面试学生:你们的公司待遇怎样? 平时经常加班吗?
　　　　考官:待遇是根据你从事的岗位和完成任务的情况来确定的,不好一概而论。加班的时候有,但不是经常,这要看公司接单的情况。
　　　　面试学生:公司未来五年的发展规模怎么样? 不会有什么风险吧?
　　　　考官:这个问题我暂时不能给你回答,因为市场是变化的。
　　　　面试学生:现在不少公司都谋求上市,通过发行股票进行融资,我们公司是不是也有这方面的打算?
　　　　考官:很抱歉,你这个问题我无法回答,我不是公司董事会成员。

语文实践活动十二　模拟应聘

一、活动主题

模拟应聘面试训练

二、活动目的和要求

锻炼和培养学生的语言表达能力和应变能力,使学生掌握一定的应聘方法和技巧,为将来真正的面试积累经验。

活动前,教师进行必要的辅导和交代,提出相关要求,注意纠正学生在面试过程中可能暴露出来的各种不良习惯;学生自行拟定面试试题及过程,设计模拟应聘面试评分表;活动过程中教师担任评判,指导活动顺利进行,结束后做总结发言。

三、活动内容及步骤

以小组为单位,由3~4名学生组成面试主考方,该组其他学生为应聘方,逐一参加面试,面试时间约5分钟,主考方填写模拟应聘面试评分表。之后双方同学互换角色,重新开始面试。整个一轮结束后,双方学生进行互评、讨论,教师及时给予归纳总结。

附　面试试题

1. 你有一位同学,家境十分贫困,好不容易凑齐了学费却在回学校的火车上被小偷偷走,你作为学生会的主席,会采取什么样的方式帮助这位同学?

2. 有领导要来单位参观电子设备,半个小时后就到,可是突然停电,而且不知道什么时候会来电。你如何应对?

3. 近年来旅游人数增多,价格上涨,你对此现象有什么看法?

4. 在火灾时,有一种蚂蚁会滚成一团,逃出危险,这种现象对你有什么启示?

5. 某超市举行大型低价促销活动,不少市民蜂拥而至进行抢购,商场内秩序混乱。如果你是超市负责人,应如何处理?

6. 某小区部分居民拖欠卫生费,清洁工不去清扫垃圾,环境卫生差,居委会主任派你去解决,你会怎么解决?

7. 有很多单位是"三个臭皮匠顶个诸葛亮",但也有很多单位是"三个和尚没水喝",请解释这种现象,并谈谈你的看法。

8. 你是幼儿园带队老师,春游结束集合时发现少了3个小孩,怎么找都找不到,这个时候你该怎么处理?

9. 你是某单位的公关部门负责人,单位让你组织一次产品展销会,邀请了许多嘉宾和媒体,但到现场的人寥寥无几,你该怎么办?

10. 有只母鸡下了一个金蛋,农妇就把鸡杀了想取更多的金蛋。你怎么看?

11. 你被分到 A 处, A 处领导对你很器重, 同时提醒你要注意隔壁的 B 处捣乱, 你将如何处理 AB 两处的关系?

12. 你如何理解"多难兴邦"?

附录一　古代汉语语法常识

阅读文言文,必须掌握一定的古代汉语语法知识。与学习现代汉语相比较,学习文言文最突出的难点,是对文言虚词、词性活用、特殊文言句式以及通假字的理解。现主要依据本套教材文言课文中所出现的例句,对这几种疑难语法现象,作一简要的归纳、介绍和说明,以供学习参考。

文言虚词

一、之

1. 用作代词,在句子中充当动词或介词的宾语,多数可译作"他(们)"或"它(们)",有时也可译为"这"、"这些"。如:

①是非贿得之。(之:代指东西。)(《记王忠肃公翱事》)
②自下望之,则高岩峭壁。(之:代指雁荡诸峰。)(《雁荡山》)
③盖当时未有雁荡之名。(之:这。)(同上)

2. 用作助词,在定语和中心词之间,相当于现代汉语的"的"。如:

①以至诸峰之顶,亦低于山顶之地面。(《雁荡山》)
②参与新政者,有唐宋之"参知政事",实宰相之职也。(《谭嗣同》)
③与言皇上无权,西后阻挠之事。(同上)

3. 用作助词,用在主语和谓语之间,使主谓两部分取消了独立性,成为短语或形成分句。翻译时可以不译。如:

①初,君之始入京也。(《谭嗣同》)
②今而知皇上之真无权也。(同上)

4. 用作动词,相当于现代汉语的"往"。如:

项伯乃夜驰之沛公军。(之:往、到。)(《鸿门宴》)

二、其

1. 用作代词，在句中充当定语，可译作"他（们）的"、"它（们）的"，有时也可译作"那（些）"。如：

　　公辨其声，而目不可开。（其：指代史可法。）（《左忠毅公逸事》）

2. 用作代词，在句中充当主谓词组的主语，可译作"他（们）"、"它（们）"、"自己"。如：

　　皇上欲大用康先生，而上畏西后，不敢行其志。（其：他。）（《谭嗣同》）

3. 用作语气副词，用在动词前面，在句中表示推断、拟测、期望等语气，可译作"大概"、"难道"、"希望"、"恐怕"等，也可不译。如：

　　①其皆出于此乎。（其：大概。）（《师说》）
　　②尽吾志也而不能至者，可以无悔矣，其孰能讥之乎？（其：难道。）（《游褒禅山记》）

4. 用作语气助词，无义，不译。如：

　　山原旷其盈视，川泽纡其骇瞩。（《滕王阁序》）

三、以

1. 用作介词，与名词构成介宾词组，在句中充当状语，起到把名词介绍给动词谓语的作用，用来表示与这个动作有关的工具、方法、原因、对象、时间等。如：

　　奉宣室以何年？（以：在。）（《滕王阁序》）

2. 用作连词。如：

　　奏流水以何惭？（以：可不译。）（《滕王阁序》）

四、于

1. 用作介词，介绍动作的有关地点、方面和境地，可译作"在"、"从"、"自"、"到"等。如：

　　①樊哙覆其盾于地。（《鸿门宴》）
　　②若皇上于阅兵时疾驰入仆营。（《谭嗣同》）
　　③屈贾谊于长沙，非无圣主。（《滕王阁序》）

2. 用作介词，介绍动作所涉及的对象，可译作"对"、"向"、"同"、"给"等。如：

　　①不拘于时，学于余。（《师说》）
　　②女寄言于母。（《记王忠肃公翱事》）

448

3. 用作介词,介绍引进动作的主动者或比较的对象,可译作"被"。如:

①夫赵强而燕弱,而君幸于赵王。(《廉颇蔺相如列传》)
②臣诚恐见欺于王而负赵。(同上)

4. 用在形容词之后,表示比较的对象,可译作"比"。如:

师不必贤于弟子。(《师说》)

五、而

1. 用作连词,可以连接词、词组、句子。如连接的两个成分是并列关系,可译作"又"、"而且",有时也可不译。如:

①襟三江而带五湖。(《滕王阁序》)
②则仆须急归营,更选将官,而设法备贮弹药,则可也。(《谭嗣同》)

2. 用作连词,如连接的两个成分是顺承关系,可译作"就"、"而且"。如:

而西后及贼臣忌益甚,未及十日而变已起。(《谭嗣同》)

3. 用作连词,如连接的两个成分是转折关系,可译作"却"、"但是"。如:

①以为今日谕旨将下,而卒不下。(《谭嗣同》)
②且迁我如振落叶耳,而固吝者何?(《记王忠肃公翱事》)
③而西后及贼臣忌益甚,未及十日而变已起。(《谭嗣同》)

4. 用作连词,如连接的两个成分是递进关系,可译作"并且"。如:

①拔剑撞而破之。(《鸿门宴》)
②今营中枪弹火药皆在荣贼之手,而营、哨各官,亦多属旧人。(《谭嗣同》)

5. 用作连词,如连接的两个成分是状语和中心词的关系,即修饰关系,译法比较灵活。如:

吾尝终日而思矣。(而:可不译。)(《劝学》)

六、则

1. 用作连词,主要连接分句与分句。如表示分句之间是顺承关系,可译作"就"。如:

问之,则曰:"彼与彼年相若也,道相似也……"(《师说》)

2. 用作连词,表示分句之间是并列关系。如:

位卑则足羞,官盛则近谀。(《师说》)

3. 用作连词,如表示分句之间是转折关系,可译作"却"。如:

于其身也,则耻师焉。(《师说》)

七、乃

1. 用作副词，放在动词谓语之前，表示顺承，可译作"就"、"于是"。如：

　　①乃伪为屋券，列贾五百金，告公。(《记王忠肃公翱事》)
　　②项伯乃夜驰之沛公军。(《鸿门宴》)
　　③谓狱中语乃亲得之于史公云。(《左忠毅公逸事》)

2. 用作副词，放在动词谓语之前，表示转折(或逆转相背)，可译作"竟然"、"却"。如：

　　巫医乐师百工之人，君子不齿，今其智乃反不能及。(《师说》)

3. 用作副词，放在动词谓语之前，相当于"方"、"才"。如：

　　①至七月，乃扶病入觐。(《谭嗣同》)
　　②旬乃还第。(《记王忠肃公翱事》)

4. 用作介词，相当于"在"。如：

　　以其乃华山之阳名之也。(《游褒禅山记》)

词性活用

一、使动用法

这是古代汉语中一种特殊的动宾结构，其中动词所表示的意义不是主语所具有的，而是主语使宾语所具有的，所以叫做使动用法。这里的动词有不少由形容词转来，也有由名词充当。一般可译作"使他(它)怎么样"、"让他(它)怎么样"。如：

　　①项伯杀人，臣活之。(活：动词的使动用法，"活"的动作并非主语"臣"发出的，而是它使宾语"之"发出的，即"臣使之活"。)(《鸿门宴》)
　　②先破秦入咸阳者王之。(王：名词的使动用法，使……为王。)(同上)

二、意动用法

这也是古代汉语中一种特殊的动宾结构。其主语在意念中认为宾语具有动词所表示的意义，所以叫意动用法。其动词往往由形容词、名词转来。一般可译作"以……为……"("把什么当作什么"、"认为什么怎么样")的句式。如：

　　①襟三江而带五湖。(把三江当作衣襟，把五湖当作衣带。)(《滕王阁序》)
　　②则席地倚墙而坐。(席地：把地当作席子。)(《左忠毅公逸事》)

三、名词用作状语

在古代汉语中,名词常常可以直接用在动词的前面,充当句中的状语,表示动作所用的工具、方法和发生的地点、时间、状态等。如:

①君为我呼入,吾得兄事之。(兄:名词作状语,表示对人的态度,当作兄长那样来侍奉(项伯)。)(《鸿门宴》)

②如日本使馆,与余相见,劝东游。(东:方位名词作状语,向东(日本)。)(《谭嗣同》)

四、名词用作动词

在古代汉语中,名词往往可以活用为动词,后面可以跟宾语。如:

史前跪抱公膝而呜咽。(前:向前走去。)(《左忠毅公逸事》)

五、形容词用作动词

形容词在句子中实际处于动词的位置,后边带有宾语,则用作动词。如:

①楚左尹项伯者,素善留侯张良。(善:与……交往。)(《鸿门宴》)

②俨骖騑于上路。(俨:整治。)(《滕王阁序》)

六、动词用作名词

如:

盖其又深,则其至又加少矣。(至:到的人。)(《游褒禅山记》)

七、形容词用作名词

如:

是故圣益圣,愚益愚。(圣:圣人。愚:愚人。)(《师说》)

八、数词的活用

如:

骐骥一跃,不能十步。("十"本为数词,此有"跳出十步"之意,活用作动词。)(《劝学》)

特殊句式

一、被动句式

1. 在动词谓语后面,用介词"于"介绍出动作行为的发出者(主动者)。如:

六艺经传皆通习之,不拘于时。(不拘于时:不被时俗所限制。)(《师说》)

2. 在动词前面加上助词"见",同时在动词后面加介词"于"介绍出动作行为的发出者(主动者),形成"见……于……"的句式。如:

以此常不见悦于长吏。(《报刘一丈书》)

3. 在动词前加上助动词"为"、"见"、"为所"等,表示被动。如:

①吾属今为之虏矣。(动词谓语前面用助动词"为",引出动作行为的主动者。)(《鸿门宴》)

②不者,若属皆且为所虏。("为"、"所"连用,被他俘虏。)(同上)

二、倒序句式

在古代汉语中句子成分的位置与现代汉语的位置不同,形成倒序句式,一般有以下几种情形。

1. 主谓倒装。如:

腾蛟起凤,孟学士之词宗。(腾蛟起凤:蛟龙腾空,凤凰飞起。)(《滕王阁序》)

2. 宾语前置。指宾语位于动词或介词前面。如:

①大王来何操。(《鸿门宴》)
②沛公安在?(同上)
③不然,籍何以至此。(同上)

以上①~③是疑问句,疑问代词作宾语,一般放在动词或者介词前面。如"何"放在"操"前面,翻译时,可译作"操何"。

④句读之不知,惑之不解。(《师说》)
⑤君之不信。(《谭嗣同》)

第④句用"之"将宾语提前。第⑤句,"之"是代词,在句中作宾语,这句是否定句,故代词宾语前置。

3. 定语后置。把定语放在中心词之后,用"者"字煞尾。如:

求人可使报秦者,未得。(《廉颇蔺相如列传》)

4. 状语后置。介词"于"组成的介宾结构,文言文中经常放在动词或形容词的后面作补语,译成现代汉语时,则要放在状语的位置上。如:

①设九宾于廷。(《廉颇蔺相如列传》)
②青,取之于蓝,而青于蓝。(《劝学》)

三、判断句式

现代汉语的判断句主要用判断词"是"来构成,而文言文的判断句,则是以名词或名词性词组为谓语来表示判断,主要形式有下列 6 种:

1. 用表示判断的语气词"者"、"也"前后呼应,构成"……者……也"的形式。如:

①夺项王天下者,必沛公也。(《鸿门宴》)
②所以遣将守关者,备他盗出入与非常也。(同上)
③楚左尹项伯者,项羽季父也。(《同上》)
④师者,所以传道受业解惑也。(《师说》)

2. 只用"者",不用"也",构成"……者,……"的形式。如:

四人者,庐陵萧君圭君玉,长乐王回深父,余弟安国平父,安上纯父。(《游褒禅山记》)

3. 只用"也",不用"者",构成"……,……也"的形式。如:

项脊轩,旧南阁子也。(《项脊轩志》)

4. "者"和"也"都不用的形式。如:

温州雁荡山,天下奇秀。(《雁荡山》)

5. "者"和"也"连用在谓语之后,构成"……,……者也"的形式。如:

彼童子之师……非吾所谓传其道解其惑者也。(《师说》)

6. 用"为"、"乃"等词表示判断。如:

①如今人方为刀俎,我为鱼肉。(《鸿门宴》)
②人非生而知之者,孰能无惑?("非"字作否定判断词。)(《师说》)

通 假 字

所谓"通假",指的是古汉语中字的"通用"、"假借"现象,也就是用读音相同或相近(有时形体也相近)的字来代替另一个字的现象。其中被代替的字叫做"本字",代替本字的字叫做通假字。

下表收集本教材中出现的通假字,供学习参考。

通假字	本字	例句	出处
傅	敷	而傅以善药	《指喻》
而	尔	而翁长铨	《记王忠肃公翱事》
贾	价	予佐尔贾	同上
阳	佯	皆阳应曰:"诺!"	同上
识	帜	封识宛然	同上
被	披	血流被面	《徐文长传》
俨	严	俨骖騑于上路	《滕王阁序》
销	消	云销雨霁	同上
机	几	所赖君子见机,达人知命	同上
假	暇	十旬休假,胜友如云	同上
受	授	师者,所以传道受业解惑也	《师说》
父	甫	长乐王回深父	《游褒禅山记》
距	拒	距关,毋内诸侯	《鸿门宴》
采	彩	皆为龙虎,成五采	同上
内	纳	距关,毋内诸侯	同上
要	邀	张良出,要项伯	同上
倍	背	愿伯具言臣之不敢倍德	同上
蚤	早	旦日,不可不蚤自来谢项王	同上
郤	隙	令将军与臣有郤	同上
桮	杯	沛公不能桮杓,不能辞	同上
杓	勺	沛公不能桮杓,不能辞	同上
坐	座	因击沛公于坐,杀之	同上
若	汝	若属皆且为所虏	同上
具	俱	具告以事	同上
是	事	今年四月,定国是之诏既下	《谭嗣同》
少	稍	然后皇上与康先生之意始少通	同上
然	是	然后皇上与康先生之意始少通	同上
以	由	君以学士徐公致靖荐,被征	同上
有	又	春秋三十有三	同上

附录二　文面知识

作为文章的外在表现形式，文面体现了作者的书写风格和文化素养。理想的文面应是整齐清楚、美观大方的，这样有助于准确地表达思想内容和方便读者阅读。

文面主要包括文字的书写、标点符号的书写、行款格式的布置和修改符号的使用等。

文字的书写

首先要求规范，使字的结构正确美观，不写错字、别字和不规范字。汉字有规范的结构体系，包括基本的笔画、偏旁及其所处的固定位置，不能任意改动，否则会影响表达效果。

其次要求清楚，应把字写得清晰、好认，不能似是而非、模糊不清；不能字迹潦草、龙飞凤舞，否则也难以达到交流的目的。

接着要求美观，字的结构要布置得匀称、协调，包括笔画的线条圆润、流畅，字的大小错落有致，字间疏密得当等等，这样易于激发读者的阅读兴趣。

标点符号的书写

标点符号是书面语言必不可少的辅助工具。它不但能表示不同的停顿、标示出词语的不同性质，而且能表达不同的思想、情感，体现不同的节奏、韵律。

一、标点符号的书写位置

句号、逗号、分号、冒号占一个字的位置，写在该位置的左下方；问号、叹号也占一个字的位置，写在该位置左半偏下的地方；引号的前一半写在其所占位置的右上方，后一半写在其所占位置的左上方；括号、书名号的前一半写在该标点所占位置的右半部分，后一半写在其所占位置的左半部分；破折号、省略号占两个字的位置，写在行的中线上，不能中间拆开分写在两行；连接号、间隔号各占一个字的位置，写在行的中线上；着重号、专名号写在相应文字的下面,不占字的位置,也不单独成行。

二、特殊情况下的书写

为了文面的整齐美观和读者阅读的方便,有些标点符号不能写在一行的开头或一行末尾。

不能写在行首的有:句号、逗号、顿号、分号、冒号、问号、叹号及引号、括号、书名号的后一半。不能写在行尾的有:引号、括号、书名号的前一半。间隔号既不能写在行首,也不能写在行尾。

使用引号时,如果引用的是几段连续的文字,可在每段段首用引号的前一半,最后一段段末用引号的后一半,不必在每段段末都用引号的后一半。

括号前后其他标点符号的运用情况比较复杂,但总的要求是不影响内容的表达,不割裂句意。一般说来,用于句中注释词语的括号,其前面不加其他标点符号,其后面如有停顿可加相应的标点符号;用于句末注释全句的括号,写在句终标点(句号、问号、叹号)之后。

三、连用标点符号的书写

有些标点符号连用时,在写法上应作一些变通,如括号中用括号的,里面的用圆括号,外面的用方括号;书名号中又有书名号的,里面用单书名号,外面用双书名号;引号中又用引号的,里面用单引号,外面用双引号;连用三次引号的,最里面的用双引号,中间的用单引号,外面再用双引号。

行款格式的布置

行款格式是人们在书面交际过程中逐步形成的习惯或规定。不同的文体在行款格式上有着不同的要求,这里只简介一般文章的主要行款格式。

行款格式的整体布局应当同纸张大小、字数的多少等相和谐,页面的上下左右(印刷术语分别为天头、地脚、订口、切口)应留出适当的空白,以便修改。

在考虑整体布局时,要着重安排好以下内容:

一、标题

文章的标题一般写在格纸第二行的中部,它的两侧尽量空格相等;字数很少时,字间可匀称地空出1~2格;字数太多,需要转行时,既要注意不把词或词组拆开写在两行,又要注意上下行的字数排列及搭配是否匀称。

有副标题的应将其写在正题的下一行,前面加破折号(位置较正题首字退后两格);字多需转行时,首字仍对准上行的首字。有时,副标题也可以写在正中,两侧空格相等。

标题内可以根据需要用标点符号或空格来表示停顿,但末尾一般不用标点,即使用,也只能加问号、叹号或省略号。

二、署名

作者的姓名一般写在标题(或副标题)下间隔一行的正中,每个字的中间可空一格,如是单名,字间可空两格,下面再间隔一行写正文;也可以写在标题后面(有副标题的写在副标题后或正、副标题之间的后面),但位置以姓名与标题间至少有两个空格、姓名后也一定有两个空格为宜。

作者的姓名也可以写在文章的末尾。如末行行文较短,可写在末行;末行正文后所剩空格不多,可低一行写,都以署名后还有两个空格位置为宜,单名字间也应有一个空格。

如果需要,署名前或后还可写明作者的工作单位和职务、职称等。

三、正文

关于分段,每个自然段开头均需空两格;自然段之间一般不空行,有时根据内容需要,如诗歌的章节之间,文章大的段落(部分)之间,可以留有适当的空行。

关于引文与对话,既可以同上文连写,也可以单独成段。单独成段时,可以同正文的其他段落一样,第一行开头空两格,其他行不空格;也可以第一行开头空四格,其他各行均空两格,行尾可空两格,也可不空。独立成段的引文,可不加引号,但应在引文前的正文末尾加冒号,冒号前未写明引文出处的,可在引文后的括号内注明,或另加注释。

关于小标题与序码,可按下列顺序使用:

一、二、三、……
(一)(二)(三)……
1. 2. 3. ……
(1)(2)(3)……

在科技著作中,则通常使用如下的方法标明序码,以显得内容清晰、条理性强:

1
1.1
1.2
2
2.1
2.2
2.2.1
……

关于附注(附于正文的注解),可有四种表现形式:一是段中注,即夹注,它紧接在被注的正文后加括号写出;二是页下注,即脚注,它把本页正文中需要注释的内容分条写在本页的下端;三是篇末注,它将每篇正文需要加注的内容分条集中写在该篇正文的后面;四是尾注,它是全文或全书的附注,类似篇末注。后三种注法都必须在被注正文后的右下角用注码①②③……进行标示。如果附注内容是对引文出处的说明,其注解顺序应为:作者、书名或报刊名、章节、页码、出版单位、出版日期等。

四、写作时间

习惯上位于文末后空一行或两三行的右下方。如果是在较长时间内写成的,也可写明起讫时间。如果写成后经过修改,还可在注明写作时间下一行的相应位置,再注明修改时间。

五、页码

原稿超过一页的,要标出页码,其位置可标在右上角或右下角。注意,每写一页之前最好先标页码,以防串页。

常用修改符号

修改文章时,要使用统一的符号加以标示,这样既可以节省一些说明性文字,又可以使文面不受大的影响。下面,根据《中华人民共和国专业标准校对符号及其用法》的规定,结合文章修改的实际,介绍几种常用的修改符号及其用法:

一、删改号

用此号将要删除的文字圈起来,用线沿行间引至空白处,画两个小圆圈,表示这些文字删除不要了。但不要在文面上将要删除的文字抹黑、涂死,以便必要时恢复原文。例如:

> 弯弯的山路曾经走过多少代人,留下过多少令人深思的脚印,写下了多少美丽动人的传说……

二、保留号

此符号画在被删除的文字下面(每字一号),并在原删除号上画两竖线,表示不删而保留原来的文字。例如:

> 不知什么时候,山外的气息从那条山路上飘到山里来了。

三、增补号(追加号)

一般用在词句的上方,符号的箭头插入所要增补的位置。例如:

那悬崖，那峭壁，那沟壑，凭空为那山路增添了不尽的韵味……

如果增补的文字较多，字里行间书写不下的时候，可把增补的内容写在稿纸的空白处，圈起来后用箭头插入应增补的位置。如果圈起来有困难，可用线画清增补的范围。例如：

那野花，那丛草，那荒地，拥着弯弯的山路，默默地承受着亿万年的孤独和寂寞，静静地观望着弯弯山路的悲欢离合。

四、改正号

用此号的一端将需要改正的文字圈起来，另一端的空白处将改正后的文字圈起来，沿行间画一直线将两端连接起来，表示原文中的文字改正为空白处的文字。例如：

就这样，弯弯的山路栽着遥远的过去走到现在，带着愚昧走到了光明。

五、对调号（换位号）

此号用在需要换位的文字间，表示前后文字调换位置。例如：

弯弯的山路从里山一直伸到山外。
山沟沟里的人日出而作，而落日归。

六、转移号

用此号将需要转移的文字圈起来，然后用箭头从行间空隙插到移入位置（箭头一般不要穿行而过）。例如：

逐日的汉子光着脊背，老黄牛沉闷的喘息声伴着他们走遍山上山下，走过春夏秋冬。多少年来，祖先种下的传统世俗把他们与外边的世界那个很大的空间，那个花花绿绿的公园，隔绝开来，使他们每日徘徊在那条弯弯的山路上播种春天，收获寒冬。弯弯的山路上刻满他们"生"的艰辛。

七、缩位号

此号表示文字向后缩到号尾所示的位置。例如：

于是，那条弯弯的山路上从此少了几道老黄牛走过的坑坑洼洼的贫瘠，多了几股电驴驰过后腾起的彩霞；模糊了人们光着脊背佝偻的身影，亮了几串串农村改革中披荆斩棘的足迹。

八、提位号(提行号) ⤶

此号表示文字向前提到肩头所示的位置。它可用于字的前移,也可用于另起段落。例如:

⤶——于是,弯弯的山路不再蜿蜒于崇山峻岭之中,悄悄然从市中心招摇而过……弯弯的山路上,泛起了一片春潮!

九、连接号

用此号将不应该分行、分段的文字连接起来。例如:

弯弯的山路哟,你不再是从前老黄牛走的那条路,你已将那古老的曲调遗忘。从此,你将在山里人的祝福声中拓展,在改革开放的浪潮中延伸……

以上介绍的是文章修改的常用符号,至于印刷出版专业用到的另外一些校对符号,这里就不一一介绍了。需要说明的是,修改符号要写得工整规范,不能随意乱画,以保持文面的整洁美观。另外,修改时要用与原稿字迹颜色不同的笔(如红色),以醒目突出,方便阅读。

后记

本套教材在编写、修订过程中,我们得到了安徽省教育厅职教处、各有关学校领导的大力支持和帮助。省教育厅教科所、省教育学院的专家们对教材提出了宝贵意见。

在编写中,我们参考、引用了有关资料,对资料的原作者,我们再次表示衷心的感谢。因客观原因,无法及时与部分原作者或作者近亲属取得联系,在此致以歉意,并请相关作者在见书后及时与安徽大学出版社取得联系,我们将尽快奉上样书。

《语文》编写组

2011 年 8 月